一个**民族**有其不可磨灭的**魂魄**
一所**院校**也有其代代传承的**精神**

中国文联出版社

图书在版编目（C I P）数据

精神的力量 / 于成文, 彭庆红主编. -- 北京 : 中国文联出版社, 2023.2
（北京科技大学文化系列丛书）
ISBN 978-7-5190-5022-1

Ⅰ. ①精… Ⅱ. ①于… ②彭… Ⅲ. ①中华民族－民族精神－研究 Ⅳ. ①C955.2

中国国家版本馆 CIP 数据核字(2023)第 020727 号

主　　编　于成文　彭庆红
责任编辑　阴奕璇
责任校对　吉雅欣
装帧设计　肖华珍

出版发行　中国文联出版社有限公司
社　　址　北京市朝阳区农展馆南里 10 号　　邮编　100125
电　　话　010-85923025（发行部）　　010-85923091（总编室）
经　　销　全国新华书店等
印　　刷　三河市龙大印装有限公司

开　　本　710 毫米×1000 毫米　　1/16
印　　张　32
字　　数　450 千字
版　　次　2023 年 2 月第 1 版第 1 次印刷
定　　价　70.00 元

编委会

主　编：于成文　彭庆红

副主编：李　洁　杨　阳

编　辑：邢华超　薛　浪　郝慧鹏　胡　敏
王宗贤　张嘉容　朱优优　米彦贞

前言

2022年4月21日，习近平总书记在给北京科技大学老教授们的回信中谈到，民族复兴迫切需要培养造就一大批德才兼备的人才，希望学校可以继续发扬严谨治学、甘为人梯的精神，坚持特色、争创一流，培养更多听党话、跟党走、有理想、有本领、具有为国奉献钢筋铁骨的高素质人才，促进钢铁产业创新发展、绿色低碳发展，为铸就科技强国、制造强国的钢铁脊梁作出新的更大的贡献。

一个民族有其不可磨灭的灵魂，一所院校也有其代代传承的精神。作为新中国成立后开设的第一所钢铁工业高等学府，北京科技大学满载着六大名校矿冶学科的炫彩光华，与共和国冶金材料工业一起成长，孕育着“钢铁强国”的中国梦，涵养了催人奋进的“钢铁精神”。七十年来，一代代北科人与民族奋进的脉搏一起跳动，奋笔疾书着“为中华之崛起，奉科技以强国”的壮美诗篇，学校文化也在内化与创新中不断积淀、丰富、发展，进一步融入了“追求卓越、敢于争先”的新时代北科精神新特质。迈上新征程，我国进入了全面建设社会主义现代化强国的新阶段，学校也步入了建设特色鲜明的国际一流大学的关键时期。新形势下，学校始终坚持以文化人、文化育人的鲜明导向，围绕立德树人根本任务，推动弘扬以“爱国、拼搏、奉献”为内核的“求实鼎新”校训精神和“学风严谨，崇尚实践”的优良传统。“感动北科”新闻人物评选作为学校文化建设的重要品牌，记录北科历史，引领北科价值，传播北科声音，已成为学校精神文明建设的重要载体，在统一思想、凝聚力量、弘扬优秀校本文化方面发挥了不可磨灭的作用。

本书记录了迄今为止获得“感动北科”新闻人物奖项的个人和组织的优秀事迹，体现了北京科技大学在高素质人才培养上一直坚持和追求的方向，充分表明了北科大不仅在教学科研上有着独特优势，更在人文关怀、道德培养等方面毫不懈怠，力争在方方面面做到精益求精，不辜负习近平总书记在回信中提出“培育更多民族复兴所迫切需要的德才兼备的人才”的美好期望。本书中提到的每一位“钢小伙”“铁姑娘”，为学校带来的不仅仅是突出的业绩和骄人的成果，更是宝贵的精神财富。他们用自己的行动证明了“求实鼎新”的校训精神不仅仅是被悬挂的标语，不仅仅被记录于过去，更存在于当前与未来的学校建设中。我们有理由相信，读罢此书，上述积极昂扬的作风精神一定会在老师和同学的心中愈加坚定，激励北科大人把“感动北科”新闻人物的优良风范转化为砥砺品格的自觉行动，不断弘扬“追求卓越、勇于争先”的北科精神新特质，提高应对风险挑战、解决实际问题的能力，在新时代激发新热情，展现新魅力，创造新成果，为中华民族的伟大复兴贡献新的北科力量。

目录

2017年

2018年

2019年

2020年

2021年

2017年

柯俊

——中国科学院院士，北京科技大学教授

柯俊，祖籍浙江黄岩，中国共产党优秀党员，我国著名科学家、教育家，中国科学院院士，我国金属物理、冶金史学科奠基人，北京科技大学教授。1917年6月23日出生于吉林长春，2017年8月8日7时29分因病在北京逝世，享年101岁。柯俊先生1938年毕业于武汉大学化学系，1948年毕业于英国伯明翰大学并获博士学位，后担任英国伯明翰大学高级讲师。1953年回国，先后任北京钢铁学院金物教研室主任、物理化学系主任和副院长，北京科技大学校长顾问等职。1980年当选中国科学院技术科学部学部委员，并担任学部常委。由于在奥氏体中温转变——贝氏体方面的学术成就，被国际同行称为“贝茵体先生”。

颁奖词

从青春年少到耄耋老人，强盛民族是他的奋斗目标，三尺讲台是他献身的舞台。胸若空谷，性如幽兰，躬耕千顷，他的品性极像蓝色的海川，温和、睿智而渊博；他的作风又如淬炼的钢铁，严谨、热情而坚韧。他用他的勤勉、博大、坚忍和宽厚参与了我国钢铁事业由起步到腾飞的跨越，开拓了中国冶金史从星火到燎原的成就，哺育了一代代学子从懵懂到功勋的成长，成为我国科技教育史的一座不朽丰碑。他就是我国著名的金属学、金属物理及科学技术史专家、教育家、中国科学院资深院士——柯俊。

先进事迹

热土难忘·情系祖国

柯俊先生是一位坚定的爱国主义者。先生怀着“科技报国”的理想赴英国留学，博士毕业后取得伯明翰大学的终身教职。中华人民共和国成立后，他毅然决定回到祖国。他向挽留他的外国朋友说：“我来自东方，那里有成千上万的人民在饥饿线上挣扎，一吨钢在那里的作用，远远超过一吨钢在英美的作用。尽管生活条件远远比不过英国和美国，但是物质生活并不是唯一的，更不是最重要的。”他的心中装着祖国，装着人民，1954年，柯俊调入北京钢铁工业学院(北京科技大学前身)任教授。

1955年他开始筹建中国第一个金属物理及金属物理化学专业。他主张人才培养要适应科学技术迅速发展，适应开辟交叉学科发展新方向的需要；他预见材料及其制备方法的发展，必将要求人才具有物理专业的数学、物理基础和工科专业的工业思想，熟悉材料应用的背景；他重视制订教学计划必须加强基础理论、现代材料研究的实验技术和外语水平训练，以及独立工作能力的培养。这一整套专业建设思想、教育观念，柯俊均自己带头实践。六十多年间，柯俊培育学子数以千计。他们活跃在国内外相关学科研究的前沿，在各项基础理论及材料研究方面取得丰硕成果。

悉心科研·硕果累累

1951年，柯俊首次提出钢中贝茵体转变的切变位移机制，是贝茵体切变理论的创始人，《钢铁金相学》柯俊以他的姓氏将无碳贝茵体命名为“柯氏贝茵体”，而柯俊本人则被国外同行称为Mr.Bain(贝茵体先生)。

作为长期致力于金属材料研究的一位科学家，柯俊对中国冶金史研究情有独钟，而被尊为“中国冶金史研究的开拓者”。

1974年起，柯俊领导组织北京钢铁学院冶金史研究所开展系统的冶金史研究，由柯俊先生开创的北京科技大学科学技术史专业，于1990年和1996年分别获得硕士和博士学位授予权，科学技术史一级学科2007年被批准为国家重点学科，在历次全国一级学科排名中名列前茅，并在2007年和韩汝玢先生一起完成著作《中国科学技术史：矿冶卷》。

1992年柯俊与叶恒强院士一起组织领导了国家自然科学基金重大项目“材料的表面与界面研究”。他亲自主持的子课题“表面与界面的物理、化学”，与其他专家共同利用现代技术在原子级、纳米级与微米级三个层次上研究界面结构与溶质原子的相互作用，取得了新的成果。

为表彰柯俊对我国科技事业的贡献，1944年，获英国帝国化学工业公司学术奖金；1978年，他被评为北京钢铁学院先进教师，特邀参加北京市、冶金部和全国科学大会；1985年，被转炉发源地的美国爱德维城授予钢铁大师（Iron Master）的荣誉称号；1990年，被中国电子显微镜学会授予“桥本初次郎奖”；1990年，被国家科委、国家教委授予“全国高等学校先进科技工作者”称号；1997年，获何梁何利科学与技术进步奖；1998年，获中国电镜学会“钱临照奖”。

人才培养·言传身教

自1954年2月起任北京钢铁工业学院教授，柯俊先后担任金属物理教研室主任、物理化学系主任，40年来为建立和发展中国金属物理专业、培养人才呕心沥血，做出重要贡献。主讲过“金属物理”“相变与扩散”“金属物理研究方法”及“材料科学与工程方法论”等。

20世纪90年代，在中国科学院及国家教委的领导下，柯俊起草了原国家教委关于“超级钢研究”的攀登B“国家重点科研”的论证（现已转为973项目，任专家组顾问）；而后把主要精力转向另一个具有战略性高度的高等工程教育改革工作，与中国科学院和国家教委的科学家、教育家（如张光斗、张维、路甬祥、师昌绪院士)们一起共同探讨面向21世纪的中国高等工程教育改革,调研起草了中国科学院技术学部送李岚清同志的专题报告,并于1996年承担了国家教委“面向21世纪高等工程教育教学内容和课程体系改革计划”项目中“材料类专业人才培养方案及教学内容体系改革的研究与实践”课题,同年在北京科技大学主持了冶金及材料工程拓宽专业的试点班,志在培养学生工程意识、自学能力、独立工作能力和创新能力,收到了良好的效果。

1996年,承担了国家教委“面向21世纪高等工程教育教学内容和课程体系改革计划”项目中“材料类专业人才培养方案及教学内容体系改革的研究与实践”课题,同年在北京科技大学主持了冶金及材料工程拓宽专业的试点班。

耄耋院士·创新依旧

20世纪90年代,耄耋之年的柯俊把目光集中到如何为21世纪的需要改革我国的高等工程教育。他潜心调研、多方呼吁,主动到美国、英国、德国等国家的著名大学和许多用人单位调研,建议中国科学院技术科学部围绕高等工程教育开展研究,并和张光斗、师昌绪、路甬祥等院士一起承担了“我国高等工程教育改革咨询”课题,并亲自将报告提炼成六个问题、六条建议,于1993年春向时任国务院副总理的李岚清同志提交了一份关于中国工程教育改革的报告——《改革我国高等工程教育,增强我国国力和国际竞争能力》。1996年正式启动了旨在培养工科学生工程意识、创新意识、自学能力和独立工作能力的“大材料”专业试点班的教改课题。

柯俊主持建立了“大材料”试点班的新型课程体系,体现“大工程”观念,并亲自参与制订了实验班教学计划的整体框架。2000年,“大材料”试点班毕业,获得了社会的认可:实验班学生的一次就业率达96%,相当一部分学生后来都考上或被保送攻读研究生。

2001年12月,由柯俊院士主持的国家教委面向21世纪教改项目“材料类专业人才培养方案及教育内容课程体系改革的研究与实践”获高等教育国家级教学成果一等奖。

至诚高节·百世之师

“落红不是无情物，化作春泥更护花。”2017年8月15日上午，北京八宝山殡仪馆东礼堂庄严肃穆，哀乐低回，礼堂正门外悬挂着“理学工学史学求实鼎新学贯中西百年科技强国梦，天文地文人文察宏探微文通古今一代宗师赤子心”的挽联，高度概括了柯俊先生报效祖国和人民，献身教育和科技事业的光辉的一生，礼堂内，正面墙上悬挂着“沉痛悼念柯俊院士”，横幅下方鲜花衬托着柯俊先生遗像；礼堂正中央的柯俊先生遗体，鲜花翠柏簇拥，安详如眠，礼堂两侧花圈围绕。17日，柯俊先生遗体捐献仪式在武昌举行。根据其生前遗愿，他的遗体捐献给武汉大学用于医学教学和科学研究，为国家教育科学事业做出最后的贡献，101岁的院士用自己的遗体完成了最伟大的捐献。抛弃优越的生活、科研环境回国，是为了祖国和人民；去世了，还要用自己的遗体，为深爱的祖国和人民尽最后一份力！

遗体捐献是一项艰难而高尚的人生选择，体现的是一种奉献社会的胸怀和热爱生命的精神，在最美最安静的地方诠释生命的意义，101岁的柯俊先生没有离开这个世界，他只是换了一种方式存在。

栉风沐雨，百炼成钢。近一个世纪的风风雨雨在时间长河中不过是一瞬一息，但对于柯俊，对于中国的金属学界、科技史学界，却是不平凡的百年。柯俊院士的一生，可以说是光芒四射的一生，是为国为民奋斗的一生，他用他的勤勉、博大、坚韧和宽厚参与了我国钢铁事业由起步到腾飞的跨越，开拓了中国冶金史从星火到燎原的成就，哺育了一代代学子从懵懂到功勋的成长，成为我国科技教育史的一座不朽丰碑。

小传

弃流海外，奔抚国殇；胸怀文末，腹有诗书；桃李天下，梓楠四方；言传身教，三尺讲台系国运；耳濡目染，十年青春志宏图；荆楚学子，燕都故人；沥血呕心，千古悠怀神州语；竭忠尽智，百年济开寰宇心。手握日月归少年，心潜学教终耄耋。

大家眼中的他

柯俊先生是国际著名金属物理学家、科学技术史学家和教育家。半个多世纪以来，他奋斗在冶金、材料科技界，教育界，工业界，考古界，情系矿冶，悉育桃李，成就了辉煌的钢铁人生。

柯俊先生是一位坚定的爱国者。新中国成立后，先生毅然决定回到祖国，并对挽留他的外国朋友说："我来自东方，那里有成千上万的人民在饥饿线上挣扎，一吨钢在那里的作用，远远超过一吨钢在英美的作用，尽管生活条件远远比不过英国和美国，但是物质生活并不是唯一的，更不是最重要的。"这话激励和鞭策着我们刻苦学习，坚定钢铁报国的决心。

柯俊先生是一位具有战略思想的科学家、教育家。回国后，他提出了工科大学要走理工结合的发展道路，在母校创立了物理化学系，开创了新中国第一个金属物理专业和冶金物理化学专业；开拓了冶金科技考古的学术方向，在母校创设了科学技术史国家重点学科。20世纪90年代初，先生积极推动中国高等工程教育改革，并在母校组建了被誉为"大材料"的教育改革试点班，为我国新世纪工程教育改革探索了宝贵经验。

柯俊先生学风严谨、淡泊名利、提携后学，为广大科技工作者做出了光辉榜样。柯俊先生身上，集中体现了老一代科学家爱国主义的报国情怀、实事求是的治学精神、敢为人先的创新品格。

（摘选自《柯俊传》序）

——北京科技大学1954级校友 徐匡迪

1965年我考入金属物理专业，毕业后在鞍钢工作，1978年考回来继续读金物专业的研究生，博士毕业后留校任教，后来还担任材料物理系主任十多年。因此经常有机会聆听柯先生的教诲，使我终身受益匪浅。

柯先生学识渊博，站得高看得远，在科研、教学的诸多问题上都有很深刻的见解，很多见解至今对我们仍很有指导意义。篇幅所限，这里仅举一个例子说明柯先生对大学应该如何教学的看法。

我从入大学起，就多次听柯先生讲，大学的学习不能只是记住一些书本上的结论，必须要知道书本上的知识是怎么来的，要学会分析问题解决问题的方法，才能够创造新的知识。20世纪80年代，为了给大家改进教学方法打开思路，柯先生请来加拿大皮尔赛（Piercy）教授给研究生讲授“晶体缺陷”，当时系里大部分教师都去旁听了。我们讲这门课一般内容是：什么是晶体缺陷，晶体缺陷的分类，晶体缺陷的一些现象和规律，缺陷的理论及一些公式。这样讲的好处是知识比较系统，容易理解和掌握，但是学到的只是一些结论。皮尔赛教授的讲课完全不同，他是选了一些这个领域代表性的英文论文，让同学们课前阅读、课上讨论。皮尔赛教授首先问这篇论文的研究背景、研究目的，通过讨论学生就逐渐体会到怎样去选题。接着讨论项目的研究方法，研究中做了哪些假设，为什么要这样假设。其后分析讨论论文得到了什么结果。最后还要结合前面所做的假设，分析得到的这些结果可以适用范哪些围，如果超出这个范围应该如何处理等等。这样的教学显然可以学习到更本质的东西，而且可以学到如何分析问题。现在我在学校教学督导组工作，有机会就会给年轻教师讲一些柯先生的教学理念，希望能传承下去。

——北京科技大学1965级校友 王燕斌

柯俊院士一生的成就很多，是德高望重的教育家、金属物理专家及科学技术史专家。

他作为我的恩师，对我的要求很严格，期望我能做中国的居里夫人。他一直用他独特的教育观念，不断滋润着我的成长。

他喜欢读书，每周定期到五道口书店、外文书店和王府井书店买书。他读书读到重要的部分，都会标注出来，再把书带给我和其他老师，请大家认真研读。他对我很信任，他准备的很多冶金史相关的研究报告以及他的入党申请书，都请我帮忙修改。

从做他的学生，到做他的秘书，成为他的同事，几十年间，我跟他及他家里人都建立了很深厚的感情，跟他的夫人邱老师、他的妈妈、他的妹妹都很熟悉，并一直保持着联系。我想我跟他之间的关系，不仅仅是师生、朋友、同志，更像是家人，这样的感情让我一生都不能忘怀。

——北京科技大学科技史与文化遗产研究院 韩汝玢教授

大学者，乃大师之谓也
——评柯俊院士

柯俊院士回国后，1954年年初，高等教育部委派他到新成立的北京钢铁工业学院工作。他先后担任系主任、副院长、校长顾问等职，在校外还兼任了许多学术机构的领导工作。六十多年来他为学校和国家做出了杰出贡献。

他是一位有远见卓识的教育家。早在1956年，他就提出并成立了物理化学系，使单科性的北京钢铁工业学院，开启了理工结合之路。70年代，他提出用现代实验技术进行中国冶金史的研究，开创了考古研究的新阶段。以后又建立了科学技术史专业，启动了文理工办学之路。90年代，他与其他院士提出“改革我国工程教育提高我国国力和国际竞争力”的建议，并亲自领导“大材料”班的试点，为全国高校改革起了示范作用。

他是一位勇于创新的科学家。他的科研工作涉及金属材料的相变、合金化、高强度高韧性材料的基础和实用研究，提出了一些新的机理和观点，为新材料研究做出了重要贡献。

他是一位积极热情的社会活动家。柯俊教授除了完成学校工作外，还积极参加国家有关部门的活动。据不完全统计改革开放以来他曾17次出国到许多国家访问，如代表中国科协到法国、加拿大、美国和日本考察科技博物馆；他的社会兼职有22个；他获得的国内外奖励和荣誉称号20个，为学校和国家争得了荣誉。

他是一名优秀的中国共产党员。柯俊教授于1953年8月放弃了在英国的稳定工作和优厚待遇，携家人返回祖国。在回国后的工作中，他深谙中国共产党的宗旨，决心献身于党的伟大事业，在1983年加入了中国共产党。他崇尚正己守道，博学笃行，严于律己，谦虚谨慎；待人诚恳，平易近人；严谨治学，阐微研精；甘为人梯，提携年轻。是一位听党话、跟党走，认真履行共产党员义务的优秀共产党员。

原中国科学院院士、技术科学部主任师昌绪说，柯俊是我国金属物理专业的奠基人，古代冶金现代实验方法开拓者与我国工程教育改革领航员。

原中国科学院院长路甬祥院士评价柯俊是“创新求实、大师风范，爱国奉献，学界楷模”。

正是：大师风范，光辉照人；一代宗师，功高德劭。

——北京科技大学原党委书记、原校长 李静波

高瞻远瞩 耕耘播种 硕果累累
——深切怀念柯俊先生

1958年，我成为金物专业的一年级学生，第一次聆听到系主任柯俊教授给全体新生的教导。后来很多年在他的指导下学习工作，直至退休。先生一生获得了许多重大成果，然而最突出、最重要的贡献却在于他多年来热心倡导、亲历亲为对国家和我校的学科发展进行布局、策划、建言献策并付诸实施，采取“走

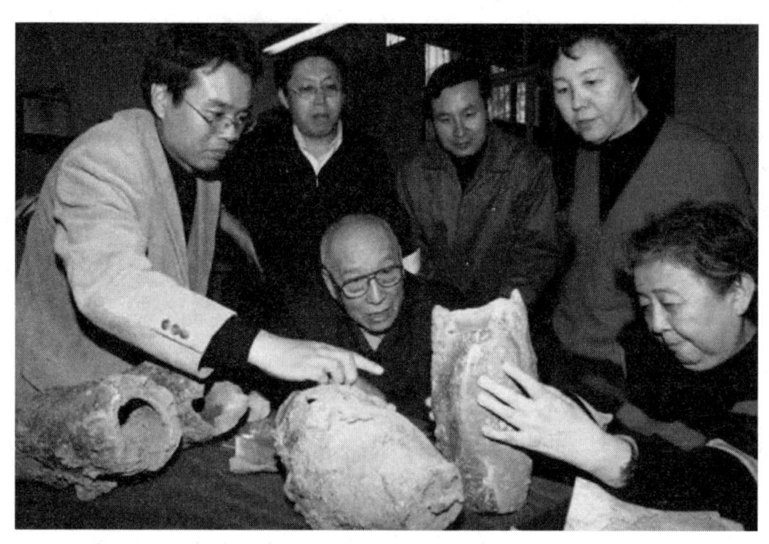

出去、请进来”的方式培养了大批人才，“积玉构才”。例如：

1956年，建立我国第一个金属物理、金属物理化学专业，后来发展成材料科学与工程专业，获得许多创新成果；他倡导并参与的新一代钢研究，我校获得了“2003年度中国高等学校十大科技进展”的荣誉；

1974年起，他主持我校冶金史研究室，把现代仪器分析方法引入冶金考古学研究，发展成国际闻名的科学技术史专业；通过专业调整强化冶金工程专业，目前我校冶金工程排名世界第一。经过“一代的耕耘”这些学科都在全国和全世界名列前茅、处于领先地位。

1980年，先生和钱临照、郭可信等一起建立了中国电子显微镜学会，随后在北科大建立了一个世界闻名的电子显微学教学基地，通过提升设备水平、开展国内国际学术交流和人才培养，我国的电镜事业从无到有、蓬勃发展壮大，达到国际先进水平。

回首仰望先生的往事，深切地领悟到：在先生指导下师生们多年来的积玉构才、耕耘播种，获得了累累硕果。在先生105年诞辰到来之际，祝愿北科大更加繁荣昌盛、人才辈出、节节高升。

注:“积玉构才 一代的耕耘”是柯先生亲自为北科大电镜室写的纪念文章加的标题,该文发表在《电子显微学报》1997年第16卷第3期,柯俊教授八十寿辰纪念论文集。

——北京科技大学退休教师 柳得橹

媒体关注

柯俊这个名字总是和钢铁紧挨着出现。同时出现的,还有“首个”“先驱”之类的描述。他率先在研究中引进电子显微镜,在北京钢铁工业学院(北京科技大学前身)创立了中国第一个金属物理专业,筹建了中国最早的金属研究所,开拓了中国冶金史的研究。

钢铁在他的人生中搭起一个又一个高峰。直到2017年8月8日去世,这些高峰才停止延伸。

101岁院士将自己的遗体捐给母校,背后的故事让人热泪盈眶

人民日报 2017-08-20 12:31

101岁的柯俊院士走了,“贝茵体”先生走了……

或许在你听来,这位与中国钢铁事业相伴数十年的科学家,如“贝茵体”一样,觉得陌生。

他被称为中国冶金界的“一代宗师”。

曾任北京科技大学冶金史研究室主任的韩汝玢记得,柯俊六七十岁时谈起金属元素,依然对它们的原子量、价态、结构“信手拈来,不需要思考”。他家的柜子里也放满了多年来整理的文献分类卡,可以随时查阅老文献,补充新文献,效率堪比计算机。

——《中国青年报冰点周刊》

101岁的柯俊院士走了,“贝茵体先生”走了……或许在你听来,这位与中国钢铁事业相伴数十年的科学家,如“贝茵

体”一样，觉得陌生。

20世纪中期，柯俊首次提出钢中贝茵体转变的切变位移机制，证明其与珠光体、马氏体不同的相变，后来在国际上形成了关于贝茵体相变的“切变学派”。他被国际同行尊称为“贝茵体先生”。

学风严谨，淡泊名利，提携后学，柯俊院士为广大科教工作者做出了榜样，遗体捐献是一项艰难而高尚的人生选择。

“理学工学史学求实鼎新学贯中西百年科技强国梦，天文地文人文察宏探微文通古今一代宗师赤子心。”八宝山东礼堂外的挽联，是对先生一生的礼赞。

——《人民日报》

吕昭平

——北京科技大学教授

吕昭平，1970年11月22日生，北京科技大学副校长、党委常委、教授、博士生导师，中国科学技术协会常委、党组成员（挂职）、书记处书记（挂职），北京科技大学新金属材料国家重点实验室主任，新金属国家重点实验室合金设计与模拟梯队负责人，国家杰出青年基金获得者。

他治学严谨，精益求精，于1988—1992年本科就读于华中理工大学机械工程二系，毕业获得学士学位；1992—1995年免试硕士就读于华中理工大学机械工程二系；1996—2001年博士研究生就读于新加坡国立大学材料科学系，毕业获得博士学位；1999—2001年在新加坡库力索法工业股份有限公司任研发工程师。正因在实践探索中他深入了解了中国的材料研究与生产水平与国际相去甚远，在他心中燃起了朴素的梦想，“到国外去看看，了解最先进的技术”，再反哺祖国。于是他于2001—2004年在美国橡树岭国家实验室做博士后研究；2004—2006年在美国橡树岭国家实验室做研究员。2017年他带着先进的科研手段和丰富的科研经验返回这片他魂牵梦系的土地，全身心投入到践行中国梦的时代浪潮中去。2017年6月任北京科技大学副校长、党委常委；2020年3月任中国科学技术协会党组成员（挂职）；2020年4月任中国科学技术协会常委、书记处书记（挂职）。

他长期从事前沿科学研究，致力于先进高性能钢铁材料、块体非晶合金及高熵合金方面的研究工作，主要研究方向为：高性能耐热钢的高温强化和氧化机理；块体非晶态合金的物理冶金，力学行为及其工程应用；多孔金属材料和高熵合金。桃李不言，下自成蹊，吕昭平教授团队是新金属材料国家重点实验室的一支优秀科研队伍，团队现有4位老师，分别是："长江学者""杰出青年获得者""万人计划"领军人才吕昭平教授，"优青""万人计划"青年拔尖人才吴渊教授，"教育部新世纪优秀人才"刘雄军副教授、王辉副教授。现有在读博后2名，博士、硕士各22名。团队已累计培养博士、硕士40余名，多名已毕业的研究生继续深造或任职于美国橡树岭国家实验室、麻省理工、马普所、中国香港城市大学等国际著名科研机构。近年来，在吕昭平教授的引领和指导下，团队在高性能钢铁材料、高熵合金、非晶合金、多孔材料、材料计算模拟等众多领域内均取得丰硕研究成果。2017年度团队在*Nature*，*Advanced Materials*，*Nature Communications*，*Acta Materialia*等国际著名期刊上发表多篇高质量学术论文。

颁奖词

钢铁熔融，点燃科研烽火，笃学以身，勇攀学术高峰。他是灯塔，亦是风帆，沸腾流动的不仅是金属，更是报国的赤子拳拳之心；交织融汇的不仅是合金，更是无悔青春所展现的强国誓言。昭以远志，平以兴国。长江雄浑广阔，正如你渊博深厚的知识；立于时代潮头，万人计划你是星火，照亮科研前路，引领材料风帆。师者风范，学者风华，行者风度，芝兰玉树，君子应犹此。

先进事迹

生于文都存壮志，远赴重洋砺锋芒

“抵天柱而枕龙眠，牵大江而引枞川。”桐城地势自西北向东南，山地、丘陵、平原依次呈阶梯形分布。西北部山区为大别山东段余脉，重峦叠嶂，挺秀争奇；中部丘陵扇面展布，倾降平缓；东南部平原阡陌纵横，织绣铺锦。桐城地势极尽奇绝，囊包日月，也使得生长于斯的少年，早早地就浸润了文都的细腻与坚韧，更于心底深植了这样一个朴素的誓言“不说漂亮话，要做漂亮事”。于国于家，他用时间践行誓言。

他从小就勤奋好学，严谨务实。在以优秀成绩攻读完成研究生学业后深入知名企业一线工作，他不满足于安稳的现状，决定“到国外去看看，了解最先进的技术”，于是奔赴新加坡国立大学材料科学系师从李毅教授攻读博士学位。2001年，带着对材料学科研究与技术应用的深入思考，他来到美国田纳西州的橡树岭国家实验室，师从国际著名材料学家、美国工程院院士、中国工程院外籍院士，被称为国际“金属间化合物之父”刘锦川教授，开始了自己的博士后研究。

美国橡树岭国家实验室是一所隶属于美国能源部的大型综合性研究机构，作为国际著名的基础和应用研究基地，多年来为美国的尖端武器研制提供材料支撑，承担着极端服役环境下先进材料的研发工作。吕昭平进入这个实验室后，最大程度地发挥了他勇于探索，严谨认真的特质，很快就在非晶合金和耐热不锈钢等材料研究领域取得突破性的学术成果，多次获得国际知名学术杂志的专题评述和世界各国媒体的宣传报道。连续发表高水平的研究论文不仅引起美国橡树岭国家实验室同行的关注，也赢得了导师刘锦川教授的欣赏与信任。结束了博士后研究后，在导师的力荐下，吕昭平很快就受聘成为这个国际顶级实验室的一名正式研究员。

良田美舍非吾好，一片丹心向赤诚。面对优越的科研环境和奢华舒适的生活环境，他始终记得年少时的誓言，于是毅然决然变卖房屋汽车，举家回国。回国后的吕昭平，一头扎进实验室，将从国际多年留学交流得来的先进经验运用到祖国的建设中，带领他的团队投入到新材料前沿科研工作中。

科研横亘岁月，创新一往无前

从懵懂无知的幼童再到芝兰玉树的学者，时间吹拂过的不仅是春风与成长，更是春风裹挟的星火，成长埋下的树种；春风过处科学之火鼓动，于漫长岁月中成为灯塔指引方向，见证他为了学术一往无前的身影；成长铭刻处树种抽芽舒展，桃李春风，郁郁葱葱，扛起材料研究的风帆，并培育英才再继报国誓言。

他在研究上卓有建树，精益求精。2004年有关非晶钢的论文就被美国物理学会评为当年世界上“Top Physics Stories”之一，关于非晶形成能力的论文被ISI机构确定为材料科学界2005年“Fast Moving Frontier”论文。回国后的吕昭平带领团队继续在非晶合金研究方向上钻研攻关。针对非晶合金实际工程应用的关键瓶颈问题——室温脆性和应变软化，2010年，吕昭平带领团队在国际上率先引入“相变诱导塑性”这一概念，成功地制备出具有拉伸塑性和加工硬化能力的相变诱导塑性非晶复合材料，首次在行业内得到了在保持高强度的同时具有高拉伸塑性的非晶合金材料。这一研究成果在影响因子18.9的国际著名材料期刊*Advanced Materials*发表，被认为是块体非晶合金强韧化上的一个重要突破，*Nature-Asia Materials*为此成果予以专题评述，认为这一研究成果“为其他合金体系中开发大韧塑性非晶合金材料提供了一种新的思路，并对非晶态合金材料的实际工程应用起到极大的促进作用”。另一著名学术期刊*Science*杂志也对此研究进行了专门报道和评述，认为这“极大提升了非晶合金的潜在结构应用，并开辟了一个新的科学研究方向”。同年，吕昭平在*Physics Review Letters*发表了对纳米尺度上非晶微观结构的最新认识，揭示了非晶合金原子排列的球周期有序结合局域平移有序的普遍特征，有效地实现了局域原子团簇和三维原子结构的整体结合，所建立的非晶合金球周期结构的普适结构模型，被认为是我国学者对非晶研究领域的一个重要贡献。吕昭平团队还将传统凝固中的异质形核思想应用到大尺寸非晶复合材料的开发中，通过设计微合金化方案，调控奥氏体型晶相的形核与长大，成功地开发了厘米级的具有优异拉伸性能和加工硬化能力的相变韧塑化非晶复合材料。该成果得到同行审稿人的高度评价并推荐发表在*Advanced Materials*上，被认为是块体非晶复合材料的又一个突破。

耐热不锈钢是工业界广泛使用的一类特殊钢，对于缓解全球温室效应影响下的气候变化威胁、提高能源利用效率、保护自然环境具有重要意义。吕昭平团队为了这一全球重大问题而努力寻求着材料领域的解决方案。由于传统的耐热不锈钢含有大量的铬元素，铬元素高温下氧化会在材料表面形成致密的氧化保护膜，但是这一层氧化膜在高温和水蒸气环境下会很快失效，早在美国橡树岭国家实验室工作的时候，吕昭平就关注了这个问题，开始了新的耐热机制研究。经过理论分析和反复实验，他和同事们发现通常作为钢铁冶炼中用于脱氧的铝元素可以替代铬发挥同样的作用，形成的氧化膜层可以在高温和水蒸气环境稳定存在，根据这一发现，吕昭平和他的同事们研制出新一代高强度、抗蠕变、耐氧化、低成本的高温奥氏体不锈钢。这一研究成果获得美国专利授权并在*Science*杂志上发表，国际著名材料评论刊物*Materials Today*以专题形式予以报道，引起了学术界的轰动。回国后，由于意识到这方面研究的重要性，虽然没有得到专项经费支持，吕昭平千方百计筹措科研经费坚持耐热钢方面的研究，历时多年，终于研发出750℃和水蒸气服役条件下的新型耐热钢，综合性能大幅超过在美国开发的同类材料。

在航空航天、新能源、先进装备制造、高速列车和国防安全等国家重大关键技术领域，对于高端的超高强钢有着重大需求。传统的马氏体时效钢含有大量的钴、钛和钼等贵重合金元素，且要经过复杂苛刻而严格的冶炼和热处理工艺，价格昂贵。“如何进一步提高钢铁材料的极限强度并降低成本和简化工艺？”吕昭平团队一直在试图解决这个难题。通过创新合金设计理念，大幅降低钼等贵重元素含量，完全不含钴、钛等昂贵合金元素，代之以铝和碳等常见的“平民”元素，利用不同的强化机理，成功研发出一种高密度纳米析出强化的超高强马氏体时效钢。这种新超高强钢不但成本低，而且抗拉强度达到2200兆帕，同时塑性不低于8%，大幅度提高了高强钢铁材料的综合性能。国际顶级期刊*Nature*于2017年4月发表了这一来自中国材料学家们的突破性研究进展。业内专家评价认为，这一突破不但有力地推动该类材料的实际工程应用，其设计理念还有希望应用于其他合金体系，为新型超高强度材料的发展打开了新的研究思路。

吕昭平团队还致力于高熵合金研究。他的团队推动并引领了高熵合金领域研究前沿，在高熵合金基础研究方面有着国际领先的优势，提出了预测多主元高熵合金相形成的规律的判据；揭示了熵在高熵合金相稳定性中的作用；在理解高熵合金相稳定性和强化机理方面取得了突破，为设计新型高性能高熵合金提供了科学依据。基于在高熵合金领域的开创性工作，他的团队2014年受*Progress in Materials Science*杂志邀请撰写高熵合金方面的综述文章，该文目前已被SCI引用超过400次，成为该领域的最重要的文献之一。近期，吕昭平团队进一步将“相变诱导塑性”的概念应用与高熵合金，解决了一类高熵合金的脆性问题，研究成果已经被*Advanced Materials*接收发表。针对高熵合金关键的相稳定性问题，吕昭平团队采用原位高压同步辐射技术，发现高熵合金的多形性转变，打破了人们对于高熵合金相稳定性的普遍认识。

“春种一粒粟，秋收万颗子。”执着、专注于新材料研究的吕昭平及其团队，在他回国十年之际，已经硕果累累。迄今，吕昭平团队已经在国际学术期刊发表高水平论文100余篇，被引用5000余次，获得授权发明专利30余项。吕昭平本人受聘为教育部“长江学者奖励计划”特聘教授，获得国家杰出青年科学基金资助，入选国家百千万人才工程“有突出贡献中青年专家”及国家“万人计划”领军人才等称号。团队获得教育部创新团队滚动支持，团队成员获得国家“优青”“万人计划”青年拔尖人才、北京市科技新星等称号。

钢铸形，铁融魂，几度春秋换得材料腾飞

各项成绩的取得不是偶然的，是源自老师们严谨的治学态度、开阔的学术视野，源自学生们求实鼎新的科研态度和团结奋进的精神风貌。

吕昭平教授总是这个团队最繁忙的人，作为副校长和实验室主任，每天都有繁多的行政任务，但是在科研任务和指导学生方面，吕老师依然是丝毫不松懈。每天早上7点左右，吕老师总是会出现在办公室，在处理完各项行政事务之余，总是会立马在团队QQ群微信群发消息找学生讨论实验，给学生指导实验下一步方向。团队坚持每周开组会，由于老师们平时科研任务行政任务繁多，团队老师同学们就利用晚上或者周末的时间，坚持每周一次开组会，进行组内学术交流。老师们处理完白天繁重的工作，晚上依然精神饱满地对组内学生实验情况进行细致的了解、分析、指导。老师的勤奋和对科研认真执着的态度深刻地影响着组内的学生们，他们辛勤付出刻苦钻研，在实验室度过多少个日夜，与实验相伴度过，看成分，测性能。团队学生之间有着良好的互帮互助意识，高年级博士在忙于自己科研的同时，对低年级研究生在科研上实行“传、帮、带”的组内优良传统。

在2017年，团队在超高强钢、高熵合金等研究方向取得了突破性进展，钢铁材料对于现代社会的意义，就如同骨骼对于人类的身体，是支撑起国民经济的脊梁。在航空航天、新能源、先进装备制造、国防安全和高速列车等先进交通运输行业，超高强韧钢是实现轻型化设计、节能减排的关键材料之一。如何才能进一步提高钢铁材料的强度？同时还要降低成本和简化工艺？吕昭平教授团队创新合金设计理念，大幅降低钼等贵重元素含量，完全不含钴、钛等昂贵合金元素，而代之以铝和碳等常见的平民元素，利用不同的强化机理，开发出一种高密度纳米强化的超高强韧马氏体时效钢。新的超高强韧钢不但成本降低，生

产工艺简单，而且大幅度提高了高强钢铁材料的综合性能。

在材料领域，石墨烯、二维材料等新材料是当今的“大热门”，无论是在学术界还是产业界。相比之下，钢铁作为“冷门”的传统材料，做出突破会面临极为艰难的挑战。吕昭平教授团队在追踪新材料方向的同时，对传统材料钢铁依然坚持研究，对所谓的“冷门”材料十年如一日坚守，通过“纯本土原创”的创新合金设计理念，实现了钢铁材料性能的重大突破，表明我国本土的钢铁材料研究已经处于国际领先地位，这对于我国的钢铁工业发展有着重要意义。

小传

满井苍苍，师韵兰香。生于文都血脉载以诗书礼乐，长于桐城胸膛怀藏红色星火。博学笃志潜心材料研究，十六载远渡重洋接引技术。钢为骨，铁铸魂，如长夜之皓月；如盛夏之桃李；长夜黯黯，唯皓月以开辟前路光耀迷途；盛夏烈烈，唯桃李以培才育实质朴为怀。桃李不言，下自成蹊，夫子无言，芝兰玉树。

大家眼中的他

吕昭平教授团队的老师和同学们都非常的勤奋，从研究生到研究员，很多人没有假期，绝大多数的晚上与周末都在实验室里度过，我曾经问过他们，这种最朴素的坚守，你们的动力从哪里来？得到的回答是：对科学事业的热爱、执着和专注；是勇攀世界科技高峰、以科技报国的初心和使命；是不想辜负时代的幸运和国家厚望的一颗为国为民的赤诚之心。科学是持之以恒的事业，多年来吕昭平教授团队心怀国之大者，围绕攻克关键核心技术加大基础研究力度，静心笃志、砥砺创新、顽强攻关，在非晶合金、超高强钢、高熵合金等金属材料领域取得一系列重大科技成果，实现了很多从0到1的突破（抢占科技竞争和未来发展制高点）。科学精神在这里薪火相传，熠熠生辉。

——新金属材料国家重点实验室 党委书记 张甜

我是李宏祥，2008年2月来到北科大吕昭平教授团队做博士后。那时吕老师刚回国不久，但他是国际上引领非晶发展的知名科学家之一。追随吕老师的脚步，看着吕老师团队从最初包括我在内3个学生到今天几十人，从当初只是非晶领域成绩斐然，到现在吕老师团队在先进高强钢、高熵合金、非晶等多个领域引领国际上学科发展，一路走来很不容易。外界看到的成绩背后实际上是吕老师和团队成员多年的挑灯夜战，孜孜以求的讨论，是包括周末时间都投入进去多年的坚持。科学研究从0到1很难，正是这份坚持成就了吕老师团队，也使得北科大在上述学科领域蜚声于世界。衷心祝福吕老师团队越来越强大，在解决国家重大需求中继续前行。

——北京科技大学新金属材料国家重点实验室 研究员 李宏祥

我是何骏阳，2011级博士（硕博连读）就读于吕昭平教授课题组。博士5年半的时间，说长不长，说短也不短，因为吕老师作为顶尖的爱国科学家的一言一行，是我怎么学都学不完的；吕老师课题组如家一般的温暖，令我依依不舍。转眼间，如今的我，也已经转变了自己学生的角色，顺利走上了材料领域的教学和研究岗位。回首往事，课题组高标准严要求的科学训练、各位老师动之情晓之理的思想引领、师兄弟姐妹们热情的帮助鼓励，还都历历在目。现在作为一名高校教师，我希望自己能像课题组的老师那样，以身作则，将心比心，将所学化所用，不断提升自我。我的目标是带着我的学生们，像吕老师课题组那样，肩挑重担仍稳稳前行。

——中南大学粉末冶金研究院 讲师 何骏阳

我是周捷，2020年从吕昭平教授课题组博士毕业后，入职国家能源集团联合动力技术有限公司，投身到祖国风电新能源事业中。从新材料研究到新能源实践，工作之初的我也遇到了新的挑战，但吕老师和团队老师们的叮嘱和期望总是给予我无穷的力量。人生的道路虽然漫长，但紧要处常常只有几步。对我来说，拜入“为学、为事、为人的大先生”门下，接受高水准科研训练，跨过挫折收获成长，并将团队“越困难，越要向上攀”的踔厉奋发精神烙在心中，无疑是人生中的关键一步。当我笃行的足迹开始遍布祖国的高山大川，回首望去，恩师们的榜样力量和团队精神一直都如同昂首矗立、顶天立地的风电机组一样，默默地鼓舞、注视和指引着我前进的方向，一如过往。

——国家能源集团联合动力技术有限公司工程师 周捷

我是曹鹏辉，在吕老师课题组学习的时光，尽管过去已有四年，却仿如昨日，和同门师生一起修设备、做实验、打篮球……充实而又快乐的小硕生活历历在目。其中，最令我难忘的是每周组会上的点点滴滴，轻松活跃的组会氛围中师兄姐们的学术研讨总让我这科研小白满脸羡慕和崇拜，因为师兄师姐们说的每一个字我都认识，但连成一句话却理解不了，因此，每次组会我几乎都懵懵懂懂地沉浸在有朝一日也能像师兄师姐们那样侃侃而谈的幻想中。自从课题组毕业后我继续开始博士深造，我才真正明白优秀的的老师们和学术氛围对于研究生来说是多么的至关重要！因此，我将不辜负吕老师课题组学习的每一天，认真学习，在今后的学习和研究中不留遗憾。

——中南大学博士研究生 曹鹏辉

吕老师的课题组每周一次的组会雷打不动，不论吕老师多忙，会开到多晚，他都会仔细认真地倾听我们每一个人近期工作、实验、生活的汇报，与我们交流。他总会用幽默的语言，结合自己的亲身经历告诉我们人生的道理，鼓励我们走好自己的人生之路。在团队中，我们不断成长，心理日趋成熟，改变以前“为找个好工作而学习”的想法，我们也要像吕老师一样为国家做贡献，不为名利，勇攀科研高峰。

——吕昭平课题组在读博士生 喻嘉彬

媒体关注

北科大团队研发出新型超高强钢

新华社北京4月12日电（记者李江涛）北京科技大学新金属材料国家重点实验室吕昭平教授团队研发出一种新型纳米强化的超高强马氏体时效钢。这种钢材不但成本降低，生产工艺简单，而且抗拉强度较高。国际学术期刊《自然》近日在线发表了他们的研究进展。

据吕昭平教授介绍，在航空航天、新能源、先进装备制造、国防安全和高速列车等国家重大高新技术领域，高端的超高强钢均有重大需求。钢铁材料的强者是马氏体时效钢，主要在于这种钢铁材料中含有大量的钴、钛和钼等贵重合金元素，还要经过复杂苛刻而严格的冶炼和热处理工艺，所以价格昂贵，一般仅限用于火箭发动机壳体、飞机起落架和关键联接件等航空航天及深海技术中重要结构件。

为进一步提高钢铁材料的极限强度，吕昭平教授团队创新合金设计理念，大幅降低钼等贵重元素含量，完全不含钴、钛等昂贵合金元素，利用不同的强化机理，研发出一种高密度纳米析出强化的超高强马氏体时效钢。新的超高强钢不但成本降低，生产工艺简化，而且综合性能大幅度提高。

北京钢铁研究总院董瀚教授表示，钢铁材料的性能极限化研究是近年来的研究热点，强度极限化更是业内一直追求的梦想。业内人士普遍认为，进一步提高钢铁强度、塑型与韧性非常困难。吕昭平团队研发的超高强马氏体时效钢强度突破2000兆帕仍具有良好的塑性，而且合金化成本低，为高性能钢铁材料研发提供了创新思维，不但推动高性能钢铁材料的技术研发，也可应用于其他合金体系的高性能化研究。

——新华社

北科吕昭平团队第三篇*Nature*！
一种生产高强高塑超细晶钢的简易方法

这是北科大吕昭平团队自2017年以来发表的第三篇*Nature*。本文报道了一种在孪生诱发塑性（TWIP）钢中大规模制备超细晶结构的简便方法，屈服强度达到约710MPa，均匀延展率为45%，拉伸强度约为2000MPa。而且该制备工艺很容易应用于现有工业生产线。

亚微米级晶粒的钢铁材料通常具有很高的韧性和强度，这使得其在轻量化和节能减排方面很有前途。目前，工业上制备超细晶（UFG）钢时通常依赖于扩散相变，这导致工业制造仅限于奥氏体到铁素体转变的钢。同时这类超细晶钢有限的加工硬化能力和均匀延伸率阻碍了其广泛应用。

日前，来自英国谢菲尔德大学、北京科技大学、美国国家标准与技术研究院及泰斯研究公司、郑州大学等单位的研究人员，报道了一种在Fe-22Mn-0.6C孪生诱发塑性（TWIP）钢大规模制备超细晶结构的简便方法！通过少量的铜微合金化，以及相干无序富铜的晶内纳米析出相（在30秒内）调控再结晶过程，即可实现以上目标。相关论文以题“Facile route to bulk ultrafine-grain steels for high strength and ductility”于2021年2月10日发表在国际顶级期刊*Nature*。通讯作者分别是来自北科大的蒋虽合与吕昭平、美国国家标准与技术研究院及泰斯研究公司的Huairuo Zhang、英国谢菲尔德大学的Rainforth。

——材料科学网

北京科技大学吕昭平团队*Nature*：不寻常的超高强韧“中国钢”

钢铁材料对于现代社会的意义，就如同骨骼对于人类的身体，支撑起国民经济的脊梁。在一些关乎国计民生的重要领域，例如航空航天、可持续加工制造、新型能源、安全工程以及先进交通运输行业等，为实现轻型化设计以及节能减排，超高强韧钢的发展是其中的关键。铁镍基马氏体作为一种典型的超高强韧钢，通过在超低碳的位错马氏体基体上析出大量的纳米级金属间化合物（Ni_3Mo、Ni_3Ti、Fe_2Mo）来实现超过2 GPa的超高强度，以及极佳的综合服役性能。但是，这种材料需要超高量的合金元素，如高达5%—12%的Co和Mo来促进主强化相Ni_3Mo的析出，而Ti通过形成富Ti金属间化合物提供额外的强化效果。这些昂贵合金元素尤其是Co的使用极大地提高了成本，限制了其广泛应用。为此，材料学家们发展了无Co或低Co的马氏体时效钢（maraging steels），这其中Ni_3Ti作为一种替代的析出强化相，通过增加合金元素Mo、Ti含量促进其析出，进而实现高强度。但是Ti、Mo含量的增加不可避免地产生有害析出物，严重降低材料的韧塑性。昂贵的合金元素、异常严格的加工制备要求，都严重限制该类超高强钢的应用，成为困扰高端钢铁工业发展的难题。

现行的马氏体时效钢不管是否含Co，其强化机制始终是基于大量半共格粒子产生的大共格畸变和位错的交互作用。析出相和基体之间这种大的机械性能差异虽能提供极高强度，但是也促使材料在加载时容易过早的形成裂纹或者局部应变，这极大地限制了材料的韧塑性，同时影响材料服役的安全性和可靠性。另外，强化相和基体晶体结构上的较大差异必然导致析出过程的较高形核势垒。所以，传统方法通过增加成分上的过饱和度来促进更多的半共格粒子析出的方法（尤其是在一种高缺陷密度的基体上），已经达到了极致，并成为超高强度合金进一步发展的瓶颈。针对上述问题，北京科技大学吕昭平教授团队在材料设计上独辟蹊径，采用“不寻常”的合金设计理念，发展了“不寻常”的高密度有序Ni(Al,Fe)纳米颗粒强化的超高强韧马氏体时效钢，其抗拉强度不低于2.2 GPa，拉伸塑性不低于8%。而且由于使用价廉质轻的Al等合金元素代替传统马氏体时效钢中昂贵的Co、Ti等，可添加传统马氏体时效钢所避免的C元素，成本大幅度降低，制备工艺简化。国际顶级期刊*Nature*于2017年4月10日在线发表了这一来自中国材料学家们的突破性研究进展。

——纳米科技网

重磅！北科大吕昭平团队：发现超高强度钢新的抗辐照损伤机制

北京科技大学新金属材料国家重点实验室吕昭平教授团队基于前期研发的共格析出强化的超高强度钢，发现新的抗辐照损伤机制，该研究对开发先进抗辐照结构材料具有重要意义并成功应用于新型多主元合金体系。国际著名学术刊物*Nature Materials*于2022年5月30日以“Superiorradiation tolerance via reversible disordering–ordering transition of coherentsuperlattices”为题报道了这一研究进展。

——北科大新闻网

国家奖背后的故事：吕昭平教授团队：从“盲人摸象”到“拨云见日”

2019年1月8日，2018年度国家科学技术奖励大会在北京隆重举行，吕昭平教授主持完成的“块体非晶合金的结构与强韧化研究”获国家自然科学二等奖。项目围绕新一代结构材料——块体非晶合金研究的关键科学问题开展研究，揭示了非晶合金原子结构特征及原子堆垛的普适规律，提出了非晶合金强韧化的新思路和组织调控机制，建立了在无序固体中通过有序结构强韧化的新理论，为发展高性能非晶合金材料提供了理论依据。

非晶态合金作为一种高强度、高弹性、抗腐蚀和具有优异软磁性能的新型金属材料已经广泛应用于电力中继和电子信息工业，并在航空航天、能源和机械领域显示出诱人应用前景。早在20世纪90年代，非晶态结构的长程无序就引起了众多科研团队的极大兴趣，也带来了无限烦恼和极大挑战，因为过去所有用来描述晶体材料的公式和方法都无能为力，所以在非晶态合金的原子排列结构的研究中常有“盲人摸象”之说。

针对这个国际性难题，从20世纪90年代开始，团队就在陈国良院士带领下开展非晶合金原子结构方面的研究工作，是国内最早从事这方面研究的团队之一，在研究过程中，陈国良院士曾谆谆告诫团队成员，搞自己的研究特色，走

自己的路，否则，团队就会被淹没在非晶领域的汪洋大海，找不到自己的坐标。

2006年，通过实验观察结合计算机模拟，团队才对非晶原子结构有了自己的认识，提出了非晶合金原子排列缺位有序（Imperfect Ordered Packing: IOP）的概念，被审稿人认为对非晶领域做出了一个重要贡献（Significant Contribution）。2007年之后，随着吕昭平教授从美国橡树岭国家实验室的归来，团队研究实力大增，在非晶结构方面的进展也接踵而来。2008年，团队发现了非晶合金中壳-核型中程序结构，揭示了非晶合金纳米尺度结构不均匀性本质。2010年，团队揭示了非晶合金原子排列的普遍规律，提出了描述非晶原子排列的普适模型。最近，团队又在吕昭平教授带领下揭示了非晶合金发生玻璃转变的结构起源和高压下非晶合金发生多形性相变的电子结构起源。

团队成员回想起团队研究经历，感慨万千。十几年前，块体非晶合金是材料研究中很热门的领域，很多团队满足于尽快发表文章，选择最容易出成果的方向来做。而吕昭平教授团队选择了非晶合金的原子结构和强韧化这两个最核心但也是最难做的方向来做，尤其是非晶合金的脆性问题，很多人认为无法解决而避而远之。在吕昭平教授的带领下，迎难而上，十几年瞄准这个方向，持续冲击，率先在国际上解决了这个难题，被*Science*期刊誉为开辟了一个新的科

学研究方向，为此次获得国家自然科学奖打下基础。

同样，团队在高熵合金领域、高性能钢铁材料领域也是如此，瞄准一个方向，持续冲击，都是选择最核心、最关键的问题，哪怕问题很难啃，可能五年甚至十年都很难做出成果。正是由于团队的选择和坚持，才有了后来的收获。经过十余年的积累，团队在2017年和2018年各发表1篇*Nature*论文。两篇*Nature*论文和国家奖，听起来表面上光鲜亮丽，但背后的艰辛和付出的确很多，有时一个实验重复几十遍，一篇论文修改上百遍，多少个周末的夜晚，无数次开组会到接近凌晨，经历这些，让团队师生每一个人都认识到任何成绩的取得都没有捷径可走，都需要付出加倍的汗水和努力，都需要高度的专注和漫长的淬火。

科研突破需要每一位成员的共同努力，例如针对当时国内的真空设备，大多数是扩散泵（现在都是分子泵），需要预热很长时间，真空不稳定的情况，团队成员结合钢铁的微量稀土元素合金化的概念，发现加入少量稀土元素，可以很好地解决问题，这个微量稀土提高非晶形成能力的技术，还获得了美国专利，到现在仍然是块体非晶实现工业生产必须突破的一个技术。为了研究使块体非晶强韧化的树枝晶-非晶复合材料，团队成员前往新加坡国立大学，研究共晶成分和非晶形成能力的关系，用Bridgman技术控制树枝晶的断面分布，

得到了强韧化的镧基非晶复合材料，回国后，用改进后的Bridgman设备，实现了锆基和钛基树枝晶-非晶复合材料的强韧化。国家科学技术奖励是在某一个领域长期积累、原始创新的结果，代表学校在某一个方向上的综合实力。每一个奖的背后都经历过“坐得了冷板凳，耐得住寂寞，承受住孤独的探索”。

尹升华

——北京科技大学教授，博士生导师

尹升华，汉族，北京科技大学教授，博士生导师，生于1981年5月，政治面貌为党员，所属单位为北京科技大学土木与资源工程学院，是国家优秀青年科学基金获得者，“长江学者奖励计划”青年学者。2010年7月至今在北京科技大学任教，先后任讲师，副教授，教授。从教以来，敬业勤恳，深受学生喜爱，屡屡获奖，同时也潜心科研，成果迭出。他曾入选教育部新世纪优秀人才、全国百篇优秀博士学位论文、中国高校矿业石油与安全工程领域优秀青年科技人才、北京高校青年英才等，兼任中国金属学会采矿分会秘书。主要从事金属矿溶浸开采、矿山膏体充填等领域的研究和教学工作，先后主持国家自然科学基金3项、国家重点研发计划子课题2项、省部级科研项目8项，相关科研成果已获国家科技进步二等奖2项、北京市科学技术一等奖等省部级科技奖9项；授权发明专利14项；发表SCI、EI论文60余篇；主讲课程3门，先后指导博士生6人（其中留学生1人），硕士生11人。

颁奖词

潜心研学，厚积薄发。百炼成钢，终成大器。立足本职，他在科研领域冲锋陷阵，一往无前，他为学校建设无私奉献。鹰击长空，蛟龙腾跃。投身科研，运筹帷幄，决胜千里；勤奋工作，添砖加瓦。引领风骚。他是青年的楷模，是成功的典范。为人师表，桃李万千，以身作则，无问西东。

先进事迹

星斗焕奇才

尹升华是我校土木与资源工程学院教授，博士生导师，作为一个采矿人，其一直将提高矿产资源回收利用率、实现矿产资源绿色高效开采作为自身的责任与使命，致力于金属矿溶浸开采和矿山膏体充填技术方面的研究工作。他兢兢业业、敢于拼搏、勇于创新，以全年无休的工作态度辛勤耕耘，把满腔热忱都倾注于学术研究和教书育人的事业中。尹升华教授长期从事金属矿开采理论与技术领域的科研与教学工作，是北京科技大学矿业工程学科建立以来第1个全国优博，第1个青年长江，第1个国家优青，为北京科技大学矿业工程学科发展起到了积极的促进作用，为青年教师立模范，为矿业学子树榜样。其在科研上勇于探索、敢于创新、取得丰硕成果，承担了国家自然科学基金、国家重点研发计划子课题等多项国家级和省部级科研项目，获得国家级、省部级科技奖励10余项，发表SCI、EI高水平学术论文60余篇；在教学上立德树人、为人师表、深受学生爱戴，指导多名学生获国家奖学金、北京市优秀毕业生、学院学术之星等荣誉。特此，推荐尹升华为2017年度“感动北科”新闻人物候选人。

砥志研思，科研探索无止境

尹升华1981年出生于江西永新的一个农村，1999年考入中南大学学习采矿工程，在不断的学习中，其认识到矿产资源对国家经济社会发展的重要性，更深刻体会到采矿理论技术水平的落后严重限制了我国矿业的发展。因此，其在2003年本科毕业后考取了研究生，并于2006年进入北京科技大学读博深造。

在科研工作中，时间对于尹升华来说总是不够用，其不分昼夜，更是没有寒暑假，常常因一个数据分析，一个理论推导，一篇论文写作而工作到凌晨两三点钟。他自主研发了自动控制矿岩柱浸系统，为溶浸采矿及相关理论研究提供了重要的试验平台。他通过自己不懈刻苦的探索，在溶浸采矿过程多相多场耦合作用机制方面取得了显著的成果的同时，深入剖析了溶浸体系孔隙结构演化特征和高效菌种浸矿特性，有效揭示了浸出过程气固液三相介质相互作用机理，成功建立了浸出体系多场耦合模型，而在研究阶段中他所提出的相关浸矿过程调控技术在云南羊拉铜矿得到了应用，取得了显著的经济效益，真正实现了技术和经济上同时的，相辅相成的突破。在矿山膏体充填领域，他参与建成了我国第一条全尾砂—水淬渣膏体充填示范生产线，打破了我国全尾砂二段浓密的局限性，实现了基于深锥浓密机的膏体一段浓密制备新工艺，真正推动了金属矿山无废开采技术的发展，为未来的发展做好了铺垫；作为核心成员，尹升华教授还参与举办了3届膏体充填国际学术会议，建立了我国膏体充填学术交流平台。此外，尹升华教授也从未放慢他的国际化脚步，在澳大利亚、赞比亚、阿尔巴尼亚、智利等国都留下了他的足迹和智慧，与多个国家的专家学者也建立了良好的合作关系。

"宝剑锋从磨砺出，梅花香自苦寒来。"不懈的努力换来了骄人的成果，在博士期间，尹升华就获得了北科大学子的最高荣誉"校长奖章"和"十佳学术之星"，2012年获评全国百篇优秀博士学位论文，2013年入选教育部"新世纪优秀人才支持计划"，2015年被评为中国高校矿业石油与安全工程领域优秀青年科技人才，2016年入选教育部"长江学者奖励计划"青年学者，2017年获得国家优秀青年科学基金资助。"全国优博""青年长江""国家优青"，这每一个头衔都是北京科技大学矿业学科建立以来的首次获得，其不仅是对尹升华个人工作优秀程度的肯定和褒奖，更是北京科技大学矿业工程学科的骄傲与荣誉。

近年来，尹升华教授先后主持国家自然科学基金项目3项、国家重点研发计划子课题2项、省部级纵向项目8项，作为本校负责人，他还承担了国家自然科学基金重点项目1项；获国家科技进步二等奖2项、北京市科学技术一等奖等省部级科技奖9项；授权发明专利14项；发表SCI、EI高水平学术论文58篇。

立德树人，教书育人为己任

全国政协常委、民盟中央副主席葛剑平曾说“工匠精神铸就双一流大学”，尹升华正是这一理念坚定的践行者。参加工作八年来，他时刻用工匠精神鞭策自己，以踏石留印、抓铁有痕的劲头，扎扎实实地培养优秀矿业人才，持续为国家的教育事业贡献自己的热血的同时，也为祖国矿业输送着新鲜的建设血液。

在课堂授课方面，尹升华教授为本科生和研究生开设了“金属矿产资源与开发技术”“特殊采矿技术”“溶浸采矿学”等课程。他结合学生心理特点和知识结构，精心认真地准备着每一次讲义。在注重以上基础的同时，还注重自主、研究性学习的渗透，以及基本知识、规律与方法的传授，更重视科学探索精神和思维方式方法的培养。他以培养学生的独特个性，增强学生的开拓精神，提高学生的创新意识，发展学生的创造才能为教育目的，事必躬亲，让同学们受益匪浅。尹教授的教学特色也因此得到了上至学院，下至同学们的一致好评。

在本科生教育方面，他本着认真负责的原则，结合合适的科研项目，指导本科生毕业设计及创新训练选题，并为大家提供领先的研究平台。他指导同学们文献查阅、方案设计及试验，培养学生的科研能力和科研素质，为他们后续参与科研创新工作打下坚实的，牢固的基础。在他所指导的本科生科技创新中，分别有1项入选国家级创新训练项目，2项入选北京市创新训练项目；他所指导的学生里，有人获得了第四届采矿模型大赛全国二等奖；所指导的王恒、李红、潘晨阳等多人也都获得了校级优秀毕业设计。

在研究生培养方面，他指导研究生精心选题，强调课题的学术前沿和对我国矿业发展的促进应用，要求研究生在实验中一丝不苟、敏于观察、勤于思考、善于分析，这些都使学生们受益匪浅。至今，尹升华已指导博士生6人（含1名外籍）、硕士生11人，其中多人获国家奖学金和北京市优秀毕业生等称号。同时，他所指导的学生中，还有多人获得了宏大爆破奖学金、学院学术之星、校优秀三好研究生、校优秀毕业论文等荣誉。

尹升华教授师德高尚，业务精湛，立足矿业，追求卓越，凭借强烈责任感和事业心，不仅在学术上取得了骄人的成绩，而且在教书育人、学科建设、团队建设等方面发挥了重要作用。正是凭着这份对学生、对教育、对科研的挚爱，以及坚韧的意志和淡泊的精神，尹升华教授成就了今天的骄人业绩。“不忘初心，方得始终”，他用行动为北科人做出了最好的诠释！

小传

发奋图强，为我国矿业之崛起而读书。天道酬勤，终有所成。暗为科研业下心血，科修业亦厚报之。四尺实验台前，呕心沥血，为科研献身；三尺讲台之上，师德高尚，为国育良才。其所行举止，为弟子法。因材施教，春晖遍四方！

大家眼中的他

我与尹升华是师生关系又是同事关系，从他在校读博士到留校当教师，与他相处多年。尹升华教授朴实勤奋，工作努力，对人真诚。曾获全国百篇优秀博士论文，留校两年就被破格晋升为教授，是当时北京科技大学最年轻的教授之一。后担任系副主任、学院院长，曾入选国家重点人才培养计划。他工作认真，团结同志，态度谦虚，积极热情，能合理协调教学、科研和院务管理之间的工作关系，努力踏实地做好每一件事，为此在各方面都取得了突出成绩。他热爱党的教育事业，为人师表，教书育人，注意在政治思想、业务能力和日常生活诸方面关心年轻教师和学生，并严格要求，认真负责，从而受到年轻人的信任和尊重。他业务基础扎实，具有创新精神，做事认真，在教学、科研和教育管理等方面均表现出较强的工作能力，是年轻教师学习的榜样。

——土木与资源工程学院资源工程系教授、博导 明世祥尹升华老师是不甘平凡、卓尔不群的科研先锋。近20年来他立足国家资源开发重大需求、甘坐冷板凳，在矿业工程学科领域做出了突出业绩，连续承担多项国家级科研项目，荣获多项国家级人才称号，是矿业领域不可多得的中青年人才。在其努力推动下，我校矿业学科保持高水平发展，连续入选国家“双一流”建设学科，彰显了我国矿业学科的国际引领力。同时，尹升华老师是严谨治学、甘为人梯的师德典范。从业以来，始终把教学放在首位、把学生放在首位，先后培养了多名国家奖学金获得者、校长奖章获得者，为领域培养了一批高素质人才。另外，尹升华老师是古道热肠、不遗余力的榜样。作为中青年人才代表和一院之长，十分关心、关注青年教师的发展，毫无保留地分享个人的经验，助力身边的年轻人快速成长、成才。

——土木与资源工程学院安全科学与工程系教授、博导 宋大钊

尹升华教授作为学院领导，为人正派，廉洁自律，政治立场坚定；思路清晰，思维缜密，有较强的应对复杂局面的能力和组织领导能力；热情随和，善于团结，能充分调动大家的积极性；作为青年学者，脚踏实地、潜心钻研，个人学术能力及水平高，成果丰硕，是青年教师的学习楷模；作为学科青年带头人，吃苦耐劳，无私奉献，心系学科发展与建设，注重谋长远、抓大事，开拓进取精神较强。年轻有为，却从不自恃自傲，始终谦虚低调、不骄不躁，平易近人，无论对普通老师还是学生，具有很强的亲和力，是大家的良师益友。

——土木与资源工程学院资源工程系副教授、支部副书记 谭玉叶

尹老师是师长，是模范，是榜样，是学生前行路上的指路者和领航人。我与尹老师相处多年，深切感受到他对科研工作和教育事业的忠诚与热爱。在科研创新方面，尹老师一直坚持“做有用的科研”“干实事、勇创新”，科研工作服务国家需求和生产实际，以全年无休的状态开展理论技术研究和矿山工程实

践，实现了多项技术突破，为金川镍矿、山东黄金等矿企创造了显著效益、赢得了一致赞誉；在学生培养方面，尹老师立德树人、因材施教，既提升学生综合素质又培育学生自身优势，以学生更快更好发展为立足点，全力支持学生进行实验研究、工程实践、出国访学，是我们学业上的良师、生活中的益友。我们将以尹老师为榜样，努力拼搏，不断奋斗！

——采矿工程专业2015级博士 陈勋

三年硕士学习期间，我有幸跟随尹升华教授学习深造。尹老师渊博的学识、严谨的育人理念、勤勉的工作态度和追求创新的科研精神时刻激励着我，促使我不断进取。尹老师始终给予我巨大的帮助和支持，在学术上悉心指导、在生活上关心爱护、在工作中言传身教，尹老师雷厉风行、精益求精的工作风格不断影响着我，是我终身学习的榜样。此外，尹老师追根究底的科研态度、细致入微的工作风格和见微知著的逻辑思维，使我获益匪浅且受用终身，尤其是在科研学术钻研过程中，尹老师的建议总是让我豁然开朗。

——采矿工程专业2019级硕士研究生 宋庆

非常荣幸大学期间由尹升华老师担任我的本科生导师。在我的大学四年里，尹老师严谨治学、精益求精的科研态度始终深深激励着我，让我在仰望导师学术成就的同时不断提醒自己要在老师的指导下获得更长足的进步和成长。作为师者，尹老师在授课之时脸上总挂着亲切的微笑，深入浅出地讲解专业知识的同时将思政教育融入课堂，在他的课堂上，我们感受到的不仅是知识的浩博，还有采矿工作者的担当。尹老师不仅仅是学生们学术科研生活中的榜样，更是在思想上为我们领航，为学生开阔视野，让我们明白采矿专业的使命和力量，这也使我坚定地选择了本硕贯通继续留在采矿行业深造。

——采矿工程专业2018级本科生 陈康宁

媒体关注

土木与资源工程学院教授，2017年国家优秀青年科学基金获得者，入选2016年“长江学者奖励计划”青年学者、2013年教育部新世纪优秀人才、2012年全国百篇优秀博士学位论文、中国高校矿业石油与安全工程领域优秀青年科技人才、北京高校青年英才等。尹升华教授长期从事金属矿开采理论与技术领域的科研与教学工作，先后主持国家自然科学基金等国家级和省部级科研项目10余项，研究成果获国家科技进步二等奖2项、北京市科学技术一等奖等省部级科技奖9项；授权发明专利14项；发表SCI、EI论文60余篇。是我校矿业工程学科建立以来第1个全国优博，第1个青年长江，第1个国家优青。根据工作需要，2021年4月9日研究决定：尹升华任土木与资源工程学院院长，任职试用期一年，自2021年4月9日至2022年4月8日。

——北科大新闻网

焦树强

——北京科技大学教授

焦树强，生于1977年11月，北京科技大学教授。1999年毕业于湖南大学化学化工学院腐蚀与防护专业，2003年获湖南大学材料学硕士学位，2006年7月获北京科技大学冶金物理化学专业博士学位，随后相继在英国剑桥大学和美国麻省理工学院从事博士后研究。现为北京科技大学钢铁冶金新技术国家重点实验室教授。研究方向为电化学冶金过程与工程。2011年入选教育部新世纪优秀人才计划，2013年获国家自然科学基金优秀青年基金资助，2015年入选英国皇家化学会会士（FRSC），2017年获国家杰出青年科学基金资助。目前兼任中国稀土学会火法冶金专业分会副主任，中国金属学会熔盐化学与技术分会秘书长，中国有色金属学会冶金物理化学分会委员等职务。焦树强教授现为我校冶金工程专业青年学术带头人，长期工作在科研教学第一线，工作努力、学风严谨、谦虚踏实，具有扎实的理论基础和丰富的实践经验，具有很强的团队协作精神、敬业精神和责任感，是一位极具创新和开拓精神的优秀青年科研工作者。焦树强教授在电化学冶金领域取得了突出的创新性成果，带领团队为我校冶金物理化学学科的发展做出了重要贡献。

颁奖词

四十余年人生路，二十余载治学心，挥汗于三尺讲台，是良师也是益友，悉心于漫漫科研路，是梦想也是自由。他潜心于学术研究，用一篇篇论文表达对学术的热忱，他为学生带去冶金世界的奥妙，也带去了一尘不染的真心。

先进事迹

学术鼎新，潜心耕耘荣获国家杰出青年科学基金

焦树强教授及其电化学冶金课题组是“USTB”“CHINUKA”的钛冶炼工艺的主要发明人；是TiCxOy固溶体阳极熔盐电解制备钛金属方法的主要提案者之一；负责实施了万安级TiCxOy熔盐电解制备金属钛的半工业化实验；优化了熔盐电解精炼制备高纯钛工艺，设计了象形电极、电流密度匹配的阴、阳极结构，实现了4N及以上高纯钛电化学制备的工业化；并在熔盐惰性阳极开发及应用方面开发了一批适用于熔盐电解工艺的氧化物、金属陶瓷惰性阳极，并将其应用于无环境负荷电化学脱氧制备金属、特殊环境氧气制备、CO_2熔盐电化学转换等领域。

焦树强教授带领的课题组较早开展铝离子电池的研究工作，提出了高价离子嵌入—脱嵌方式工作的“摇椅电池”模型；开发了系列适用于铝离子电池的过渡金属硫化物正极材料；发明了以石墨结构炭质材料为正极的高工作电势铝离子电池，并提出了铝配离子在正极材料层间嵌入—脱嵌的工作机制。

目前，焦树强教授及其团队已经在*Energy & Environmental Science*，*Advanced Matcrials*等国内外公开学术刊物发表学术论文170余篇，其中SCI检索论文150余篇，SCI检索论文在web of science中总计他引2200余次。已申请国内外发明专利38件，近5年获授权英国发明专利1件、中国发明专利15件；获得2016年度高等学校科学研究优秀成果奖（科学技术）技术发明二等奖1项（第1完成人），获省部级鉴定成果2项。

在国家自然科学基金委员会公布的2017年度国家杰出青年科学基金资助名单中，焦树强教授以出众的科研成绩以及孜孜不倦的育人精神成功获得资助。

立德树人，凝心聚力打造标兵集体

焦树强教授指导的电化学冶金课题组不仅科研成果出众，在课题组学习

生活文体等方面也都样样精通，以其出色的团队凝聚力以及积极向上的团队氛围斩获北京科技大学研究生标兵集体这一我校给予研究生集体的最高荣誉。

每月一次的组织生活会是课题组进行党性修养的平台，围绕“两学一做”和学习习近平总书记系列讲话以及十九大精神，力争把课题组建设成为一个凝聚力强、学风正、思想向上的先进集体。课题组成员在焦树强教授的带领下积极参加学校以及学院的各项文体活动。篮球、乒乓球以及竞走比赛中总能看到课题组同学的积极参与，在羽毛球比赛中课题组更是一路过关斩将，取得冶金国重实验室第二名的好成绩。

焦树强教授立德树人，以身作则，在学术上精益求精地要求学生们严谨科研，在生活上润物无声地关爱所带的研究生们，让大家既能学到科研上的知识与技能，又能感受到实验室大家庭的温暖与团结。

兢兢业业，无私付出助力熔盐会议

2016年10月21日至23日，由中国金属学会主办，北京科技大学钢铁冶金新技术国家重点实验室承办的2016熔盐化学与技术研讨会暨中国金属学会熔盐化学与技术分会第一届委员会会议在北京召开。焦树强教授指导的电化学冶金课题组承担起会务组织工作。从会议通知，会议指南制作，会议相关物资的购买，到会场的布置，会议室的设备调试，会议注册等工作，课题组同学齐心协力，相互配合，圆满完成了会务组织工作。

本次会议彰显了熔盐化学与技术分会的工作对促进冶金科技进步和学术繁荣、支撑行业转型升级和创新驱动的积极意义。会议选举焦树强教授为中国金属学会熔盐化学与技术分会秘书长，标志着电化学冶金课题组这支凝聚、向上的团队正在通过他们兢兢业业的努力与无私的付出承担起更多的社会责任并赢得学术界的认可。

桃李芬芳，孜孜不倦助力人才培养

焦树强教授提倡启发式为主导的互动式教学，所设计的教案、课件和教学方式，获2011年度北京科技大学冶金与生态工程学院青年教师教学基本功比赛一等奖。注重以教学带动科研，以科研促进教学，强化所授课程的学术前沿性，致力于培养学生把握最新学术动态和从事前沿学术研究的能力，获得北京科技大学第二届“研师亦友”提名奖。培养的本科生中，有多人次进入国外知名大学深造，并获全额奖学金资助等。培养的研究生近5年来申请PCT专利6项，中国发明专利20余项，发表SCI检索论文逾100篇，研究生3人获北京科技大学优秀博士学位论文，10人获得国家奖学金，1人获北京科技大学十佳学术之星，1人获北京科技大学校长奖章等。

小传

不忘初心，砥砺前行，学高为师，身正为范。三尺讲台，三寸舌，三寸笔，三千桃李；十年树木，十载风，十载雨，十万栋梁 。二十余年兢兢业业，科研教学双有成，科研攻关担重任，亲尝亲历品艰辛，一生科研精神满，一生奋斗斗志昂。

大家眼中的他

四年的相处让我充分感受到了焦老师爱党敬业、诲人不倦、敢为人先的优秀品格。焦老师工作繁忙，不仅需要处理冶金学院、冶金国重的日常工作，还要管理整个研究梯队大小事务。“早7晚12”似乎已经成为焦老师的生活作息，每当工作空隙，他还会用自己多年的科研经验与丰富的生活经历悉心指导每个学生科研工作、解答学生生活中遇到的问题，令我们受益匪浅。最让我感受到温暖的是，2020年疫情突发，焦老师大年初一立即回到学校开展工作，长达六个月的封校期间，积极指导教学与科研工作，没有一天懈怠。转眼就要毕业，但是焦老师对待工作和科研的态度让我受用终身。

——学生 蒲正浩

师恩如山，永刻于心。焦老师远见卓识的学术视野，精益求精的科研态度，诲人不倦的高尚师德，平易近人的人格魅力，给我留下了难以忘怀的印象。在科研的道路上，我得到了焦老师耐心的指导，修改学术论文时一丝不苟的工作作风更是我学习的榜样。生活中，焦老师和蔼可亲，与学生打成一片，没有丝毫距离感。当同学们遇到困难时，焦老师总是第一时间伸出援助之手。焦老师用他的实际行动证明如何做一名有品位、有风骨、有情怀的好老师、好学者，始终本着“和学生在一起”的工作理念，用心陪伴每一位同学的成才成长。

——学生 关伟

我是冶金国重2001班的学生，我所在的课题组是冶金电化学课题组，在我刚进课题组时，焦树强老师认真负责的专业水平给我留下了深刻的印象。在工作中，当我们每次讨论到科研问题时，焦老师都会给予我们耐心的指导。当科研感到迷茫时，焦老师也会给我们指引方向。在生活中，焦老师关心我们的身体健康，经常给我们买水果小吃等食物，让我们在做好科研的同时也锻炼好身体。在实验室安全方面，焦老师要求严格，经常叮嘱我们要注意安全。在学术方面，焦老师严谨负责，视野宽广，学识渊博。焦老师以专业负责的学术水平和关爱学生的良好品德受到每个学生的尊敬和爱戴。

——学生 吴涛

还记得刚踏入实验室时，对科研一无所知、无从下手，我的导师焦树强教授指导我从查阅文献做起，学习掌握了一定科研知识后允许我们进入实验室。焦老师以身作则，言传身教，教导我们每一位学生严谨细致，逻辑清晰。焦老师尽管工作繁忙，难以对每个实验细节亲历亲为，但是能洞察全局，在我陷入圈尚不自知的时候指引我，在我犯错的时候包容我，让我在科研路上慢慢走向正轨。焦老师高深的学术造诣，严谨的治学风格，时刻为学生着想的舐犊之心和独特的人格魅力深深影响着我。

——学生 王新蕊

焦老师治学严谨，经常来实验室指导我们的实验工作，对我们的科研工作要求严格。但是，正所谓“爱之深，责之切”，正是因为老师对我们寄予了很大的爱与希望，他才会一次次地对我们提出更高的要求，让我们在科研的道路上越走越深，越走越高。老师学识渊博，对于学生能循循善诱，将深奥的科学问题讲得通俗易懂。生活中，老师对我们的关心也是无处不在，他能设身处地地处处为学生着想，维护学生的正当利益，是我们心目中的良师益友。

——学生 贾永政

焦老师是一位享誉世界的杰出科学家，在熔盐电化学、新能源材料与器件、电极可视化等研究方向具有很高深的造诣，注重基础研究的前提下始终围绕工业化生产进行技术革新，为积极推动国家工业发展而贡献自己一份力量。作为焦老师的一名学生，我切身体会到焦老师言传身教、诲人不倦、立德树人的优良品质，也强烈地感受到焦老师独特的科学魅力，开拓了我对电化学科学领域的新认识。同时，治学严谨，追求真理的科学态度也深深地感染了我，无论是今后的科研与生活，都将使我受益一生。

——学生 朱霏

媒体关注

我校焦树强教授获评中国青年科技奖

近日，第十五届中国青年科技奖颁奖大会举行，大会颁发了第十五届中国青年科技奖特别奖获奖者10名，第十五届中国青年科技奖获奖者90名。北京科技大学钢铁冶金新技术国家重点实验室焦树强教授获得中国青年科技奖。

焦树强，教授，博士生导师，1977年11月出生于甘肃白银。现任我校钢铁冶金新技术国家重点实验室副主任，国家杰出青年科学基金获得者，英国皇家化学会会士，曾获国家优秀青年科学基金资助，入选教育部新世纪优秀人才计划。兼任中国稀土学会火法冶金专业委员会副主任、中国金属学会熔盐化学与技术分会秘书长。焦树强长期从事电化学冶金领域的研究工作，是USTB和Chinuka钛提取工艺的主要发明人；在金属（钛、硅）电化学提纯领域具有丰富的研究积累，将高纯钛的电化学制备工艺实现产业化应用；在国际上较早开展铝离子二次电池的研究工作，发明了铝碳二次电池。近年来承担国家级、省部级、企业委托课题10余项；在*Advanced Materials*, *Energy & Environmental Science*, *ACS Nano*等公开学术刊物发表学术论文180余篇，其中SCI检索论文逾160篇；申请国 内外发明专利40余件，教育部技术发明二等奖1项（排名第1）。

中国青年科技奖由中央组织部、人力资源社会保障部、中国科协、共青团中央共同主办，旨在培养造就具有国际水平的战略科技人才、科技领军人才。据悉，该奖项每两年评选一届，每届获奖名额不超过100个。第十五届中国青年科技奖是根据《中国科学技术协会青年科技奖条例》的规定，经专家评审委员会科学、公正评审，中国青年科技奖领导工作委员会审定产生的。获奖者是我国青年科技工作者的杰出代表。他们弘扬爱国、创新、求实、奉献、协同、育人的科学家精神，自觉把人生理想融入实现中华民族伟大复兴中国梦的拼博奋斗中，在基础研究、工程实践、科学普及、成果转化等方面取得了突出成绩，为提升我国的经济实力、科技实力、国防实力、国际影响力做出了重要贡献。

——北科大新闻网

我校罗海文教授、焦树强教授入选科技部2017年度创新人才推进计划

科技部近日公布《2017年创新人才推进计划入选名单》，确定323名中青年科技创新领军人才、54 个重点领域创新团队、212名科技创新创业人才和30个创新人才培养示范基地入选2017年创新人才推进计划。我校罗海文教授、焦树强教授成为创新人才推进计划中青年科技创新领军人才。截至目前，我校作为科技部创新人才培养示范基地，现有科技部创新人才推进计划中青年科技创新

领军人才7人。

焦树强，钢铁冶金新技术国家重点实验室教授、博士生导师。国家杰出青年科学基金获得者、入选英国皇家化学会会士、教育部新世纪优秀人才支持计划。长期从事电化学冶金领域的研究工作，在钛的电化学提取与提纯、铝离子二次电池、碳素资源增值利用等领域有着较为丰富的研究积累；主持各类项目20余项，获授权国内外发明专利21件，以第一完成人获省部级科技奖励2项；发表SCI检索论文170余篇。目前兼任中国稀土学会火法冶金专业分会副主任，中国金属学会熔盐化学与技术分会秘书长等职务。

"创新人才推进计划"是《国家中长期人才发展规划纲要(2010—2020年)》确定的12项重大人才工程之一，由科学技术部等八部委组织实施。对符合条件的入选对象，将择优推荐纳入"万人计划"。该计划旨在通过创新体制机制、优化政策环境、强化保障措施，培养和造就一批具有世界水平的科学家、高水平的科技领军人才和工程师、优秀创新团队和创业人才，打造一批创新人才培养示范基地，加强高层次创新型科技人才队伍建设，引领和带动各类科技人才的发展，为提高自主创新能力、建设创新型国家提供有力的人才支撑。

——北科大新闻网

徐聚民

——大学生村官

徐聚民，男，北京科技大学数理学院2014届数学与应用数学专业毕业生，荣获2017年“北京青年五四奖章”。在校期间，担任班级团支书并当选学校“十佳团支书”，担任“聚焦首钢搬迁”社会实践团队长并荣获北科大金奖、北京市优秀奖，曾获校演讲大赛第一名，曾在校团委组织部、青年读书会、南国茶社等团学组织担任主要学生干部，多次参与开展大学生思想引领活动。毕业后，赴北京市门头沟区妙峰山镇水峪嘴村担任大学生村官、选调生，积极助力村庄创新创业，带领村民致富，成功打造“京西第一村”。曾获2016年“北京榜样”荣誉称号、2016年“门头沟区道德模范”称号。

颁奖词

扎根底层人民，帮扶万千家庭，呕沥万千心血！

他坚持为底层人民做出贡献，勇担重任，青春汗水飘洒黄土大地；他以民为本，万事躬亲，甘为村民点点滴滴磨尽韶华；他烛灯深夜，只为民众生活添一抹彩。今日韶华有何悔？敢为万民开太平！

先进事迹

基层扎根铸辉煌

2017年5月，北京市青年的最高荣誉“北京青年五四奖章”获奖名单揭晓，我校数理学院数学与应用数学专业2010级校友、北京市门头沟区妙峰山镇水峪嘴村大学生村官、选调生徐聚民当选，并与首都各界青年代表一起受到中央政治局委员、北京市委书记郭金龙等领导的亲切接见。

在担任大学生村官、选调生期间，徐聚民提出“智慧村庄”发展理念，全面推行智能化水电气暖物业体系；创办“诚信台账”“爱心银行”，订立了全新的村规民约并顺利推行，大刀阔斧进行乡风改革，此举引起了京郊农村多个地区的学习，被媒体称之为“振兴乡村精神文明建设的重大创新”；打造“水峪嘴大舞台”文化建设项目获北京市金奖、团中央全国优秀奖，成为地区响亮的文化招牌；线上线下结合，设计京西古道科普馆、古道客舍、古道博物馆和景区各新立景点，全力打造“京西古道”旅游品牌，吸引了大量游客前来，为村集体年均收入增加超过400万元，村民分红收入明显提高；其作为主要撰稿人起草《妙峰山镇第十三个五年规划》，助力地区改革发展。

因为其在乡村改革和现代化新村建设过程中做出的卓越贡献，2017年5月，徐聚民被授予北京市青年的最高荣誉“北京青年五四奖章”，他扎根农村、报效基层的故事正激励着越来越多的青年学子。

躬亲一线为民福

徐聚民所在的水峪嘴村位于京西山区，98.5%的山坡地，靠山没山，吃水没水，只能千方百计发展新的可持续的绿色经济。以往水峪嘴村走的是集体经济的路子，遇上个修桥补路、盖房安居、年终分红，村集体就只能左右腾挪、艰苦度日。

近三年来，水峪嘴村所拥有的景区收入日益上升，修了玻璃栈道、打造了特色的马帮宴、建起了古道小镇乡村酒店，吃住行游娱购全给包圆了，全村老百姓人均收入翻了两番，达到了京郊农村的一线水准，水峪嘴村也被称之为“京西第一村”，也是著名的“互联网第一村”，村里如今能够实现水电气暖以及全村所有公共服务的线上智能化处理，一个线上平台，老百姓和村委会的互动几乎没有隔阂。此外，水峪嘴村全村覆盖了电子探头，为建设平安村庄提供了坚实保障；建设了两座日处理能力50吨的污水处理厂，建立了自己的保洁卫生队伍，维护了村庄的人居环境。

乡村振兴自践行

乡村振兴，物质文明和精神文明建设必须两手抓，徐聚民非常重视村里的文化建设工作，建起了水峪嘴村“山谷合唱团”“水峪乐队”“水峪嘴梦舞蹈队”“水峪嘴图书馆”“古道博物馆”，又编写了《水峪嘴村志》，定期出版《水峪嘴村报》，打造了《水峪全书》，为水峪嘴村史传承和京西古道文化传播做出了积极贡献，村里各项事业一片欣欣向荣的景象。

2014年至2017年，北京市委、市政府主要领导同志和北京市多家单位先后前往水峪嘴村进行调研考察，并对水峪嘴村在乡村振兴工作中取得的显著成就赞扬和鼓励。中央政治局委员、市委书记蔡奇同志对水峪嘴村的发展予以肯定，他要求把“绿水青山就是金山银山”的发展理念落到实处，把浅山区建设成为首都城市建设发展的第一道生态屏障。如今，“京西第一村”的名字逐渐打响。

乡村工作再升华

村民们生活变得幸福美满后，徐聚民便在村里做起了法制建设和道德建设。建立村规民约、诚信台账、爱心银行，把支部党员分责任区、责任岗，所有村民代表分为四个工作组承担全村公共服务的各项职责；三年来，徐聚民致力于推动水峪嘴村的的垃圾分类工作，取得了显著成效，各家各户如今已能自觉进行垃圾分类，并且水峪嘴村建起了自己的厨余垃圾处理作肥站，进行了有效的二次利用。

但行好事尽己力

2015年冬天，徐聚民因为见义勇为，在寒冬里救助一位重伤者，得到网友好评，在全国一片“扶不起”的感叹声中，徐聚民的救人行为引起了关注，被多家媒体称为“扶起了人心”。徐聚民再次经过事发现场，还特意去工地打听了这位工友的情况。工地上的工人告诉他，多亏徐聚民他们救助及时，要不然大叔身上的冻伤程度和外伤会更严重。大叔醒来后还托工友寻找当时救助自己的好心人，想表示感谢。“他们说，如果不是遇到了好心人，大叔肯定就被车给碾了。”工友的话让徐聚民觉得自己做了一件好事，“其实当时我也想，如果真的是遇上讹人的，我只能认倒霉了。还好，世间还是好人多”。在全国一片“扶不起”的感叹声中，徐聚民的救人行为引起了关注，中组部官方宣传平台“共产党员”公众号、全国大学生村官微信公众号、门头沟区多家单位以及搜狐、网易、新浪等网站对其进行了报道。尤其是“共产党员”公众号的报道，获得了数十万次的点击，并有众多网友留言点赞。

京西水峪嘴村村支书胡凤才对徐聚民能做出救人的举动一点也不意外。“小徐平日里就特别热心肠，乡亲们的大小事情他都乐意帮忙。”胡凤才说，“前一阵，村里有一位80多岁的老人在家犯病，是小徐架梯子、翻围墙，跳到院内，又将门锁砸开，老人才及时得救。”

徐聚民2014年从北京科技大学毕业后，就来到妙峰山镇水峪嘴村担任村支书助理。工作一年多来，大家跟这个年轻人接触最多，评价也很高，他是全区大学生村官民主普选产生的联谊会长，是村官群体中的优秀代表。他还获得过全区青年辩论赛的最佳辩手，并担任妙峰青年读书会会长。他参与起草了妙峰山镇“十三五”规划，工作尽职尽责，赢得了全村的一致好评。

2016年，徐聚民获“北京榜样”荣誉称号，同年又被授予“门头沟区道德模范”荣誉称号。

以韶华荐轩辕

2017年，我校2010级数学系校友、北京市门头沟区妙峰山镇水峪嘴村大学生村官、选调生徐聚民荣获“北京青年五四奖章”。

三年来，他投身乡村改革、引领村庄创新、带领村民致富，成为北京基层青年中的创新创业模范人物。

任职期间，徐聚民把水峪嘴村成功打造为“京西第一村”。建设智慧村庄，全面推行智能化水电气暖物业体系，打造京西古道风景区，为村民增收致富；首创“诚信台账”“爱心银行”等村规民约，打造“水峪嘴大舞台”文化项目获团中央全国优胜奖，被誉为京郊农村发展的改革者和践行者。

此前，还因见义勇为被中组部官方公众号“共产党员”、全国大学生村官、北科大青年及多家媒体平台广泛宣传报道，获得2016年“北京榜样”及2016年“门头沟区道德模范”荣誉称号。

三年风雨兼程、剑履俱奋，小村庄有了大变化，徐聚民也与父老乡亲们结下了深厚的情感，他始终坚信，在这片热土上洒下的汗水，收获的情谊，终将凝结成他一生都可以去依靠的精神力量，引领他继续前行。

小传

文武兼备，汗水映韶华；德才俱佳，救人显佳话。肉体凡胎，万事躬亲，为民谋福，为族图兴，可比天上仙！上有民族之大任，下属百姓之衣食。如若神州大地皆此良人，何愁国盛族兴！

大家眼中的他

徐聚民入学时即与我相识，是多年的战友和兄弟。他读书期间勤奋好学、思维活跃、主动奉献，入学后担任所在班级团支部书记，带领同学们开展了思想内涵深刻、活动形式多样的教育实践活动，在全校班级团支部中独树一帜。同时，他积极参与各类团学活动，在校团委组织部担任主要学生干部，创建青年读书会，组织了十佳团支书评选、团干部交流论坛等活动，体现了很强的组织能力，在青年学生中很有威望。毕业工作后，他主动赴门头沟区水峪嘴村工作，扎根基层一线干实事、付真情，想方设法帮助村民百姓致富向前奔，成为群众的贴心人和村民的自家人，还以好人好事获评“北京榜样”“北京青年五四奖章”等诸多荣誉。后来随着工作调整，他承担了组织人事等更加艰巨的任务，政治信仰更加坚定，干事创业更加担当，为民服务更加热情，真正做出了成绩、获得了肯定，是北京科技大学青年校友的优秀代表。

——教育部人事司工作、北京科技大学校友 崔睿

大学时，徐聚民担任班级团支书，团结带领班级同学一同学习一同成长；与好友创办兴趣社团，积极服务学校60周年校庆校友返校，展示了新时代北科大青年乐观、积极、向上的风貌。

毕业后，他选择担任大学生村官，到农村第一线服务群众、奉献青春。他心系村民、扑下身子，运用所学知识，帮助村中特色景区开展新媒体宣传、实现线上运营，梳理地区历史人文风物，不断丰富村中文化生活。记得有一年过年时，看到他给村民们做的一大桌团圆饭，感到他与村民们身在一起、心在一起。之后，他的工作岗位虽然有变化，但他一直心系水峪嘴村，经常回村，持续帮助村民解难解忧。

与聚民相识十余年，他信念坚定，满怀理想主义，求真创新，矢志担当尽责。

——北京科技大学教师、2008级数学专业学生 倪阳

认识聚民十多个年头，算是知根知底那一拨人。毕业几年后曾去过他驻村的地方探访，那时他已调至别的单位任职，可村民们对这小子的热乎劲儿似乎从未离开过。走在京西古道的文化长廊，俯瞰是水峪嘴村乃至门头沟山间的整片苍劲，旁边的老乡说："这可多亏了小徐书记，当年他四处求爹爹告奶奶为项目奔走，没日没夜带领大家伙儿干才有了现在的这片旅游景象。"几个老友边走边看，沿途路过的百姓不停和他打招呼嘘寒问暖，像是见到自家人。我们对视相互会意，所谓金杯银杯不如老百姓的口碑，真正把群众放在心里的人，一定会收到最质朴的善意，想必这是对"北京青年五四奖章"获得者最生动的诠释！聚民现在的视野更大了，平台更广了，但他始终不忘本色，依然纯净自然、满身朝气、向阳而生！

——中海油集团党校 罗佳辉

我与聚民在大学初识之时，他就已是一个充满了理想主义的热血青年，那时他组织读书会，办茶社，钻研理论，畅论古今，针砭时弊，书生意气好不痛快。同学们都把他当比学赶超的榜样看。

再后来，他奔赴一线，扎根基层，躬身入局，谋求村里发展，解决基层矛盾。再去村里看他，发现村民都把他当大外甥看，谁家屋里都叫他去唠唠嗑，吃吃饭。

到现在，再看他，已是历经考验，博闻强识，内外兼修的人，还是有一份热能发两份光的人，更是理想主义且能踏踏实实一步一脚印的人。值得信赖托付，值得对标学习，值得敬重佩服。

——国家发改委 张雨宇

蜀地自古出才子，聚民就是又一例证。初识他，是在怀柔练兵场的演讲里，一声声“舍我其谁”响遏行云。当时就想，这小子有点东西。而后的大学四年，结为莫逆，亦师亦友，并肩前行。回想那几年，从他身上，看到最勤的是“读书”，经史子集，文理工管，无不涉猎，他的书桌床头，各类书杂而广，知识渊博，视野也自然宏大，继而见天地、见众生、见自己。从他身上，学到最多的是“实践”，坐而论道易，知行合一难，他进团委，办社团，搞调查，研学术，著文章，在实践中笃学深信，在历练中自我精进。从他身上，悟到最深的是“担当”，从聚焦首钢搬迁社会实践，到开办茶社弘扬中国传统文化，再到远赴京郊当村官，家国天下，群众冷暖，始终念念不忘。每个人的大学生活都可能各种各样，但他却活成了这个时代最需要的年轻人的样子。

——火箭军某部　武磊

聚民有着敬终如始的坚守和执着。在校期间，他就把目光聚焦于国家和社会的发展变化，带队开展了聚焦首钢搬迁的实践活动。毕业以后，他放弃了城里优越的工作机会，成为一名大学生村官，在京西山区扎根三年。他打造京西古道风景区、建设观光采摘园，帮父老乡亲挣下长期饭票；制定村规民约、创建“诚信台账”“爱心银行”，让村内各项事务有章可依；编撰《水峪全书》、创办“水峪嘴大舞台”，带领父老乡亲追求美好生活。他总说，想让更多人过体面的生活。如今他承担了新的工作任务，变的是岗位职责，不变的是初心使命。在他的影响下，许多师弟师妹也选择服务基层，在祖国最需要的地方发光发热。

——平谷区山东庄镇 李馍

媒体关注

大学生村官报

教育部日前下发通知

激励高校毕业生到基层工作

扬州广陵村官争当电商“创客”

河南村官范军华当选全国优秀团干

湖北两村官获省五四奖章

北京村官徐聚民获市五四奖章

四川村官肖琳获省五四奖章

河北村官徐蕾获省五四奖章

陕西4名大学生村官当选省党代表

福建4位村官上榜省优秀团员

徐聚民2014年从北京科技大学数学系毕业后，毅然选择扎根农村。三年来，他投身乡村改革、助力村庄创新、带动村民致富，成为北京基层青年中“创新创业模范人物”。任职期间，徐聚民提出“智慧村庄”理念，全面推行智能化水电气暖物业体系；创办“诚信台账”“爱心银行”，开设爱心账户77个，为困难家庭筹集资金3万余元；设计《水峪全书》电子杂志和宣传片，增强水峪嘴村影响力；作为主要撰稿人起草《妙峰山镇第十三个五年规划》；协助设计京西古道科普馆、客舍、博物馆等，打造旅游品牌。此前，徐聚民还被授予2016年“门头沟区道德模范”称号。

——《大学生村官报》

近日，北京市青年的最高荣誉“北京青年五四奖章”获奖名单揭晓，北京科技大学数学系2010级校友、门头沟区妙峰山镇水峪嘴村大学生村官徐聚民荣获

该奖，并与首都各界青年代表一起受到中央政治局委员、北京市委书记郭金龙等领导的亲切接见。

徐聚民，男，1993年出生于四川省宜宾市，2010年进入北京科技大学数理学院数学与应用数学专业学习，在校期间表现优异，担任班级团支部书记并入围学校“十佳团支书”，曾在校团委组织部、青年读书会等团学组织担任主要学生干部，多次参与开展大学生思想引领活动。

2014年毕业后，徐聚民主动赴基层锻炼，成为一名大学生村官，他扎根基层、投身乡村改革，积极助力村庄创新创业，带动村民致富，全力打造“京西第一村”，成为北京基层青年中的“创新创业模范人物”。

——北科大新闻网

2015年冬天，这个北京市门头沟区妙峰山镇水峪嘴村的大学生村官，因为扶起一位晕倒在路边的工人，得到网友好评。徐聚民2014年从北京科技大学毕业后，就来到妙峰山镇水峪嘴村担任村支书助理。工作一年多来，大家跟这个年轻人接触最多，评价也很高，他是全区大学生村官民主普选产生的联谊会长，是村官群体中的优秀代表。他还获得过全区青年辩论赛的最佳辩手，并担任妙峰青年读书会会长。他参与起草了妙峰山镇“十三五”规划，工作尽职尽责，赢得了全村的一致好评。这个年轻的村官得到了村里父老乡亲们的一致称赞，夸他是“扶”起人心的好小伙。这位从四川宜宾大山里走出来的大学生村官，已经融入了京西水峪嘴这个小村庄。(记者 佘颖)

——搜狐网

陈飞武

——北京科技大学教授

陈飞武，生于1966年5月，北京科技大学教授。1995年7月毕业于北京大学物理化学系获博士学位；2004年2月至今在北京科技大学任教，先后任副教授、教授。从教以来，他爱岗敬业，在工作中勤勤恳恳；风趣幽默，在生活中真诚待人；治学严谨，在科研中力求创新。于中外核心期刊发表SCI学术论文50余篇，组织、参加了20余次学术会议，并主持多项国家自然科学基金项目。编著的《量子化学中的计算方法》成为高等院校量子化学、物理化学专业的教科书。2017年，他带领的团队在*Journal of Computational Chemistry*上发表的论文“Multiwfn: A Multifunctional Wavefunction Analyzer.”高居2007—2016年我国高被引论文中被引次数最高的10篇论文第7位，累计被引次数1980次，为相关领域研究提供了准确有效的参考。先后被被评为北京科技大学应用科学学院首届“学科竞赛”优秀指导教师奖；应用科学学院研究生培养优秀教师奖、本科教学优秀奖；北京科技大学化学与生物工程学院高水平论文奖；北京科技大学第九届研究生十佳学术之星优秀导师称号。系务工作方面，担任化学系主任和系党支部书记，以培养学生国际视野和科研诚信为目标，组织开展“理学之美”系列论坛，为学院开展各项工作保驾护航。

颁奖词

潜心治学增誉北科，暖心施教勤育英才！二十四年，他把青春烙印在科研事业；二十四年，他把汉水挥洒在三尺讲台；二十四年，他把记忆牢牢地锁在了北科大这片热土。难舍的是教师情怀、师生情谊，盈科而进，他将一步一个脚印地继续耕耘在北科大教学科研事业上。

先进事迹

求真务实 醉心科研

1995年陈飞武在北京大学获得博士学位后，先后到日本和美国深造，多年的国外生活不仅没有滋生“洋气儿”，反而坚定了他回到祖国发展的决心。2004年陈飞武毅然选择回国，在北京科技大学落地生根。谈到这个选择，他意味深长地说，这是自己和北科大注定的缘分。他最大的愿望就是将他的所学传承给年轻人，为祖国量子化学的发展尽自己的绵薄之力。

“求真务实”是他科研事业的信条。在从事科学研究的几十年间，他一直兢兢业业，勤勤恳恳，丝毫不曾懈怠，特别是在开壳层微扰理论、多参考态微扰理论、约化密度矩阵理论等方面取得了突出成绩。我们知道理论研究的一项基础工作就是公式推导和计算，任何一个新想法、新尝试都可能需要整个计算过程从头开始，运算量、工作量很大，为了解决多参考微扰理论大小一致性的问题，他夜以继日地进行推算，办公桌上草稿纸堆得比他的身躯还高，最终在他坚持不懈的努力下终于得出大小一致的二阶微扰公式，为以后的计算打下了良好基础，更为微扰理论领域和量子力学的发展方面做出了重要贡献。除此之外，他在中外核心期刊发表SCI学术论文50余篇，组织、参加了20余次学术会议，并主持了多项国家自然科学基金项目。他所编著的《量子化学中的计算方法》一书成为了高等院校量子化学、物理化学专业的教科书，为相关领域的研究提供了坚实基础。

陈飞武不仅对自己的科研事业保持极高标准，对学生的培养更是严格要求、尽心尽力，他身体力行地教育学生如何成为一名优秀的科研工作者。在指导学生论文撰写过程中，从选题到实验方案设计，从论文的写作格式到答辩时的结构布局，他都仔细过问，坚持每周与学生交流讨论，在这一过程中不断激发学生的科研热情，开拓学生的科研思路，培养学生的创新能力。学生们对他最深刻的印象是“陈老师很少发脾气，无论是我们问了多粗浅的问题，他都会很耐心地解答”。

目前化生学院只有陈飞武带领的团队在做计算化学相关领域的研究，他充分承担起计算化学对化学各研究方向的支撑作用，经常辅助其他梯队解决相关理论计算问题，受到学院师生的一致爱戴。2017年，陈飞武教授团队再创佳绩，在*Journal of Computational Chemistry*上发表的论文“ Multiwfn: A Multifunctional Wavefunction Analyzer. ”高居2007—2016年我国高被引论文中被引次数最高的10篇论文第7位，累计被引次数1980次，为相关领域研究提供了准确有效的参考。尽管硕果累累，但是陈飞武始终谦逊，前路漫漫，不敢懈怠，唯有不断努力，积极进取。

知行合一 投身教学

陈飞武长期从事物理化学领域的教学科研工作，先后开设了“物理化学”“物理学学实验”“魅力化学”等本科生课程及“现代化学进展”“群论及其在化学中的应用”等研究生课程，对于教学他深知“知行合一”的重要性，他相信学生只有经过动手动脑，才能真正理解知识点，才能灵活地加以运用。他主讲的“物理化学”是一门面向三个学院不同专业学生的课程，为了让学生们更好地领会课程重点，他把教学过程像流水线生产一样分步骤、细节化、具体化，使每一个教学阶段都有明确的目标，每一个学习步骤都有详细的说明，学生在学习过程中思路十分清晰，反响异常热烈。

他重视启发式教学，提倡“授人以渔”，与高新秀等教师研究探索教学方法并发表论文《物理化学教学中研究式教学方法》，他认为研究型教学要侧重基于问题的讨论，开展教学活动。根据多年教学经验，结合部分学生“基础扎实但创新性不足”的特点，他提出要培养学生观察和描述现象的能力，梳理分析路径、建立分析模型的能力，理论结合实际、解决现实问题的能力以及动手实践和团队协作的能力。对于教学方法，他从不藏私，乐于把自己总结的一些行之有效的方法传授给青年教师，他说“十年树木，百年树人，教育事业不是一代两代人能完成的，我汲取了前辈的经验，也要让后来人站在我的肩膀上”。他还经常在课堂上设计一些刺激学生开放性思维的小案例、小实验，留给学生充足的思考空间、想象空间，培养学生科研热情。

陈飞武不仅对自己的科研事业保持极高标准，对学生的培养更是严格要求、尽心尽力，他身体力行地教育学生如何成为一名优秀的科研工作者。他要求学生要有“坐得住、跟得住、扛得住”的精神，他说：“科研道路是艰辛的，甚至是残酷的，想搞科研，一定要持之以恒，坐得住；想有成果，一定要跟上导师、跟上学术前沿发展，跟得住；成果出不来，实验不顺利千万不能轻言放弃，一定要理清思路深挖细凿，扛得住。”他在指导学生论文撰写过程中，从选题到实验方案设计，从论文的写作格式到答辩时的结构布局，都仔细过问，坚持每周与学生交流讨论，在这一过程中他不断激发学生的科研热情，开拓学生的科研思路，培养学生的创新能力。

作为量子化学领域资深教授，他培养了硕、博研究生约40余人，他们中的很多人已经成为国内外科研机构、企业的中流砥柱。其中具有代表性的学生是北京科音自然科学研究中心创始人卢天，曾开发multiwfn软件，目前已发表SCI论文20余篇，并担任*J. Phys. Chem.*, *Phys. Chem. Chem. Phys.*等知名理论、计算和物理化学领域SCI刊物审稿人。

立德树人 埋头建设

作为化生学院化学及化学工程系主任，更作为一名党员教育工作者，陈飞武始终坚定理想信念，加强党性锻炼和理论水平提升，他认真学习党的十九大精神，明确立德树人思想，把培养德才兼备的青年学生作为化学系和个人的选才育人目标。在2016年国家留学基金管理委员会公布的“优秀本科生国际交流项目”获资助项目名单中，学校入选项目13项，其中化学类入选就有6项。他常常教导学生“不能只会低头做科研，更要抬头看世界”。他坚持引导学生树立国际视野，对化学领域国际前沿理论、成果保持极高的关注度。每年学院的硕士研究生入学后，他都会为学生做专题讲座，介绍化学系科研基本情况及学科领域最前沿的科研成果，同时开展科研诚信教育，引导学生树立科研诚信意识，明确科研目标，增强科研使命感、责任感。

作为一名教学管理工作者，他除了在教学授课上兢兢业业，还积极组织“理学之美”学术论坛，邀请国内外专家、学者来校开展专题讲座，开拓师生视野，把握领域前沿，感受大师气质，培养学生对科研的兴趣，激发学生内动力，实实在在让枯燥的科研变得更加魅力生动，让沉寂的实验室灵动飞舞。他还担任化学系教工党支部书记，为学院党建工作添砖加瓦，他参与制订学院系务会工作细则，参与配合学院党建评估检查，定期参与学院理论学习。他默默无闻却万众瞩目，不需要宣扬，化生学院师生都认识这位平易近人的系主任，这位走得特别快、说话特别和蔼的教授。

如果一位和蔼可亲的老师突然敲开某个实验室的门，别担心，他是要提醒你，注意实验室安全、保持卫生，他就是不放心这帮埋头学习的90后，忽略了安全，留下了隐患。学院里到处都是他忙碌的身影，他总是很忙，在看着什么，在写着什么，在说着什么，在准备着什么，坐在办工桌前的他，像一块上足了发条的时钟，从来都不觉得累，更催促着你时间紧迫，请勤奋前行！那间看起来不是很大的实验室，总是会有人去“打扰”他，他都一一接待，耐心交流。他的淡定从容是十分有感染性的，只要走进那间屋子，再烦躁的情绪都能立即平静下来。

小传

二十余年的坚守，二十余年的付出，桃李满天下。陈飞武用片片真情培育一个又一个学子，这不停的脚步来自责任的动力，奉献的情怀源于心底对学生的爱，他忘记了岁月的斗转星移，默默谱写着季节的春华秋实，绘出学者最美的模样。

大家眼中的他

陈老师在科研上是认真严谨负责的。老师总是教导我们要脚踏实地地干活，要认真积极主动，陈老师自己也是这样做的，每天都很早来上班，节假日的时候也在学校处理事情。每一周陈老师都会和我们课题组的人开组会，和我们一起讨论课题相关的问题，了解我们每周的工作进度，督促我们认真干活，对我们进行帮助指导，在我们迷茫的时候给予我们宝贵的意见，同时对我们做得不好的地方也会提出批评和指正。陈老师为人很和善，在日常生活中对我们也很关心，在科研之余，老师还会关心我们的个人问题。

——化生学院博士生 原冰瑶

陈老师是当之无愧的好老师。他不仅在科研上有卓越的成就，上课时也对学生非常负责，让学生们获得更加广博的知识，帮助每一位身陷困惑与囹圄的同学走出泥潭，获得新知。同时，陈老师对我们这些硕士生和博士生的指导堪称尽心尽力，每周至少与我们进行一次一对一的讨论。对于陈老师来说，连法定节假日都不会影响他亲自赶到学校指导我们走出困境。陈老师一直用授人以渔的方法来教育我们，让我们每个人都能真正明白何为科研。他还很关心我们的日常生活，尤其是疫情暴发以来，对我们的身体健康非常上心。他是一位严于律己、平易近人的学者，受到实验室所有人的尊敬。

——化生学院博士生 周烨秋

陈飞武老师是一位和善、富有耐心和细心的一位老师，对我们的科研学习以及日常生活都非常的关心与在意。在科研学习上，陈老师不仅对自己的科研事业保持极高标准，对学生的培养更是严格要求，尽心尽力，身体力行地教育学生如何成为一名优秀的科研工作者。而且坚持每周与我们交流讨论，在这一过程中老师不断激发我们的科研热情，开拓我们的科研思路，培养我们的创新能力。在生活上，陈老师非常注重我们的身体健康以及心理健康，会关心以及提醒我们需要注意的一些日常小事，还在待人处事方面给予我们很大的启发。

——化生学院硕士生 宋晶晶

陈老师是一位富有亲和力、关心同学，治学时极其认真的人，平时很关心同学们的日常生活。当我们在实验中遇到难以解释的实验现象时，陈老师会告诉我们认真分析多去想，当遇到令人欣喜、眼前一亮的实验结果时，陈老师更加会督促我们校正检查，确认可重复性，确认一定得是有理有据地能说明问题的结果才可以安心使用。这一切都源于陈老师对于学术严谨的态度。少急功近利，多脚踏实地，这也是我从陈老师这里学到的我认为最重要的东西。

——化生学院博士生 张文彦

在教学实践中，陈老师在“物理化学”教学中提出研究型教学方法，对每个知识点，除了让学生弄懂弄通外，陈老师还带领学生去研究它，2014年陈老师在讲授非理想气体和非理想溶液时，引导同学们一起研究实际气体和实际溶液分别偏离理想气体和理想溶液的程度，提出了非理想气体逸度系数和非理想溶液活度因子满足的微分方程，这个工作发表在《大学化学（上）》（2017年）。从2015年开始，这些方程在陈老师的课件中，被称为北科大方程，它激励着一批又一批的同学求实鼎新，努力奋进。陈老师带领物理化学教研室的教师一起潜心教学研究，作为化学与生物工程学院的一名老师，我在此过程中也受益良多，陈老师也是我教学工作中的榜样！

——化生学院 讲师 韦美菊

陈老师是一位出色的前辈，尤其是在科学研究工作中，陈老师课题组在理论与计算化学领域先后提出单参考态开壳层微扰理论、多参考态微扰理论、迭代的组态相互作用理论以及迭代的有效哈密顿理论，受到众多同行的瞩目。陈老师课题组在*Journal of Computational Chemistry*上发表的论文入选“2010—2020我国高被引论文中被引用次数最高的10篇国际论文”，排名第二。该论文自发表以来，已被引用10000余次。陈老师通过多年潜心于科研获得了如此之高的学术成就，也是每一个科研工作者的榜样！

——化生学院 师资博士后、讲师 王辉

媒体关注

2017年10月31日，由中国科学技术信息研究所主办的“2017 年中国科技论文统计结果发布会”在北京举行。会议主要发布了中国科技论文整体情况、中国卓越论文统计报告、中国高校创新发展报告等内容。其中，我校科技论文发表情况有突出表现，化学与生物工程学院化学系陈飞武教授团队再创佳绩。

据统计显示，2016 年中国卓越国际论文较多的高校排行中，我校以 AR 论文数 1797 篇，卓越论文书 861 篇，卓越论文比例 47.91%，位居国内高校第 29 位。

陈飞武教授团队在 *Journal of Computational Chemistry* 上发表的论文“Multiwfn: A Multifunctional Wavefunction Analyzer. ”高居 2007—2016 年我国高被引论文中被引次数最高的 10 篇论文第 7 位，累计被引次数 1980 次。

——北京科技大学新闻网

李子富

——北京科技大学教授

李子富，留德博士，教授，博士生导师，北京科技大学能源与环境工程学院环境工程系主任，国家环境与能源国际科技合作基地主任，工业典型污染物资源化处理北京市重点实验室主任，国际水协会会刊*Water Science and Technology*编辑，比尔及梅琳达·盖茨基金会资助中国区厕所创新大赛（RTTC-China）项目负责人，美国加州理工学院高级研究学者，中国生态城市研究院学术委员会委员。

颁奖词

从莱茵到满井，在知识殿堂，传道授业，他是学生们的好老师；厕所革命，推陈出新，他是砥砺前行的领路人；携手世界，互动全球，他驰骋国际舞台，是推动“命运共同体”“可持续发展目标”的践行者。

先进事迹

坚守教学醉心科研

作为任课教师，李子富教授兢兢业业、扎实传授专业知识，人格魅力突出，广受师生爱戴。作为高校的唯一代表被人民网舆情监测室评选为“厕所革命十大推进人物”，为节能环保做出杰出贡献。

李子富教授从事环保教学科研工作20多年，培养环保领域硕士、博士研究生一百余人，曾获得北京科技大学“我爱我师”我心目中最优秀的教师、北京科技大学优秀留学生指导教师等荣誉称号；参与环保项目服务涉及20多个国家和地区，积极推进“厕所革命”，负责比尔及梅琳达·盖茨基金会资助的“厕所创新大赛中国区”项目，发起成立厕所革命技术创新联盟，组织全国大学生厕所创意大赛。新华网、《科技日报》等20多家主流媒体对厕所创新、创意大赛进行了报道，292家媒体进行了转载。《中国旅游报》《交通建设与管理》杂志等进行了专访报道，他还受邀参加中央电视台《走近科学》栏目的录制，作为高校的唯一代表被人民网舆情监测室评选为“厕所革命十大推进人物”。

践行推广厕所革命

2015年起，“厕所革命”在中国一度成为热词，习近平主席多次提到“农村也要来个‘厕所革命’”，举国上下的革命行动让“厕所革命”越来越引起国内外各界的广泛关注，而李子富教授在中国乃至世界“厕所革命”进程中体现了教育科研工作者的责任。1999年，李子富教授就开始致力于可持续环境卫生技术的研发与推广，2001年还在国外学习和工作期间，他就结合国外的先进技术理念，撰写《生活污水的分类收集与处理系统》一文发表在《中国给水排水》第17期“国外科技”专栏上，文中提出的灰水、黑水的概念已经得到业界广泛认可，在多篇论文和报告中得到引用。2008年11月，与瑞典斯德哥尔摩国际环境研究院在签订了“可持续生态卫生中国节点”的项目合同，这是全球建立的第一个生态卫生技术推广节点，是用于分享最新生态卫生相关知识信息的重要国际性平台，也是中国进行生态卫生实践和发展的重要途径。通过节点工作的开展，在中国进行了生态卫生技术培训与研讨、卫生厕所示范、粪便及尿液资源化技术研发。2010年，受法国ACF组织的委托，在蒙古乌兰巴托市就蒙古包居住区的卫生排水系统进行技术咨询，将经济高效的卫生厕所技术推广至邻国。

作为“厕所革命”的践行者，李子富教授一直致力于卫生厕所理念的传播与技术研发和推广，并积极在国内国际的交流活动上发声，2011年在斯德哥尔摩“世界水周”的活动上，通过交流，得到了美国比尔及梅琳达·盖茨基金会的认可和信任，将“全球厕所创新大赛”引入中国，启动了“厕所创新大赛中国区”项目，鼓励中国科研团队研发卫生、节能、环保、舒适、廉价的创新厕所系统，改善中国农村地区、非洲贫困国家及其他发展中国家的卫生设施状况。仅在2015年1月26日至2月6日之间，这一活动就得到了新华网、《科技日报》等180家媒体，299条新闻的报道和转载，在国内引起了强烈的反响。大赛共征集到50个创新方案，涵盖了200余家高新技术企业、知名高校及科研机构。

科普创新、开拓国际视野

2015年，李子富教授携手九牧厨卫股份有限公司、比尔及梅琳达·盖茨基金会、全国爱卫办、联合国儿童基金会、中国人民对外友好协会等机构发起了“首届大学生厕所创意大赛”，这一大赛，极大地促进了环保卫生厕所理念在青年大学生中的推广，激发了他们的创新热情。国内近100所高校在校生积极参与，参赛人数达170人，参赛人群涉及少年班本科生、本科生、硕士研究生和博士研究生等。2017年12月，在九牧厨卫股份有限公司资助下，在比尔及梅琳达·盖茨基金会、全国爱卫办、联合国儿童基金会、中国人民对外友好协会、中国环境科学学会、昆山昱庭公益基金会、厕所革命技术创新联盟等机构的大力支持下，又再次启动了第二届大学生厕所创意大赛，引起了社会和新闻媒体的广泛关注。

近年来，中央电视台《走近科学》栏目邀请李子富教授为嘉宾参与《冰川上的厕所革命》节目的点评；《交通建设与管理》杂志对他进行了"提升高速公路服务区用户体验，我们需要一场厕所革命"的专访报道；"打造厕所创新技术领域的中国名片——访北京科技大学教授李子富"《中国旅游报》进行了专题报道；国家旅游局邀请他作为"全国厕所创新技术大赛"评委，"旅游厕所技术"视频支持和"旅游厕所技术与设备指南"编订。2016年，李子富教授作为唯一高校及科研单位代表被人民网舆情监测室评选为"厕所革命十大推进人物"；2017年，深圳国际公益学院和中国公益研究院联合授予"厕所革命行动先锋"称号；同年，受聘为上海市公共厕所协会专家委员会委员。

在国际舞台上，李子富教授与国际相关组织机构建立了良好的合作关系，与他们一起在印度、蒙古国、越南、孟加拉国、尼泊尔、巴基斯坦、约旦、黎巴嫩、塞内加尔、莱索托、智利等20余个国家或地区开展环保项目和合作。他积极总结项目成果和经验，在美国、德国、瑞典和中国台湾地区、中国澳门地区等海内外会议上报告100余次，与世界分享和交流。2014年，他积极促成了北京科技大学批准成立"可持续排水技术研究中心"（Centre for Sustainable Environmental Sanitation），对更加全面、深入的研究与合作以及交流提供了平台保障。

触动到他的还有周围同事对厕所的态度。"他们在这方面心态很放松，甚至在饭桌上谈起来也是津津乐道，没什么特殊的感觉。"李子富教授谈到那段经历时说，"这也让我慢慢转变，让我在一个跟屎尿污水打交道的路上越走越远"。

2004年李子富回国，做污水处理方面的工作，同时也参与一些国际合作的项目。"当时蒙古国的乌兰巴托郊区没有厕所，基本上就是一个坑的状态。"李子富的团队和法国NGO组织通过三年的合作，为当地引入卫生厕所，改变卫生状况，"这在蒙古国也产生了很积极的影响，蒙古国自己也成立了推进卫生厕所的组织"。

但并不是有了厕所就解决了厕所问题。在李子富看来，厕所技术需要更加积极的探索和革新。比如大部分人都存在对水冲厕所误会性的信赖。“水冲厕所技术成熟，系统完善，但其实水冲厕所也有很多缺点。比如对水资源的依赖，比如在粪便资源化上的无力，比如在寒冷地区管道冻结问题。”

2011年的世界水周大会上，李子富结识了比尔及梅琳达·盖茨基金会的主管，开启了双方在中国区厕所创新大赛上的合作。“我们通过两轮筛选了10家创新团队，经过3—5年的研发过程，一些新的技术正在向产业化推进，在中国、非洲进行示范。”

创新也需要标准，李子富团队迄今已参与编制了2个厕所相关的ISO标准。其中有些标准让人意外，“比如使用者距离马桶一米时，冲水的噪声分贝数”。

新冠肺炎疫情期间，李子富参与了武汉方舱医院的建设意见。“这需要进行分类管理，人粪一定要隔离——我们国家很多移动厕所是旱厕，没有很好的隔离。”他还参与了公共厕所标准的编制，“疫情发生初期没有经验时会过度消毒，过度消毒也会产生一些负面影响。要在安全和环保这个角度去找平衡、去找最优解”。

“我国的厕所发展存在很大的不平衡性，各地的发展程度差异较大。”李子富说，如何把发展水平较低的厕所提升到能够被普遍接受的水平，弥合厕所发展间的巨大差距，形成与我国大国形象相匹配的卫生系统，是他最大的心愿。

小传

胸怀天下计，心系国家情。莱茵河畔，不辞辛劳求学路，天涯变归途；满井学堂，学识渊博育栋梁，研学谱华章。谈吐文雅，似周郎赤壁之风；师质不凡，有仲尼世界之行。响应号召，冲锋在前；厕所革命，推陈出新。小处展我大国形象，命运与共连接寰宇之乡。

大家眼中的他

李子富教授科研工作很有特色，国际合作是其亮点。他总是忙忙碌碌，谈起所从事的分布式污水处理、厕所改造等工作就神采奕奕。作为环境系的系主任，他对系务工作倾注大量心血，同时又满怀激情，尤其对环境系的发展充满信心和憧憬，对环境系的教师有很好的表率和鼓舞。

——环境工程系 党支部书记 马鸿志

“我原想研究干净的水，结果在厕所里越走越远……”这是李子富老师在“我是科学家”科普活动中对自己的描述，这也是李老师的研究方向和特色。在污水的源分离与资源回用领域，特别是生态卫生方面，李老师带领研究团队不断与国内外先进研究团队合作，推动着中国和世界厕所技术的进步与传播，形成了北京科技大学环境领域研究一大特色。李老师平易近人、和蔼可亲、德高望重，深得学生和老师同事的好评，是大家的学习榜样。

——环境工程系 教授 张玲玲

李子富教授是国内污水源分离技术的开创者，在该领域二十余年的研究和深耕硕果累累，将技术发展为产业，将研究推向应用，成为“厕所革命”、分散式污水资源化处理技术的领路人。李子富教授不仅立足国内需求，把论文写在祖国大地上，更致力于让我国的自主化技术走出国门，在污水处理和资源化方面开展了大量的国际合作，将中国的水环境治理模式展现在国际舞台。李子富教授严慈相济、甘为人梯，培养输送了大量环境领域优秀人才，深受爱戴；作为环境系主任和学科带头人，承担了大量的学科建设和行政管理工作，高瞻远瞩地为学科和院系谋发展、促进步，树立了学者榜样。

——环境工程系 副教授 敖秀玮

我们梯队的研究课题很有特色，在李子富老师的带领下，不断为中国的“厕所革命”做出新的贡献。深入广泛的国际合作是我们梯队的又一特色，李老师多次邀请国外知名学者为我们进行讲座交流，不断提高我们的国际视野。李老师对科研工作和环境事业充满热忱，认真负责，为我们学生做出了优秀表率作用，令我们受益终身。

——北京科技大学硕士研究生 于露

作为一名教师，李老师将所有的心血浇筑于传道授业之中；作为一名环保工作者，他将所有的精力都倾注于祖国的环保事业之中。李老师在科研工作中，治学严谨，要求严格，全身心地投入到生态可持续发展的建设之中；在教学中，能深入了解学生的学习和生活状况，宽严相济，注意启发和调动学生的积极性，使学生自发地热爱科研。最重要的是，李老师愿意广泛听取学生的意见和反馈信息，做到及时调整自己的教学方式。“师者不言，以身立教”是李老师一贯坚持的为师理念。他一直用自己独特的个人魅力影响着我们，有如春风化雨，循循善诱。

——北京科技大学博士研究生 郭少敏

不曾想，我也能遇见一位神仙导师。第一次见李子富教授是在2020年的教师节，那是梯队班长组织在校学生给李老师庆祝教师节，那年9月也是我作为博士新生刚入学北科大。李老师给我的第一印象就是儒雅，犹如遇见一缕清风，淡雅从容。在与李老师相处的这两年时间里，给我的感受还是一如当初，儒雅似他，同时多添加了几分崇敬，敬重他对待学术的态度，认真教导，以身作则；敬重他对待学生的姿态，不会以导师身份有多一分的额外要求。“快乐科研”是李老师的执教理念，而此刻我们正“沐浴”在这个理念下快乐有序地进行着自己的科研。

——北京科技大学博生研究生 刘娜娜

李子富教授是一位严谨儒雅的科学工作者，在学术界和社会上有巨大的影响力，是“厕所革命”十大推进人物之一。李老师长期从事生态卫生排水工程领域的研究，为推动安全饮用水和基本卫生设施的建设做出了巨大贡献。

李老师治学严谨，对学生严格要求，能深入了解学生的学习状况，在对学生的科研教导中，老师总能循循善诱，强调独立思考，极大地提高了学生的科研工作能力。在生活中，李老师更像是我们的大家长，对我们关怀备至，让我们在科研工作中总能感受到大家庭的温暖。

——北京科技大学博士毕业生 闫政序

媒体关注

李子富教授获评“厕所革命十大推进人物”

能环学院 北京科技大学 2016-11-23 19:50

11月19日是世界厕所日，当天，“世界厕所日暨中国厕所革命宣传日”活动在京举行，国家旅游局局长李金早、副局长李世宏，比尔及梅琳达·盖茨基金会代表，人民网总裁牛一兵等出席活动，在人民网发布了《厕所革命十大评选榜单》中，由于我校李子富教授负责的“厕所创新大赛中国区”项目在学术界和社会上的影响力，李子富教授作为唯一科研单位代表获评“厕所革命十大推进人物”。

11月19日是世界厕所日，当天，“世界厕所日暨中国厕所革命宣传日”活动在北京举行，国家旅游局局长李金早、副局长李世宏，比尔及梅琳达·盖茨基金会代表，人民网总裁牛一兵等出席活动。在人民网发布的《厕所革命十大评选榜单》中，由于我校李子富教授负责的“厕所创新大赛中国区”项目在学术界和社会上的影响力，李子富教授作为唯一科研单位代表获评“厕所革命十大推进人物”。

——北京科技大学公众号

提起厕所，人们似乎天然地有些忌讳，会用很多其他词语去指代。北京科技大学能环学院环境科学与工程系主任李子富原先也不例外。上学期间读给排水专业，由于避讳做污水，选择了自来水的处理技术。那时他应不曾想过，日后自己会成为一名“厕所研究者”。

认识的改变发生在李子富德国读书期间。一开始，他想做污水处理系统模型模拟分析，直到跟德国的导师聊到了厕所对社会的影响。“厕所不仅仅是我们如厕的场所，它其实是一个非常社会化的东西，和大众卫生、健康、环境、粮食、气候都相关。”李子富这样谈及他对厕所的认识，“上世纪90年代，因厕所污染相关造成的疾病导致的5岁以下儿童死亡，每年是几百万人”。触动到他的还有周围同事对厕所的态度。“他们在这方面心态很放松，甚至在饭桌上谈起来也是津津乐道，没什么特殊的感觉。”李子富谈到那段经历时说，“这也让我慢慢转变，让我在一个跟屎尿污水打交道的路上越走越远”。

2004年李子富回国，做污水处理方面的工作，同时也参与一些国际合作的项目。“当时蒙古的乌兰巴托郊区没有厕所，基本上就是一个坑的状态。”李子富的团队和法国NGO组织通过三年的合作，为当地引入卫生厕所，改变卫生状况，“这在蒙古也产生了很积极的影响，蒙古自己也成立了推进卫生厕所的组织。”

新冠肺炎疫情期间，李子富参与了武汉方舱医院的建设意见。“这需要进行分类管理，人粪一定要隔离——我们国家很多移动厕所是旱厕，没有很好的隔离。”他还参与了公共厕所标准的编制，“疫情发生初期没有经验时会过度消毒，过度消毒也会产生一些负面影响。要在安全和环保这个角度去找平衡、去找最优解”。

——澎湃新闻

孟子居创业团队

孟子居创业团队成立于2015年3月，团队扎根北京科技大学，聚焦农村精准扶贫，以农产品机械技术推广以及农产品电商运营的方式对贫困县农民进行帮扶，最终帮助贫困县果农策划销售农产品，为贫困县脱贫出一份力，也为我国全面建成小康社会出一份力。

孟子居创业团队致力发动大学生前往贫困地区，5年里，团队组织了28个实践团302名大学生前往十余省市的贫困县进行实践帮扶，累计帮助销售农产品300余万元。团队坚持发挥大学生的优势，把精准扶贫同“扶智”“扶志”相结合，为贫困地区农民带去的不仅仅是技术与财富，更是知识、是意识、是思想，孟子居创业团队也致力于为我国全面建成小康社会尽自己的一份力量。

颁奖词

扎根中国大地，了解国情民情。孟子居团队以助农回馈家乡的初心，他们始终深入贯彻落实习近平总书记给第三届中国“互联网＋”大学生创新创业大赛“青年红色筑梦之旅”的大学生的回信精神，深刻了解青年红色筑梦之旅的意义和内涵。他们从基层出发，深入群众内心真正关注的重点。“展科学精神，做自己的英雄”，他们一直发挥着身为大学生的优势和热血进行社会实践。运用学到的科学知识，帮助着贫困地区的农民，不断用实际行动践行着新时代的“六有青年”。满腔热血撒入中华大地，家国情怀烙进奋斗青春，孟子居团队以赤子之心回馈家乡父老，他们以互联网思维助力困难群众创收，他们用双脚走出村民致富路，他们用双臂扛起青年应担之责，大好青年，不负韶华，大好青春，不负国家！

先进事迹

扎根家乡——助家乡脱贫致富奔小康

孟子居创业团队成立于2015年，“孟子居”名字取自孟子故里：山东省邹城市，成立之初立志以农产品电商的形式帮助家乡贫困农民脱贫。2016年“孟子居生态零食杯”校园营销大赛，帮助山东农民销售土特产，销售额达到8万余元；2016年12月9日，团队在学校的支持下发起助力甘肃省秦安县精准扶贫的129公益接力计划，动员129个学生团支部认领甘肃省秦安县8户贫困农户的129棵苹果树，为当地果农带去2万余元的收入；随后发起“秦安·华园果业杯”校园公益营销大赛，帮助秦安农民销售果树，累计宣传文案阅读人次232万，销售果树950余棵，销售额20万余元。2019年4月，团队与山东省农科院花生研究所签署“高油酸花生品种引进与示范应用”项目合作协议，为山东农户提高种植技术，帮助农户增收。三年来，孟子居创业团队已经累计帮助80余户贫困农民销售农产品五十万余元。

团队成立之初，仅仅只有3人，但是同学们的朝气瞬间就吸引了周围的同学参与到精准扶贫中来。为了帮助家乡农户销售农产品，团队在2015年前往电商龙头企业“三只松鼠”公司进行调研考察。为了前往知名公司考察，团队着实下了一番功夫，经过十余次的交涉团队终于进入“三只松鼠”的大门，此次考察也为今后数年的产品帮扶提供了非常大的指导作用，之后团队根据从“三只松鼠”取的“经”回到山东针对本地农户进行帮扶。

在过去的五年里，团队每年都会组织北京科技大学以及其他各校的同学前往邹城市进行志愿帮扶，深入贫困户进行走访调研，与邹城团市委、山东鲁西南电商产业园形成了长期的合作对接关系，帮助山东农户设计了花生、绿豆、红枣、核桃等十余种产品包装并取得了60余万元的销售额。

创业扶贫——“苹果树之恋”助力精准扶贫

2016年暑假，在了解到北京科技大学对口扶贫单位秦安县的现状后，孟子居创业团队当即组建“北京科技大学甘肃省秦安县农产品电商扶贫实践团”，带队前往秦安进行为期两个星期的社会实践。实践中，团队看到了秦安的果农辛勤地劳作，每天凌晨四点起来摘果子。团队成员问果农：“卖不掉怎么办？”大爷大妈回答说：“卖得掉就卖掉，卖不掉就撂掉，没（mò）办法啊。”看着大爷大妈全是茧子的双手和满脸无奈的表情，同学们决定要帮助他们。

回到学校后，团队成员马不停蹄地开始帮助他们策划销售农产品，提出了认购苹果树的想法。在12月9日，团队发起了北京科技大学“12·9苹果树之恋”活动，在这个历史事件背景下，号召129个团支部认购来自秦安贫困户的129棵果树，新时期以不一样的形式爱国。而后，在团队的不懈努力下，促成了北京科技大学管理协会与甘肃省秦安县华园果业公司举办公益营销大赛，帮助秦安县地区销售贫困户的苹果，共有60余支团队300余人参加，销售额达20余万元，成功帮助当地8户贫困果农脱贫。

目前，团队已经连续4年6次前往秦安县进行实践帮扶，与当地农户形成了如同亲人般的紧密合作关系，累计给秦安果农开办电商培训十余场，帮助秦安贫困果农销售农产品40余万元。而当地农民感激孟子居创业团队的，不仅仅是经济的帮助，还有知识的帮扶。其中一位果农说：“我最感谢孟子居创业团队的不是帮助我多销售了几千元，而是教会了我用微信跟女儿说话。”

筑梦延安——红色创业显青年担当

2017年4月和7月，孟子居创业团队来到革命圣地延安参加了教育部主办的“青年红色筑梦之旅”活动。团队了解到了习近平总书记当年“捅开陕西第一口沼气池”“扛二百斤麦子，十里山路不换肩”的事迹，十分震撼，十分感动。活动结束后团队创始人杨国庆作为执笔人之一给习近平总书记写信汇报了在延安的学习心得，并很荣幸收到了习近平总书记的回信。2017年8月16日和10月29日，《新闻联播》两次报道了孟子居创业团队的创业扶贫事迹，团队创始人也在节目中展示了针对延安策划的“五枣俩核桃”扶贫项目，并在节目中说道：“也是希望习近平总书记能够吃到我们在延安扶贫的核桃和红枣。”

至今，团队完成了“五枣俩核桃”项目的营销策划、包装设计，针对延安的“五枣俩核桃”公益扶贫项目也申请成为国家级SRTP创新创业项目，团队继续帮助延安果农制定“梁家河”果树DIY扶贫计划。团队总计7次前往延安进行志愿帮扶，与30余户农户对接，帮助延安的农户销售核桃、红枣、苹果等农产品达四十余万元。

倾注满心真诚——果树认购精准定位

孟子居的公益性取决于精准的扶贫定位，独特的成本结构模型，良好的社会效益。精准的扶贫定位，能够让产品直接与农户对接，确定能够帮扶的扶贫对象，具有很强的针对性和具体性。普通的农产品营销模式农民赚到的钱只是销售价格的26%，很多钱被经销商赚走；采用孟子居果树认购模式，农民的收益率为普通销售模式的两倍，相同的价格能够更好地帮助到农民。

在实践过程中，孟子居创业团队做到精确定位。首先与当地扶贫办取得联系，获得当地贫困信息花名册，根据名册挨家挨户信息采集，记录贫困户的家庭基本情况、收入状况、收入来源、各个农产品种植情况种植比例。根据孟子居的贫困评估模型，对贫困户进行评估，选出适合孟子居创业团队帮扶的贫困户。

对于适合的贫困户，团队进行基本电商知识培训、帮助其与企业、物流公司对接。确定完贫困户之后，团队针对农民的电商意识，质量意识进行培训，建立长期的对接机制，以便帮助他们销售农产品。之后，团队会跟当地的政府、企业、物流公司、农民进行签约，建立可操作的产品供应链。

团队依托已经注册的山东孟子居生态农业有限公司，正在注册北京孟子居农业实践发展协会完成创业销售过程。根据每个地区的特色农产品进行产品策划。“一棵树”公益扶贫是号召大家以认购果树的形式帮助农民脱贫，团队会对大家认购的果树进行挂牌，对认购人颁发公益证书，通过我们教会果农的技术让客户对果树实时监控。同时，客户还可以私人订制产品，比如在苹果上印上自己想要的logo，增加产品附加值。团队采用电商营销模式，根据果农的实际故事，发动更多的大学生和我们一起帮助果农销售农产品。在接下来的几年，致力于帮助更多的贫困户脱贫，为我国的全面小康出一份力量！

小传

于市井中发掘，于实践中创新知，掇己之力，担己之责，新时代中创丰果，立大事者，不唯有超世之才，亦必有坚忍不拔之志。成年累月中，诸君以自身之光，耀故乡之发展！在新时代他们坚持“三维协同，循环提升”，以先进的生产观念，进步的精神文明水平以及日益增长的物质文明水平的综合一起推动实现内生动力提升，助力乡村振兴发展。让当地人民感受“三点五维”模式的优势，开展“扶智”与“扶志”的共同开展，成功地将授人与渔，授人以“欲”的精神贯彻始终！

大家眼中的他们

孟子居创业团队的同学们，利用暑期的宝贵时间，深入我国二十余省市的贫困地区的千家万户，不仅出色地完成了社会实践调研，从象牙塔中走进基层、走进中国最需要知识智慧帮扶的贫困地区，学到了宝贵的社会大学的实践课程，更难得的是他们用所学经济管理知识，电商互联网理念，有针对性地分析贫困人家状况，提出参与到精准扶贫，社会实践正是一次难得的学以致用的机会。同时，团队将创业与社会实践相结合，走出了一条自己的乡村振兴助农道路，为我校学子的乡村振兴实践方向提供了优秀的实践模板！

——经济管理学院 金融工程系主任 王未卿

孟子居创业团队成立以来，带动了众多在校生参与到创新创业活动中，在学生群体中产生重要影响。团队将乡村振兴、实践、创业相结合，走出了一套自己的模式，秉承着“扎根基层土壤、助力乡村振兴”的思想，利用大学生的知识与情怀，在“扶志”和“扶智”的基础上为我国新农村建设贡献力量。在成立的7年里，真正做到了习近平总书记回信中的那句话“扎根中国大地，了解国情民情”。他们，是一群有理想、有追求、有担当的中国好青年。

——经济管理学院党委副书记 倪宇

一代人有一代人的长征，一代人有一代人的使命。七年前，三个刚刚大一的懵懂新生，思考着这个暑假应该做点什么更有意义——“脱贫攻坚”就此进入他们的心里，融入自己的使命，也成为团队的使命。创业从来最不缺的就是挫折，但脚下有多少泥土，心中就有多少的真情和信念。他们走过全国超过十个省，扶贫超过百万元，还帮助一些农村年轻人回村创业，而农户们脸上露出的笑容，就是他们最大的期待。通过将实践和创业的模式深度融合，他们从商业模式创新走向了农业科技创新，努力打造更强大的核心竞争力。用敏锐的眼光观察社会，用清醒的头脑思考人生，用智慧的力量创造未来。将个人的命运和国家的发展紧密结合在一起，他们会在这条道路上越走越远。

——北京科技大学创新创业中心指导老师 邓张升

孟子居创业团队成立7年以来，持续组织大学生前往了20余个省市贫困地区开展精准扶贫实践，并且建立起可持续“三点五维”帮扶模式，在消费、技术、知识三方面帮扶农村地区，已取得显著的成效。

孟子居团队不仅为贫困地区农民带去了技术与财富，以及新时代的思想与意识，更是引领青年大学生扎根中国大地了解国情民情，在创新创业中增长智慧才干，努力成为服务人民、建设美好富强国家的奋进者、开拓者、奉献者。

孟子居团队是有理想、有追求、有担当的公益创业者，也是青年学子成才报国的优秀榜样。

——会计研 熊梦圆

我自2019年起便跟随孟子居创业团队进行社会实践以及乡村振兴的帮扶，连续3年发动团队去往全国各地。实践过程中，我们以大学生为实践主体，联合了包括高校、企业、研究所以及政府4个群体组织的力量，充分发挥了大学生在乡村振兴实践中的作用，使得大学生的实践效果有效、有志、有传承。几年来，我们在为各地农户提供实质性的帮助的同时，也积极带领同学们进行后续的成果转化，在这个过程中做到实践育人，予教于行，使大学生们踏入社会的第一课过得有意义、有收获。

——本科2018级学生 唐雨森

我于2021年加入孟子居创业团队进行社会实践，从队长到团长，连续2年带领团队走进基层，深入了解乡村山水与文化，与居民共情，切实服务乡村振兴。实践之中，我融入到了孟子居“三点五维”的体系里，加深了对乡村振兴的理解，并带领团队探索出了一套体系化、全链条、持续化、自造血的知识助农帮扶模式。对于我而言，实践是一个渡人渡己的过程，而孟子居，就是那条船，它让我在实践中寻真知，找自我，让我努力成为一个全面发展的人。未来的我，希望能够紧跟孟子居的步伐，带动更多的人在实践中锻炼个人胆量，贡献青年力量，挥洒青春热血，把更多的“我”变成“我们”。

——孟子居创业团队现任团长 陈泽坤

媒体关注

孟子居创业团队事迹先后受到了中央电视台《新闻联播》栏目报道，《人民日报》《中国青年报》等主流媒体也进行了报道。

孟子居创业团队在延安的调查后，创造性地提出了“五枣俩核桃”营养计划。创造性地将延安当地两个重要的特产——狗头枣、核桃有机地连接在一起。正如两个从未相逢的知己见面，相见恨晚。

孟子居创业团队马不停蹄地进行了产品的设计。一方面，团队积极与延安当地对接，力争采购到质量最好的产品原料，同时保证这些农产品出自当地的贫困户，结合当地独特的农产品，帮助他们策划销售，做到精准扶贫。另一方面，对“五枣俩核桃”公益扶贫计划进行整体的设计、包装、营销，团队自主设计了产品包装，策划构造“五枣俩核桃”扶贫创业模式。目前针对延安的“五枣俩核桃”公益扶贫计划已经申请成为国家级SRTP创业实践类项目。

——中央电视台《新闻联播》栏目

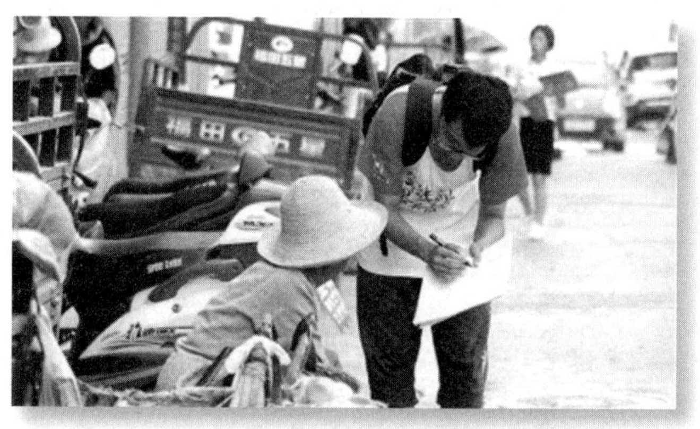

近年来，随着精准扶贫精准脱贫工作的深入推进，秦安逐渐成为北科大开展立德树人教育的又一阵地。这里有创业的热土，这里有实践的基地，这里是了解社情民意的窗口，这里还是播撒知识的良田。越来越多的北科大学子关注到了秦安这片施展抱负的沃土。他们的到来，在秦安这个安静的县城中刮起了一场“科大风”。

——《中国教育报》、中国教育新闻网

学校“孟子居”电商扶贫创业实践团队于2017年4月和7月参加了教育部依托中国“互联网＋”大学生创新创业大赛平台开展的“青年红色筑梦之旅”实践活动，赴延安通过大学生创新创业项目对接革命老区经济社会发展需求，助力精准扶贫脱贫。4月，“孟子居”团队与延安当地企业签约，成为仅有的两个签约团队之一，制定了帮助当地贫困户销售农产品的策划案。7月17日，“孟子居”团队再次前往延安开展实践帮扶，与当地企业再次签约，将以营销策划的形式帮助当地农民脱贫致富。活动后，“孟子居”团队继续深化电商合作成果，将延安当地特色核桃、狗头枣的销售与“果树认购”结合，在电商平台上创造性地提出了每日“五枣俩核桃计划”，目前已经有十余棵果树的认购量。

——北京科技大学新闻网

鲁斯兰

——无私奉献『熊猫侠』

鲁斯兰，TULENOV，RUSLAN，哈萨克斯坦籍国际学生。2015年9月入学，现为管理科学与工程专业三年级硕士研究生。在中国期间累计献血量已经超过5000毫升，相当于把全身的血液都换了一遍，他无偿献血的足迹遍布全国各地。2013年9月7日上午，中国国家主席习近平在哈萨克斯坦纳扎尔巴耶夫大学的演讲中，对鲁斯兰参加无偿献血的行为给予高度赞扬，并称赞他为“中哈友谊的使者”。中央电视台、人民网等多家权威媒体报道了北京科技大学哈萨克斯坦籍国际学生鲁斯兰的暖心故事，搜狐、网易、腾讯、新浪等多家门户网站纷纷转载，引起社会广泛关注。他被人们亲切地称为“熊猫侠”。

颁奖词

他是一位哈萨克斯坦母亲的儿子；他是一个一岁小女孩的父亲；他是曾经被习近平总书记亲自点名称赞的“中哈友谊的使者”；他被中国人民亲切地称为“熊猫侠”；他到底是谁？他用数年心血为中国人民带来危急关头的救助和生的希望，这份跨越国家的诚挚感情让每个人为之动容，他就是鲁斯兰。

先进事迹

奋斗努力新青年

鲁斯兰自2015年9月进入我校学习以来，一直以认真求实的态度来对待大学的生活。在学习上，他严格要求自己，凭着对个人目标和知识的强烈追求，刻苦钻研，勤奋好学，态度端正，目标明确，在学习和掌握本专业知识和技能的同时，还注意各方面知识的扩展，广泛地涉猎其他学科的知识，从而提高了自身的文化素质。作为2015级国际学生中文班的班长，他努力架起老师与国际学生沟通的桥梁，工作态度端正，做事认真细致，获得师生一致好评。他积极组织参加各项比赛和活动，国际学生文化节、辩论赛、新年晚会……都有他活跃的身影，不久前他更是作为北京科技大学代表队的一员参加了“汉语桥·2017全球外国人汉语大会”团体赛，展示北京科技大学国际学生的风采，并晋级复赛。学习空余时间，鲁斯兰积极参加社会实践，在海航集团旗下的海航旅业实习，进一步拓宽自己的视野，磨炼和提升自己。

学业生活齐头进

在中国，鲁斯兰收获了幸福美满的家庭，他的爱人格日乐同样是北京科技大学土木与资源工程学院土木工程专业的硕士研究生，他的女儿索菲亚也是二人在北科大求学期间出生的。鲁斯兰说，中国是自己的第二故乡，更是福地，在中国生活让他感到无比幸福。在他心里，这片生活着的土地就是自己的家乡，生活在这片土地上的人们也是他的同胞，他愿意尽最大的努力帮助有困难的人。

主席赞誉贡献长

2013年的9月7日，正在哈萨克斯坦国事访问的中国国家主席习近平，在纳扎尔巴耶夫大学发表题为《弘扬人民友谊 共创美好未来》的重要演讲时，这样说道，RH阴性血型在中国属于十分稀有的血型，被称为“熊猫血”。这种血型的病人很难找到血源。在中国学习的哈萨克斯坦国际学生鲁斯兰正是这种血型。鲁斯兰自2009年起参加无偿献血，每年两次，为一些中国病人解除病痛做出了贡献。当中国朋友称赞鲁斯兰时，鲁斯兰说：“我觉得应该帮助别人，献血是我应该做的。”习近平总书记对鲁斯兰参加无偿献血的行为给予高度赞扬，并称赞他为“中哈友谊的使者”。

但行好事不求报

鲁斯兰有着罕见的RH阴性血型。这种血型不同于常见的A、B、O等血型，在我国人口的占比约为1‰至3‰，十分稀少，也被人们称为“熊猫血”。自2009年起，在中国的8年时间里，鲁斯兰一直坚持无偿献血，累积的献血量已经超过5000毫升，相当于把全身血液换了一遍。为了能够帮助更多人，他主动提出由血站向急需患者提供自己的电话，只要有需要，他就会赶来献血。鲁斯兰无偿献血的足迹遍布全国各地，每年两次的献血已经成为他雷打不动的习惯，能够帮助别人，他感觉很幸福。

鲁斯兰没有想到自己的小小善行竟会被习近平主席注意到，更没想到他这样的普通大学生，居然能成为习主席口中的“中哈友谊的使者”。有了这样的激励，鲁斯兰至今坚持每年献血两次。他时时关注着拥有和需要“熊猫血”的特殊群体，在北京的无偿献血车上，他从护士口中第一次听说，中国人民称他为“熊猫侠”。鲁斯兰知道，“侠”是英雄的意思，熊猫是中国的国宝，这个称呼是网民对他莫大的夸奖。2015年年末，鲁斯兰进入毕业实习阶段，他顺利进入北京海航旅业集团社会责任与品牌部，成为该部门的一名实习生。即使学习与工作再忙，鲁斯兰也没有中断自己多年来形成的一年两次的无偿献血。而且，他还加入一个互帮互助的名为“稀有血型爱心之家”的组织。

伟大事迹广传扬

中央权威媒体密集报道国际学生鲁斯兰事迹——中央电视台、人民网等多家中央权威媒体报道了北京科技大学哈萨克斯坦籍国际学生鲁斯兰的暖心故事，引起社会广泛关注。“一带一路”高峰论坛举行之际，中央电视台新闻频道于2017年5月11日《新闻直播间》专题报道了鲁斯兰在中国八年间坚持献血5000毫升的故事，《人民日报》客户端、搜狐、网易、腾讯、新浪等多家媒体纷纷转载。习近平对哈萨克斯坦进行国事访问期间，人民网于6月7日在首页播出纪录片《被习主席点赞的“熊猫侠”》，记录了鲁斯兰在北京科技大学学习和生活的情况，在北京科技大学土木工程专业就读的鲁斯兰爱人格日乐一起参加了人民网的专访，并讲述了两人在北京科技大学读书期间相识相爱并结成家庭的美丽故事。6月10日，中央电视台《面对面》栏目组专程来我校采访鲁斯兰，鲁斯兰已成为家喻户晓的献血英雄。

中哈友谊连接桥

在热心公益的同时，作为一名哈萨克斯坦籍国际学生，鲁斯兰还在传递中哈友谊方面做着他力所能及的事情。一方面，他时常向周围的中国朋友、同事介绍哈萨克斯坦的历史、文化、社会发展，有关哈萨克斯坦的问题。另一方面，鲁斯兰也在向他家乡的亲友们介绍着中国。他感谢中国政府提供的全额奖学金，感谢北京科技大学全体老师对他的教育和培养，他希望毕业后学以致用留在中国工作，为两国的繁荣发展贡献自己的微薄之力。

鲁斯兰以他身上跨越国界的“大爱”为需要帮助的人带去生命的希望，“熊猫血缘”联结了鲁斯兰与中国的深厚情感。他的行动也见证了中哈两国的友谊。

小传

正值风华少年郎，他乡求学挥洒血汗，一步一脚印，一步一荣光，点滴构筑生命脊梁，颗颗汗滴滴落人生无悔，两邦友好使者，以熊猫侠血之身躯，救旦夕生灵，谱生命之歌，铸大国友谊！

大家眼中的他

鲁斯兰为人们所熟知的是他罕见的RH阴性血型和在中国累计献血量超过5000毫升。作为他的导师，我更立体地看到了和他的“熊猫血”一样珍贵的品格：对知识、对生活、对生命充满热爱，这是我非常欣慰和自豪的。在学习上，他刻苦钻研，勤奋好学，目标明确，同时广泛地涉猎其他学科知识。生活上，他愿意尽最大的努力帮助有困难的人，他说：“我觉得应该帮助别人，献血是我应该做的。”

如果说鲁斯兰献血是出于他的优秀品格，那么选择学以致用留在中国，继续传递中哈友谊则是我校来华留学教育的直接成果，教师在教书育人的同时立德树人、学校与社会给予他充分的认同感，知华友华的培养目标在他深入了解中国的过程中逐步达成。如今他作为“中哈人民友好交往的使者”，正努力向全球展现一个开放、真实、立体、全面的海南，一个可感、可亲、可爱的中国。

——经济管理学院教师 王莹

鲁斯兰是一个阳光开朗的哈萨克斯坦男生。他是一个心中有爱的大侠。2009年起至今，鲁斯兰坚持每年无偿捐献“熊猫血”（RH阴性血），累计的献血量已经超过5000毫升，相当于把周身的血液换了一遍。2017年7月，鲁斯兰受到中央电视台邀请代表北京科技大学参加“汉语桥·2017全球外国人汉语大会”团体赛。我作为指导教师，全程陪伴学生参赛。比赛期间鲁斯兰的妻子正在住院做手术，他每天奔波于电视台和医院之间，虽说很疲惫，但他一直认真准备比赛，拿出最好的状态为学校争光。鲁斯兰很爱自己的妈妈，他经常提到从小他的妈妈就教育他长大做一个好人，一个对社会有用的人，去帮助更多人。鲁斯兰也按照妈妈的指引茁壮成长为中哈友谊的使者和人类命运共同体的生力军。

——国际学生中心教师 郭凯琳

鲁斯兰自2015年9月进入北京科技大学学习，三年的研究生生活中，我一直是他的班主任。作为2015级国际学生中文班的班长，鲁斯兰努力架起老师与国际学生沟通的桥梁，工作态度端正，做事认真细致。他还积极组织参加各项比赛和活动，国际学生文化节、辩论赛、新年晚会……都有他活跃的身影，展示了国际学生的热情风采。毕业后，鲁斯兰一直心系母校，始终与母校保持联系，协助母校开展就业、校友等工作，目前在海南国际经济发展局工作，积极为中外经济发展贡献自己的微薄之力。鲁斯兰坚持无偿献血的感人事迹传播了社会正能量，为国际学生树立了良好的榜样，他的行为，也影响了一批国际学子，一起学习优秀、共同优秀。

——国际学生中心教师 高佳佳

作为国际交流协会的一员，加入社团的初衷是想要在中外学生之间架起友好沟通的桥梁。哈萨克斯坦“熊猫侠”鲁斯兰的事迹，让我的这份初心又得到了进一步的坚定。身上流淌着稀有血型的他十余载进行献血，体现的是一种跨越国别与文化的高尚坚守。这份精神不仅令人动容，同时也值得学习与发扬。在构建“人类命运共同体”的今天，青年大学生应该如“熊猫侠”一般具备“天下一家，世界大同”的理念。作为一名英语专业的学生，在跨文化交流之中应尽力运用专业知识，以切身努力与实践促进世界各国人民的相互理解和共同团结，为推动构建人类命运共同体添砖加瓦。不积跬步，无以至千里，从身边小事着手，也能为伟大的事业贡献一份力量。

——外国语学院2019级本科生 韩依霖

我在北科大学习的时候，就听说过鲁斯兰的故事，他坚持很多年一直献血帮助别人，被誉为“熊猫侠”。我学习汉语的时候，听过很多中国武侠小说里的大侠，我也想成为像鲁斯兰那样的侠之大者。同时学校和国际学生中心老师们的帮助让我们留学生感受到像家人一样的关爱，我也想把这份爱传递给更多的人。于是，我开始做志愿服务，从孤儿院，到养老院，再到打工子弟学校，我做了一些力所能及的事情，为他们带去了关心和帮助。我很开心在“熊猫侠”鲁斯兰学长的影响下，包括我在内的越来越多的留学生们加入了志愿服务的队伍，行走在志愿服务的路上。

——韩国籍国际学生 权容载

媒体关注

今年是鲁斯兰来到中国的第13年，对于海南的文化和风土人情，他已经十分熟悉。“海南有大海，面向大海，热带雨林、椰风海韵，所有的生态环境都非常的适合我这种人的性格，所以我也喜欢在这边长住，喜欢在这边发展。”

来中国之前，鲁斯兰就对中国的历史和语言很感兴趣。基于“外交官”的梦想，他来到海南大学接受教育，并留在这里继续工作，见证了中国多年来的发展。

鲁斯兰：“现在中国的经济一直在增长，一直在不断地发展的情况下，还有一个中央支持海南岛建设中国特色自由贸易港，也是一个非常好的机会，能够吸引更多的一些国外的企业进入到中国的14亿（人口）的很大的一个市场，所以我觉得现在非常的稳定，以前也稳定，现在也非常的稳定。”

记者：“稳稳的幸福。”

鲁斯兰：“对，稳稳的幸福。”

除了工作，鲁斯兰在生活上也深深地融入了中国，他的一举一动都流露着对中国的深厚感情。“我是熊猫血，我每年坚持参加无偿献血，因为我的血型比较特殊，是RH阴性血，我非常愿意去参加一些捐血的活动，能帮助到一些病人解决他们的一些困难，这是我非常愿意做的事情。”

鲁斯兰连续8年累计献血5000毫升，这也使他成为哈萨克斯坦与中国友好交往的一张名片。谈及多年来在中国生活的感受，他这样说道：“我刚来的时候确实什么都不懂，那是因为我的同学们，我的朋友们，我的老师们一直在支持，一直在帮助的情况下，我才能够发展到现在，我觉得能够成长到现在，这是中国人对外国人的包容。虽然我是外国人，但是在中国我不是外人，希望更多的外国人也在中国亮好态度做好事情，主要是对社会有用的事情做得多一些。”

——国际在线网

这是一个长达9年的愿望：面对面向习近平主席做自我介绍。“主席好，我叫鲁斯兰，就是您2013年在哈萨克斯坦发表重要演讲时提到的‘熊猫血’捐献者……” 4月12日，洋浦国际集装箱码头，来自哈萨克斯坦的鲁斯兰向前来考察的习近平总书记进行自我介绍后，他的“9年之愿”终于实现。

2013年9月7日，国家主席习近平在哈萨克斯坦纳扎尔巴耶夫大学发表重要演讲时，首次提出共建“丝绸之路经济带”倡议。同时，他还在演讲中提到了鲁斯兰无偿捐献稀有血型Rh阴性血救助中国病患的故事，赞誉鲁斯兰为“中哈友谊的使者”。这位被赞誉为“中哈友谊的使者”的哈萨克斯坦小伙，如今每年还在坚持献血。“我觉得应该帮助别人，献血是我应该做的。”鲁斯兰说。

鲁斯兰也在努力寻找献血之外的人生价值，“想要更好地发挥‘中哈友谊的使者’作用，激励更多中哈两国青年，为中哈永久全面战略伙伴关系发展贡献青春和力量”。在习近平总书记“4 · 13”重要讲话发表后，鲁斯兰把握住海南国际经济发展局面向全球招募人才的机遇，毫不犹豫回到曾经求学的海南并顺利成为海南国际经济发展局引进的第一位外籍人才。

——南海新闻网

习近平总书记来到位于海南省儋州市的洋浦经济开发区考察。在现场，有一位哈萨克斯坦的小伙儿和总书记进行了亲切交流，这位哈萨克斯坦的小伙儿名叫鲁斯兰。

2013年9月7日，习近平主席在哈萨克斯坦纳扎尔巴耶夫大学的演讲中，提到了鲁斯兰无偿捐献稀有血型，救助中国病患的故事，Rh阴性血型在中国属于十分稀有的血型，被称为“熊猫血”。这种血型的病人很难找到血源。哈萨克斯坦留学生鲁斯兰正是这种血型。在海南大学读书期间，鲁斯兰自2009年起参加无偿献血，每年两次，为一些中国病人解除病痛作出了贡献。

鲁斯兰的血型是珍稀的“熊猫血” Rh阴性血，2009年，年仅16岁的鲁斯兰

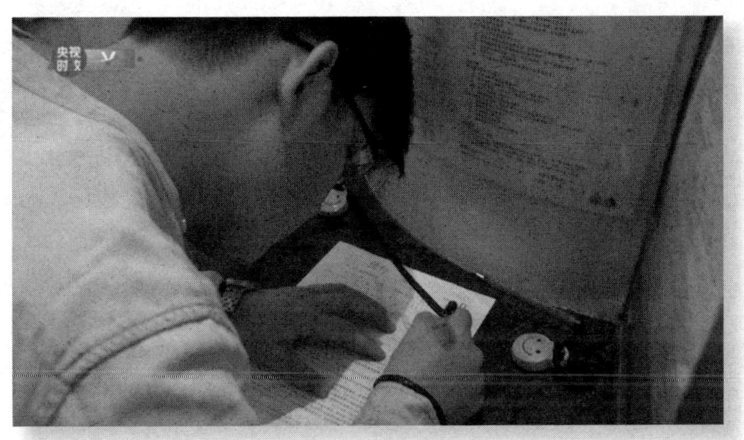

从故乡哈萨克斯坦来到中国求学，13年间，鲁斯兰把青春奉献给了中国这片土地。在2019年海南自贸港建设的关键时期，鲁斯兰如愿以偿，成为海南国际经济发展局引进的第一位外籍人才，作为一名全球新闻官，他的职责就是向全球推介海南自贸港。

——央视新闻网

格桑措姆

——北京科技大学学生

格桑措姆，女，1994年11月出生，中共党员，北京科技大学东凌经济管理学院工程管理专业2014级本科生。曾获共青团中央、全国学联“中国大学生自强之星”及“中国大学生新东方自强奖学金”；北京科技大学“第七届青年五四奖章”；华北电力大学“呼唤杯演讲比赛”的优秀奖，也曾带队参加“第七届校营销大赛”获得优秀团队奖。

她来自西藏，虽家庭经济贫困，但四年来坚持勤工俭学，自立自强，做志愿活动把感恩和奉献作为自己的道德准则。2016年、2017年连续两年放弃寒假和藏历新年与家人团聚，前往偏远的青海黄南自治州同仁县夏卜浪村支教长达40天，为幼儿园到高三的学生带去知识与温暖。当地条件极其艰苦，在零下15摄氏度的严寒，她还坚持在帐篷里为孩子们上课；当地教育水平较低，师资有限，所以每次参加补习学生近400人之多。格桑措姆与他们没有血缘关系，却建立了友好动人的师生情，传递自强不息、乐于助人的精神。此外她还做过拉贡唐牧民文化节志愿者、安贞医院志愿者等。

除此之外，格桑措姆还积极参加校内校外活动，在镜雪域平台当小编，为校团委社团部技术中心工作，在东凌经济管理党支部担任宣传委员，还是圣地高校记者团成员，在学院申请勤工俭学，帮老师整理资料、整理图书。

颁奖词

积极热情，独立上进。坚强刻苦，无私奉献。穷且益坚，不坠青云之志是她最好的写照。雪原格桑，遗世独立。阳光洒落，伴她成长，她自己也成为别人的太阳，为孩子传递了知识与力量。她心怀仁爱，带来的是无微不至的关怀与呵护，她冬去春归，点亮的是求知孩子们的希望明灯。

先进事迹

盛放的格桑

格桑措姆来自西藏，家庭经济条件一般。勤奋的她在进入大学以后，在学校助学金以及各项帮扶政策的鼓励下，刻苦学习，勤工俭学，自立自强，把感恩和奉献作为自己的道德准则，尽心尽力，想将自己所得到的温暖继续传递给更多，更需要的人。在大学期间，格桑连续两年放弃寒假和藏历新年，她放弃了其乐融融与家人团聚的时光，选择了前往偏远的青海黄南自治州同仁县夏卜浪村，并在当地支教，时间长达40天，为幼儿园到高三的学生带去知识与温暖。当地条件极其艰苦，冒着零下15摄氏度的严寒，只能在帐篷里上课，而且当地教育水平较低，师资有限，每次参加补习学生近400人之多……在这样的艰苦条件下格桑措姆也毫不气馁，认真负责、热情饱满地投身于支教任务。她的认真和负责打动了当地的同学，他们之间也建立了友好动人的师生情。格桑措姆以一己之力，为孩子们传递自强不息、乐于助人的精神，雪原格桑花沁人心脾的清香，传递到了更远更偏僻的地方。

支教——付出与收获

大学伊始，学校在得知格桑措姆的家庭情况后，相关负责人帮助她申请了东凌助学金、浪石助学金等校友助学金，让格桑得以安心学习，继续无忧无虑地成长。这份雪中送炭的温暖，让懂得感恩的格桑十分感动，她也在这时下定决心，希望尽己所能，用自己的力量去帮助他人，就像学校帮助自己一样。尽管可能一个人的力量有时会显得渺小。但是，格桑坚信，持之以恒，滴水穿石，一点一点地积累，总会让爱心传递下去的，也一定会让其他需要帮助的人感受到自己所得到的温暖。于是，在这个信念的驱动下，她一直坚持参加志愿活动，连续两年春节不回家坚持支教。而在诸多志愿活动中，青海黄南自治州的夏卜浪村支教经历使她最为难忘。

夏卜浪村地处偏僻，教育资源缺乏，到了冬天更是寒冷难耐。教学任务都必须进行在条件很差，冷如冰窟的帐篷里。冬天寒风凛冽，吹得人遍体生寒的同时，甚至还会在吃饭时制造障碍。吃饭时经常是风一吹，饭上便覆盖一层尘土。夜晚气温更加寒冷，晚上睡觉更是要被冻醒多次。除此之外，格桑和其他志愿者支教的对象是从幼儿园到高三的学生，教学跨度大，学生数量也多，总共400多名，教学难度很大。以格桑为主的志愿者们初次到达夏卜浪村，对当地的方言十分陌生，也因此在交流方面遇到了很多困难。但功夫不负有心人，在紧张的教学活动之余，格桑全力以赴，认真学习方言，短短一周之内，她已经可以完全自如地跟学生们自由交流。在可以自如交流之后，教学任务可以顺利进行，同时也增进了格桑和其他志愿者与这些孩子们之间的感情。他们的用心付出，被孩子们看在眼里记在心上，也毫无疑问地，换回了学生们的真心回应。有一天，格桑给高一班上课时突然身体不适，出现了咳嗽、出汗等症状。孩子们发现后，一个个都用担心的眼神看着她，拿出了比原来更积极认真的状态听课，并且还催促着她去医院。在晚上，这些孩子很不放心，甚至给他们的英语老师发QQ说："我们的班主任感冒了，请你帮忙给她倒杯开水，晚上给她多盖一床被子。"志愿者每天晚上都需要备课到很晚，而且艰苦的条件，大家每天只能分食泡面充饥。而在当地，泡面也来之不易，需要志愿者中派出几人跋山涉水般到处找寻泡面的踪迹，而这样的搜寻有时却也只能找到一桶面，每人只够吃一口，条件极其艰苦。但是在这种困难的条件下，格桑却也总被这里的孩子感动着。支教快结束时的欢送会上，格桑和学生一起玩了真心话游戏，原本是一场很快乐的游戏，但伴随着离别的气氛，最后全班都因为老师要离开而泪流满面。而且在离别前，格桑和志愿者们还为两名家里有困难的孩子募捐到一笔钱，并到他们的家里进行家访和慰问；到了离开夏卜浪村的那天，被格桑教过的孩子们早早拿着哈达守在路边，来送格桑老师。本来格桑和孩子们已经约好，谁都不要掉眼泪，可快上车时，孩子们和格桑都还是没忍住，留下了不舍的眼泪……支教两年来，格桑就是这样，通过克服一个又一个困难，一次又一次地用心付出，为孩子们带去了丰富的知识，填补了当地的教育空白，传递了属于她的爱心。而这些宝贵的经历让格桑在传递温暖的同时，也被孩子们的善良感动，为自己的人生也留下了难以忘怀的印记。

服务社会奉献力量

格桑措姆在她的大二暑假，积极参与到乡政府组织举办的拉贡唐牧民文化节，并且在其中担任志愿者，协助当地政府进行秩序管理与环保监督，使牧民文化节顺利举办。她还运营过名为“登木青年说”，以为乡民们提供教育、防艾等学习资源为目的的公众号；也去过安贞医院，为有先天性心脏病的孩子们当翻译员，让孩子们在医院也感受到关爱，变得快乐坚强……

作为一名正式党员，格桑措姆一直以高标准来要求自己，立志要让自己变得更优秀，更好地去服务其他人。她参加过党员组织生活、理论学习、红色1+1、学习十九大等活动来学习党员知识，将为他人服务的理念真正内化为自己的认知，为成为更好的自己和合格的党员一直努力奋斗。

自立自强全面发展

大学四年里，格桑措姆勤奋学习，一直在进步，成绩也从最开始的倒数几名进步到现在的前20名。

两年来，格桑措姆积极参与各类活动以锻炼自己。在大一上学期，她就获得了东凌经济管理学院新生奖学金；在2015—2016年度校友助学金评选中表现突出荣获三等奖；在大二，获得了华北电力大学呼唤杯演讲比赛的优秀奖，除此之外，她还带队参加了第七届校营销大赛，获得优秀团队奖。并且，自强不息的格桑还在学院申请勤工助学岗位，帮老师整理资料、整理图书等的工作以减少老师负担，方便同学们进行更有效的查阅，优化了同学们的学习环境。

在课余时间，她学习财务管理与摄影，建立个人公众号，在上面发布《在北京的“那些小西藏”》，这篇文章受到了很多同学的认可及点赞，阅读量数千；格桑也在镜雪域平台当小编，进行了对平台有效的维护和运营。她还自学PS、AE，并在藏族学生组织的橘子科技团队里担任后期组的工作以及在校团委等工作。一路成长，不断收获。格桑措姆荣获共青团中央、全国学联“中国大学生自强之星”，获得“中国大学生新东方强奖学金”等荣誉。

小传

自强不息，薪火相承。投其人以滴水，报社会以涌泉。刻苦勤学，赋己众人为民；以己度人，予人烛火于黑暗。其人好助人为乐，与人和善，有大禹三过家门而不入之遗风。无私律己，志坚于玉瑛。服务于民，小善亦为之不息！

大家眼中的她

与格桑相识是在2017年，我们共同作为学校团员代表参加北京市第十四次团代会。很早就听说过这个有理想、有追求、有担当、有作为、有品质、有修养的西藏姑娘，听说她不懈奋斗，把成绩提升到了专业前20名，也听说她藏历新年放弃与家人团聚的机会，两次寒假都到青海夏卜浪进行为期40天支教的故事。她一直把社会主义核心价值观作为自己的行为准则，并因爱心人士对她的帮助让她懂得感恩，懂得去帮助别人，践行着“请党放心、强国有我”的青春誓言。聊天时听她说“毕业要回西藏工作，但不管以后自己走哪条路都会一直坚持做公益，多去关心教育落后的地方，去改变，哪怕是一丁点儿”。她主动担当使命任务，到新时代新天地中去施展抱负、建功立业，让青春在祖国和人民最需要的地方绽放绚丽之花！

——经管学院团委书记 李响

作为格桑措姆同学的大学四年辅导员，一路见证格桑的成长与收获。犹记得第一天见到格桑是大学报到的第二天早上，在北大上学的哥哥送她来到北科。后来，多次听格桑说到，哥哥是她的榜样。四年的学习，格桑一直很努力，从没落下功课。课余之时，爱好摄影的她用勤工助学挣来的单反，为同学们留下了很多珍贵的镜头，也因此经常给大家做培训。热爱民族文化，更积极融入每一个大集体，格桑所在的每个地方都充满了欢声笑语，充满了正能量。她也是一名高中党员，坚定理想信念，积极参加党支部工作，更难得的是多次到零下15摄氏度的青海支教，一直坚持。工作以后，回到基层，时常聊起，充满热情，她也成为了其他人的榜样。相信格桑花，会越开越美丽！

——经管学院辅导员 邓张升

我和格桑措姆当了4年的同学，我们都亲切地称呼她格桑，也是因为她才了解到这俩字在藏语中，是“美好时光”或“幸福”的意思。格桑同学在班里非常乐于助人，热心帮助同学。

我对藏族文化比较感兴趣，也经常向她请教，她每次都热心解答，从和她的交流中能感觉到她对藏族文化的熟知和认同。后来我了解到她每年都趁放假的时候去西部地区进行支教活动，对她的敬佩感又多了几分。格桑是我们班同学学习的榜样，同时也是全校同学学习的榜样！

——北京科技大学学生 杨国庆

来自雪域高原的格桑措姆，刚认识的时候，她很腼腆不爱说话，跟我想象中直爽豪放的藏族女孩完全不同，后来慢慢相处，才发现原来她那么幽默又直爽。她平时学习比较认真、踏实、刻苦，忍耐力和毅力较强，虽然基础比较薄弱，但肯吃苦，是老师比较赞赏的学生，通过她自身不断地努力和拼搏进取的精神，有着不错的收获，也获评“中国大学生自强之星”、学校五四青年奖章，是我们身边优秀的一个朋友，四年中见证她慢慢进步，返回家乡工作，回馈家乡。

——北京科技大学学生 旦增欧珠

如果最初的印象需要被形容，那便是“未见其人，先闻其名”。一开始，学校推送的文章、朋友们的茶后闲谈中略微了解有这样一个人像花儿般正在绽放。到后来的日夜相处发现，她是一个矛盾体：单纯却又极具想法、胆小却又过分勇敢，也许就因为这样的特别，我才会崇拜她、仰慕她。总之学姐就像是“别人家的孩子”，在校期间不仅成绩优异，更可贵的是敢于拼搏、敢于实践，秉持着永不放弃的精神。从业后不忘初心，坚持着良好的习惯，积极参与公司组织的各项活动，透露着在哪儿都要发光发亮的“倔强”。

——北京科技大学学生 扎西卓玛

格桑是一个努力奋进，勇于探索，富有进取心的好学生。以顽强的意志力和拼搏精神感染着每一个人，拼搏追求奋斗，是格桑学业成功的保证。格桑有优秀的思维素质和潜力，是我们每一位北科大藏族学生的榜样。感谢格桑在校期间给予我们的指导和关照，感谢她解答我们各种困难和疑惑，感谢她对我们下一届北科大学生留下很好的学习榜样，期待学姐在未来绽放更强大的光芒。

——北京科技大学学生 拉巴顿珠

媒体关注

积极服务社会，奉献力量。格桑措姆在大二暑假到乡政府组织举办的拉贡唐牧民文化节中当志愿者，协助秩序管理与环保监督；也去过安贞医院给有先天性心脏病的孩子们当翻译员……

作为一名正式党员格桑措姆以更高标准要求自己，让自己变得更优秀，通过参加党员组织生活、理论学习、红色1+1、学习十九大等活动来学习党员知识及为他人服务，为成为更好的自己和合格的党员一直努力奋斗。自立自强，全面发展。格桑措姆勤奋学习，成绩从开始的倒数几名进步到现在的前20名。两年来，格桑措姆积极参与各类活动，来锻炼自己。在大一上学期获得了东凌经济管理学院新生奖学金；在2015—2016年度校友助学金评选中表现突出荣获三等奖；在大二，获得了华北电力大学呼唤杯演讲比赛的优秀奖、带队参加了第七届校营销大赛获得优秀团队奖。她在学院申请勤工助学岗位，帮老师整理资料、整理图书等的工作。

她学习摄影，建立个人公众号上发布《在北京的“那些小西藏”》的文章受到了很多同学的认可及点赞，阅读量数千；在镜雪域平台当小编，在课余时间自学PS、AE、爱剪辑，在藏族学生组织的橘子科技团队里担任后期组的工作以及在校团委等工作。一路成长，不断收获。格桑措姆荣获共青团中央、全国学联“中国大学生自强之星”，获得“中国大学生新东方自强奖学金”。

——人民网

近日，2016年度寻访“中国大学生自强之星”活动揭晓结果，我校经管学院大三学生格桑措姆入围100名“中国大学生自强之星”（北京市共有4人入选），获得“中国大学生新东方自强奖学金”。

——北科大新闻网

2018年

谢锡善

——北京科技大学教授

谢锡善，1935年出生，浙江慈溪人，北京科技大学材料科学与工程学院教授，博士生导师。

1956年，北京钢铁学院毕业后选派出国攻读研究生；1961年获技术科学副博士学位。学成归国，在北京钢铁学院任教；曾任北京钢铁学院高温合金教研室主任、北京科技大学高温合金研究室主任、北京科技大学研究生院副院长，兼任中国金属学会常务理事、外事委员会副主任委员、中国材料研究学会和中国机械工程学会理事、中国机械工程学会材料委员会主任委员、中国动力工程学会材料分会副主任委员、中国金属学会高温材料委员会副主任委员；现为中国机械工程学会材料委员会名誉理事长、高温材料及强度委员会荣誉主任、中国动力工程学会材料分委员会荣誉委员、中国金属学会荣誉会员、中国机械工程学会荣誉理事、国际矿物·金属·材料联合会（IOMMMS）常务理事，是国家特殊津贴获得者和原冶金部突出贡献专家。多年来，谢锡善合著出版《高温合金学》《GH132合金》《物理冶金进展评论》《中国工程硕士专业学位研究》等著作，在中外期刊上发表了论文300余篇；曾获国家科技进步二等奖、三等奖和国家发明四等奖等；1992年起获国务院特殊津贴。

颁奖词

他是师者，每日三尺讲台，他更是优秀的高温合金领域专家。他是一位纯粹的学者、师者和理想主义者，是把科研和教学工作融入到血脉当中的人。作为一名著名科学家，虽然成绩斐然却又在平实、平凡的工作中展现着他身上与众不同的、朴素的学者风范与气质。在我国材料科研事业的发展中，他响应号召漂洋留学，克服重重困难学习先进知识，抱着满腔热情归国奉献，坚守科技实业创新不息，著书立说培育人才，积极交流促进发展，伴随着中国高温科技事业一路走来一路高歌，他就是我国高温合金领域专家、原冶金部突出贡献专家——谢锡善。

先进事迹

热土难忘·情系祖国

爱国从来不是抽象的，它包含丰富的内容，而且在每个时代都有不同的要求。今天，我们身处中华民族伟大复兴的关键时期，面对世界百年未有之大变局，我们又该如何爱国呢？我想，谢锡善先生给了我们非常明确的答案。

中华人民共和国成立不久，百废待兴。国家号召青年学习重工业，谢锡善选择了北京钢铁学院，1956年从北京钢铁学院毕业，为了响应国家“向科学进军”的号召，谢锡善就远赴捷克奥斯脱拉伐矿冶大学，努力钻研冶金技术，攻读副博士学位。

1961年，谢锡善获得了副博士学位，学成回国，正逢苏联撕毁与中国的友好条约，不提供给中国用于航空发动机的高温合金材料。为此，在当时基础相当薄弱的中国高温合金领域里，谢锡善等高温合金技术专家感到重任在肩，共同进入高温合金领域奋斗拼搏，于是开始了在高温合金领域的教学与科研工作。为了培养更多的高温合金人才，为了提高中国高温合金的研发水平，谢锡善始终勤勉敬业、无悔奉献。

硕果累累·人才辈出

我们必须要承认，本能与欲望是与生俱来的，理想与价值则是主观构建的。人正是在建构理想与价值的过程中逐渐演化为人才的。墨子说："且用功而后已者，必用功而后已。"这就是说，只有坚持不解地努力，才能聪明起来，才能成就一番事业。

从1961年起，谢锡善始终从事耐热钢及变形高温合金的工作以及高温材料强韧化和断裂以致失效的分析和改进研究，主持和参与了多项国家、部委重点，国家自然科学基金，"863"高科技课题，和美、法、日、印度、巴西以及韩国等国际合作课题。

一个成功的科技工作者，不光要有丰富的科研实践，还应该在理论创作上有所影响。早在1980年，谢锡善和合作者的论文"铁基高温合金中μ相和σ相引起的晶界脆化"就获得最佳论文的国际奖励，这种至高无上的荣誉不断激励着谢锡善教授笔耕不辍——长期以来在中外期刊上发表论文300余篇。

多年来，谢锡善合著出版《高温合金学》《GH132合金》《物理冶金进展评论》《中国工程硕士专业学位研究》等著作，在中外期刊上发表论文300余篇。曾获国家科技进步二等奖、三等奖和国家发明四等奖各一项。冶金部及国家教委科技进步一等奖4项以及其他奖励共计21项，1992年起获国务院特殊津贴。他曾给大学生和研究生讲授"高温合金学""时间相关形变及断裂""金属力学性质""高温强化机理"以及"专业英语"等课程，指导和培养了25名硕士研究生、22名博士生及5名博士后。受光于庭户见一堂，受光于天下照四方。谢先生培养自己的学生，正是得到光，于是他就普照天下，让国家，人民感受到那一束光。

勇于开拓·走向国际

前人曾言："能用众力，则无敌于天下；能用众智，则无畏于圣人。"在科学的领域，我们不能闭关锁国，必须踏出去。全球以青年为主的10万人用计算机向上帝发起挑战，完成了量子力学上有名的“大贝尔实验”，这是合作在科学上的创举。谢先生想必也非常看重这一点，他清楚，和衷共济、精诚合作是可能的，是必须的。

中美关系正常化后，他是高温合金领域中较早一批去美国高访的学者。谢锡善收获的不仅是更加开放的学术视野，更重要的是和代表着世界领先水平的美国高温合金界建立了重要的学术交流联系，为提高我国在该领域的科研水平和学术影响起到了重要的借鉴和促进作用。

数十年来，除了美国和加拿大，谢锡善还和欧洲的许多国家、南美的巴西以及亚洲的印度、日本和韩国都建立了良好的学术交流关系。在交流中认识差距，取长补短，吸收并借鉴国外的先进经验。可以说，正是由于谢锡善等高温合金专家的努力和付出，中国的高温合金领域才能在短短半个世纪中快速发展，取得骄人成绩。目前，我国是世界上少数几个建立了独立的高温合金材料体系的国家之一。他带领北科大科研团队成功开发了中国自主产权的SP2215耐热钢材料，并通过了国家技术验收和鉴定，同时，该新型合金再次被选作新一代电站材料，已经列入国家重大研发计划行列。

退而不休·鼎立潮头

他在高温材料领域奋战了几近70年，接触研究了十余种高温材料，从铁素体型和奥氏体型耐热钢直至铁镍基和镍基高温合金以及粉末冶金生产的高温合金，几乎都是国外的高温材料。想要研发出中国自己的合金、想要拥有中国自主知识产权的想法一直萦绕在他的心头。因此在2001年8月，谢锡善教授年满66周岁正式退休后，仍然作为几项国家自然科学基金重点课题和国际课题合作项目的负责人，带领科研团队的年轻教师一直奋斗着……

高温材料中国梦是一个漫长的过程，是一个从学习、改造到创新的过程。

电力是一个工业国家的命脉，我国又是一个以煤电为主的国家，现在谢锡善教授研发的SP2215多相复合强化的高强耐蚀奥氏体耐热钢和GH750镍基高温合金就是有望应用于我国正在发展的620—650℃高效超超临界以及700℃先进超超临界电站锅炉重要高温部件。

科学没有国界，但是科学家有国籍，谢锡善将自己的一生奉献给教育和科研，奋斗在革命和国家建设的最前沿，用几十载的无私奉献和孜孜不倦，践行着“为天地立心，为生民立命，为往圣继绝学，为万世开太平”的朴实之言。他用百折不挠的毅力与顽强拼搏的精神，将彼岸的先进技术和理念带回祖国，将宝贵的经历和深厚的专业积淀化作人梯，帮扶起的除了自强自立的科技事业，还有中华民族顽强向上、不屈不挠的中国脊梁！

谢先生对祖国，对事业的感情，可以说是一种难以言说，却无时无刻都在外溢的。“我爱我的祖国，爱它的江河湖海，爱它的千峰百嶂，爱它每一刻带给我的小小感动，爱它多姿多彩的民俗风情。生于此，长于此，我无时无刻不热爱这片土地，爱它的繁华，也爱它的苍凉，沧海桑田化为琼楼玉宇，我只愿有朝一日，能乘风好去，长空万里，直下看山河。”这段话也许是谢先生情感的最好注解了。

小传

数代风雨，多年漫漫征程，曾走过绿茵花溪，也踏过枯骨万里。即使有那些凉薄甘苦，先生也依旧能披荆斩棘，行歌万里。千年之后，一切江河依然是滚滚向东，先生的意志永远向前，向着热腾腾的太阳，所向披靡。

大家眼中的他

谢老师专业知识非常扎实，专注对学生科研能力的培养和科研习惯的养成。

——北科大大三学生 朱羲乐

谢锡善先生是我心目中的好老师：认真、严谨、能够给学生们正确的引导。

——北科大博士研究生 叶政

对我影响最大的是谢锡善老师，他今年83岁了，本来应该退休了，但是依然奋战在科研一线。我们国家在电站和锅炉的关键材料上一直依赖国外专利，没有自主知识专利。于是他花了十年的时间来进行研究和应用。

我只要想到谢老师，就觉得没有什么是坚持不下去的。他花了十年的时间研究一种材料，都坚持下来，而且现在还在奋斗着。我自己还有什么理由不能坚持呢？

——北科大研二学生 黄一君

谢锡善教授为我们树立了优秀的典范，他坚定信念、投身科研，不畏困难、从不放弃，心怀感恩，不懈奋斗，不仅为国家做出了突出的贡献，还培养了众多杰出的科研人才。

——北京科技大学材料科学与工程学院

满井苍苍，熔基锻梁。六十载克勤业广，年华无悔付寒窗；四十年呕心治教，师韵若兰吐芬芳。谢老的命运始终与国家发展相连，每一段求学经历都有着深深的时代烙印。他始终牢记着将国家使命作为己任，勇于承担起国家与民族的使命，挺起中国制造的民族脊梁。

——《读懂中国》

媒体关注

新中国成立不久，国家百废待兴，正值国家号召青年学习重工业，17岁的谢锡善放弃了原本喜欢的化工，选择了北京钢铁学院就读重工业专业。满井苍苍，熔基锻梁。谢锡善教授与高温合金的这场战役，自此拉开了帷幕。六十载克勤业广，年华无悔付寒窗；四十年呕心治教，师韵若兰吐芬芳。

谢老的命运可谓是始终与国家发展相连，每一段求学经历都有着深深的时代烙印。但他始终牢记着将国家使命作为己任，勇于承担起国家与民族的使命，挺起中国制造的民族脊梁。在与铁素体型和奥氏体型耐热钢等国外高温材料的接触中，谢锡善教授内心一直回荡着一个声音，要研发出中国自己的合金，要具有中国自主知识产权，要实现“高温材料中国梦”。

“我的祖国在等着我回去”

1956年的夏天，大学四年毕业之时，谢锡善积极响应国家“向科学进军”的号召，作为公派留学生前往捷克，攻读研究生学位。他带着一腔拳拳报国之心，坐上了开往欧洲各社会主义国家的留学生专列。在捷克的五年攻读中，谢老一直坚持在实践中学习。为了完成副博士论文，谢锡善在布拉格钢铁研究所埋头度过了很长的时间。中国作为一个缺少镍的国家，不少高温作业受到掣肘。在

耐热钢的领域，只要研究所允许介入的课题，他都去参加工作。因为只有参与，才能获得核心知识。勤奋努力地工作，使他在这段时间里，收集了不少有关耐热钢的研究报告。没有一次经历会白费，没有一声叹息不会留下回响。回国后，这些研究报告和资料都提供给了上海汽轮机锅炉研究所，供使用参考。而他也以优异成绩通过了论文答辩，并由捷克报刊进行了头版报道。

韩静涛

——大国工程师

韩静涛，蒙古族，1957年7月出生，黑龙江省哈尔滨人。西安冶金建筑学院1977级轧钢专业本科生、1981级工学硕士，清华大学工学博士。现为北京科技大学教授、博士生导师，材料加工学科主任。主要学术兼职：中国科学技术协会全委、国际冷弯型钢协会主席、国际管材协会执委、中国钢铁工业协会理事、中国金属学会名誉理事、中钢构冷弯型钢分会理事长、中国锻压协会首席专家、中国重型机械行业协会常务理事、北京机械工程学会压力加工分会主任等。韩静涛教授一直扎根于高校教学、科研与生产线，坚持服务经济建设主战场，被评价为开启一个个原创性技术，为中国创造扎扎实实工作，让创新之花盛开在国民经济建设主战场的学者型专家。他先后主持或完成了国家自然科学基金重点项目、国家“863”项目、国家技术创新项目等60余项课题的研究开发工作。研究成果获国家科技进步二等奖等国家、省部级科研成果奖14项，出版学术专著译著12部，发表科研论文370余篇，其中240余篇论文被SCI、EI收录。培养毕业博士研究生32名、硕士研究生102名。理论研究成果在国家重大技术装备领域、高速铁路技术领域、不锈钢大国与强国建设、先进复合材料领域、“一带一路”等国家战略领域、钢结构/装配式住宅开发领域、现代交通运输领域和国民经济的发展均产生了非常重大的影响。

颁奖词

三十七年的高校教学与科研工作中，他一直站在材料加工工程学科发展的第一线。桃李满园，他培养过的学生也已事业有成；求实鼎新，他淡泊名利，默默为祖国的经济命脉打下重重的基石；仰望星空，他一次又一次带领北科、带领中国探索未知；创新报国，他的身上闪耀着北科大人的品格与光辉，如星辰般宁静，如波涛般远大。

先进事迹

丹心热血，桃李芳华——师者情怀

1995年4月，韩静涛开启了在北京科技大学的执教生涯，三尺讲台是他教学活动的主阵地。他讲授的许多课程，均为国内率先开设，并在教学中引入欧美等发达国家学术研究和教材的新成果，对中国高校材料塑性加工、钢材深加工与冷弯型钢技术的专业课程建设与发展起到了重要推动作用。他根据长期的教学与科研生产实践，注重理论联系实际，形成了一套让研究生基础理论过硬，实践能力拔尖的研究生培养模式。

韩静涛先后主持或完成了国家自然科学基金重点项目、国家“863”项目、国家技术创新项目等60余项课题的研究开发工作。研究成果获国家科技进步二等奖等国家、省部级科研成果奖14项，出版学术专著译著12部，发表科研论文370余篇，其中240余篇论文被SCI、EI收录。培养毕业博士研究生32名、硕士研究生102名。

嫦娥奔月，北科制造——航天报国

航天器大型展开系统伸杆机构在航天器执行任务过程中起着至关重要的作用，伸杆机构的可靠展开对卫星的电磁监测任务能否顺利完成起着举足轻重的作用。韩静涛带领团队打破国外技术垄断并制备工艺相关文献公开的背景下，圆满完成了任务书规定的全部技术攻关与生产测试任务，取得了一系列创新性研究成果。

2018年2月，卷筒式伸杆机构成功应用于“张衡一号”电磁监测卫星，为电磁场、等离子体和高能粒子探测仪提供了有效的伸展支撑，为电磁检测任务的圆满完成做出了坚强的保障工作。

2018年12月，卷筒式伸杆机构成功应用于“嫦娥四号”月背探测器，在卫星入轨后，利用一维弹性伸杆机构把端质量，如低频射电探测仪、月表中子与辐射剂量探测仪、月球小型光学成像探测仪与中性原子探测仪等伸向远离本体的外端，进行月球背面参量的探测。为嫦娥四号、嫦娥四号中继星以及地球之间的信号通讯提供有力的技术保障。

韩静涛教授仅用不到四年就圆满完成研制任务，并得到了中国空间技术研究院的首肯，使北京科技大学成为世界上除美国HUNTER公司、加拿大SPAR公司外，具备研制卷筒式伸杆机构技术的第三家单位。嫦娥四号探测器的成功发射无论从工程意义还是科学意义上，都是2018年国际科学界最具看点的任务之一，作为我国建设航天强国的重要标志，必将在中华民族的科技丰碑上留下浓墨重彩的一笔。

引导开拓，中国创造——工匠精神

韩静涛在他的学术生涯中，一直站在材料加工工程学科的前沿，针对材料加工基础理论的前沿和国民经济建设的重大问题，不断提出并引导国际材料工程新理论和新技术研究，开发了许多国民经济建设和行业发展急需的新材料、新工艺和新产品。截至目前，韩静涛团队研发的新材料产品共有60余项，成为一支对国内外塑性加工领域有重大影响的，长期扎根于生产一线，服务国民经济建设主战场的科研队伍。

在国家重大技术装备领域，韩静涛提出了金属材料内裂纹自修复理论，引起了国际上的重大反响，并成为至今热度不退的国际材料学术领域研究热点。他使我国大型锻件合格率由44%迅速提高到98%以上，并使我国大型与超大型核电锻件、火电锻件、加氢反应器等锻件的经济、可靠制造成为可能，为我国重大装备制造业的快速稳定发展奠定了重要的基础。

在高速铁路技术领域，韩静涛创造性地提出轮盘件逐次成形理论、环盘件错位移心轧制等工艺理论，形成了我国自己的火车车轮轧制理论与工艺，并成功地应用于生产实践。与太原重型机械集团公司攻关团队共同建成了我国第一条实心腹板火车车轮生产线，为我国铁路七次大提速奠定了坚实的理论和工艺应用基础，对国家经济发展做出了重要贡献。

在不锈钢大国与强国建设领域，1997年以前，中国是不锈钢的弱国和小国，全国不锈钢板材总量不足3万吨/年。韩静涛教授带领北京科技大学团队参加国家科技创新计划“高质量不锈钢板材技术开发”，提出了20辊轧机板型控制理论与工艺技术，为我国优质不锈钢板材产量由3万吨至30万吨的历史性突破做出重要贡献。

在先进复合材料领域，韩静涛教授提出了关于复合材料界面的ZUX理论，开发出“离心浇铸复合制坯＋热挤压成形＋冷轧/拔成形”工艺制造全冶金复合双金属管新工艺，并与新兴际华集团、攀枝花钢铁（集团）公司合作生产出高温合金/碳钢、不锈钢/碳钢、高碳钢/普碳钢、钛/碳钢等40余系列双金属复合管产品，成为国际上界面复合性能最好的双/多金属复合材料。目前已推广应用于石油、化工、军工等重要国民经济领域，取得了巨大的经济效益，该项目成果在2015年12月13日央视《大国重器》进行了专题报道。

在“一带一路”等国家战略领域，韩静涛教授组建了全国唯一的波纹钢管研究与推广团队，推动波纹钢管技术在我国“一带一路”基础设施建设、城市综合管廊、“海绵城市”建设、军事工程建设等领域的研究和应用，牵头编写了《冷弯波纹钢管GB/T34567-2017》等系列国家、行业与地方标准，造成了巨大的社会影响，使波纹钢产品成为钢铁深加工产品的新宠，并将为中国钢铁行业创造约2600万吨/年的新兴市场。

在钢结构/装配式住宅开发领域，多年来，为彻底解决钢构件制造技术瓶颈问题，韩静涛教授带领团队开发出被建筑行业称之为“外方内圆”的角部增厚的厚壁无缺陷方矩形钢管，同规格材料相应提高截面模量近40%，得到了建筑专家的一致首肯和赞扬。目前，采用同类技术生产的产品正在酝酿进入我国特高压输变电装备制造领域。韩静涛团队正在组织编写冷热复合成形方矩形钢管的国家标准。

在现代交通运输领域，引起钢桥90%以上病害的传统冷弯等厚U肋是制约钢桥技术发展和应用的“瓶颈”，韩静涛提出端部增厚辊压成形U肋的概念，并成功开发出新型端部增厚的UTU肋，并已在国内外近20座大型桥梁的建设中获得了应用。在近期将为我国钢铁行业新增2200万吨/年的市场。

课题来源于实践，创新来自需求。一直以来，韩静涛以解决国民经济建设中的重大问题为己任，针对国家经济建设的重大需求去开展科学研究工作，引导和开拓新的技术与市场需求，形成了一个个原始性技术创新，扎扎实实为“中国创造”而奋斗。

小传

呕心沥血只为国强，倾注血汗唯求荣光！

扎根实验室一丝不苟，立树讲台上千万教诲。乃青年榜样，属大国脊梁，铸生命之光！钢铁丛林中求国强之道，粉笔灰末里寻国之栋梁。以血汗作中华崛起之基，笔杆挥动，大臂挥前，将韶华万千倾注于国强，实乃大国之士。

大家眼中的他

韩静涛老师把教学和科研、科研和创新成功地融为一体，以解决国民经济建设中的重大问题为己任，针对国家经济建设的重大需求去开展科学研究工作，引导和开拓新的技术与市场需求，形成了一个个原始性技术创新，产生了巨大的社会和经济效益，为中国制造做出了突出的贡献。

——北京科技大学党委宣传部 李洁

嫦娥四号任务并非韩静涛教授学术生涯的最高成就。36年的高校教学与科研工作，他一直站在材料加工工程学科的前沿，针对材料加工基础理论的前沿和国民经济建设的重大问题，不断发现新的科学现象，提出并引导国际材料工程新理论和新技术研究，开发了许多国民经济建设和行业发展急需的新材料、新工艺和新产品。

——北京科技大学学生 晏璟

韩静涛教授团队研发的新材料产品有六七十项，锤炼了一支国内外塑性加工领域有重大影响、长期扎根于生产一线、服务国民经济建设主战场、硕果累累的科研队伍。

——北京科技大学党委宣传部 李伟

我们树立远大理想，向探月工程嫦娥四号任务参研参试人员学习，革故鼎新、自强不息、勇立潮头、锐意进取，在为中国航天与韩教授的成就感到自豪的同时，将其化作我们勇往直前的动力，以璀璨星空为梦的方向，创作属于我们的知识飞船，向未来星空，启航！

——北京科技大学学生 李奥辉

媒体关注

脚踏实地，仰望星空，助力我国首颗电磁监测试验卫星“张衡一号”发射升空；数载坚守，北科智造，搭桥人类首个月背暗面着陆探测“嫦娥四号”顺利通信；他带领团队扎根国民经济的主战场，实现航天技术的大创新，用北科智造书写中国创造的传奇，他就是新时代“材料人”科技报国的先锋楷模——韩静涛！

韩静涛教授一直扎根于高校教学、科研与生产线，坚持服务经济建设主战场，被评价为开启一个个原创性技术，为中国创造扎扎实实工作，让创新之花盛开在国民经济建设主战场的学者型专家。

他先后主持或完成了国家自然科学基金重点项目、国家“863”项目、国家技术创新项目等60余项课题的研究开发工作。研究成果获国家科技进步二等奖等国家、省部级科研成果奖14项，出版学术专著译著12部，发表科研论文370余篇，其中240余篇论文被SCI、EI收录。理论研究成果在国家重大技术装备领域、高速铁路技术领域、不锈钢大国与强国建设、先进复合材料领域、“一带一路”等国家战略领域、钢结构/装配式住宅开发领域、现代交通运输领域和国民经济的发展均产生了非常重大的影响。

——搜狐网

2019年,“嫦娥四号”在月球背面着陆成功,这是人类探测器第一次实现月背软着陆。在国内空白、国外垄断的背景下,北科大教授韩静涛团队研发的卷筒式伸杆机构技术,保证了探测任务的顺利进行,我国成为世界第三个掌握该技术的国家。

目前,已有320余套弹射卷筒式伸杆机构装载于100余颗中外各型航天器上,定位准确,展开成功率为100%。在韩静涛看来,“‘崇尚实践’是刻在北科大人骨子里的东西”。

连续6年出任“蛟龙号”海试现场总指挥、北科大1979级校友刘峰说:“我清楚记得,毕业设计时,导师是怎么手把手教我进行实验的,这种‘传帮带’的人才培养方式对我影响深远。”

——光明网

蒋克铸

——北京科技大学知名校友

蒋克铸，生于1933年，20世纪50年代毕业于北京钢铁工业学院（现北京科技大学），是第一届机械系学生。留校任教十余年后，调到水电部第十二工程局富春江指挥部工作。20世纪70年代末到浙大任教，是浙大机械工程学院资深教授。退休后被返聘到竺可桢学院，继续上课至2008年。2017年10月，蒋老再度走上讲台，向学生分享他积累了一生的宝贵知识。蒋克铸教授的事迹受到多家媒体报道，同时蒋老也荣获央视2018年"寻找最美教师"特别关注奖。

颁奖词

首届钢院学子，从教五十五载，坚持教书育人梦！蒋克铸，教书育人是他奋斗一生的事业，站立教学是他始终恪守的素养。虽已退休，但从未放下心中的热爱。再上讲台，只为传承经验不留遗憾。桃李不言，下自成蹊。学生们求知若渴的眼神，便是对蒋克铸先生最高的礼赞。

先进事迹

站着上课，是一名老师最基本的素养

2017年年底，一个4分钟的视频，在浙大老师、学生的朋友圈里悄悄流转。大家都被默默感动了。

这是蒋克铸教授的最后一课。在浙大玉泉校区的第一教学楼报告厅，他为150名来自各个年级和专业的学生，上了一堂“漫谈设计思维”课。

蒋老当时已经84岁，退休20多年，原本是浙大机械工程学院资深教授。不过，他不愿意就此放下珍爱一生的教鞭，退休后被返聘到竺可桢学院，继续上课至2008年。2017年10月，蒋老向学校提出，希望能够再度走上讲台，向学生分享他积累了一生的宝贵知识。理由是“害怕人走了，经验没留下来，这是最大的遗憾”。蒋老为他这最后一堂课，足足准备了两周。三小时的课程，80多岁的蒋老一直站在讲台上，并一丝不苟地书写板书。从教学到实践再到教学，蒋老深知高等院校“设计学教育”中的实践缺陷。因此，年纪越大，蒋老就越想回到课堂上，给学生讲讲自己积累了一辈子的知识，希望能传承下去。

在网上流传的并不十分清晰的视频中，整整三小时的课，头发花白的蒋老一直坚持站在讲台上，并一丝不苟地书写板书。对于站着讲课，他甚至有些“倔强”，说：“站着上课，是一名老师最基本的素养。”

他为这一天的课，准备了两周

2017年11月10日下午，84岁的蒋老踩着他的“座驾”——当时花费400多元，购于20世纪80年代的26寸凤凰牌自行车，从求是新村来到位于玉泉校区的浙大机械工程学院，途中用了大约10分钟。“看他推着一辆自行车出现在第一教学楼门口，喘着气，微笑着向同学们打招呼，那一幕真美好。”浙大机械工程学院学生党总支书记项淑芳说。

蒋老的课，实践性很强，他退休前教的“机械原理“和“机械设计学”都是学院的热门课。学院在几天前就发布了消息，现场来的150名学生，有本科生也有研究生。其他学院对设计感兴趣的同学，也慕名来听。

认真的蒋老提前半小时来到教室，穿着一件藏青色夹克、头发稀疏花白的他安静地坐在第一排。下午一点半，他缓缓站起，慢慢走上讲台。站定，全场掌声雷动。蒋老深深鞠了一躬，对于学院和同学们愿意给他这样的一次讲课机会表示感谢。这是他退休后，十年来第一次站上浙大机械工程学院的讲台。而他也为这一天的课，足足准备了两周。

“年纪越大，就越想回到课堂上，给现在的学生讲讲自己积累了一辈子的那点知识，希望能传承下去。”蒋老说，“现在条件好了，教材、材料都不缺，但老一辈的那些实践经验，却越来越少。”

蒋老20世纪50年代毕业于北京钢铁工业学院（现北京科技大学），留校任教十余年后，调到水电部第十二工程局富春江指挥部工作，20世纪70年代末到浙大任教。因为教学和实践岗位都待过，他深知高等院校“设计学教育”中的实践缺陷。他认为设计的目的就是落地为生产实践。

在他的最后一课上，他讲了很多自己亲身经历的关于实践的例子，并不下十次地向学生强调实践的重要性。蒋老始终认为“育人”就像“盖房”一样。他将传统的学校教育比作“打桩”，“桩”是基础，但要建高楼大厦，除了打好“桩”，还需要一个“承台”。在育人的过程中，要培养一个国家栋梁，同样需要一个“承台”，这个“台”，就是实践的平台。

所谓“教授”，“教”时要“授”，示范最关键

原定的上课时间是下午一点半到三点半，但由于蒋老想讲的内容太多，整整拖了一小时的堂。老人恨不得把肚子里所有的知识都倾囊相授。原本准备了四个部分的内容，因为讲得太细，做了很多备课内容以外的引申，结果只讲完

了第一部分。蒋老为此挺不好意思，临下课，向同学们保证会将余下的内容整理成文档发给大家。

蒋老年轻时练过体操和跳水，而且水平很高，有一次在比赛中半月板撕裂，多年来膝盖不便。在讲课现场，大家四次请他坐下讲课，但他总是摆摆手，一直坚持站着讲了三小时。他认为站着上课是教师的基本素养，“只有站着上课才能示范和演练。老师在写题和板书的时候，学生同时在动脑。所谓‘教授’，‘教’时要‘授’，示范是最关键的，不然与网络授课又有什么区别呢？”

蒋老习惯板书，虽然因为年龄大了，抬手画图时胳膊明显地难以伸展开来，但他仍然一丝不苟，不肯简化任何一个细节。讲到工程实例时，蒋老鼓励同学们深入实践才能有真正的体会，他小心翼翼地翻开一张1米多宽已经泛黄的图纸，这是他20世纪七八十年代为建设富春江水工机械厂绘制的图纸。

浙江大学机械制造及自动化专业研一的学生陈斌也在现场听课，“那张工程图纸页泛黄，折痕处有些撕裂，当蒋教授打开这张图的时候，我忽然明白了什么是设计精神。那是对设计的尊重，对技术的精益求精，并满怀情怀与热忱”。

在获得主流媒体报道后，蒋老获得了很多关注，但他这半年来主要在家里埋头编写一本教材，名叫《现代工程下的机械设计》。这是他和北京科技大学的一位老师共同编写的，他负责对教材的整体梳理，以及对一些章节里的创新方法进行细化。为了保证教材的内容能够与时俱进，蒋克铸还会关注报纸和电视上与创新设计相关的内容，对此进行研究，及时把新的东西编进教材里。“早上八点起，晚上十二点半睡觉，白天就在看书写文章。”这是蒋克铸的日常，淡定从容。

现代教育有遗憾：一代人离开后，实实在在的经验没留下

蒋老不愿意“享福”，他乐意和学生待在一块儿。虽然浙大机械工程学院经常会派代表来家里慰问，但他心里更觉得“不舒坦”。他说：“我是拿着国务院特

殊津贴的，证书上写着‘对高等教育有特殊贡献’。难道我退休后就白拿着这份津贴享清福？”所以在1994年退休后，他继续到竺可桢学院上课。

随着年纪越来越大，蒋老很着急。他认为现代教育有个遗憾：一代人离开后，实实在在的经验留不下来，现在的年轻人要重复我们以前走过的弯路。“我们每一个老教授都有一笔巨大的知识财富，应该传承下去。我也想像孔夫子一样周游列国，把毕生所学都传给年轻人。虽然有学生觉得我严格，但只要还有一两个学生愿意听我的课，我就要一直讲下去。”

“教书和写书相反，写书要求的是上升到理论，拿个版权。而讲课，是要用最少的时间，交出最好的答案。老师要自己先把知识消化好，再把自己的所得毫无保留地教给学生。而且不要总是讲定义和理论，要由简入繁，运用道具，不然学生没有具体的概念。”

本以为，上课做设计一丝不苟的蒋老，生活中也应该井井有条。不过，让人有些意外的是，在他家一面墙上，十分艺术感地挂了些摄影图片。有一面玻璃橱柜里，摆的全是工艺作品。

“这些都是我爱人的作品。”蒋老的妻子是一名高级工程师，因为自己全身心都扑在教学中，家务事都是老伴在打理。提起妻子，蒋老脸上还会浮现温暖而害羞的笑容。他至今还清晰地记得，下班回家一推门，伴随着饭菜香，就能听到老伴的调侃：“哟，我家老爷回来啦。”他的老伴退休后喜欢工艺美术方面的手工，有时蒋老设计工艺构图，老伴就会着手把它们做出来。老伴热爱摄影，蒋老就在一旁为她打灯。

说及此处，蒋老从桌边小心翼翼地拿出了一幅香港回归纪念日的工艺剪贴画，这是二十年前他和老伴合作的作品。他抚摸着这幅画，眼神滞着，缓缓道来：“她生病时，我总是在工作。但她也不抱怨，常常就着一碗冷水、一个饼就这么对付着吃了。”

2008年老伴去世对蒋老的打击很大，正是在那时，他决定正式离开讲台。

"那时对我来说唯一的宽慰就是我教的班毕业了，这也是我教的最后一个班。"这些年来，蒋克铸都是自己一个人住。他每星期买一次菜，两根黄瓜，两个土豆，两个西红柿，放在冰箱里保鲜，然后再买一些罐头放在家里。

蒋老在老伴的墓边为自己留了一块空碑，现在已经篆刻好了墓志铭。"'我造物，故我在；我育人，故我在；我创思，故我在。'这是我给自己写的墓志铭，这是每一个从事教育的人都应有的价值观。"

小传

韧如铸铁，克尽万难。五十余年桃李满园，耄耋之龄立授新青。求学于钢院，延教至四方。古称教学相长，今觉教授相系。鞠躬尽瘁为传承，身体力行重实践。一埋头，便逾八秩；一躬身，便是半生。以纯粹师心，至诚师德，得众人至敬，无愧矣。

大家眼中的他

永远不会忘记84岁高龄老教授来上课蹬着的凤凰牌自行车，永远不会忘记老教授展开的泛黄图纸……造物、育人、创思。想想自己为什么要选择(理)工科，想法其实很简单，就是希望"血肉铸长城"的悲壮故事能永远走进历史。而未来，守护着这片土地和她的人民的，将是由我们铸就的"钢铁长城"；造福着这片土地和她的人民的，将是我们实践的新"大禹治水""愚公移山""天堑变通途"；召唤着这片土地和她的人民的，将是我们开拓的星辰大海，是我们在浩瀚天地中开启的新长征。格物致知是为了治国平天下，学习与研究是为了富国、强军、济世、福民。

——学生 王湛

本科四年，有幸认识到了专业水平过硬，对待教学勤勤恳恳，对待学生认真负责的蒋克铸教授。

——学生 任赜宇

蒋克铸教授让我们看到了在浮躁的社会氛围下，一位中国知识分子的情怀、一个柔弱肩膀担道义的铮铮铁骨、一个坚守洁净知识殿堂和精神家园老者。“科学绝不是一种自私自利的享乐。有幸能够致力于科学研究的人，首先就应该拿自己的学识为人类服务”，这个八旬老人的授课过程，对伟人的名言做了很好的诠释。

——《香山评论》周东纪

媒体关注

一间报告厅里，一名84岁高龄的老教授坚持站立3小时为学生上课，其间在黑板上一丝不苟地写板书、画工程图……不久前，浙江大学机械工程学院退休老教授蒋克铸“最后一课”的视频在网络上受到了广泛关注。

蒋克铸今年84岁，退休已有20年。64岁退休那年，老教授被返聘到浙江大学竺可桢学院，直至2008年告别讲台。他主讲的“机械原理“和“机械设计学”都曾经是浙江大学机械工程学院的热门课。

今年10月，蒋克铸向学校提出，希望再登一次讲台，为同学们上一堂“漫谈设计思维”课。这是蒋克铸给同学们上的“最后一课”。11月10日下午，他提前了半个小时来到教室，为了这一课他足足准备了2个星期，课堂现场陆续来了150多名不同年级的学生，包括其他学院对设计感兴趣的同学。

下午1点半，课程开始，蒋克铸缓缓走上讲台，向同学们深深鞠了一躬，全场掌声雷动。原定的上课时间，是下午1点半到3点半共2小时，由于讲课内容丰富，课程延长到了3小时。

课堂上，蒋克铸小心翼翼地翻开了一张1米×0.6米大的泛黄的图纸，这是他20世纪70年代为建设富春江水工机械厂绘制的。“我讲课常常要用到各种教学‘道具’。”蒋克铸说，通过这张图，他想告诉大家系统的思维，要从总体的角度来认识问题。

蒋克铸说，上好课就是“演好一场剧”，道具之外，最重要的是“剧本”。“一场剧，即便来自厚厚的名著，但剧本还是需要再创造。上课的课本也是如此，不能通过教材生搬硬造上去，而是要通过自己的思路重新调整。”在上“现代工程设计”一课时，为了让课程内容紧跟时代，蒋克铸每年都要去上海最大的工业展览，收集样品和画册用于教学。

蒋克铸在教学第一线工作了近50载，直接教授过的学生有4000多人，退休后还指导了600多名学生。他常常亲自带着学生们走出课堂，走进工厂、车间开展“第二课堂”。上海宝钢的工厂、嘉兴的秦山核电站、安吉天荒坪抽水蓄能电站以及广东等地的工厂都留下过蒋克铸和学生们的身影。

蒋克铸原本为“最后一课”准备了四个部分的内容，由于对工程实例的详细展开，课程内容没能全部讲完，他有些不好意思，承诺将余下内容整理成文档发给学生们。

“一个人一生的价值是要为周边的人留下些什么。”这是蒋克铸退休后一直在思考的问题。他说，一代人离开了，一定要把实实在在的经验保留下来，不能让年轻人重复走老路、走弯路。

蒋克铸的夫人过世已有近十年，他在夫人的墓边为自己留了一块碑，刻好了墓志铭：“我造物，故我在；我育人，故我在；我创思，故我在。”

——人民网

今晚，在央视一套播出的“寻找最美教师”大型公益活动颁奖典礼中，有一个熟悉的面孔——浙江大学机械工程学院的84岁退休教师蒋克铸，他获得了“特别关注教师”称号。

去年年底，蒋克铸站立了3小时，为浙大学生上了“最后一课”。这件事，被钱江晚报报道后，引起了社会广泛关注。他站立讲课、手写板书、手绘零件图的短视频，经钱江晚报APP“浙江24小时”传播后，广为流传，倔强的身影感动了很多人。

在2017年《人民日报》微信公众号评选的十大年度感人照片里，钱江晚报刊发的蒋克铸站立上课照亦在其中。这张照片，不久前放入了浙大校史馆，作为优秀教师的典范。

蒋克铸自嘲说一不小心成了网红，“还有六十多年前在北京高校教书时的学生，看到报纸找到了浙大，通过电话联系到了我”。

教师有怎样的综合素质，学生就会学到什么样的综合素质。

“寻找最美教师”是由教育部和中央电视台主办的大型公益活动。活动面向全国广大教师群体，寻访教师典型人物，展示优秀教师无私奉献、甘为人梯的精神品格。

2018年度“寻找最美教师”评出了10位“最美教师”、10位“特别关注教师”和一个团队奖。蒋克铸正是“特别关注教师”中的一位。

“我叫蒋克铸，今年84岁，是浙江大学机械工程学院的退休教师，教育是我奋斗一生的事业。我要尽自己的努力，为国家培养卓越的人才。”面对镜头，他的获奖感言，很简单。

领奖的同时，蒋克铸还参加了央视一个关于“学生综合素质教育”的论坛。

“教师有怎样的综合素质，学生就会学到什么样的综合素质，”蒋克铸在访谈中说，“有人问我，为什么三小时一直站在台上讲？实际上，学生看到我在台上这样，他们就会理解为：第一，身体要好；第二，意志要强，要敬业。”

"同时，我在课堂上进行了示范，在板书、示范的过程中，反映你的思维过程。这样的话，学生也学会了这样的综合素质。"

蒋克铸教龄55年，实际上，他已经退休20多年，原本是浙大机械工程学院资深教授。不过，他不愿意就此放下珍爱一生的教鞭，退休后被返聘到竺可桢学院，继续上课至2008年。去年10月，蒋克铸向学校提出，希望能够再度走上讲台，向学生分享他积累了一生的宝贵知识。理由是，"害怕人走了，经验没留下来，这是最大的遗憾"。

当时，在网上流传的并不十分清晰的视频中，整整三小时的课，头发花白的蒋老一直坚持站在讲台上，并一丝不苟地书写板书。对于站着讲课，他甚至有些"倔强"，说："站着上课，是一名老师最基本的素养。只有站着上课才能示范和演练。老师在写题和板书的时候，学生同时在动脑。所谓'教授'，'教'时要'授'，示范是最关键的，不然与网络授课又有什么区别呢？"

这大半年来他很少外出，在家里埋头编写一本教材。

成为"网红"之后，有很多人慕名上门拜访，蒋克铸却一点也不觉得被打扰，反而有点高兴："我很喜欢和大家交流。我在火车上碰到陌生的学生，也会和他们聊天，跟他们探讨。"

不过，这大半年来，他很少外出，主要在家里埋头编写一本教材，名叫《现代工程下的机械设计》。这是他和北京科技大学的一位老师共同编写的，他负责对教材的整体梳理，以及对一些章节里的创新方法进行细化。

"比如说螺钉，除了想到日常生活中常见的螺钉，我们还要想到现在高铁轨道上永远不会松的螺钉，"蒋克铸用手比画着："现在有一个新的办法使高铁上的螺钉永远不会松动，这个办法就将被我编进教材里。"

为了保证教材的内容能够与时俱进，蒋克铸还会关注报纸和电视上与创新设计相关的内容，对此进行研究，及时把新的东西编进教材里。

2008年老伴去世后，蒋克铸都是自己一个人住。他每星期买一次菜，两根

黄瓜，两个土豆，两个西红柿，放在冰箱里保鲜，然后再买一些罐头放在家里。“早上八点起，晚上十二点半睡觉，白天就在看书写文章。”这是蒋克铸的日常，淡定从容。

他在老伴的墓边为自己留了一块空碑，现在已经篆刻好了墓志铭。“‘我造物，故我在；我育人，故我在；我创思，故我在。’这是我给自己写的墓志铭，这是每一个从事教育的人都应有的价值观。”

小区要装电梯，他做起了“现代工程下的机械设计”。

蒋克铸的家，在玉泉校区求是村。这是90年代的老房子，没有电梯，他的家在六楼，半月板受过伤的他，上下楼并不方便。

这大半年来，他还在忙着一个事情，那就是他的小区要装电梯了。

电梯在单元楼外部安装，停靠在每层之间楼梯转弯的平台处。蒋克铸住在最顶层，按照这个方案，他只能乘坐电梯到五层半，然后爬半层楼梯上来。“可是其他楼层的人，都可以往下爬半层楼到家。”

他觉得这样的设计不太合理，上楼梯比下楼梯费力，尤其是六楼的邻居还要使用轮椅。于是，他开始“发挥余热”做起了“现代工程下的机械设计”，“我向承包方提出建议，安装电梯到六层半，也就是在六层半的地方安装一个电梯出口的平台，然后再修一道楼梯到六层。

考虑到轮椅上下楼梯不方便，他又用自己的专业知识设计了一个轨道。“坐轮椅下楼梯时，可以通过轨道下滑。轨道是折叠在楼梯一侧的，使用完后可以收起来，这样就不会妨碍他人的通行。”

“把实践落实到生活中，既能深化自己对知识的理解，又能帮助到别人。”他还专门在小本子上画好了轮椅轨道，给钱报记者看的时候透露着小小的自豪，眼睛弯弯地笑着说，这是他对自己“实践第一”理念的贯彻执行。

他再一次强调了实践的重要性。蒋克铸认为“育人”就像“盖房”一样。他将传统的学校教育比作“打桩”，“桩”是基础，但要建高楼大厦，除了打好“桩”，还需要一个“承台”。在育人的过程中，要培养一个国家栋梁，同样需要一个“承台”，这个“台”，就是实践的平台。

——《钱江晚报》

2017年11月10日下午，84岁的浙江大学机械工程学院资深教授蒋克铸，踩着他的30多年前买的凤凰牌自行车，提前半小时赶到玉泉校区的第一教学楼报告厅。下午一点半，蒋克铸教授缓缓走上讲台，为150名浙大各个年级和专业的学生，上了一堂“漫谈设计思维”课。

这是蒋克铸的最后一课。

为这一天的课，他足足准备了两周。

原定的上课时间是下午一点半到三点半，但由于蒋克铸想讲的内容太多，整整拖了一小时的堂。老人恨不得把肚子里所有的知识都倾囊相授。原本准备了四个部分的内容，因为讲得太细，做了很多备课内容以外的引申，结果只讲完了第一部分。蒋克铸为此挺不好意思的，临下课，向同学们保证会将余下的内容整理成文档发给大家。

蒋克铸年轻时体育比赛中半月板撕裂，多年来膝盖不便。在讲课现场，大家四次请他坐下讲课，但他总是摆摆手，一直坚持站着讲了三小时。

在蒋克铸看来，“站着上课是教师的基本素养”，“只有站着上课才能示范和演练。老师在写题和板书的时候，学生同时在动脑。所谓‘教授’，‘教’时要‘授’，示范是最关键的，不然与网络授课又有什么区别呢？”

讲到工程实例时，蒋克铸鼓励同学们深入实践才能有真正的体会。他小心翼翼地翻开一张一米多宽已经泛黄的图纸，这是他20世纪七八十年代为建设富春江水工机械厂绘制的图纸。在场的浙江大学研究生新生陈斌说，“那张工程图纸页泛黄，折痕处有些撕裂，当蒋教授打开这张图的时候，我忽然明白了什么是设计精神。那是对设计的尊重，对技术的精益求精，并满怀情怀与热忱”。

这堂课是退休十年后，蒋克铸主动向学校提出了，理由是，“害怕人走了，经验没留下来，这是最大的遗憾”。

这是规矩，也是素养。

——澎湃新闻

储继迅

——北京科技大学讲师

储继迅，生于1984年12月，现任北京科技大学数理学院讲师。2011年6月毕业于北京师范大学数学科学学院，获理学博士学位；随后于2012年在法国巴黎六大做博士后，2013年入职我校。从教以来，在教师岗位上坚持以学生为本的教育理念，热爱学生，敬业勤恳，她是学生心目中的好老师，是青年教师的典范。她在教师岗位上敬业勤恳，坚持以学生为本、科教融合的理念，已发表SCI科研论文7篇，其中2篇论文发表在TOP期刊上，主持国家自然科学基金项目2项，校级教学研究和教改项目4项。她至今已获得多项教学奖励，包括“我爱我师”公共课优秀教师，北京市青年教师教学基本功比赛一等奖等，并于2018年4月被授予首都劳动奖章。2018年在第四届全国高校青年教师教学竞赛理科组决赛中，储继迅以近乎完美的表现，获得了教案第一名、课堂讲授第一名、教学反思第一名，获得了全国赛和北京赛的双赛冠军，实现了我校在全国青年教师教学竞赛中的三连冠，奠定了我校青年教师教学水平在全国的领先地位，成为全国高校青年教师教学工作的标杆。

颁奖词

三尺讲台存日月，一支粉笔写春秋，点亮幸福教学梦！

数学之美的传播者和领路人储继迅，她以绝对优势摘得全国教学基本功大赛理科组桂冠，并获得首都劳动奖章。在学生眼里，她授课满是新奇，数学原来如此的美丽；在同事心中，她教学科研并举，年轻就是激情、活力。她践行着“课程思政，以赛促改，科教融合”的教学理念，育人有温度，润物细无声。

先进事迹

爱岗敬业，为人师表

爱岗敬业者，唯其勤恳；为人师表者，重其德业。储继迅老师忠诚党的教育事业，在教学中全心投入，积极备课，虚心学习，精益求精，教学效果优异，得到同行和学生的一致好评。骥以率马，储继迅老师在教学第一线，以满腔的热情和强烈的责任心投入到教学工作中，先后主讲"工科数学分析""微积分""概率论与数理统计""线性代数""常微分方程（全英文）""高等数学（全英文）"等多门基础课和专业课。同时，在教学过程中她非常注重和学生互动、交流和教学反思，对学生的即时反馈得心应手、从教如流，所授课程深受学生喜爱。

五年里，她鞠躬尽瘁、兢兢业业，教授过高等数学、概率论、常微分方程等多门课程，每年开课的课时都在256学时左右，有着丰富的一线教学经验。因为教授高等数学的时间最长，在2018年的青教赛中，她选择了高等数学作为自己的备赛课程。这一决定带来的挑战，是20堂课的重新设计。但她不惧挑战，把这当作一次挑战自我、提升自我的机会，更是当作一个锻炼教学能力、提高授课水平的千载良机。于是她携枪驾马逆流而上，果在众多竞争者中脱颖而出。

她不惧挑战、勇于前行的爱岗敬业之精神，还体现在教学工作的方方面面。她始终坚持以科研促进教学、科教融合的理念，现已主持与参加了7项教学研究和教改项目。已发表SCI科研论文7篇，其中2篇论文发表在TOP期刊上，主持国家自然科学基金青年科学基金项目1项，国家自然科学基金天元基金项目1项，教育部博士点新教师基金1项，参加国家自然科学基金面上项目1项。

挑战、冲刺，无异于自律的播种，是豪迈可贵的精神，也必然伴随着累累的硕果。至今储继迅老师已获得多项省部级和校级教学奖励：2016年8月获得第二届北京高校数学微课程教学设计竞赛二等奖；2017年5月获得北京科技大学第十届青年教师教学基本功比赛一等奖，最佳教案奖及最佳演示奖；2017年6月获北京科技大学第十八届“我爱我师——我心中最优秀的老师”公共课优秀教师；2017年9月获得北京市第十届青年教师教学基本功比赛理工类A组一等奖第一名，同时获得北京市第十届青年教师教学基本功比赛理工类A组最佳教案奖（排名第二），最佳演示奖（排名第一）及最受学生欢迎奖（排名第一）；2018年4月被授予首都劳动奖章；2018年8月，在由中国教科文卫体工会全国委员会主办的第四届全国高校青年教师教学竞赛理科组决赛中，储继迅获得了全国第一名的好成绩。

关爱学生，言传身教

因为责任，她选择将关爱播撒在学生的心田；因为热爱，她深情地演绎着一名称职教师的教育生涯——党的十九大明确提出落实立德树人根本任务，储继迅老师在工作中非常注重学生思想道德的引领，兼任了本科生班导师工作、参与学生讲师团活动和大学生数学建模竞赛。教室是她的家园，生活更是她的舞台。她不但在课堂上精心备课，心血言传，更是在工作生活中坚持着以自己的实际行动做榜样，躬亲身教。孜孜不倦，因为责任，她忍看桃熟流丹；亹亹不息，因为热爱，她不惧李熟枝残。

将手中的红烛高高举起，在学生的心中点亮——关心学生的储老师在工作期间经常牺牲自己的业余时间，利用各种渠道与学生交流，多方面倾力给与学生指导和关爱，培养学生创新和实践能力，她所指导的学生多次获得各类奖学金及各种竞赛奖项。

那红烛的光高过头顶，照亮了学生的人生，更返归己身，为她自己披上了多彩的荣光——2016年12月储继迅老师获得北京科技大学优秀本科生导师称号，并于2017年6月获北京科技大学第十八届“我爱我师——我心中最优秀的老师”公共课优秀教师。其中“我爱我师”是大四毕业生海选评出来的，全校每年10个获奖老师，在学生中有很大的影响力，该奖项是由储继迅老师参加工作第一年教授的2013级本科生推荐的，学生的欢迎和好评是对她教学工作的充分肯定。茫茫学海中，储老师成为一届届年轻人的船长，这一批人上船，扬帆起航，那一批人又离去，带着她的谆谆教诲与殷切期望。而将他们联系起来，让他们合意赞赏的，正是储继迅老师在教育生涯中绽放的五彩光芒。

以赛促教，不断提升

教师的教学基本功是多方面的，但纵使百花缭乱、锣鼓争鸣，在储继迅老师看来，其中最主要的还是课堂教学基本功。扎实的教学基本功，可使课堂教学收到事半功倍的效果。因此，她“咬定青山不放松”，在教学工作中注重对自己基本功的训练，积极进行研究型教学，从学生的角度出发，设计教学案例，利用现代化的教学手段，激发学生自主学习的能力。为了不断提高教学水平，她通过参加各种教学比赛，提升自身的业务能力。

2017年储继迅老师被推荐参加了北京市第十届青年教师教学基本功比赛，此竞赛的办赛理念是“上好一节课”，比赛由教学设计、课堂教学两部分组成。比赛规则严格，参赛选手林立，在这样的背景下储继迅老师认真备战，沉着应战，以扎实的教学基本功圆满完成比赛的任务，取得了卓越的成绩，她用自己的言行为青年教师树立了学习的榜样。

获得北京市高校教师基本功比赛一等奖的好成绩之后，储继迅和指导团队的老师们马上再接再厉、奋勇直前，继续投入到了全国高校青年教师教学大赛的备战中。由于数学学科属于自然科学基础学科，逻辑性强、趣味性弱，她大量时间投入到对国内外素材的收集，运用的鲜活素材和案例，在高等数学这门课的讲授中运用自主开发的计算机模拟动画和演示教具。

虽说“有志者，事竟成”，但与志相比，预言了储继迅老师卓越表现的，则更应该是她的努力，是她“以赛促教，不断提升”的理念，以及为此付出的汗水与辛劳。在全国决赛的教学演示环节中，她讲解严密，层层深入，举一反三，课件教具配合精妙，听众为素材的新颖到位而真心感叹，为跨学科手段的运用而拍案叫绝。能将高等数学讲授得如此生动，其背后的准备工作之艰辛可想而知，赛场中响起了经久不绝的掌声与喝彩。本次比赛组委会更新了技术支持手段，赛事全程网上直播，储继迅的比赛内容引起了场外兄弟高校教师们的热议，获得了同行的一致好评。最终，储继迅以近乎完美的表现，获得了教案第一名、课堂讲授第一名、教学反思第一名，以总分95.45的高分，毫无悬念地获得了全国第一名的好成绩，捧得金质奖杯。同时她也创造了新的历史，获得了全国赛和北京赛的双赛冠军。储继迅的成功实现了我校在全国青年教师教学竞赛中的三连冠，奠定了我校青年教师教学水平在全国的领先地位，成为全国高校青年教师教学工作的标杆。

小传

爱岗敬业，为人师表，勤恳耕耘重德业；鞠躬尽瘁，勇于前行，意志顽强硕果累累。因责任忠教育生涯之艺术，为热爱更举堪比日月之红烛。百花缭乱迷人眼，难迷疾迅之风雷；赛场险阻乱心意，更不当继有之坚定。

大家眼中的她

大一时候有幸在储老师工科数分课堂上学习过，至今印象深刻，高数课的学习也对自己的大学学习有深刻的影响呀！

——数理学院学生 小邹

储继迅老师让我看到，教师要对教学持有敬畏之心，态度是非常重要的，需要大量的付出。

——陈章华教授

从数理学院各位老师的身上，我们深切地感受到了他们对传统师德品质的完美传承。正是这样一个对教学精益求精的教师团队，数十年如一日地奋战在教学事业的一线上，用真心提升教学质量，树得九州栋梁。正是这样一个对学生无私奉献的教师团队，不计个人得失，不求名利回报，用爱心关爱学生成长，育得天下桃李。

——党委宣传部 吴钰重

爱岗敬业，不忘初心，是学生成长的引路人。

——数理学院学生 吴林桐

媒体关注

“火车在转弯时，车身就会形成一条曲线，那如何表示这条曲线的弯曲程度呢？”投影出一张火车转弯时的照片，储继迅抛出了这样一个问题，引入了一堂以“曲率”为主题的高等数学课程。娓娓道来的讲解、精心设计的八个动画展示和为此专门制作的教具，让储继迅不仅得到了弹幕中蜂拥而至的好评，而且在比赛中也势如破竹，收获了青教赛第一名的好成绩。

作为北京科技大学数理学院的副教授，储继迅拿下这一奖项，对于她和身后的团队而言，是意料之外情理之中的事情。至此，北科大数理学院的老师们已经连续三届获得全国青年教师教学竞赛一等奖，其中赵鲁涛获得第二届的第二名、李娜获得第三届的第一名。

青教赛后的这个学期，储继迅尝试着把自己为比赛准备的双曲抛物面课程拿到课堂上讲，结果令她出乎意料，“我是第一次碰到上完课，有学生给鼓掌的”。还有学生在下课后给她留言“老师，这是我听过的最好的一堂课”。

——中国教育新闻网

在全校上下学习贯彻习近平总书记给北京科技大学老教授的回信精神、学校70周年校庆之际，北京科技大学再次收到振奋人心的喜讯。2022年4月28日，中华全国总工会公布了关于表彰2022年全国五一劳动奖和全国工人先锋号的决定，表彰全国五一劳动奖状200个、全国五一劳动奖章966个、全国工人先锋号956个。我校优秀青年教师储继迅副教授获得“全国五一劳动奖章”荣誉称号。

——北科大新闻网

2018年8月30日，由中国教科文卫体工会全国委员会主办的第四届全国高校青年教师教学竞赛决赛正在如火如荼地举行。只见一位身着深蓝色简约西装

的青年女教师出场，她精神饱满，从容自信，讲解思路清晰，将难以展示的“曲率”巧妙而直观地表现出来，伴随着精心设计编程的八个动画展示以及精巧的数学教具，将晦涩难懂的数学知识变得通俗易懂，凭借深厚的教学功底和完美的现场发挥赢得了满堂喝彩。她就是北京科技大学数理学院青年教师储继迅。

——北科大新闻网

牛亚锋

——北京科技大学学生

牛亚锋，1992年生，河南洛阳人，北京科技大学自动化硕士在读，北京戴乐科技有限公司创始人兼CEO。2015年7月联合创立河南青橙电子商务有限责任公司，担任CTO。2016年1月联合创立北京戴乐科技有限公司，担任CEO。2016年9月保送到北京科技大学自动化学院。2017年7月保送北大光华管理学院2020级MBA。

北京科技大学自动化方向研二在读的牛亚锋，在大三的时候想自学吉他，体会到难学之后，就萌生了一个想法，想发明一个能快速地弹唱歌曲的工具。然后就和同学一起组建团队，身为自动化学子，牛亚锋利用学科专业优势，不断钻研惯性导航方面知识，并将该技术与音乐相结合，应用到实践中，带领团队开发Aeroband空气拨片项目，先后参加多项科技竞赛并获得多项国家级奖励，成功申报一项发明专利和两项实用新型专利。顺应“大众创业，万众创新”浪潮，在2015年中美创业大赛中，与200个中国团队和20个来自美国斯坦福、哈佛等著名高校创业团队同台竞技，最终荣获特等奖和15万元奖金，同时得到在场评委投资人约55万元种子轮投资。之后创立北京戴乐科技有限公司，入驻中关村创业大厦，正式开启创业之路。在艰辛的创业之路上，牛亚锋不断带领团队走出一个个泥淖，创业项目也有了新的起色，先后得到创业邦、36氪、北京卫视等多家媒体报道。产品于2018年4月上线京东众筹，并在2018年获得天使轮投资。牛亚锋从未止步，积极参与创新创业，为北京科技大学双创事业添砖加瓦。

颁奖词

高擎创新星火，谨承求实校训，勇夺竞赛桂冠，筚路蓝缕，砥砺前行，终得拨云见日立功勋！

他应用所学，大展所长凝结巧思成创新；他锐意进取，中美创业群雄逐鹿勇夺魁，勇踏创业之路，不畏风雨，草创公司宏志显，排除万难，踏遍荆棘，终得杰作面世人。

先进事迹

创业星火可燎原

牛亚锋的创业之路有一些偶然性，也有其必然性。从大一开始一直跟着老师在实验室做技术研究，如雾霾监测项目、机器人打太极项目等，同时赴北京、长沙、哈尔滨等地参加各种科技竞赛，取得了不少成绩。两年的技术学习和多次比赛经历无疑为后来牛亚锋走上创业之路埋下了火种。

吉他弹唱，点燃梦想

彼时大学校园，牛亚锋和几个舍友着迷于深情地吉他弹唱，苦练了两周的指法，却长进不大，更别提弹唱了。沮丧的同时，几个人开始讨论如何规避指法难、如何更容易弹唱的问题。聊着聊着，就联系到了他们熟知的体感识别技术。如果运用体感识别技术连接手机APP，是不是就可以实现“智能”弹唱吉他了？说干就干，2014年8月，牛亚锋和朋友一起开始研发第一版产品。17日第一版体感音乐手套奇迹产生。

8月25日，牛亚锋带领团队参加“智信杯”全国iCAN物联网创新创业大赛华中二赛区选拔赛，体感音乐手套的精彩展示轰动赛场，最终斩获一等奖。之后团队进一步改进、优化了手套，并于10月进军iCAN物联网创新创业大赛无锡全国总决赛，但遗憾的是，由于讲解队员缺乏路演经验、紧张怯场等原因，导致项目展示效果不太理想，最后屈获国家二等奖。对于这个结果队员们很不服气，主动去找评委请求再次演示，获肯后，体感音乐手套的动感激情展示获得了几位评委专家的肯定，表示很看好这个项目的商业前景，建议他们出来创业。虽然其中的一位评委后来成为了“空气拨片”的创业导师，但对于当时对“创业”还没有任何意识的牛亚锋来说，学习才是学生的第一要务。

风口浪尖，牛刀小试

人生是一段很奇妙的旅程，幸运的是在每个阶段都能遇到启明星。牛亚锋说：“我们是幸运的，在成长的过程中有许多导师给我们指引、鼓励，所以我们才能走得那么稳。”

2015年，智能硬件的热潮袭来，指导老师建议继续优化项目，深挖项目的商业价值。在当时“大众创新、万众创业”的风口浪尖下，牛亚锋带领团队再次改进体感音乐手套，并于3月参加了在西安举行的一场创业路演，牛刀小试，但对于是否要创业多数队员还很迷茫。加之，处于考研与就业的大三抉择期，团队成员人心不稳，对项目的决心开始松散。在这种情况下，牛亚锋表现出了一个团队带头人的果决。他说：“很多事情是需要一些特殊的推动力才能向前的，在发展的关键阶段，需要某种带激励性的‘结点’，才能走下去。”时值“云台山杯”中国河南—美国区域高校大学生创新创业大赛举办在即，青橙团队召开会议，牛亚锋提议，我们把这次中美创业大赛作为结点，成，则继续创业，不成，大家该干嘛干嘛，大家撸起袖子再干一把！提议获肯，于是在赛前的半个月里，他们每天排练准备到晚上11点。

5月27日，团队凭借“体感音乐手环”参加“云台山杯”中国河南—美国区域高校大学生创新创业大赛，勇夺特等奖，获15万元最高奖金，大受鼓舞；6月参加亚杰汇路演，觅得伯乐，获得约55万元种子轮融资；7月团队入驻中关村创业大厦免费办公，开辟创业根据地；8月获河南省最高大学生创业引导资金20

万元。一切似乎都在美好的路上发展。

硬件沼泽，团队震荡

智能硬件是烧钱的领域，需要持续不断地烧钱。“一次智能手环的开模费少说要十多万，保守地算，做成一款完美的产品开模的次数要十次不止”，牛亚锋坦诚说。9月，由于投资尚未全部到位，硬件制作步入沼泽。

焦虑的同时，牛亚锋不得不用尽各种方法寻找硬件制作人，通过介绍人约面谈、商家走访、网络等方式，终于在三个月后找到一个合适的深圳懂行人，并与对方建立合作至现在。

2015年年底，经过近4个月的设计、开模，体感音乐手环第一次实现产品化。“无论做什么事情，遇到什么困难，只要有恒心，用心做，终会柳暗花明”，谈到这，牛亚锋欣慰地说。

小步慢跑，脚踏实地

2016年1月，北京戴乐科技有限公司成立，团队开始正规作战。在经过3版体感音乐手套、8版体感音乐手环的迭代后，8月以蓝牙连接手机APP、小巧精致的“Aeroband空气拨片”样机出世。不仅仅是在技术上的不懈创新，一次次追求完美与极致的打磨与迭代，一轮轮的用户测试，根据这些测试结果一再优化当前产品，力求最佳的用户体验，使得目前的“Aeroband空气拨片”成品更加炫酷、美观、时尚。

现阶段，团队以“小步快跑”为作战方略，在进一步优化服务和产品体验的同时，逐步尝试探索、摸索、深入市场。

在2017年牛亚锋带领北科大学生创业团队，在全国大学生“互联网+”创新创业大赛中，代表北京科技大学在北京赛区获得一等奖，并作为北京市八支团队之一，在全国总决赛中获得银奖，被《北京日报》采访。在“直通硅谷”创业大赛中，从2000个团队中脱颖而出，进入前12强，到硅谷参加路演和交流学习。在“MARS”群星创业大赛中，从1500个创业公司进入全国六强，得到多牛传媒的专访和报道；2017年10月，入选北京卫视《创意中国》栏目，得到周鸿祎、李国庆等创业导师的支持和宝贵建议。2018年5月获得2018 iCAN国际创新创业大赛香港总决赛国际一等奖，2018年10月获得2018“创青春”浙大双创杯大学生创新创业大赛全国金奖。

创业路上，修炼内力

“创业需要持续修炼内力”，牛亚锋说，所有的结果都要经过不断的努力来积累，所有的成功都要经受多次的挫折打击才能促成。创业路上，修炼的不仅仅是这一条事业之路，更是成就一个人走向强大的心路。

小传

埋首书案，不囿故纸，源头活水乃实践。三五英杰，逐鹿中原，一战功成名声噪。创业之始，筚路蓝缕，一腔孤勇未惧荆棘遍地，脚踏实地，上下求索，一念赤诚哪管山遥路远，少年心志，天光正当，十载辛劳终得报，伯乐青眼，长安花开，于今佳话天下传。

大家眼中的他

创新是科学房屋的生命力，世界上的一切都是因人们的创新而产生的，我们不仅要接受别人创新的作品，也要创新我们自己的作品，这样才能让整个世界变得多姿多彩。而创新与平庸不过一步之遥，只不过前者走在前面，后者跟在后面。现实生活中总有一些人，跟着别人的脚步，故步自封，墨守成规，不敢冲破枷锁。但牛亚锋前辈就是那“敢于第一个吃螃蟹的人”，他敢于走前人未走过的路，具有勇士的进取精神，这样的他注定不是一个平庸的人。就让我们一起来了解牛亚锋的创新历程。

——iCANX科学平台

他出于青春的梦想，致力于应用专业知识，将科技与音乐相结合，求知进取，开拓创新，创业兴邦。不负年华，谱写人生辉煌篇章。

——北科小博士新媒体工作室

创业之路，本质上是一条修心之路。这就像我们要参加一场超长的越野马拉松，其中有平坦大道，也有泥泞山路，有阳光明媚，也有冷酷黑夜，有兴奋，也有绝望，但只要有一个坚定的信念，最后终究会到达。

——空气乐队团队成员

媒体关注

本届“创青春”全国大学生创业大赛终审决赛（主体赛）共有197所高校的369件作品参赛，北科大有2件作品入围，自动化学院报送的“Aeroband空气乐队”创业项目获得金奖，机械工程学院报送的“禾欣青少年公益服务项目”获得银奖。此外，机械工程学院报送的“秀蜜：全球领先的社会化营销红人平台”、东凌经济管理学院报送的“魔借：让人们没有体验不了的生活”、计算机与通信工程学院和东凌经济管理学院联合报送的“贝创意念”、材料科学与工程学院和东凌经济管理学院联合报送的“新型高强度TiB2纳米线强化牙髓针”等4个创业项目获得“创青春”全国大学生创业大赛主体赛铜奖。

——搜狐网

牛亚锋带领团队参加“智信杯”全国iCAN物联网创新创业大赛华中二赛区选拔赛，体感音乐手套的精彩展示轰动赛场，最终斩获一等奖。团队凭借“体感音乐手环”参加“云台山杯”中国河南—美国区域高校大学生创新创业大赛，勇夺特等奖，获15万元最高奖金，大受鼓舞；6月参加亚杰汇路演，觅得伯乐，获得约55万元种子轮融资；7月团队入驻中关村创业大厦免费办公，开辟创业根据地;8月获河南省最高大学生创业引导资金20万元。

2016年1月,北京戴乐科技有限公司成立,团队开始正规作战。在经过3版体感音乐手套、8版体感音乐手环的迭代后,8月以蓝牙连接手机APP、小巧精致的“Aeroband空气拨片”样机出世。经过极致的打磨,一轮轮的用户测试,目前的“Aeroband空气拨片”成品更加炫酷、美观、时尚。

在2017年牛亚锋带领北科大学生创业团队,在全国大学生“互联网+”创新创业大赛中,代表北京科技大学在北京赛区获得一等奖,并作为北京市八支团队之一,在全国总决赛中获得银奖,被《北京日报》采访。

在“直通硅谷”创业大赛中,从2000个团队中脱颖而出,进入前12强,到硅谷参加路演和交流学习。

在“MARS”群星创业大赛中,从1500个创业公司进入全国六强,得到多牛传媒的专访和报道;

2017年10月,入选北京卫视《创意中国》栏目,得到周鸿祎、李国庆等创业导师的支持和宝贵建议。

——人民网

王志良

——北京科技大学教授

王志良，生于1956年12月，北京科技大学教授、博士生导师。1988年毕业于哈尔滨工业大学电气工程系，获工学博士学位，1991年毕业于浙江大学电工博士后流动站，随后至我校任教至今，历任副教授、教授。不忘初心，爱岗敬业，先后被评为北京市优秀党员，北京市优秀教师，享受国务院特殊津贴专家。先后主持完成了多项国家级科研项目，指导博士、硕士研究生60余人，发表学术专著20部，积极指导学生科技创新活动并屡获佳绩。该同志创建了北京物联网学会并担任理事长，先后获聘北京市物联网产业规划首席科学家，国家重大专项（物联网）总体组专家，民政部养老服务业发展专家委员会委员，国家信息惠民工程建设指导专家，中国智慧城市产业联盟副理事长等职务。先后被评为北京市优秀党员，北京市优秀教师，享受国务院特殊津贴专家。带领团队积极办学，获批了国家首批“物联网工程”国家特色专业，负责的“物联网与科技强国”课程入选国家“精品视频公开课”。编写24本教材和专著，2018年有2项教学研究成果获得北京市教学成果一等奖。2018年8月为中央教育电视台《加油吧考生》专题节目主讲“万物互联——开启智能时代——物联网专业”。

颁奖词

近半生物联之路，无止境科研之道，放飞人工智能梦！

他提出了“人工心理”的原创概念，三十载执教之路初心不忘，培养国之栋梁是他永恒的坚守。他以几十年如一日的情怀助力学生成长成才，以求实严谨的治学态度在物联网技术领域做出卓越贡献。他就是“中国物联网技术领头人之一”——王志良。

先进事迹

潜心科研，勇攀科技高峰

王志良长期奋战在教学、科研一线，为人师表、治学严谨、学识渊博、认真负责，从教几十年如一日，勤勤恳恳、兢兢业业，在教学过程中始终坚持开展课程思政教育，从思想、学习、生活等多个方面引导学生成长成才，深得广大学生的尊敬和喜爱，在教学、科研领域建树颇丰，先后主持完成了多项国家级科研项目，指导博士、硕士研究生60余人，发表学术专著20部，积极指导学生科技创新活动并屡获佳绩。王志良创建了北京物联网学会并担任理事长，先后获聘北京市物联网产业规划首席科学家，国家重大专项(物联网)总体组专家，民政部养老服务业发展专家委员会委员，国家信息惠民工程建设指导专家，中国智慧城市产业联盟副理事长等职务。先后被评为北京市优秀党员，北京市优秀教师，享受国务院特殊津贴专家。在工作之余，王志良积极发挥专业特长，积极组织开展学院路地区青少年人工智能科普推广活动，并为中央教育电视台《加油吧考生》专题节目主讲“万物互联——开启智能时代——物联网专业”，取得了良好的社会反响。

教书育人，培育国之栋梁

作为一名教师，王志良始终把培养合格人才作为首要任务。 特别强调物联网专业的培养特色应该是注重动手能力，创新层次以探索性、设计性实验及工程训练为主，突出学生创新能力和实践能力的培养；培养模式为宽口径、厚基础、重实践、求创新。近十年来，一直积极指导大学生创新创业，所指导的学生获得国家级大赛8项，二等奖20项。其中，获得中国大学生iCAN物联网创新创业大赛特等奖，并代表中国参加在日本仙台举行的第五届国际大学生创新创业物联网大赛全球总决赛获得三等奖。指导的物联网学生两次获得”北京市大学生十佳示范班集体”。王志良很注重对学生和青年教师的培养，有时候要求非常严格，自许有点“工作狂”似的风格。他对团队精神的维护、实验态度的认真，深深地感染着身边的每一个人。久而久之，王志良如果不下班休息，其他实验室的学生也会主动留下来继续攻关。“人的天资都是差不多的，如果想要做得比别人好，只有努力、努力，再努力。”王志良是这样说的，也是这样做的。正是通过这样的言传身教，他的学生们一个个都非常出色，在课题研究中独当一面。其中一个学生还说道：“王老师工作起来比我们这些小伙子还拼命，我们想偷懒都不敢。”在学校里的王志良是一名慈师，学生们哪怕是细微的心理变化都能被他准确地捕捉到，今天哪个学生生病了，明天谁心里闹别扭了，他总要及时地询问和关心。对于这样一个机器人研究领域的知名学者、一位著名的科学家，他最想得到的不是权威机构的认可，也不是奖项，而是“来自我学生的信赖和尊敬”。

经过几年的努力和磨炼，王志良教授课题组已经形成了一支由六七十人组成的高质量、具有凝聚力的教学、科研队伍。在科研工作中，王志良带领学生提出了许多关键理论和解决技术难题的关键思路，在机器人和控制方面的国际最著名杂志和会议上发表了多篇有影响力的论文，赢得了日本及世界各地同行的高度评价。

自2010年起，他带领团队，积极进取，敢于创新，获批了国家首批“物联网工程”专业办学，并努力办学获得了国家特色专业称号，他负责的“物联网与科技强国”课程入选国家“精品视频公开课”建设选题名单。带领团队，主编和编写了24本物联网教材和专著，其中他主编的《物联网工程概论》教材入选“十二五”国家规划教材，已经印刷23000册，被近百所高校选为教材；主编的《物联网工程导论》教材也已经印刷二万多册，被近百所高校选为教材。他参与的教学研究“机电类学生科技创新体系的建设与实践”获得国家级教学成果二等奖，有2项教学研究“厚基础强实践物联网工程复合型人才培养模式研究与实践”“信息类创新人才培养体系构建与实践”获得北京市教学成果一等奖2项。

钻研物联，推动领域发展

“机器人研究是一种前沿技术，也是花钱买不到的高技术。它最大的特点就是能够代替人类完成各种作业。但我们国家还要奋起直追才能赶超其他科技大国。”谈起自己研究的领域，王志良满怀激情。数年来，王志良参与北京市和全国物联网教学研究、技术创新、产业应用、政府服务等各种会议80多场，新闻报道有30多场。为北京市物联网产业发展积极工作，被聘为北京市物联网产业规划首席科学家。为北京市物联网发展做出了贡献。1998年，王志良提出了“人工心理”的原创概念，受到了国内外的关注；1999年，所写论文《人工心理学》被IPMM99、ICAI99两个国际会议接受为大会主题发言；2000年，《人工心理理论的探索研究》得到中国自然科学基金资助；2003年，当选为中国首届情感计算会议程序委员会委员；2004年，《人工心理》被教育部“和谐人机交互技术”高级研讨班邀请为专家主题报告（总共6个专家报告）；2005年，《人工心理的研究》被东京大学《全球人工科学与人工艺术研究名录》收录，《人工心理研究进展》被*IEEE*、*Soft-Computing*国际会议(WSST05)邀请为主题报告，被选为第一届情感计算国际会议组织委员会委员。人工情绪的研究项目又得到中国自然科学基金的资助。可以说，所倡导的人工心理研究已经初步为国内外所接受和认可。2005年，发起成立了“中国人工智能学会人工心理与人工情感专业委员会”（筹），任委员会主任。并组织召开了全国首届人工心理与人工情感学术会议。所领导的课题组发表的人工心理和情感计算方面的研究论文（中文）被他人引用1000多次（依据CNKI中国期刊全文库检索得到）。其成果综述作为特邀文章发表在2013年第1期的《中国自然基金》杂志上。他的研究成果《情感计算 人工心理的理论与应用》获得中国人工智能学会创新奖一等奖。指导博士，硕士研究生毕业60多人，发表学术专著15部，合著13部，被SCI、EI和ISTP三大检索的发表论文有120多篇。获得国家教学成果二等奖和部级科技奖各一项，获得发明专利9项。带领团队承担国家重大专项、国家自然科学重点基金12项，获得专利7项，在*IEEE*等国际著名刊物上发表多篇高水平论文，最高的学术影响因子为7。他参与的科学研究成果《首钢水厂铁矿深凹露天高效开采综合技术研究》获得中国冶金科学技术奖特等奖。

小传

志存高远，心存良善，教书育人，桃李天下，兼修文质，大德泱泱，正后学以严道，启学子以明光。侃侃乎，实哉其学，巍巍乎，其德洋洋。遥想吾师行道处，天香桂子落纷纷。

大家眼中的他

感谢王志良教授的悉心浇灌与滋养，使得每一株“幼苗”都生机勃勃、焕发光彩。

——薛为民博士

学院发展离不开王志良教授及一代代前辈们在教学和科研岗位上的努力付出与无私奉献，应以最隆重的方式向他们表达敬意。

——殷绪成院长

在王志良教授从教的三十年中，他指导着一批又一批的本科生、硕士生、博士生从懵懂的大孩子成为具有专业知识、专业精神、专业能力的领域专业人才。古枫吐艳，秋色正浓；夕阳照雪，风光无限。王志良教授用他三十年教书育人的坚韧力量勾勒着一名“师德榜样”的模范事迹，用淡泊、平凡与伟大绘制着一位仁师在三尺讲台上勤勤恳恳的育人身影，这将是每一位后辈学习的榜样。

——计通学院学生 魏旭影

从教三十年，王志良老师默默耕耘在三尺讲台，他心怀国家，数十年如一日钻研科研项目。他是人工心理研究的拓荒者，也是无数学生的引路人。

——计通学院学生 魏梦泽

媒体关注

2014年，民政部全国养老服务业专家委员会在北京成立，我校计通学院王志良教授作为唯一的电子信息和物联网领域专家入选该委员会委员。国家民政部部长李立国为委员会委员颁发了聘书。

全国养老服务业专家委员会，是为政府加快养老服务业发展提供服务的高层次咨询、智囊机构，担负着重要的职责和使命，具有政策性、专业性和全局性强特点。此次成立的专家委员会由39名委员组成，都是养老服务理论政策研究和实务工作方面公认的行家里手。有的是业内有影响的专家，具有较高学术水平和知名度；有的在高校任教，具有深厚的知识背景和独到的研究成果；有的则长期从事养老服务一线工作，具有扎实的职业素养和丰富的实践经验。

全国养老服务业专家委员会成立后，将承担以下几项主要任务：一是对养老服务业的重大决策、重大战略、重大思路提供政策咨询、理论指导和技术支持；二是对养老服务业重要法律法规草案、重大政策措施、重点工作部署等提出意见和建议；三是参与养老服务业重大科研项目、重大建设项目和重大理论课题的研究、评审和评估工作；四是分析预测我国人口老龄化形势和发展趋势，对关系长远发展的前瞻性、战略性、综合性问题进行调研和咨询；五是围绕老年人要求解决的焦点问题，开展咨询服务活动，提出切实可行的解决办法；六是参加民政部组织的各类养老服务学术交流与合作活动。

——北京科技大学新闻网

经管乡桥实践团

——北京科技大学社会实践团

北京科技大学乡桥公益实践团由9名在校大一学生组成，实践地位于湖南省张家界市慈利县龙潭河镇渠溶村。项目历时一个多月，由乡桥实践团联系和组织，为当地村民重建损毁多年的桥梁，解决了多年来村民出行不便的问题。8日的工期中，乡桥实践团协调和了解各方的需求和力量，在当地政府、商会的大力支持下，推动了工程的顺利开展。在工程的准备工作中，实践团成员不畏艰难，联系占用道路的农户，清理废弃的桥梁立柱等，以实际行动得到了当地村民的支持。2018年8月7日，桥梁正式竣工，乡桥实践项目的主体部分宣告成功。在完成主体项目之余，实践团在当地展开一系列精准帮扶实践项目，为当地村民编烟叶、除石、打农药，为当地做出了力所能及的贡献。

颁奖词

筑乡桥，全心为民生。追逐热血公益梦，身怀乡里赤诚心。他们用诚挚真情给予乡村群众们温暖与希望，用勤恳行动诠释了北科学子的责任与担当，用刚强意志表现出当代青年的初心与希望。精心播种，恒久耕耘，乡桥实践团在实践中茁壮成长。

先进事迹

2018年夏，北京科技大学乡桥公益实践团前往湖南省张家界市慈利县渠溶村开展桥梁搭建援助工程。实践期间，实践团顺利完成筹款，联系工程队，辅助和监督桥梁修建等工作，为渠溶村修建了一座长为15米，宽2米，造价6.28万元的钢结构桥梁，解决了多年来村民劳作困难、孩子上学出行危险等问题。

在桥梁修筑期间，实践团在渠溶村进行走访调查，并针对当地劳动力季节性缺乏的情况，帮助村民完成了烟草收获，农药喷洒等工作。

实践团事迹受到当地多家媒体的跟踪报道，其中报道“小小钢架桥，温暖群众心”点击量达两万余次。

习近平总书记在湖南湘西与贫困村的干部和村民座谈时说：“扶贫要实事求是，因地制宜。要精准扶贫，切忌喊口号，也不要定好高骛远的目标。”实践团成员落实习总书记的关于脱贫攻坚的部署，来到湖南省张家界市慈利县渠溶村，发现家乡通往外界的唯一桥梁已经损毁多年，父老乡亲出行不便，实践团成员立足于做小事、办实事，决定利用青年学生的力量为家乡铺设一座便利坚固的桥梁，通过社会实践接触社会、感悟民生、服务基层、回报家乡。

实践期间，乡桥实践团来到农户家中进行采访，探访村民过桥的需求和频率等问题：村中仅有的几家小卖铺都在河的一边，如果想要购买一些日用品，就得经常渡河，同时还有老人们走亲访友的需求，合作劳动的时候需要频繁的渡河。通过对村民的采访，我们了解到了村民所选择的具体的过桥方式：在枯水期，村民一般选择爬下高约1米的河道，踩着河中相对结实的石头过河，孩子们则会绕行选择较远的低矮的水泥路过河，相对能保证安全。对于丰水期如何过河，村民则坦言，没有其他办法，只能向上游绕行两公里路过河。

在得知村民渡桥困难的情况下，乡桥实践团积极联络各方，先后得到了龙潭河镇政府、渠溶村村委会的支持，并顺利获得慈利县零阳商会的经济资助。

政府、商会、实践团决定合力为渠溶村修建一座坚实的桥梁。

历经数月的筹备，在各方的帮助下，乡桥实践团为渠溶村修筑的桥梁援助工程正式竣工，该桥梁受众广泛。

为渠溶村的村民们解决了数年来村民过河难的问题，提供了安全而方便的渡河方式。它大大节省了过河时间，也提高了安全系数。在桥梁竣工后，乡桥实践团受到了当地电视台的采访，并在慈利县电视频道播出。

"实践提升自我，知识回报家乡"，乡桥实践团期望以我们的切实之举，帮助和报答曾经养育我们的黑土麦田，乡桥实践团也将会继续努力，扩大影响，引领更多青年学生关注家乡，以自身实践回报家乡。

响应国家号召，立足精准扶贫，大一新生走近农村一线

秉承着习近平总书记指出的："必须坚持精准扶贫、精准脱贫，坚持扶持对象精准、项目安排精准、资金使用精准、措施到户精准、脱贫成效精准等"六个精准"……因村因户因人施策，对症下药、精准滴灌、靶向治疗，扶贫扶到点上根上。"北京科技大学乡桥公益实践团立足于实事，针对渠溶村面临的渡河难且危险等问题，铺设一座钢架桥，为当地村民提供了安全便捷的渡河方式。

渠溶村是湖南省张家界市慈利县的一个贫困村，村中一座重要的渡河桥梁在四年前被洪水冲毁，导致当地村民们日常出行困难，给村民们的生活平添许多困难与不便利。近年来村里经济状况不佳，修复桥梁的款项一直未能到位。实践期间，通过在农户家中的走访调查，实践团了解到村民对于桥梁的迫切需求：在农忙季节，桥梁的缺失迫使村民们花费大量时间过河，劳动效率大幅度降低；桥梁同时也曾是村中孩子上学的必经之路，近年来，为了保证出行安全，孩子们只能选择绕行去较远的低矮水泥路过河或者向上游绕行两公里过河。可见，没有渡河桥梁给村民们带来了极大的不便与安全隐患。

聚焦现实问题，聚拢各方资源，实践团队不畏艰难困苦

实践团在了解当地情况后，决定尽全力为渠溶村的村民们修复这座桥梁。准备期间，实践团积极联络各方，在龙潭河镇政府、渠溶村村委会的支持下，不畏艰难，入户联系占用道路的农户，清理废弃的桥梁立柱等，以实际行动得到了当地村民的支持。

在资金方面，实践团花费一个半月的时间分别联系了青年创业协会、壹禄福慈善协会等五家社会组织，最终，慈利零阳商会成功接受了实践团的提议，约定合力为渠溶村修建一座坚实的渡河桥梁。实践团前后共募集62800元建桥基金。经数月的筹备和联络，在当地政府、村民以及零阳镇商会的支持下，2018年8月7日，桥梁援助工程正式竣工。桥梁的成功搭建为渠溶村的村民们提供了安全方便的渡河方式，解决了村民们数年来过河难的问题，便利了村民们生产生活的各方面。

学子回馈家乡，媒体广泛关注，青年学生展现北科精神

实践团此次的桥梁援助工程，受到了媒体的广泛关注，张家界、慈利县多次报道实践团事迹。桥梁竣工后，乡桥实践团首先受到了当地电视台的采访，采访片段在慈利县电视频道进行播放报道。“实践提升自我，知识回报家乡”则是实践团在张家界新闻网上一篇新闻稿的题目，实践团成员将以此为行为准则，继续以自身的切实之举，为国家、家乡的发展尽一份力。实践团成员立志学好专业知识，提升自身素质，引领更多大学生关注家乡，以实际行动回报家乡，为祖国伟大复兴努力奋斗。

小传

桥起山乡间，路人皆笑颜。乡桥暖人心，青年筑梦间。北科乡桥实践团，九人不畏风雨，不阻山河，以心桥相系，铁桥相筑。越了山涧，过了险阻，暖了人心。青

年筑梦之旅，亦是乡情寄托之时。绵薄之力，筑以大桥。身体之躯，力行亲为。钢铁意志，青年不坠。乡桥逾山水，乡情筑青年。

大家眼中的他们

实践团共9名队员，他们平均年纪都在十八九岁，这一周的时间里，他们与当地村民同吃同住，除了帮助施工队修建桥梁以外，还帮助村民编烤烟、打农药等等，实实在在地体验了一把当地乡村生活。其吃苦耐劳的精神，积极主动的态度，获得了渠溶村村民的一致好评，而他们自己更是乐在其中。

——《慈利新闻》

热忱筑乡桥，全心为民生的乡桥公益实践团，这些平凡的人物却拥有着不凡的品格，他们用自己的爱去关爱着。

——团委新闻宣传中心

和我们同龄的学生竟然做出了如此大的贡献，让我对即将到来的暑假实践又有了新的定义……太多太多，家国情，母校情，师生情，构成今日份的北科美好。

——数理学院党校一班 褚梦丽

他们都是平凡的人，却做出了不平凡的事。茫茫宇宙，大千世界，每个人都是如此的渺小，就如同天空中的一粒粒浮尘。从出生到死亡，我来过，我走了，悄无声息，就如同我不曾来过，这是大多数人的一生。可是，总有些人轻轻悄悄地来了，又走了，却又像是从未走远，留给世界一缕芳香，默默地改变着这个世界，成为感动人们的力量。

——数理学院学生 余哲灏

媒体关注

8月初，由北京科技大学乡桥实践团组织实施的龙潭河镇渠溶村桥梁修建工程顺利完成。此次修建的钢架桥位于渠溶村中心，工程共历时一周，耗资6万多元。

在过去两个月桥梁的筹备过程中，北京科技大学乡桥实践团通过远程考察当地情况，搜集资料，多方联系，从零阳商会处获得资助，并寻找施工队，完备地考虑了桥梁筹备所需的全部因素。在8月1日桥梁开工后，实践团遭遇了旧桥址钢筋杂乱，道路荒废，河道阻塞等问题，在施工队的协作和指导下，实践团快速且有效的应对措施保证了桥梁的工期不受影响。

"这种体验带给自己的是在人生经验和阅历上书本给不了的东西。""觉得实践的意义，就是要真正地到下面去体验他们的生活，这样才能让自己得到成长。"实践团共9名队员，他们平均年纪都在十八九岁，这一周的时间里，他们与当地村民同吃同住，除了帮助施工队修建桥梁以外，还帮助村民编烤烟、打农药等等，实实在在地体验了一把当地乡村生活。其吃苦耐劳的精神，积极主动的态度，获得了渠溶村村民的一致好评，而他们自己更是乐在其中。

——张家界人民政府新闻官网

4月28日，北京科技大学举行2018年度“感动北科”新闻人物表彰仪式。经过推荐、初审、展示投票、终审和公示等环节，7名个人、3个团队入选2018年度“感动北科”新闻人物。

根据表彰结果，入选2018年度“感动北科”新闻人物的个人为：十载青春漂洋过海、一心科研、成绩斐然、勇追钢铁强国梦的教授谢锡善；助力“张衡一号”发射升空、“嫦娥四号”顺利通信、点燃中国航天梦的教授韩静涛；诠释殷殷学子情、拳拳敬老心，续圆青春志愿梦的学生李宁；近半生追逐物联之路、无止境科探索研之道、放飞人工智能梦的教授王志良；三尺讲台存日月，一支粉笔写春秋，点亮幸福教学梦的教师储继迅；从教五十五载，坚持教书育人梦的校友蒋克铸；用心照亮希望之光、用情谱写青春乐章，绘就最美实践梦的学生浦绍韬等7位教师、校友或学生。

此外，热忱筑乡桥、全心为民生，追逐热血公益梦的乡桥公益实践团；传道细雨润物、培育桃李芬芳，助推学子国际梦的日语语言文学系中外教师团队；首届钢院学子等三个团队也在会上接受表彰。

据介绍，“感动北科”新闻人物评选活动，是北科大精神文明建设的重要载体，是立德树人的有效途径，是学校文化建设的重要品牌活动之一。北京科技大学党委书记武贵龙介绍，“感动人物”所彰显的坚定的信念、大爱的胸怀、忘我的精神、进取的锐气，体现出北科人爱校、兴校、荣校的精神风范，正是民族精神、文化力量的最好写照。

——人民网

浦绍韬

——北京科技大学研究生

浦绍韬，男，汉族，中共党员，生于1996年1月17日，云南宣威人，北京科技大学2017级研究生，中国大学生自强之星2018年度“感动北科”新闻人物，北京科技大学第十九届研究生支教团团长。研究生（推免）期间在北京科技大学化学与生物工程学院学习生物化学与分子生物学。本科期间曾担任校团委社会实践部副部长，被评为北京市优秀毕业生、北京市先锋杯“优秀基层团干部”、中国环境科学学会全国“十佳志愿者”，2014年、2015年北京科技大学社会实践“十佳标兵”；曾获北京科技大学首届道德风尚奖、北京市生物竞赛三等奖；曾连续两年带队前往西部贫困山村开展关爱帮扶，为山村百姓争取总价值50余万元的公益项目、构建科学水资源管理方案解决宗族矛盾、带动群众建立地方性氟中毒防治意识、发动群众行动起来做改变。

颁奖词

翻山越岭，百里山路，田间地头谋发展，他用坚守解决白泥村的用水问题。两年的公益活动，他探索出一条“政策落地、干部带头、群众行动、慈善帮扶”的预防氟中毒新路子。

三尺讲台，地广天阔，一颗丹心育桃李，他用希望照亮孩子们前行的梦想。一年的乡村支教，他躬身祖国的山川大地，情系山区教育，筑梦留守儿童，奏响新时代乡村教育的“凤凰琴”。

到西部去、到基层去、到祖国最需要的地方去！他将爱国之情转化为报国的实际行动，将赤子情怀洒向脚下的热土。

先进事迹

心系家乡，牢记青年责任

云南省宣威市白泥村，一个位于高海拔山区的贫闲小山村，人均年收入仅仅3000元，那里的人们只能凭着一把锄一柄斧和大山争土地，靠着一挑担一双脚和老天争水源。这里一年中有8个月用水得不到保障，而饮用水氟含量严重超标使大多数人患上了地方性氟中毒，村民们的生活异常艰辛和窘迫。浦绍韬说："那里是我的故乡，我一定要回去，为他们做一点点事情。"

"我连续两年带队去到那里，向慈善基金会为白泥村小学争取到'爱心厨房'和'蜜儿餐'项目，价值50余万元，极大改善了孩子们的饮食条件；为白泥村小学捐得1231.2元善款；构建了一套水资源管理体制，改善了白泥村管理型缺水。但这些还远远不够。我有一个梦想——让小小的力量点燃大大的希望，让公益扶贫的星星之火可以燎原。我们的力量肯定是不够的，单纯的公益项目支持也不能从根本上解决问题。想起东南沿海很多富裕的村庄，他们的富足不仅仅是因为区位的优势、传统的积累，有很重要的原因是先进的思想和意识的觉醒，我觉得社会发展成果与人民共享不仅仅是物质层面的共享，还要有先进的知识，超前的意识的共享。'往内找动力，往外找帮助'是我想出的答案。村子的贫穷和村民有很大关系，让群众行动起来改变现状，这是村子脱贫的关键；外界的帮助、政策的扶持是脱贫的条件。因此，我们始终把宣传动员放在很重要的位置，两年来我们步行超过100公里，共走访了210户村民，发放科普宣传资料960份，希望通过宣传唤起村民们对氟中毒的防治意识，让还未患病的孩子远离氟中毒，让只有行动起来才能改变现状的观念深入人心。现在，许多村民已经建立了氟中毒预防的意识，而他们正将这种'行动起来做改变'的意识从氟中毒延伸到更多的地方，他们真真切切地改变了。我想，这才是小小力量点燃的大大希望！坚定信念，实现扶贫梦想，扶贫必扶志，要解决贫困扶起又倒，教育是关键。因此，保研到北京科技大学后，我选择成为研究生支教团的一员，希望投身基础教育，用行动实践自己关于扶贫的一些思考。

重庆市长寿区长寿湖中学，这是我支教的学校，我承担初一年级生物和初二年级物理、生物、美术的教学工作。刚到学校时，这里完备的设施让我心生疑惑——这样的学校真的需要支教？但通过一段时间的授课之后我才发现问题所在，由于学校地处一个小村庄，学生又大多是留守儿童，他们能够获取的信息非常有限，许多学生甚至不知道中国的载人航天，也许长寿湖就是他们的全部，他们缺的不是硬件设施，而是对世界的认知和眼界。因此，在完成教学内容的同时，我利用物理课向他们介绍物理和生活的联系，让孩子们明白生活小事背后的科学道理；利用生物课告诉他们生物之间的平等关系，启发他们保护地球爱护环境；在美术课上开展建筑艺术等内容，培养他们欣赏美发现美的能力；于音乐课中教授音乐背后的感情和故事，让孩子们体会到音乐的力量。不管是在课堂中还是课后，我都会和孩子们一起探讨我们国家和这个世界，鼓励他们敢于正视自己心里的梦想，希望能用自己的努力，打开他们的眼界，点燃他们对未来的向往。”

不忘初心，彰显青年力量

“我本身就来自西部一个小小山城，从小就看过了太多最贫困人群的艰辛和苦难，要让他们发生一点改变的想法一直根植于我的心里。我是一个年轻的共产党员，人民是党刻在我心里最深刻的字眼，去基层是我深深的执念。从坚持两年的公益扶贫到一年无悔的西部支教，从健康扶贫到教育扶贫，我从未停下过脚步，把自身融入到时代的洪流之中，用行动履行党员义务。北京市优秀基层团干部，北京市优秀毕业生……这些荣誉是对我的肯定，激励着我前进。”

浦绍韬本科期间曾担任校团委社会实践部副部长，被评为北京市优秀毕业生、北京市先锋杯“优秀基层团干部”、中国环境科学学会全国“十佳志愿者、2014年、2015年北京科技大学社会实践“十佳标兵”；曾获北京科技大学首届道德风尚奖、北京市生物竞赛三等奖；曾连续两年带队前往西部贫困山村开展关爱帮扶，为山村百姓争取总价值50余万元的公益项目、构建科学水资源管理方案解决宗族矛盾、带动群众建立地方性氟中毒防治意识、发动群众行动起来做改变。

他在支教宣言中这样写道："从小处入手，往大处思考，用小小力量点燃大大希望。"

小传

翻山越岭，山路迢迢，峻岭崇山，反哺乡情；琅琅书声，溃击穷困，桃李不言，三尺讲堂。君此去西途漫漫，不见泥泞坎坷路，但见足下赤子川；不见潦倒无书筑，只闻漫山读书遍。国系心往，民愿体前。无惧山峦凶水阻，无悔青春赤诚心。

大家眼中的他

浦绍韬同学。坚持就是胜利，忠心祝你成功，你是我们的骄傲，同时也是老师的骄傲，我为教到你这样的学生而感到自豪。

——数学老师 尹蕾

如浦绍韬这样考出去的大学生能回到家乡，通过自己在外面学到的先进的知识和技能，发展家乡，改变家乡。只有通过你们一代又一代人的不懈努力，才能让你的家乡像东南沿海地区的城市和乡村一样的繁荣富裕。你用自己的力量及能力为民解忧排难，无私奉献，好样的，加油，继续努力。人们不会忘记你的。

——受到帮助的乡民

总有一种力量让我们心潮澎湃，总有一种精神让我们倍感振奋，他用自己的精神鼓舞着人，如同黑暗中的一盏明灯。给迷失在社会中的人们指引前行的方向。他身上的道德风尚，如一阵阵强劲的暖风扶正世道人心。是时代的召唤，也是每一个人的热望，让见贤思齐、崇德向善蔚然成风。

——学生工作通讯室

奔走调研，深入贫困山区；奔赴西部，热衷支教。两年公益，一年支教，扶贫路上，浦绍韬从未止步，他是奏响青春之歌的实践青年。

——北科大青年融媒体中心

媒体关注

2017年度寻访“中国大学生自强之星”标兵

浦绍韬 北京科技大学

魏智武 中国人民大学

崔超越 首都经济贸易大学

——《中国青年报》

用心照亮希望之光，用情谱写青春乐章，绘就最美实践梦！他奔走调研，深入贫困山区，为当地百姓争取到50万元公益项目。他奔赴西部，热衷支教，用希望的光照亮孩子未来的窗。两年公益，一年支教，扶贫路上，他从未止步。他就是奏响青春之歌的实践青年——浦绍韬。

——北科新闻网

5月17日，在全球抗击新冠肺炎疫情的重要时刻，国家主席习近平给北京科技大学全体巴基斯坦留学生回信。回信在北京科技大学全校师生中引起强烈反响。同学们表示，推动构建人类命运共同体，需要各国青年携手贡献力量。

北京科技大学现有巴基斯坦留学生52人，其中49人为博士、硕士研究生。近日，他们给习近平主席写信讲述了在中国留学的经历和感受，对学校在新冠肺炎疫情暴发后给予的关心帮助表示感谢，表达了学成后投身“一带一路”建设、为增进中巴友谊作贡献的愿望。

北京科技大学化学与生物工程学院2018级研究生浦绍韬有一个巴基斯坦同学。疫情期间，北科大派出师生组成青年突击队奔赴北京新国展坚守抗疫一线，这名同学得知后立即跟浦绍韬说，自己也想参加青年突击队。“他的真诚与善良打动了我，虽远隔重山，但命运总相牵。人类命运共同体，需要全人类共同耕耘。”浦绍韬说。

——《中国青年报》

李 宁

——北京科技大学学生

李宁，出生于1996年10月1日，北京科技大学能源与环境工程学院能动152班学生，于本科一年级加入北京科技大学青年志愿者协会心翼服务队，二年级开始做敬老工作，服务对象为退休教师刘秉慧老师。从2016年秋季开始，每周去刘老师家服务两到三次，帮助刘老师解决一些生活中的困难，与刘老师建立了非常好的感情。2017年年底，刘老师心脏病发作，李宁将刘老师送入医院抢救，在住院期间，李宁往返于学校和医院之间，在不影响课程的前提下，照顾好刘老师的生活起居，协调好医院的各种手续问题，直到刘老师度过危险期，平安出院。

颁奖词

曾有人为你打伞，这次是你帮别人打开了窗。看见过这人间的艰难，从此更将心比心。疾病里，是你的一颗丹心，温暖着沉疴间的脆弱，病榻旁，是你的细致入微，给予着对抗疾病时满心的勇气。世界上最美丽的东西是共情与爱，不可触摸，却能用心感受。

先进事迹

爱心献社会，真情暖人心

如果不是2017年12月25日上午的一个求救电话，李宁也许不会知道，两年的照顾与陪伴，他早已成了老人最亲近、最信赖的人。

李宁，来自一个普通的三口家庭，父母收入不高，难以负担大学昂贵的费用。在学校的帮助下，他顺利获得了国家助学金，大学生活也渐渐步入正轨，因此，他始终怀着一颗感恩之心，愿意用自己的行动去回报学校、回报社会，也正是他的这份坚守，挽救了一位老人的性命。

2015年9月，李宁怀揣着对大学美好生活的向往，步入北京科技大学的校门，成为能源与动力工程专业的一名学生。

2016年3月，正值校园里各类社团组织招新的热潮，李宁为了圆儿时的教师梦，毅然选择加入了学校青年志愿者协会心翼服务队。这之后的半年，他牺牲了自己的休息时间，每周都坚持去京豫希望小学支教两天，风雨无阻；大一暑假，他主动与心翼服务队的同学组成社会实践团队，前往重庆贫困山区支教，历经半个多月，他们克服了艰苦的条件，顺利完成支教任务，为山区的孩子们带去了知识与希望，也收获了感动与成长。

2016年暑假结束，源于对志愿服务工作的热爱，李宁选择继续留在心翼服务队，但是由于升入大二后学业压力增大，无法协调出充足的时间继续完成支教项目，所以，他选择了其他的志愿项目——社区敬老，也正是这个原因，他认识了刘秉慧老师。

李宁第一次见到刘秉慧老师是在刘老师的家中，简单地闲聊，就能够感受到刘老师的幽默。他回忆："刘老师出了一道高等数学的习题对我进行测验，规定在三分钟之内解答，幸好我没有辜负刘老师的期望，很好地完成了任务。"一下午的时间，两个人互相了解彼此，李宁初步掌握了刘老师的身体、生活情况，同时取得了刘老师的信任，同意接受李宁的志愿服务。

从刘老师家离开以后，李宁感触颇深，越 发坚定了悉心照顾刘老师的决心。刘老师抗癌十年，并患有严重的心脏病，膝下无儿无女，只能一个人面对生活中的各种困难，即便如此，刘老师却始终保持着乐观豁达、永不言弃的生活态度，与病魔斗争，而这种态度也深深感染了李宁。他说："是学校，是这个善良的社会支撑着我完成学业，所以我有义务回报这个社会，我愿意全心投身志愿者工作。从我个人的角度来说，教师是我最崇敬的职业，刘老师为教育事业奉献了一辈子，我不忍看到刘老师的退休生活如此孤独，我愿意把刘老师当作自己的亲人来对待。"

接下来一年多的日子里，只要有空闲的时间，李宁就会去陪刘老师聊聊天，听刘老师讲故事，帮刘老师处理生活中的各类问题，大到陪刘老师挂号就诊，小到订报纸、买生活用品等等。一点一滴的小事，为刘老师的生活提供了便利，也为刘老师带去了温暖和幸福，可是，突发的病情打破了平静而又温馨的生活。

2017年12月25日，刚结束选修课学习的李宁，接到了刘老师的电话，在电话里了解到刘老师的情况后，他第一时间赶到刘老师家里，发现刘老师已经晕倒在地，随后他立即打车陪刘老师前往北医三院，经医院初步诊断为心脏病发作，需要转院，又连夜转院到安贞医院接受治疗。

在之后刘老师手术的那几天，李宁每天多次往返于学校和医院，既要照顾病重的刘老师，还要兼顾学校的课程。由于某些原因，刘老师拒绝与医生沟通，而他成了医生了解病情、开展治疗唯一的途径；短短几天时间进出五六次抢救室，他成了刘老师生命关键时刻唯一的陪伴。万幸的是，手术顺利完成，刘老师也在李宁及时的帮助和细致的照料下，身体逐渐恢复。

之后，他每周都会去刘老师家里陪她聊聊天、做做家务。一切如往常一样，却也有些许不同，三年的时光，让他们彼此都已十分地了解，也收获了很多美好与珍贵的回忆。正如李宁所说："我愿意带着这份感悟，善待身边的长者，为他们创造更好的晚年环境，只希望，好人一生平安。”

三载时光，一生珍贵。李宁的一份志愿心，就是温暖的避难所，他用三年的爱心，照料老师，也融化人心。洒下的汗水，是青春；埋下的种子，叫奉献。他连缀起星星点点的爱，点亮了这个冬天，温暖了整个北科。

小传

朝朝问候，是春风化雨的关怀，日日陪伴，是一颗年轻温热的心脏。在课堂和急诊室里奔波。艰辛温柔了岁月，陪伴挑起了责任，有人看到你的热心，更多人看到你对世界的温柔。是春风、是春雨，更是温暖百花的春泥。与老师亲人般地相处，大爱作根，扎根在北科人的心里。

大家眼中的他

能源与环境工程学院能动专业李宁同学，真诚善良，勤奋聪颖，对自己要求严格，有主见，对事情能够认真分析，思想上要求进步。尊敬师长，团结同学，深受师生喜爱。李宁同学在学校的帮助下，顺利获得了国家助学金，他始终怀着一颗感恩之心，愿意用自己的行动回报学校、回报社会。为圆儿时的教师梦，李宁同学依然选择加入学校青年志愿者协会心翼服务队，坚持每周去希望小学两天，并在大一暑假与同学组成实践团队前往重庆贫困山区支教半个月。在大二之后，李宁同学选择了一个新的志愿项目——社区敬老，正因如此，他认识了刘秉慧老师。刘老师抗癌十年，并患有心脏病，膝下无儿无女，只能一人面对生活中的困难。了解到情况后，李宁同学更坚定了悉心照顾刘老师的决心。之后的时间里，他用一点一滴的小事为刘老师的生活提供了便利。2017年12月25日接到刘老师的求救电话，李宁同学立刻来到刘老师家里，将心脏病发作的刘老师送往医院，并在手术那几天，往返学校和医院，既要照顾病危的刘老师，又要兼顾学校的课程。李宁同学，用自己的善良与感恩传递温暖与关怀，用奉献温暖人心，为我们青年一代树立了榜样，激励我们不断前进，做有理想有本领有担当的时代新人。

——能源与环境工程学院 能动152 耿书阳

他是一名非常善良，热心，踏实并且低调的人。生活中的他很乐观，对待身边的人十分真诚，哪怕是对环卫工人、饭店服务员等工作者都始终怀有一颗感恩的心。大一时他作为班级的文艺委员，经常组织同学开展班级活动，由于他谈吐幽默有趣，做事情负责和细心，所以同学们都非常信任他。在完成学业之余，他在学校众多有趣的社团中坚定地选择加入青年志愿者协会，想要尽自己所能为他人提供力所能及的帮助。令我印象最深刻的是，在其他同学为了积累志愿者时间、留在志愿记录而将精力放在拍照上时，他总是在以实际行动严格要求自己做好每一件小事，坚守作为一名志愿者的初心。于是他每周都坚持去京豫希望小学支教两天，在大一暑假还前往重庆山区支教半个多月。进入大二后，他又选择了新的志愿项目，去社区敬老，正是这个项目让李宁认识了独居老人刘秉慧老师，并且在志愿项目结束后，两个人之间仍然保持着密切的联系。刘老师遇到某些困难会在微信上与李宁联络，李宁也会每周去到刘老师家看望她，帮助她缴纳水电费和话费，添置一些生活必须品等，这样的志愿关系一直持续到大学毕业。也就是在这期间，李宁在老人一次心脏病发作后及时将其送往医院治疗，挽救了老人的性命。在刘老师身体恢复后，给学校写了感谢信，大家这才知道这其中的故事，我也为身边有这样优秀的同学而感到骄傲。他选择在休息娱乐的时间去不求回报地帮助他人，以自己的实际行动向我们展现了新时代优秀青年学子的模样，为我们全体学生做出了表率，树立了青春的榜样，值得我们每位青年学习。

——能源与环境工程学院 能动152 张杨紫棋

他是一个普通的男生，但做的事情却并不普通。2015年9月，李宁成为北科能源学院的一名新生。而接下来的四年，他却用行动温暖了整个北科。

2016年，伴随着校内社团纳新的热潮，李宁选择了加入学校青年志愿者协会，坚持每周在希望小学进行支教。在本应该享受清闲暑假，他主动前往重庆贫困山区进行支教活动，克服艰苦的条件，圆满完成支教任务。2016年年末，李宁开始了另一项志愿服务——社区敬老，服务对象是科大的退休教师刘秉慧老师。刘老师由于患有较为严重的心脏病，而且无儿无女，李宁独自承担起了这项任务，把刘老师作为自己的亲人，在兼顾学业的同时，照顾刘老师大到医院挂号小到送水买电。2017年年底，刘老师心脏病发作，在家中晕倒，李宁及时赶过去，将刘老师送到北医三院就诊，随后又连夜转到安贞医院进行治疗，治疗期间，李宁往返于学校和医院，在经历了五六次的抢救后，刘老师手术顺利完成，身体逐渐恢复。坚持有多远，他就可以走多远，只有内心宽广博爱，才会永有如此坚强的力量。他的事迹和精神令我感动，更是我一直学习的榜样！

——能源与环境工程学院 能动152 李虎

大学期间，李宁就是我们专业有名的“热心肠”！他一直勤工俭学，积极帮助身边同学解决生活困难，同时刻苦学习，努力回报社会。从大一开始他就积极投身志愿活动，用实际行动回报学校和社会。他性格开朗，积极阳光，为人低调，尊师重教，团结同学，一直是我们身边的好榜样。大二学年有一次李宁参加完社区敬老志愿活动后跟我说：“咱们学校有一位退休的刘老师，无儿无女，真的很可怜。我想在我课余时间多去帮帮她。”没想到，这一帮就是整整三年。有时下了课他匆匆收拾书包就赶往刘老师家里，照顾老人的生活起居；有时他周末到医院给刘老师开药，顺便帮老人购买生活物资。老人的件件小事他都放在心上，日复一日地坚持，他都没有丝毫抱怨。2019年，李宁帮扶的刘老师给学校写了一封感谢信，我才知道三年来李宁一直在默默坚持和付出。大爱无疆，这样的人才是我们青年一代的榜样！

——能源与环境工程学院 能动152 蒲长宇

媒体关注

如果不是2017年12月25日上午的一个求救电话，李宁也许不会知道，两年的陪伴，他早已成了老人最亲近、最信赖的人。

李宁，来自一个普通的三口家庭，从小品学兼优、乐于助人，2009年，他主动申请加入共青团，积极发扬团员的优秀品质，渐渐成为同学们口中“努力、热心”的代名词。

2015年，他凭借优异的成绩考入北京科技大学能源与动力工程专业，可是，父母微薄的收入却难以负担大学昂贵的费用。学校提供的国家助学金让他的大学生活得以步入正轨，因此他深怀感恩之心，立志用自己的行动去回报学校、奉献社会。2016年3月，正值校园里各类社团组织招新的热潮，李宁为了圆儿时的教师梦，也为了能传递自己心中的善良，毅然选择加入了学校青年志愿者协会心翼服务队，每周都坚持去京豫希望小学支教两天，风雨无阻；暑假期间与服务队的同学组成社会实践团队，前往重庆山区支教半月，克服重重艰难。暑假结束，李宁选择继续留在心翼服务队，参与了另外一项志愿项目：社区敬老——这也正是故事的开端。

李宁第一次见到刘秉慧老师是在刘老师的家中，简单地闲聊，就能够感受到刘老师的幽默，他回忆：“刘老师出了一道高等数学的习题对我进行测验，规定在三分钟之内解答，幸好我没有辜负刘老师的期望，很好地完成了任务。”一下午的时间，两个人互相了解彼此，同时取得了相互的信任。刘老师抗癌十年，患有严重的心脏病，膝下无儿无女，只能一个人面对生活中的各种困难，却始终保持着乐观豁达、永不言弃的生活态度，与病魔斗争，而这种态度也深深感染了李宁。

在从刘老师家离开以后，李宁坚定了悉心照顾刘老师的决心。他说：“是学校、是这个善良的社会支撑着我完成学业，所以我有义务回报这个社会……刘老师为教育事业奉献了一辈子……我愿意把刘老师当作自己的亲人来对待。”

接下来一年多的日子里，李宁常常会去陪刘老师聊天、帮助处理生活中的各类问题。一点一滴的小事，为刘老师的生活提供了便利，也为刘老师带去了温暖和幸福。

可是，突发的病情打破了平静而又温馨的生活。

2017年12月25日，刚结束选修课学习的李宁，接到了刘老师的电话。匆忙赶到家中时，刘老师已经晕倒在地。他立即将刘老师送往北医三院，经初步诊断为心脏病发作，又连夜转到安贞医院接受治疗。

在刘老师手术的那几天，李宁每天数次往返于学校和医院，既要照顾病危的刘老师，还要兼顾学校的课程。由于某些原因，刘老师拒绝与医生沟通，而他成了医生了解病情、开展治疗的唯一途径；短短几天时间进出五六次抢救室，他成了刘老师生命关键时刻唯一的陪伴。万幸的是，手术很成功，刘老师的身体也在李宁的悉心照料下逐渐恢复。

回顾三年的大学生活，李宁时刻体现着一名优秀团员的先进性，也激励着周围的同学，带领大家一起奉献社会。如今，他已步入大四，每周依旧会去刘老师家里。一切如往常一样，却也有些许不同，三年的时光，让他们彼此都已十分地了解，也收获了很多美好与珍贵的回忆。正如李宁所说："我愿意带着这份感悟，善待身边的长者，为他们创造更好的晚年环境，只希望，好人一生平安。"

三载时光，一生珍贵。李宁的一份志愿心，就是温暖的避难所，他用三年的爱心，照料老师，也融化人心。洒下的汗水，是青春；埋下的种子，叫奉献。他连缀起星星点点的爱，照亮了自我，温暖了人间。

——北京科技大学能源与环境工程学院官网

日语语言文学系中外教师团队

外国语学院日语语言文学系中外教师团队始建于2003年，目前由11名中国教师和5名日籍教师组成，一直致力于日语专业人才培养，不断凝心聚力，开拓进取，并取得了一系列丰硕成果。11名中方教师团队现有教授1名，副教授5名，具有博士学位教师7名，其中5位为海归博士，其余教师也均具有海外留学经历。外籍教师具有优秀的教育教学经验，用大量的八小时之外的时间全身心投入教书育人。教师团队多次荣获校级先进集体、师德先进集体、校级优秀党支部等荣誉，团队成员也多次获得师德师风先进个人、优秀班导师、优秀共产党员等称号；2018年在学校优秀的党建和思想政治工作声誉下，团队所属亚欧语系党支部经过激烈竞争，获批全国百强“双带头人”教师党支部书记工作室建设项目。

颁奖词

传道细雨润物，培育桃李芬芳，助推学子国际梦！

三尺讲台、银杏树下，他们植根三全育人，秉承厚基础、宽口径、国际化的教学理念，用语言播种，用汗水浇灌，用心血滋润，指导学生在国家级、省部级赛事中获奖60余项。书山有路，他们是拓荒者。学海无涯，他们是引路人。他们就是致力于日语专业人才培养的——日语语言文学系中外教师团队。

先进事迹

人才培养倾尽全力，三全育人保驾护航

1.立足凝心聚力，提升专业认同感

一志愿率不高，专业认同感不强，再加上完全的零基础，致使许多学生入学之初，不能很好地融入到大学生活中，进而频频诱发心理问题或危机事件。

对此，这支团队积极应对，立足专业认知、专业认同教育，通过群体辅导、一对一交流、困难帮扶、长期追踪等方式，有效地鼓舞起学生的学习热情，激发出孩子们奋发向上的学习动力。人心齐，泰山移，在他们的精神感染和鼓舞下，团队里的外教也纷纷使出浑身解数，主动利用八小时之外的时间，指导学生单词发音，全程筹备第二课堂，共同投身到中国的教育事业中来。全员育人、全程育人、全方位育人，就这样“三全育人”的格局一天天形成起来。中日教师团队的精气神和辛勤付出，每每得到学生们的高度认可。在校生的专业情绪没有了，学习热情提高了，毕业生们的反馈更是令人欣慰，历年的麦可思调查报告中，毕业生对专业的满意度和专业推荐度常常居于全校前列，他们经常说“读大学、读专业，你一定要来北科大外语学院的日语系，这里有最好的老师，最好的教学团队”。

2.多渠道搭平台，呕心血促发展

坚持学以致用，以用促学，团队提出并践行了“整体外语教育”的理念，定期举办假名硬笔大赛、朗读大赛、演讲大赛、演示大赛等专业赛事。

2018年举办的专业三年级演示大赛，共邀请到20余家知名日企的管理人员担任大赛评委，并获得人民网、新华网以及《人民中国》等媒体的报道。在报道中，各大媒体高度评价了参赛选手成熟理性的择业观、优秀突出的表现力。种种评价源于这支团队始终将“三全育人”的教育理念贯穿到教育教学全过程，并努力促其开花结果。

为不断推进"三全育人"的新理念，亚欧语系党支部工作室制定并发布了《日语系德语系师生公约》，倡导教师"以本为本"，推进"四个回归"，为营造新时代大学校园师生新风气做出积极贡献。在"三全育人"理念的指引下，为打破课堂上、纸面上的人才培养模式，把人才培养融合在"专业+"的培养理念中，这支团队积极为学生搭建国际化平台，拓宽发展路径，使人才培养更加全面。先后与北海道大学、广岛大学等20余所日本知名高校建立"2+2""3+1"等长期交流合作模式，使得在校生每年出国率高高维持在70%左右。其定期举办的日本知名高校留学说明会、日本大型企业招聘宣讲会，也备受学生欢迎，目前我校包括材料专业的6名学生已从中受益，远赴日本工作。

多年磨一剑，成绩屡屡现

建系以来的师生共建取得丰硕成果。教师团队多次荣获校级先进集体、师德先进集体、校级优秀党支部等荣誉，团队成员也多次获得师德师风先进个人、优秀班导师、优秀共产党员等称号。多年的积淀终得到学校及社会的认可，2018年亚欧语系党支部经过层层筛选，获批全国百强"双带头人"教师党支部书记工作室的建设项目。

另一方面，在中日教师团队的悉心指导下，专业学生也在国内外重要赛事中表现出色。迄今为止在国家级赛事中获奖20余项、省部级赛事中获奖40余项。其中，在已举办的第15届"中华杯全国日语演讲比赛"中，我校日语专业学生4次夺得北京赛区特等奖，并代表中国到日本东京参加总决赛，其中叶书辰在东京总赛区斩获三等奖。此外，武田真、洪子画、孙月等同学相继在"日本侨报社全国日语作文比赛""全国作文演讲比赛""日语国际翻译大赛""中日经济演讲大赛""教师会杯日语演讲大赛"等国家级赛事中斩获大奖，展现了日语学子多才多艺的优秀风采。

小传

全员出击，全过程参与，全方位指导；立德树人，铸魂育人。脚踏实地干实事，群体辅导、困难帮扶、一对一交流；共同实践出成果，“2+2”“3+1”“启航日本”。坚守信念战风浪，意气风发勇续航。大类招生临挑战，人才培养在路上。

大家眼中的他们

外国语学院日语语言文学系中外教师团队，坚持立德树人根本任务，将“三全育人”教育理念贯穿到教育教学全过程，他们深入挖掘外语专业课程中的思政元素，不断培养学生的文化自觉、文化自信、文化互信和人类命运共同体意识，积极探索基于外语课堂教学的“三个维度”（语言维度、翻译维度和文学文化维度），通过全覆盖学生培养周期（一到四年级），打造了“四段三维”式专业课程思政教学模式。教师团队党支部获评首批全国高校“双带头人”教师党支部书记工作室，坚持党建引领学科发展，以文化交流传播中国声音、文化输出讲好中国故事、课堂平台贯穿思政理论、互动分享提升文化共识为路径建设“小语种，大视野”的学习型党支部，不断提升师生专业归属感与认同感，努力培养有家国情怀、有全球视野、有专业本领的复合型外语人才。新冠肺炎疫情期间，支部党员师生作为第一批抗疫志愿翻译团队成员，参与多项海外捐赠物资产品资质和使用说明的翻译、校审工作，助力首批海外援助物资越过语言“关”用于一线救援，身体力行讲好中国故事、弘扬中国抗疫精神，在推动中国更好走向世界，世界更好了解中国上做出了贡献。

——外国语学院党委书记 沈崴

外国语学院日语语言文学系中外教师团队自成立以来，团队一直致力于日语专业人才培养，不断凝心聚力，开拓进取，取得了丰硕的成果。他们一方面结合本专业特点，立足专业认知、专业认同教育，努力提升学生的专业认同感。另一方面，他们坚持学以致用，以用促学，提出并践行了“整体外语教育”的理念，定期举办各种专业赛事，制定并发布了《日语系德语系师生公约》，倡导教师“以本为本”，推进“四个回归”，把人才培养融合在“专业+”的培养理念中，通过多渠道搭建平台，不断创新人才培养模式，将全部精力和汗水都投入到学生成长成才的道路上。他们的先进事迹先后被国内外多家媒体报道，该团队也多次荣获校级先进集体、师德先进集体、校级优秀党支部等荣誉。团队教师党员所属的亚欧语系党支部2018年还获批了“全国首批‘双带头人’教师党支部书记工作室”建设项目并于2022年顺利通过验收。她们用心血浇灌学生，为国家人才培养呕心沥血，他们的事迹和精神令人感动，也是我们业界学习的榜样。

——外国语学院大学英语系党支部书记、北京市师德先锋 顾巍

“日语语言文学系中外教学团队”成员来自不同国家，是由11名中方教师和5名外教组成的中外教师团队。各位老师用爱与奉献面对学生，扎根于教育事业，不断创新人才培养模式，通过一对一交流、困难帮扶、长期追踪等方式构建“三全育人”体系，老师们不仅关注学生们的学习效率，还非常关心同学们的日常生活。即使是在疫情期间，也通过开展线上讲座、线上对接学生等形式帮助学生们，激发学生们线上学习热情。在同学们遇到学习上的困难时，热心给同学们解答。此外，“日语语言文学系中外教学团队”还积极为我们学生搭建国际化平台，其中包括与北海道大学、九州大学、广岛大学、法政大学等近20所日本知名大学共同开展的国际交流项目。老师们还在教学中留意同学们的实习就业情况，主动帮助同学们找到更多的实习就业机会，让我们更好地从学校对接社会。

——外国语学院 外研21日语MTI 张川慧子

日语系的老师们是我学习日语的领路人，也是帮助我探索世界、开拓视野的启明星。他们专业知识和业务能力过硬，很多课程生动有趣，让同学们通过

语言学习打开了更广阔的知识窗口，了解到更多元立体的日本人、日本社会和日本文化；他们对学生充满爱心和耐心，因为很多同学都是零基础，老师们不辞辛苦地花费大量时间帮助同学培养专业兴趣、构建知识体系，及时答疑解惑，不让每位同学掉队。而在第二课堂上，老师们则积极对接日本法政大学等各大高校，成功举办了很多与日本同龄学生的交流会，我个人就多次参与过，并且也由此认识了很多日本、韩国等国家的朋友，感受到了跨文化交流的魅力，这些都是我在日语系学习的宝贵回忆。无论是传统课堂还是第二课堂，老师们小心翼翼地守护我们的梦想，为同学们倾注了大量的时间和心血，真心感谢四年来每位老师的辛苦付出。

——外国语学院 日语1802 卢丽薇

三年的时间内从日语零基础到熟练运用，这似乎并不是一件极其困难的事情，但也绝非易事，这期间我的每一分的成长都离不开日语专业中外教师团队老师们的悉心教诲。从最基础的五十音图发音到专业的日本文学与社会知识，跨度相当于从幼儿园的牙牙学语到高等教育阶段的研究学习，但老师们在每一个阶段都兢兢业业、细致耐心。每一节专业课程上都干货满满，每一次与老师的交谈都受益良多。日语专业教学的一大特点是学以致用，院内定期举办的朗读大赛、演讲大赛、演示大赛等专业赛事，同时老师也在不断地鼓励支持我们参加各类市级、国家级的翻译、演讲等多种类型的比赛。印象最深刻也最感动的，是在备战演讲比赛的过程中指导老师们帮助我对演讲稿一遍遍地进行打磨、在我感到沮丧时不断地给予我信心。老师们的有求必应、耐心细致始终温暖着我们，他们是我们在日语的学习中的良师，更是鼓励并陪伴着我们一步步成长的家人。

——外国语学院日语语言文学系2019级学生 张子晴

媒体关注

11月24日，面向中国大学生的“第13届广岛大学日语作文演讲比赛”在首都师范大学顺利举行。参赛选手们热情洋溢的演讲得到了在场中日观众的高度评价。北京科技大学洪子画成功晋级总决赛，并发表“我喜欢的日语——向你传达的信息”为题的命题演讲。

广岛大学日语作文演讲比赛是由广岛大学北京研究中心主办，首都师范大学日本文化研究中心、福山大学北京教育研究中心联合主办的一项国家级赛事。该赛事面向全国高校日语专业大学生，旨在促进中日文化交流，推动中日翻译文化发展，为各大高校提供展示日语教学成果的机会。自2006年举办首届比赛以来，迄今已成功举办13届，为增进中日两国人民之间的友谊、加深相互理解提供了良好的平台。

——CRI中国国际放送局

2018年4月27日，北京科技大学举办了以“我关心的企业”为主题的日语演讲大会。在预选赛中胜出的11名大三学生，通过使用PowerPoint的功能，活用自己的实际经验，介绍了中国、日本、欧美企业的魅力，讲述了自己对工作的

要求。日本企业职员和在中国开展事业的日本人作为审查员参加了大会，对被称为“95后”（1995年以后出生）的现代年轻人的想法很感兴趣。

——《人民中国》

2018年度“感动北科”新闻人物表彰仪式举行

2019年04月28日08:54 | 来源：人民网-教育频道　　Tт 小字号

人民网北京4月28日电 日前，北京科技大学举行2018年度“感动北科”新闻人物表彰仪式。经过推荐、初审、展示投票、终审和公示等环节，7名个人、3个团队入选2018年度“感动北科”新闻人物。

根据表彰结果，入选2018年度“感动北科”新闻人物的个人为：十载青春漂洋过海、一心科研成绩斐然、勇追钢铁强国梦的教授谢锡善；助力“张衡一号”发射升空、“嫦娥四号”顺利通信、点燃中国航天梦的教授韩静涛；诠释殷殷学子情、拳拳敬老心，续圆青春志愿梦的学生李宁；近半生追逐物联之路、无止境科探索研之道、放飞人工智能梦的教授王志良；三尺讲台存日月，一支粉笔写春秋，点亮幸福教学梦的教师储继迅；从教五十五载，坚持教书育人梦的校友蒋克铸；用心照亮希望之光、用情谱写青春乐章，绘就最美实践梦的学生浦绍韬等7位教师、校友或学生。

此外，热忱筑乡桥、全心为民生，追逐热血公益梦的乡桥公益实践团；传道细雨润物、培育桃李芬芳，助推学子国际梦的日语语言文学系中外教师团队；首届钢院学子等三个团队也在会上接受表彰。

据介绍，“感动北科”新闻人物评选活动，是北科大精神文明建设的重要载体，是立德树人的有效途径，是学校文化建设的重要品牌活动之一。北京科技大学党委书记武贵龙介绍，“感动人物”所彰显的坚定的信念、大爱的胸怀、忘我的精神、进取的锐气，体现出北科人爱校、兴校、荣校的精神风范，正是民族精神、文化力量的最好写照。（李依环 卢静）

（责编：卢静(实习生)、熊旭）

——人民网—教育频道

北京4月28日电　日前，北京科技大学举行2018年度“感动北科”新闻人物表彰仪式。经过推荐、初审、展示投票、终审和公示等环节，7名个人、3个团队入选2018年度“感动北科”新闻人物。

“感动北科”新闻人物评选活动，是北科大精神文明建设的重要载体，是立德树人的有效途径，是学校文化建设的重要品牌活动之一。北京科技大学党委书记武贵龙介绍，“感动人物”所彰显的坚定的信念、大爱的胸怀、忘我的精神、进取的锐气，体现出北科人爱校、兴校、荣校的精神风范，正是民族精神、文化力量的最好写照。

——人民网

2019年

赵军

——河钢塞尔维亚公司总经理、“时代楷模”

赵军，男，中共党员，生于1970年5月，河钢塞尔维亚公司总经理。1992年毕业于北京科技大学钢铁冶炼专业，2006年担任河钢唐钢公司炼铁厂副厂长职务，2013年3月起担任唐钢炼铁部部长职务。同时，还是公司炼铁专业首席专家。2016年，任河北钢铁集团塞尔维亚公司总经理。赵军校友参加工作以来，始终奋战在唐钢炼铁一线。他研究的十几项课题成果多次在全国冶金系统、河北省、唐山市和河北钢铁集团获奖。曾荣获唐钢劳动模范、唐山市优秀科技工作者、河北省劳动模范、河北省优秀共产党员等多项荣誉称号。

2016年4月，河钢集团收购了塞尔维亚斯梅代雷沃钢厂并组建了河钢塞钢，派驻由9名中方管理人员组成的团队负责运营管理，时任河钢集团炼铁部部长的赵军是其中之一，并担任总经理。面对落后五十年的老旧钢厂，管理团队把发挥中方企业营销服务网络优势和挖掘塞方企业潜力结合起来，使企业扭亏为盈、重获新生，成为塞尔维亚就业人数最多的企业和第一大出口企业。面对企业跨文化整合难题，管理团队创造性提出用人本地化、利益本地化、文化本地化的海外经营策略，促进“中塞一家亲”。赵军校友以及团队扎根异国他乡，展现了国企职工的责任担当。

赵军校友从一名操炉工，历经车间主任、副厂长、厂长，为唐钢炼铁事业做出了重大贡献。2019年河钢塞尔维亚公司管理团队被中宣部授予“时代楷模”称号。

颁奖词

赵军，扎根唐钢炼铁一线，二十余载奋斗攻坚；临危受命奔赴异国，用智慧汗水创奇迹。9人团队，扛数千人生计，半年时间，化腐朽为神奇，他是“一带一路”最美赶路人，人类命运共同体最美践行者，“时代楷模”，北科之光。

先进事迹

扭亏为盈，重拾骄傲

河钢塞钢的前身是塞尔维亚斯梅代雷沃钢厂，成立于1913年，曾被誉为“塞尔维亚的骄傲”。在河钢集团收购前，由于国际市场竞争激烈和管理不善等原因，该厂已连续7年陷入亏损困境，濒临倒闭。为挽救钢厂，塞政府曾组织多轮国际招标，但均未成功。

2016年4月18日，河钢集团正式收购斯梅代雷沃钢厂。团队接手后，认真贯彻落实习近平总书记视察塞钢重要讲话精神。通过三年的努力，河钢塞钢迅速扭亏为盈，并创历史最好水平，2018年实现销售收入10.62亿美元，一举成为塞尔维亚第一大出口企业，对塞尔维亚国内生产总值的贡献率达到1.8%。该企业现有员工5000多人，主要生产热轧、酸洗、冷轧和电镀锡板卷，设计产能200万吨。塞钢的良好运营，不仅成功保住了5000多名员工的生计，而且为斯梅代雷沃整个城市的发展注入了生机活力。

在赵军看来，塞钢的价值在于：塞钢是河钢国际化发展的一次跨越式进步和成功的实践，体现了河钢多年来在企业运营方面和过去几年国际化发展方面的成功经验；塞钢的成功是中国钢铁工业在技术、管理、国际化经营等各方面巨大进步的集中展示，充分表明中国已经由钢铁工业大国转变成钢铁强国，证明了中国改革开放40年来的巨大成就和中国综合国力的巨大提升；证明了“一带一路”倡议在中东欧地区的可行性；使“建立人类命运共同体”的宏观规划更具有信服力、有着无比的前瞻意义。

在整个塞钢扭亏为盈的过程中，让赵军印象最深刻的是河钢国际化平台的移植，使塞钢由200万吨规模的地方小企业一下子变成了国际化大公司的一个单元，带来的市场话语权和掌控能力的提升是原来的塞钢难以想象的；除此之外，在推动塞钢员工实施国内成熟的挖潜增效措施的过程中，同时体现了"三个本地化"的原则。中方人员努力用数据和国内的事实说服塞方技术人员接受、主动改变的过程，也表现了中国钢铁行业几十年的成功经验和巨大进步，让中方很有把握、很有底气地去推进这些措施的实施。

壮志为国，热血满酬

谈及报国志，赵军认为强国是每个中国人共同的梦想。报国是北科大和每一个北科人应担当的责任和使命，特别是在钢铁工业或者其他北科大的优势领域，北科大和北科人应该成为主导者和引领者。

钢铁报国、科技强国是北科大的梦想与伟大中国梦相结合的具体体现。但赵军认为，北科大作为行业的领军者，这些可能还不够。

不论是钢铁报国、实业报国还是科技强国，这些在一个国家发展壮大的历史过程中、在特定的历史时期都有不同的内涵，而在不同的阶段对其的理解和要求也是有区别的。如钢铁报国，钢铁工业的快速增长在一定时期对国家基础设施建设、带动其他行业的快速发展、稳定宏观经济发展态势起到了不可替代的作用，但当前时期其重点就应该放在高质量发展、配合国家经济结构宏观调控等方面；科技强国，我们的考虑不应仅仅局限于技术进步，还应包括管理创新、行业发展战略的研究和创新等。作为行业引领者的北科大，所有的这些问题都应该被重视，并将解决方案融入自身发展和人才培养的战略。因此，从北科大的战略地位出发，推动行业发展战略、国家发展战略贯彻落实等也是报国强国使命的题中之义。

一线坚守，终摘硕果

关于时代楷模称号，赵军认为能在这样一个团队中工作，并且他们的工作能够得到国家和社会的认可是莫大的荣誉，更是极大的鼓舞和期望。来塞钢之前，赵军是唐钢炼铁部部长、唐钢总经理助理。赵军谦虚地表示，二十多年的炼铁工作，让他不论在技术上还是管理上都能算是小有成就。自接到调任塞钢的那一刻起，他就非常明确地知道，这对他来说是一次新的事业、新的创业，是职业生涯的一次重新开始。这个称号说明，自己三年来的努力是值得的，这次新的创业对国家、对企业包括对个人是十分有意义的。

对于团队而言，这一称号不仅意味着河钢国际化发展走出了坚实的一步、取得了突破性的进展，更意味着企业的国际化发展和“一带一路”建设正契合了国家发展战略，是国家经济发展转型升级的重要方向。而前面多次提到的“期望”一词，是因为团队觉得这一称号意味着“一带一路”建设才刚刚开始，要实现“人类命运共同体”的伟大目标，前路仍是漫漫，吾辈还需奋斗。

小传

山河照鼎，六军整装。仁心作舟，盈德忘忧。志在四方，策勋一场。继晷续烛冶金方，抛却浮生富贵乡。朔风不灭心间火，拓土新天复开疆。韶光付异邦，报国未敢忘。斩棘披荆，前路辛险不思量。月上西窗，尘石生花非黄粱。

大家眼中的他

他是公司炼铁专业的专家，却从来不摆架子，与同事们相处得非常融洽。当大家有什么问题去咨询他的时候，他总是耐心地笑着给予解答；当周围人遇到什么困难的时候，他也总是热心地帮助别人。赵军所获得的荣誉是他多年以来勤恳努力的证明，背后凝聚着他付出的辛劳和汗水。他在科研上向来“斤斤计较”，不容许一丝一毫的纰漏出现，正是靠着这种严谨的科研态度才有了现在的成就。同时他也对自己的事业抱有极大的热情，倾注心血、醉心研究对他来说是件很幸福的事情。“求实奉献”四个字用来形容赵军是再合适不过了。

——河钢唐钢炼铁部技术科 科长 米舰军

赵军为人随和宽容、平易近人，工作时他严谨认真，生活中他乐观积极。对于管理团队，他也有自己的经验之谈。赵军的人格魅力体现在管理和工作中的方方面面：团队分工明确，每个人的潜能都会被最大程度激发、能力被最大程度调动，发挥出最大价值；任务完成得不尽如人意时会认真分析并指出问题所在，整个团队共同努力直至完美；当团队中有人状态不好、工作效率不高时，他会找出问题源头，努力调动大家的积极性；团队氛围非常好，大家不仅是同事，也是非常好的朋友。

——河钢塞钢市场部 市场开发经理 高峰

刚到塞尔维亚那段时间，说很快就习惯了异国的生活是不可能的。陌生的环境、陌生的语言、陌生的饮食，每天还要处理大量的工作，说实话真的压力很大。好在赵军总经理一直在鼓舞士气，大家才一起克服了很多困难。大家都知道他身上的担子也非常重，看着他疲惫却依然坚定的眼神，我也跟着燃起了斗志。我们刚接手时，厂子的状况实在说不上好，多年亏损，马上就要倒闭。赵军总经理亲力亲为，带着我们在一线奋斗，一边调查一边讨论经营方案。最后团队集思广益，制定出了合适的策略，终于扭亏为盈。2019年我们管理团队被中宣部授予“时代楷模”称号，我们团队付出的努力都是值得的，和赵军在塞尔维亚一起工作的日子将是我最难忘的一段回忆。

——河钢塞钢工程技术部 副部长 张建峰

赵军是个各方面都十分优秀的人。在管理上，他带领的团队亲密协作总能很快完成布置的任务；在科研上，他锐意进取，始终奋战在炼铁一线。他研究的十几项课题成果多次在全国冶金系统、河北省、唐山市和河钢集团获奖。曾荣获唐钢劳动模范、唐山市优秀科技工作者、河北省劳动模范、河北省优秀共产党员等多项荣誉称号。

他着眼的不只是近在咫尺的现在，还有蕴含着无限可能的未来。他一直坚持我们的考虑不应仅仅局限于技术进步，还应包括管理创新、行业发展战略的研究和创新等。他是这么想的，同时也是这么做的。他带领的河钢塞尔维亚公司管理团队佳绩频传，正是这一理念最好的证明。

——河钢唐钢总工办 主任 刘连继

我们见惯了赵军伏案工作的背影、一线炼铁的背影、悉心指导新人的背影。他从来都不会把他做过什么放在嘴边，他只会用行动来身体力行地证明。他待人温和、谦逊有礼，大家有什么疑问也都愿意找他解惑。赵军在科研上也一直踏踏实实，一旦有了新的思路就立刻去证明可行性。科研靠的除了可遇不可求的灵光一闪，更重要的就是求证。失败了就继续重复探索的过程，对许多人来说是难言的枯燥，他却乐在其中。因此在科研陷入瓶颈期的时候，赵军也一直不急不躁，这是他那些研究成果多次获奖的最深层的原因。

赵军获得的一切都是他不懈努力、厚积薄发的后果。他是同事们的好榜样，我们也为身边有这样一位好朋友而倍感骄傲。

——河钢唐钢炼铁部 专家 董国强

媒体关注

2019年4月25日，中宣部发布河钢集团塞尔维亚公司管理团队的先进事迹，授予河钢塞钢管理团队“时代楷模”称号。12月20日上午，管理团队成员、河钢塞钢总经理，我院冶1988级校友赵军应邀在冶金楼318参加座谈会。北京科技大学关工委常务副主任孙铁、冶金与生态工程学院党委书记张建良、冶金学院关工委常务副主任杨守礼、冶金学院副院长张百年、冶金学院副书记王斌及师生代表共计三十余人参加了本次座谈，会议由张建良主持。

据悉，河钢塞钢在三年时间里让欧洲百年钢厂重现活力，“全力打造‘一带一路’建设样板工程！”喊出口号的是一个仅有9人的河北钢铁集团塞尔维亚公司管理团队。他们通过自身不断学习、创新和努力奋斗，仅用半年时间便打好基础，凭借效益本地化、用工本地化、文化本地化的管理模式，交出了一份漂亮答卷——结束了斯梅代雷沃钢厂连续7年巨额亏损局面，实现扭亏为盈；2017年产钢147.3万吨，实现销售收入7.4亿美元，创出历史最好水平；2018年企业产钢178万吨，实现销售收入10.5亿美元，比上年提高42%，成为塞尔维亚第一大出口企业。

——北京科技大学新闻网

曲选辉教授团队

——北京科技大学团队

1982年毕业于中南工业大学（现中南大学）粉末冶金专业，获学士学位，1984年获硕士学位，1986年至1988年由国家教委选派留学加拿大英属哥伦比亚大学（UBC）金属及材料工程系，1992年获中南工业大学金属材料专业博士学位，同年10月破格晋升为教授。曾任中南工业大学粉末冶金研究所所长助理、总工程师、第一副所长，粉末冶金国家重点实验室副主任等职。先后主持了国家自然科学基金、973计划、863计划、国家重点军工科研项目、国际合作项目等20余项重要科研课题，在粉末注射成形技术和金属间化合物等方面作出了显著成绩。曾获省部级以上科技进步奖励8项，国家发明专利6项，合作出版著作2部，在国内外公开发表学术论文150余篇。1994年被评为中南工业大学首届“十佳青年教师”，1995年入选中国有色金属工业总公司首批“跨世纪学术和技术带头人培养计划”（第一层次），1996年被授予湖南省首届“十大杰出青年科技工作者”的称号，同年入选国家教委“跨世纪优秀人才培养计划”和国家人事部“百千万人才工程”，1997年获第五届“中国青年科技”，同年被评为“全国优秀科技工作者”，1999年获湖南省“青年科技奖”。

颁奖词

科教道路永无止境，始终坚守报国初心。

“教书育人，以德树人”是他工作的第一要务；“科研为国，致力创新”是他工作的第一目标；在论题与发明中，他是前进道路的引领者；在丰收的道路上，他永远走在最前方。他就是——北京科技大学教授曲选辉，不忘征程，他永远瞄准更高的理想，砥砺前行！

先进事迹

曲选辉教授是北京科技大学的博导，并成为国家杰出青年基金获得者，是“长江学者”特聘教授。1982年毕业于中南大学粉末冶金专业，1984年获硕士学位，1986年至1988年留学加拿大英属哥伦比亚大学金属及材料工程系，1992年获中南大学金属材料博士学位并留校任教，1992年破格晋升为教授，2001年调入北京科技大学。现任材料科学与工程学院院长，新材料技术研究院院长。此外，他还兼任北京市先进粉末冶金材料与技术重点实验室主任，“十一五”国家863计划新材料重大项目总体组专家。

技术创新的引领者

立足国家重大需求，独立自主致力创新。2018年，曲选辉教授团队合成的结构新颖的氟锰酸钾中空纳米立方体，作为钾离子电池“零应变”的负极材料，具有出色的容量和倍率性能，以及让人印象深刻的超高稳定性。这一成果使得钾离子电池有望向实际应用水平发展，并且为电池负极材料的设计与开发提供了重要的指导和借鉴。

2020年1月10日，中共中央、国务院在北京人民大会堂隆重举行2019年度国家科学技术奖励大会。习近平、李克强等党和国家领导人出席大会并为获奖代表颁奖。北京科技大学曲选辉教授团队完成的科技成果“高性能特种粉体材料近终形制造技术及应用”荣获国家技术发明二等奖。

高性能材料对高新技术领域的发展具有极其重要的作用。然而，由于许多高性能材料不能加工成所需形状，限制了其性能发挥和有效利用，这已成为许多高技术装备发展的瓶颈。另一方面，随着现代装备的轻量化、小型化，零部件的尺寸越来越小、结构越来越复杂，特别是大批量的微型零件，传统加工技术无法经济高效地满足生产要求。历经十多年攻关，曲选辉教授团队创立了具有完全自主知识产权的高性能特种粉体材料近终形制造新原理和新方法。围绕原料粉末制备、粘结剂设计、烧结致密化和工业化系统技术等四大关键技术进行了开创性的研究工作，取得了多项具有重要科学意义及应用前景的科研成果。创立了特种材料近球形微细粉体溶液燃烧制备新技术，解决了无合适粉末可用的难题；发明了新型多组元粘结剂及高效脱除工艺，为防止产品在生产过程中发生变形和提高生产效率奠定了基础；发明了强化烧结和组织性能精确调控技术，实现了烧结产品密度和微观组织的精确控制，显著提升了产品的使用性能；通过集成创新，研发了粉末注射成形高效批量生产关键装备和系统技术，实现批量制备的高稳定性、高精度和高效率。该成果实现了多种高性能难加工材料的近终形制造，在成形能力和材料性能方面达到甚至超过了国际同类技术的先进水平。

该项目建成了技术水平和生产能力名列前茅的专业化公司，其中，江苏精研是世界上唯一以粉末注射成形单一业务上市的公司；上海富驰率先建成了高水末注射成形自动化生产线；氮化铝粉末已在厦门建设生产线，实现了批量供货，打破了日本德山公司几十年的垄断，于2017年获第六届中国创新创业大赛一等奖。除此之外，相关技术还推广应用于其他20余家企业。近三年，新增销售54亿元，新增利润7亿元，授权发明专利60项，制定行业标准1项，发表论文257篇，培养研究生300余名；为我国发展成为世界粉末注射成形产品产销最大的国家做出了贡献。曲选辉教授及其团队的相关工作也得到了国际同行的好评，两项产品获2018年世界粉末冶金大会“杰出创新产品奖”。国际粉末注射成形杂志主编连续三年亲自撰稿，对项目成果进行了专题报道和推介。

曲选辉教授及其团队通过十多年的努力，创立了具有完全自主知识产权的特种粉体材料近终形制造新原理和新方法，引领和推动了我国粉末注射成形产业的形成和发展，随着社会对资源和环境的关注度越来越高，该技术必将得到更加广泛的应用。

科研合作的推动者

曲选辉教授团队坚持强化校企合作，积极推动科研成果转化落地。先后与上海富驰高科技股份有限公司、江苏精研科技股份有限公司合作建立了产学研创新平台，引领和推动了我国粉末注射成形产业的形成和发展。此外，还在厦门设立氮化铝粉末生产线，打破日本、德国公司几十年的垄断，该成果获2017年第六届中国创新创业大赛一等奖。近几年，该团队研发和生产的产品已广泛应用于高端装备、智能手机、光纤通信、笔记本电脑、医疗器械、电动工具、汽车等高技术领域。相关技术还推广应用于其他二十余家企业。近三年新增销售54.09亿元，新增利润7.05亿元，取得了显著的社会和经济效益。在2018年世界粉末冶金大会上，曲选辉教授荣获“中国粉末冶金贡献奖”。

传道育人的坚守者

曲选辉教授坚信大学老师最根本的任务是培养人才，科学研究不仅要服务于社会的创新，更要服务于大学教书育人。因此，曲选辉教授团队始终把“教书育人、立德树人”作为工作的第一要务，其教学改革成果曾获2014年国家级教学成果一等奖。由曲教授带头组织材料学科知名教授创立的“材料科学与工程学院名师课堂——‘材料科学与工程导论’”，被评为教育部“精品视频课程”。团队教师坚持每年为本科生、研究生上课，承担了“材料科学与工程导论”“创造训练”“粉末注射成形”“粉末冶金工艺”“复合材料”等专业课程的教学工作；先后指导了研究生500余名（包括博士生60余名，国外留学生3名），曾有多名学生获国际（国内）学术会议“最佳学生论文奖”“学生墙报奖”和“挑战杯”竞赛金奖等奖励。

对曲选辉教授团队来说，2019年又是一个丰收年。曲选辉教授牵头申报的“高性能特种粉体材料近终形制造技术及应用”获国家技术发明二等奖；章林教授牵头申报的“轻质铌、钛基合金制品近终形制造技术及应用”获“中国有色金属工业科学技术奖发明一等奖”；秦明礼教授入选“国家万人计划科技创新领军人才”；路新教授获“国家自然科学基金优秀青年基金”，博士生徐伟同学获北京科技大学“十佳学术之星”；团队所在党支部荣获“全国党建工作样板支部”。

在前进的道路中，曲选辉教授团队是这条路上的坚守者，更是一个个成就的缔造者。他们在曲选辉教授的带领下，迎来一个又一个令人振奋的好消息，不仅为北京科技大学增添光彩，更是推动了中国科研的发展，为中国高性能材料先进成形技术研究助力。

小传

四阶递进，锐意改革。为人师表，春风化雨。持人教之道，务养弟子健康、习能、行能、造新能，关心学者周其长。三体并举，广育桃李。为人师表，春风化雨。常前公廨迎晓日，尝驰马行以正风。建言献策，思学忧国。从业三十余载勤敬业，为学勇攀向前峰。难知此情，强教甲乙，爱功之孜孜也。

大家眼中的他

曲选辉老师是我的博士生导师，在曲老师课题组学习的日子是我人生中进步最大的阶段。作为我国粉末冶金学科的领军学者，曲选辉老师始终牢记“国之大者”，年过花甲仍奋斗在科研一线，为诸多卡脖子难题的破解做出了突出贡献，时刻鼓舞着我们青年学生；作为立德树人的大学教育工作者，曲选辉老师发扬“治学严谨，甘为人梯”的精神，许多毕业的师兄师姐已成为行业的中坚力量，我自己的科研也正是在曲老师的悉心指导下有条不紊地进行。曲老师的理想追求和治学精神对我的成长产生了深刻的影响，曲老师对我的指导令我受益终身！

——新材博2020级 张茂航

曲选辉老师是我国著名的粉末冶金专家，获“全国优秀科技工作者”“北京市优秀教师”等荣誉。曲老师始终把教书育人放在工作第一位，主讲了多门本科生与研究生专业课程，不断把学科前沿知识和自己的科研成果融入教学实践中，以研促教。为人师表，春风化雨，作为曲老师的学生，我收获良多。曲老师为学生提供了优越的科研和学习条件，注重培养学生的健康人格、学习能力、实践能力和创新能力，关心学生全面成长。在科研上，老师求实鼎新、严谨细致的治学态度我受益匪浅，让我明白了如何科学地看待问题、思考问题，在未来人生和工作的道路上，将谨遵曲老师的教诲，砥砺前行努力奋斗。

——新材博2021级 温耀杰

从2019年开始在粉末所读硕士，在梯队的这三年里，我感受到了严谨的学术氛围和融洽的师生关系，形成了敢于质疑的科研思想和劳逸结合的生活习惯。曲老师是我的导师，陈刚老师是我的副导师，他们勇于开拓，坚持不懈地研究精神和豁达乐观的生活态度深深地影响着我，是我学习和工作的引路人。两位老师在生活中平易近人，关心学生的生活，尊重学生的意愿；科研中努力为我们创造良好的学习环境和科研条件，鼓励我们多动手，多思考，用自己的想法去指导实验。此外，梯队中强调作为科研人员要有为国家材料行业解决关键问题的使命感和责任感，多从实际应用出发，促进技术发展进步。三年来两位老师的谆谆教诲使我的学术素养与解决问题的能力都有了很大提高，并鼓励引导着我在未来的博士道路上继续前行。

——新材硕1902班 陈佳男

本人加入曲选辉老师团队已经快有两年时间了。当时研究生报考之所以选择曲老师梯队，正是因为曲老师团队的科研能力以及在粉末冶金领域的贡献；加入之后，我深切认识到本梯队所获得的各项科研成就不仅离不开曲老师等各位教授的科研水平，也离不开这样一个拥有浓厚科研氛围的团队。曲老师和我的副导师章林老师始终坚信，大学老师最根本的任务是培养人才，科学研究不仅要服务于社会的创新，更要服务于大学教书育人。因此，曲老师团队始终把“教书育人、立德树人”作为工作的第一要务，其教学改革成果曾获2014年国家级教学成果一等奖。更重要的是，团队始终坚持报国初心，正向着更高的科研理想砥砺前行。为此，我很荣幸自己能加入这样一个梯队，不仅为个人理想而奋斗，更为国家富强和民族复兴而奋斗。

——新材硕2002班 李明

曲选辉老师课题组拥有良好科研氛围和严肃活泼的学术气氛。曲老师和章林老师严谨的治学态度、谦逊的为人风范深深地影响着我们，他们时常教导我们在科研时要勇于尝试、敢于创新，多提一些新想法、新思路，多实践，严格按照实验规范去操作确保实验数据的精确性。此外，还鼓励我们在学术上有问题要与导师或者师兄及时沟通并解决问题。课题组有着十分融洽的实验环境，实验室干净整洁，设备的使用预约规范有序，在实验过程中遇到问题大家互相帮助，科研之余有着丰富的体育运动，强身健体的同时增强了同门之间的友情，形成了团结、友爱的实验氛围。在生活上，老师们会耐心询问我们科研以外遇到的困难，及时帮助我们解决问题。在他这个大家长的带领下，我们这个课题组成了团结、温馨、互帮互助的大家庭。

——新材硕2002班 刘凯

“和蔼可亲的教书人，严谨求实的科研者”是我们对曲老师的评价。曲老师身上的孜孜不倦、认真负责、和蔼可亲和积极向上的态度深深影响着我们，使我们受益良多。在教学工作中，曲老师认真负责，上好每一节课，把专业科学前沿的信息和成果及时传授给学生，真正做到了教好书、育全才。曲老师拥有渊博的学识和严谨的治学态度，在实验和科研中给予我们很大的帮助和指导。针对我们课题研究中遇到的问题，曲老师往往从理论和应用等多方面给予我们意见，他的几句话就为我们指明了方向，使我们的理论和实践水平有一个很大的提升。生活中，曲老师和蔼可亲，他会耐心倾听学生们在生活、学习中的困惑，热心为我们解决困惑，给予学生充分的尊重和爱护。在曲老师面前，我们课题组的兄弟姐妹们像一个个被保护的孩子。曲老师对我们的爱将我们团结在了一起，使我们这个课题组充满温馨。

——新材硕1902班 郭晨光

进入课题组的四年时间里，梯队老师严谨的科研和治学态度，温文尔雅的性格深深地感染了我。秦明礼老师为我们营造了良好轻松的科研环境，梯队给了我们家一般的归属感。秦老师和贾宝瑞老师对待科研一丝不苟，对待学生认真负责。梯队里的同门相互帮助，相互分享科研经验。良好的科研环境、优秀的老师们、融洽的同学关系让我们的科研少走很多弯路。实验室里的定期组会使我们更好地交流实验经验，定期地组织生活会也让我们在工作之余放松身心。为人师表，春风化雨，梯队老师们身体力行地教育我们如何成为一名科研工作者，时时刻刻帮助学生，指导学生注重培养我们的学习能力，实践能力，创新能力。老师们始终秉承着科技强国的理念，为国家为社会贡献力量。

——新材博2020级 王永

我是秦明礼老师的博士生，第一次见到秦明礼老师是在秦老师的办公室中，经过简单的闲聊，我深深地感受到了秦老师对待科研的严谨、对待学生的关心。从入学到现在的6年时光，梯队对于我来说就像家一样。在这里，良好的实验室环境让我能够顺利科研，私下里的小组会让我们能够交流心得，课余时间的团建工作也让我们在工作之余放松身心。我始终记得梯队老师告诉我们的:“有什么困难我们一起扛!”这也让我们相信,我们的求学之路不会孤单。多年的学习生活让我感受到了梯队的老师坚守“立德树人、助人筑梦”的初心和使命,秉持“粉末冶金强国的梦想,也是我们的梦想”的工作理念,在每个指导学生科研的日夜里,用生命点燃生命,用梦想激发梦想。

——新材博2019级 赵勇智

梯队里的各位老师带给我春天般的温暖。第一次见到贾宝瑞老师是在金物楼二楼的会议室,我向贾老师询问有关毕设方向、时间等各式各样的问题,贾老师耐心地回答了我的问题,既亲切又和蔼,在后来的讨论和答疑中,老师的不断鼓励也给了我好好做下去的信心。这次会面我也认识了带我做毕设的师兄,在教授实验阶段,师兄不厌其烦地重复重要的材料配比和步骤,告诉我“为什么要这样做”,他对待科研认真严谨的态度、躬耕不辍的身影深深影响到我。每每去做实验,我总能看到实验室各个师兄师姐奋战在实验一线的身影,大家互帮互助的融洽氛围让我记忆深刻,同时实验室干净的地面,整洁的实验台,按照实验室安全要求摆放好的药品,敞亮的室内环境,无一不在为做实验的同学提供安全舒适方便的强而有力的支持,这离不开实验室各个同学的辛勤维护,也离不开老师们的恳切教导。曲老师团队积极团结的氛围给了大家积极成长的土壤,也让更多的材料学子能在北科追梦、圆梦!不忘初心、方得始终!

——材料2018级本科生 张晋辉

我在2007年考入秦明礼老师门下攻读硕士,2010年又有幸成为秦老师和曲选辉老师的博士生,2015年毕业留校任教。转眼15载,从少年懵懂到即将不惑,从渴望知识的学子变成竭力育人的教师,我亲眼见证了,团队的不断壮大和人才的层出不穷,课题组为我国粉末冶金工业和高等教育行业持续贡献着力量。曲老师和秦老师在学术上极其认真,曲老师会在晚上牺牲自己的休息时间，阅读和修改我们的材料，快速反馈自己的意见，而秦老师也是周末办公室的常客，有着旺盛的精力和斗志，对细节和逻辑要求极高。他们一直是我们的榜样，潜移默化地影响着我们的行为方式，也塑造了我们对自己学生的教育风格。此外，他们对团队年轻人提供无私的帮助和坚定的支持，为我们创造良好的科研环境的同时，又支持我们去自主开展科研，鼓励我们发挥主观能动性，团队洋溢着和谐、自由、奋进的氛围。时光匆匆，感恩遇到两位恩师，也希望课题组的这种精神一直传承下去，课题组培养的人才桃李满天下。

——课题组青年教师 副研究员 贾宝瑞

本人陈刚，副研究员，于2014年博士毕业于新西兰奥克兰大学，并于2018年4月加入北京科技大学曲选辉教授团队，主要从事金属粉体制备及其成形研究工作。曲老师团队给我的第一印象是开放、自由式的科研氛围，能让每个人精心沉浸于良好的科研环境。同时，借助北京科技大学的强大科研平台，在曲老师团队的工作条件下，才能最大程度发挥自己的科研才能。此外，曲老师特别善于发掘和培养青年科研骨干，给予青年老师充分的发挥空间，体现在各自工作中的主导作用，使我们青年老师拥有更多更好的科研平台，拓宽科技眼界，夯实科研素养。每次碰到问题或困惑时，曲老师都会在百忙中抽空指导我们，孜孜不倦的教育精神值得我们年轻一辈学习。以后，我也这样要求自己，为每一位学生创造良好的研究学习条件，与每一位同事和谐相处，共同创造美好的工作环境，为学校为国家做出更多更大的贡献。

——课题组青年教师 副研究员 陈刚

媒体关注

以“不变”应万变：
北科大曲选辉团队报道新型高性能钾离子电池负极材料

锂离子电池是当今电池行业的绝对主流，发展迅速，推动了智能手机、笔记本电脑和电动汽车等诸多领域的革命性进步。然而，锂电池的发展目前似乎遇到了一个“瓶颈期”，能量密度提升缓慢，成本难以降低，而且在快充、适应温度范围等方面都遇到了挑战。此外，锂是一种相对稀缺的元素，地壳丰度只有0.0017%，有人预计到2025年，全球锂矿将被开采完。因此人们一直在寻找一种新的可充电电池来代替锂电。钠元素和钾元素在地壳中的储量是锂的上千倍，且它们的性质与锂类似，钠离子电池和钾离子电池与锂离子电池有着相似的“摇椅式”充放电原理，因此被寄予厚望。其实，钠离子电池和钾离子电池的研究开始得也很早，但与锂电池相比它们的发展就缓慢很多。

近日，北京科技大学曲选辉教授团队在*Energy & Environmental Science*杂志上发表文章，报道了一种新型“零应变”负极材料——氟锰酸钾中空纳米立方体。

曲选辉教授团队合成的这种结构新颖的氟锰酸钾中空纳米立方体，作为钾离子电池“零应变”的负极材料，具有出色的容量和倍率性能，以及让人影响深刻的超高稳定性。这一成果使得钾离子电池有望向实际应用水平发展，并且为电池负极材料的设计与开发提供了重要的指导和借鉴。

第二批全国高校黄大年式教师团队名单

所在高校	团队名称	团队负责人
北京大学	东方语言文化教师团队	段晴
清华大学	成像与智能技术实验室教师团队	戴琼海
中国人民大学	中国特色社会主义政治经济学教学团队	刘伟
北京师范大学	区域地理理论与实践教师团队	刘宝元
中国农业大学	果蔬加工教师团队	廖小军
北京外国语大学	全球治理与国际组织人才培养团队	贾文键
北京科技大学	材料科学与工程教师团队	曲选辉
北京化工大学	弹性体科学与工程教师团队	张立群
北京交通大学	高速铁路线路工程安全服役创新团队	高亮
北京邮电大学	通信网技术教研中心教师团队	纪越峰
中国地质大学（北京）	地球物理与信息技术教学团队	邹长春
中国矿业大学（北京）	采矿工程育人团队	周宏伟 王家臣
中国石油大学（北京）	油气井工程教师团队	李根生
北京林业大学	森林保护教师团队	骆有庆
中国传媒大学	国际新闻与传播教学团队	高晓虹
中央财经大学	金融安全工程教师团队	李建军
中国政法大学	国际法与涉外法治教师团队	霍政欣
中央美术学院	中央美术学院雕塑系育人团队	张伟

热烈祝贺！北京科技大学曲选辉教授材料科学与工程教师团队入选第二批“全国高校黄大年式教师团队”

12月30日，教育部正式公示了第二批“全国高校黄大年式教师团队”认定结果，共有200所高校的教师团队入选。

为引导广大教师持续向黄大年同志学习，教育部发布《关于开展全国高校黄大年式教师团队创建活动的通知》，决定2017年年底前认定200个“全国高校黄大年式教师团队”。

北京科技大学曲选辉教授材料科学与工程教师团队因其突出贡献和科研创新成果入选第二批“全国高校黄大年式教师团队”。

北京科技大学，一直在创新的路上！

数学教研工作室

北京科技大学数学教研工作室（简称工作室）于2011年3月在学校和学院的大力支持下组建而成，是由数学学科老、中、青三代一线教学骨干教师构成，现有教师25人。其中全国五一劳动奖章获得者1人，首都劳动奖章获得者2人，北京市高等学校教学名师2人，北京市优秀教师1人，北京市高等学校青年教学名师2人，北京市师德先进个人1人，宝钢优秀教师4人，北京科技大学教学名师3人。

2019年工作室先后获得“北京市工人先锋号”“北京高校优秀本科育人团队”“北京高校优质本科教材课件”“第十一届北京高校青年教师教学基本功比赛一等奖”“第五届全国数学微课程设计竞赛一等奖”等多项集体和个人荣誉称号。

颁奖词

以赛促教，钻研教法，他们是教改排头兵；以老带新，精神传承，他们是数学掌灯人；不负韶华，躬耕育人，他们是“四有好老师”。荣誉纷繁而至，深耕教学一线，深得学生们尊敬，他们就是致力于深化教学改革的数理学院数学教学工作室。蹇蹇三事，师师百僚。身为世范，为人师表。不忘初心、牢记育人使命；传承互助，摘得累累硕果。师者风骨，贤者风骨。仰之弥高，钻之弥坚，数理玄妙，潜心教学。十年硕果累累，一支粉笔写春秋，立德树人育英才。

先进事迹

杜甫在《咏怀古迹五首》中写道“摇落深知宋玉悲，风流儒雅亦吾师”，李商隐在《无题》中写道“春蚕到死丝方尽，蜡炬成灰泪始干”，冰心在《冰心》中写道“玉壶存冰心，朱笔写师魂”……古往今来，沧海变迁，不变的是老师始终如一的精神与情操。北京科技大学数学教研工作室（简称工作室）于2011年3月在学校和学院的大力支持下组建而成，是由数学学科老、中、青三代一线教学骨干教师构成，现有教师25人。其中全国五一劳动奖章获得者1人，首都劳动奖章获得者2人，北京市高等学校教学名师2人，北京市优秀教师1人，北京市高等学校青年教学名师2人，北京市师德先进个人1人，宝钢优秀教师4人，北京科技大学教学名师3人。

基于工作室八年来的本科育人业绩，2017年5月，工作室被中共北京市委教育工作委员会、北京市教育委员会、中国教育工会北京市委员会授予“北京高校青年教师示范教研工作室”。2019年5月，工作室被北京市总工会授予“北京市工人先锋号”称号。2019年12月，工作室被北京市教育委员会授予2019年北京高校“优秀本科育人团队”称号。

扎根一线，立德树人

岁寒三友，翠竹占得君子高名。它没有寒梅的香韵，没有青松的傲岸，却是人间长翠的知音。在风起的绿烟里，琴声婉转，长其清韵；在沉香的水墨里，淋漓瘦叶，舞尽风骨。数理学院的老师们，恰似翠竹，扎根一线，立德树人。教研工作室成员扎根教学第一线，人均年课堂教学300余学时，承担着全校大量的数学基础课程教学工作。由于大学数学基础课程作为本科阶段学生的必修课，受众面广，对学生今后的发展影响深远，工作室本着以建设大学数学课程资源，以爱岗敬业、争做“四有好老师”为目标，落实本科育人工作，助力青年教师成长，致力于打造一支一流的本科育人团队。

工作室倡导“以学生为本，用心育人”，以实际行动践行“以德育德”，认真履行教师立德树人的职责。在教学过程中遵循教书育人及学生成长的规律，用好课堂教学这个主渠道，与时俱进，将思政元素融入课堂教学中，真正成为学生的“四个引路人”。工作室成员的授课效果受到师生的一致好评，多位教师的学生评教分数位列全校开课讲台前20%，张志刚和申亚男老师先后获得由每年本科毕业生组织评选的“我爱我师——我心目中最优秀的老师”金质奖章，获得“我爱我师”优秀教师奖10人次，留学生“我爱我师”优秀教师奖2人次。

潜心教学，成果显著

竹有凌云之志，亦有隐逸之风。孟浩然笔下竹自然无须雕饰，其心淡远，其情超然，其意清迥。若说竹有隐逸之风，则数理工作室的老师们正如竹一般，潜心教学，成果显著。工作室成员潜心本科教育教学研究，不断积累教学经验、充实教学内容、改进教学理念、丰富教学手段。近年来工作室成员共主持省部级以上教学研究项目7项，校级教学研究重点项目17项，面上项目17项，校级研究型教学示范课16门，全英文示范课4门。工作室成员作为主编出版校级规划教材17本，其中《线性代数》教材被评为2019年北京高校“优质本科教材课件”。

每年组织学生参加全国大学生数学竞赛，2018年我校张明同学获得全国一等奖（第二名）的好成绩，近三年指导学生共获得北京市级以上一等奖92人次，二等奖139人次，三等奖173人次，获奖人数在北京市高校数学竞赛中位列第三名。

以赛促教，示范引领

古语有云：“新竹高于旧竹枝，全凭老干为扶持”，工作室充分发挥自身的优势，继承和发扬“传帮带”的优良传统，助力青年教师走好教学第一步。工作室坚持“以老带新，以赛促教”的原则，鼓励青年教师参加各类教学竞赛，八年来取得了丰硕的成果。在工作室老教师的指导和帮助下，工作室中有7位中青年教师入选校青年教学骨干人才计划，3位教师被评为校级教学名师，2人被评为北京市高等学校青年教学名师。

在连续三届获得全国高校青年教师教学竞赛一等奖和四届北京市高校青年教师教学基本功比赛一等奖后，2019年6月，工作室的青年教师刘白羽和曹丽梅再次为北京科技大学获得北京市青教赛一等奖，其中刘白羽取得了理科组第一名的优异成绩，将代表北京市参加2020年的全国高校青年教师教学竞赛。

"率先为范，律己奉献"，"学高为师，身正为范"，积极参与竞赛，在竞赛中不断地挑战自我，提高自我。马克思三大基本规律之一"否定之否定规律"提到，事物的发展是通过其内在矛盾运动以自我否定的方式而实现的。否定之否定规律揭示了事物发展的前进性与曲折性的统一。前进行体现在每一次否定都是质变，都将事物推进到新阶段；每一个周期性都是开放的。而这也很好地诠释了在竞赛中的点滴进步，同时为教学活动打下了良好的基础，促进了教学质量的提升。

成果推广，服务社会

"时代是思想之母，实践是理论之源。"实践是理论的本源，理论的价值在于指导实践。推动理论与实践的相互结合，一直是我们党的优良传统。在党史学习教育动员大会上，习近平总书记指出，"要把学习党史同总结经验、观照现实、推动工作结合起来，同解决实际问题结合起来"。这再次提醒我们，要在加快构建中国特色哲学社会科学的过程中坚持理论联系实际。事实上，近年来习近平总书记多次强调要注重理论联系实际，这就要求我们正确认识理论与实践的辩证关系，加强理论与实践的融合共进。在数学教研工作室成员的共同努力下大学数学的"微积分""线性代数"和"概率论与数理统计"慕课均已上线"中国大学MOOC"平台，其中"概率论与数理统计"课程于2018年12月上线，迄今共开设4期，选课总人数近两万人；“线性代数”课程于2019年10月上线“中国大学MOOC”平台，选课人数已过万人。

工作室坚持鼓励老师们“走出去，请进来”，注重学习和交流，近年来工作室成员多次受邀到清华大学、中国人民大学等40余所北京市及京外高校做教学演示和经验分享。2019年11月，2019新时代高校数学教学改革与创新研讨会在杭州成功举办，储继迅老师应邀做了主题为“高等数学教学设计的体会与思考”的大会报告，受到同行的一致认可和好评。在此次大会上还举行了第五届全国高校数学微课程设计竞赛颁奖仪式，工作室青年教师白敬获得第五届全国数学微课程设计竞赛一等奖，这也是我们获得的第二个全国数学微课程设计竞赛一等奖。

历史和实践证明，“理论一经群众掌握，也会变成物质力量”。但是，这个转化过程是建立在理论紧密联系实际基础之上的。因此，当前面对日新月异的国内外形势，既要与时俱进地掌握科学理论，又要积极推动理论联系实际。唯有促进理论与实践的有机融合，才能既推动理论创新又促进实践应用。

迈进新时代，扬帆新航程！工作室成员始终牢记育人使命，凝心聚力，不负韶华，为党育人，为国育才，把立德树人落实到本科教育教学中。月明风清下，这千竿翠竹，以其清瘦的风姿，俊逸的神采，高洁的品格，深厚的涵养，滋长在岁月走过的山峦水畔。世间风景天然而成，他们带有千年依稀尚存的文墨，还有老不尽的诗情和褪不尽的优雅风骨。

小传

博古通今，满腹经纶。德才兼备，国士无双。蹇蹇三事，师师百僚。数理玄妙，潜心钻研，其果昭昭。立德树人，率先为范。其教之优，山河共鉴。风骨傲岸，品格坚韧，心胸若谷，似竹之高洁，任才高于世，不慕虚名。其学者风范，师者风华，行者风度，同笔墨悠然，书香萦绕。桃李不言，下自成蹊，令公桃李满天下，何用堂前更种花。

大家眼中的他们

数学教研工作室坚持以学生为本，教学上精益求精，构建了具有“人文底蕴深厚、专业基础扎实、创新意识敏锐、社会责任感强”的人才培养理念，取得了突出的业绩，团队所构建的育人新模式、新体系具有良好的示范推广价值和广阔的辐射效应，对实现立德树人目标具有重要意义。

工作室的成员就在我们身边，老教师默默奉献、踏实严谨，带动着青年教师积极进取、刻苦钻研，团队闪耀着独特的魅力，吸引着每一位新成员的快速融入和成长。多年来，见证了数学团队的成长，数学教研工作室获得的2019年度“感动北科”新闻人物也是实至名归。他们感动的不仅仅是一场荣誉和称号，而是日复一日、年复一年的平凡而伟大的坚持和奉献。正因为如此，他们感动了你我，也感动了所有北科人！

——北京科技大学本科教育教学督导组 组长 许纪倩

北京科技大学数学教研工作室近年来取得了多项国家级、省部级奖励，一直是学校教育教学工作的排头兵，不仅为北京科技大学争得了荣誉，而且为全校教师做出了表率。他们精诚团结、锐意进取，既有以范玉妹、郑连存、徐尔、申亚男、张志刚等老师为代表的老一辈“老黄牛”，又有以李娜、储继迅、刘白羽、曹丽梅等教师为代表的新一代“拓荒牛”，他们共同发挥着“孺子牛”精神，落实着立德树人根本任务和教书育人基本任务，不断在讲台上奉献自己、为学生点亮前进的明灯。他们坚持做好课程思政、积极开展教育教学改革、加大优质教材建设力度，在各方面都是我们兄弟学院和广大教师的学习榜样。正是那种“几十年如一日”的默默坚守和“不达目标誓不收兵”的争先精神，才成就了他们今日的辉煌。再次对他们入选2019年学校“感动北科”新闻人物表示祝贺！

——北京科技大学自动化学院 党委书记 教授 李擎

北京科技大学数学教研工作室是一个非常优秀的育人团队，是值得所有高校教师学习的榜样。团队团结奋进、锐意进取，形成了“传帮带”的优良传统和“以老带新、以赛促教”的团队精神，老教师甘为人梯、无私奉献，培养了一批又一批优秀的青年教学骨干人才。团队教师始终扎根教学一线，承担学校大量数学公共基础课的教学任务，认真履行立德树人职责，认真钻研教学，坚持学生为本，坚持教学改革与创新，在课程建设、教师教学能力提升、人才培养等方面均取得了突出的成绩，并获“北京高校优秀本科育人团队”“北京市工人先锋号”“北京市三八红旗集体”和“全国工人先锋号”等荣誉称号，在全国高校产生了巨大的影响力。

数学教研工作室也是一个无私的团队，他们积极帮助兄弟高校，无私分享团队建设经验，为兄弟高校教师教学能力提升工作起到了示范引领作用。我作为兄弟高校教学管理人员，经常与团队很多教师进行交流，深深地为团队老师的无私奉献精神所感动。

——中国地质大学（北京）教师教学发展中心 主任、教务处 副处长 邓雁希

北京科技大学数学教研工作室是一支一流的本科育人团队，风清气正、锐意进取，近年来获得了“全国工人先锋号”“北京市工人先锋号”“北京高校优秀本科育人团队”和“北京市三八红旗集体”等多项国家级和省部级奖励。工作室的老师们始终牢记育人使命，凝心聚力，不负韶华，为党育人，为国育才，把立德树人落实到本科教育教学中。他们长期扎根教学第一线，倡导“以学生为本，用心育人”，认真履行教师职责。他们潜心本科教育教学研究，不断积累教学经验、充实教学内容、改进教学理念、丰富教学手段。他们精诚团结，以范玉妹、郑连存、申亚男、张志刚等老师为代表的老一辈老师们不计个人得失，发扬“传帮带”的优良传统，助力青年教师走好教学第一步，鼓励青年教师参加各类教学竞赛。在这些老教授的悉心指导下，赵鲁涛、李娜、储继迅、刘白羽、曹丽梅等

优秀青年教学拔尖人才脱颖而出，已连续四届获得全国高校青年教师教学竞赛理科组一等奖，更是取得第三、第四、第五届第一名的好成绩。另外，工作室的老师们有3人荣获全国五一劳动奖章，3人荣获首都劳动奖章，1人获北京市优秀教师，2人获北京市教学名师，3人获北京市青年教学名师，1人获北京市师德先进个人，1人获北京市优秀德育工作者，1人获北京市优秀党务工作者，多人获“宝钢优秀教师奖”；7人连续六届获得北京高校青年教师基本功比赛一等奖（其中3人获第一名），多人获全国高校数学微课程教学设计竞赛一等奖。数学教研工作室取得的辉煌成就充分体现了他们所践行的“以德育德”理念，值得所有教师认真学习，也祝愿工作室认真总结经验、发扬优良传统，发挥自身优势，在今后的工作中取得更大成就。

——北京大学数学科学学院 教授 冯荣权

2022年4月28日，中华全国总工会公布了关于表彰2022年全国五一劳动奖和全国工人先锋号的决定，在受表彰的北京40多位全国五一劳动奖章获得者中，仅有储继迅和刘白羽两位高校老师，且均来自北京科技大学数学教研工作室，这已经不是数学教研工作室第一次惊艳全国高校了。我第一次与数学教研工作室的深入接触，还是在2013年筹备及参加全国高校青年教师教学大赛期间，范老师、张老师等多位有多年教学经验的教师指导参赛的赵鲁涛老师，连续奋战了4个月，对于教学中的每一个细节都认真推敲、精心打磨、精益求精，令我印象非常深刻也很感动。赵鲁涛及其后的李娜、储继迅和刘白羽先后获得了全国高校青年教师教学大赛一等奖，并3次获得第一名，在全国高校引起很大反响。数学教研工作室这个优秀的群体也捷报频传，全国五一劳动奖章、首都劳动奖章、北京市教学名师、北京市青年教学名师、北京市优秀教师、北京市师德先进个人、全国教学设计竞赛一等奖等一项项荣誉，体现出老教师甘当人梯、不计名利，青年教师继承传统、不断进取，整个教研室已经形成了以学生为本、以钻研教学为荣、以立德树人作为根本追求的优秀文化，成为全国高校中的旗帜标兵。

——清华大学能源与动力工程系 教授 段远源

几年前在一次全国数学研讨会上听了北京科技大学数学系储继迅老师的教学示范课，内心感到了极大的震撼，没想到在高校教师普遍将主要精力放在科研课题、学术论文、成果奖励上时，还有老师对一堂课这样仔细打磨，将饱满的信息量、缜密的逻辑思维、与实际问题的完美结合，用优美的语言和生动的形式展现在学生面前。

为了提高我系的教学水平，我们邀请了数学教研工作室张志刚老师带队来校交流指导，他们将自己的敬业精神、团队协作、工作模式、教学方法等宝贵经验毫无保留地传授给我们，还赠送了许多教学资料，自此之后，经常线上线下予以指导，使得我系教师的教学态度与水平有了很大的提升，我系青年教师第一次参加全国青教赛就获得了二等奖(第七名)。

几年的交流，我们被北科大数学教研工作室的无私奉献、甘为人梯、精诚团结、锐意进取、竭力为祖国培养高素质人才的精神感召，也为他们取到的一系列成绩与荣誉感到由衷的高兴，希望他们越来越好!

——石家庄铁道大学数理系 主任、教授 刘响林

媒体关注

2019年11月29日至12月1日，2019新时代高校数学教学改革与创新研讨会在杭州成功举办。本次研讨会有来自全国三百多所高校的九百余名数学教师代表参加，我校数理学院数学学科系主任张志刚老师带队一行五人应邀出席会议。

本次研讨会由教育部高等学校大学数学课程教学指导委员会、教育部高等学

校数学专业教学指导委员会、教育部高等学校统计学类专业教学指导委员会、高等学校大学数学教学研究与发展中心、高等教育出版社主办。为深入贯彻全国教育大会精神和《加快推进教育现代化实施方案(2018—2022年)》要求,全面落实教育部关于全面实施一流专业建设"双万计划"、一流课程建设"双万计划",研讨会以"一流专业、一流课程、一流教材"为主题,围绕"新时代数学学科一流专业建设""新工科背景下大学数学课程教学改革""数学类一流教材研究与建设"等专题,组织广大高校数学教师进行广泛交流与研讨,具有较大的影响力。

我校数理学院数学学科青年教师储继迅应邀做了大会报告,报告主题为"高等数学教学设计的体会与思考"。研讨会还举行了第五届全国高校数学微课程设计竞赛颁奖仪式,我校数理学院数学学科青年教师白敬荣获第五届全国高校数学微课程设计竞赛一等奖。

我校数学学科青年教师在此次会议中所做的大会报告以及所获竞赛奖项,得到了与会各高校教师代表的高度肯定,他们对我校青年教师教学工作给予高度赞扬,对我校及数理学院数学学科教师教学教研工作的"传帮带"精神与合作精神赞誉有加。在进一步的交流中,我校本科教育教学改革成果,引起了广大高校的高度关注和热烈反响。

——北科大新闻网

北科大秦安扶贫团队

北京科技大学秦安扶贫团队主要负责人为北科大挂职干部、秦安县副县长沈崴同志，团队成员由北京科技大学扶贫干部、秦安县西川镇小庄村第一书记蒋灵斌同志和秦安县西川镇小寨村第一书记李萌同志，及北科大第21届研究生支教团甘肃分团王子林、杨紫淇、杨越亚、樊扬林4人组成。

北京科技大学秦安扶贫团队自成立以来，认真贯彻落实党中央国务院脱贫攻坚部署要求，深入学习习近平总书记视察甘肃重要讲话和指示精神，克服困难深入秦安扶贫一线，聚焦“两不愁三保障”突出问题，确定了“以加强党建为先导、教育扶贫为主线、产业扶贫为主题、科技扶贫为支撑”的定点扶贫工作思路，紧扣秦安县脱贫攻坚收官阶段的实际情况，整合学校优势和社会资源，找准帮扶工作契合点，全方位、立体式、大格局打造定点帮扶“秦安样本”，助力秦安县2019年如期整县脱贫摘帽，为全面建成小康社会贡献力量。一年来，学校对秦安县投入帮扶资金386.7万元；引进帮扶资金311万元；培训基层干部人数387人；培训技术人员人数1420人；购买贫困地区农产品226.18万元；帮助销售农产品461.78万元。2019年，学校全面超额完成定点扶贫工作责任书各项任务，助力秦安县脱贫攻坚战，如期实现整县脱贫摘帽。

团队将党的扶贫事业举过头顶，远离家乡、远离亲人、远离学校，长期奋战在秦安一线。聚焦“两不愁三保障”，与当地群众打成一片，宣传和落实党的政策；执行学校党委关于扶贫工作的重大部署，秉持学校"求实鼎新"的校训，把学校的智力优势和秦安县的县情结合起来，做好学校扶贫的桥头堡，集中全力攻克深度贫困最后堡垒；想尽办法、拼尽全力、竭尽所能、倾尽所有，调动所有资源开展扶贫，斗严寒、战酷暑、抗天灾，在秦安土地上探索北科大扶贫的"秦安样本"。他们集思广益、集团作战，打造一支团结奋进、同频共振的铁军。同时，团队得到了当地干部群众的一致认可，赢得了广泛赞誉，多次收到群众自发送来的锦旗，事迹被多家主流媒体报道。

颁奖词

北科七星守初心 助力脱贫担使命！

守初心扎根黄土，攻克贫困最后堡垒，彰显北科力量；

担使命奉献西部，决胜全面建成小康社会，造福秦安一方。

先进事迹

习近平总书记在《摆脱贫困》一书中曾经说过："如果没有一个坚强的、过硬的农村党支部，党的正确路线、方针政策就不能在农村得到具体落实，就不能把农村党员团结在自己周围，从而就谈不上带领群众壮大农村经济，发展农业生产力，向贫困和落后作战。"农村基层党组织是党在农村工作的基础，是党联系广大农民群众的桥梁和纽带，是实现党对农村工作领导不可缺失的重要环节，是领导农民群众建设社会主义新农村的核心力量。

扶贫工作就是一项解决民生实际问题，联系群众最直接最根本的工作。开展扶贫工作，实现贫困地区脱贫奔小康，离不开党的关心与支持，更离不开地方自身凝心聚力，不懈奋斗。做好扶贫工作，最需要走群众路线，最应持之以恒践行一切为了群众，一切依靠群众，从群众中来，到群众中去的群众路线。

北京科技大学秦安扶贫团队自成立以来，认真学习贯彻习近平新时代中国特色社会主义思想，落实学校党委关于扶贫工作的重要安排部署，深入扶贫一线，长期驻扎秦安，坚持“秦安实践出题，科大智库答卷”的基本逻辑，坚持“以加强党建为先导、教育扶贫为主线、产业扶贫为主题、科技扶贫为支撑”的精准帮扶思路，助力秦安县2019年如期脱贫摘帽。

叔本华曾说过这样一句话：“单个的人是软弱无力的，就像漂流的鲁滨逊一样，只有同别人一起，他才能完成许多事业。”助力脱贫亦是如此。脱贫攻坚的胜利并不是一个人，一个团队所能够单独完成的，北京科技大学秦安扶贫团队自开展工作以来，促成学校相关单位与秦安县8个基层党支部、4个贫困村、2个党委结对共建，协助学校在秦安县建立“北科大教授工作站”，成立“北科大秦安扶贫功能型党支部”。同时，聘请马克思主义学院院长和党总支书记为“秦安县党建顾问”，组织学校“十佳团支部”与秦安桥南中学13个团支部开展一对一结对共建。通过结对共建，汇聚一切可汇聚的力量，如同《吕氏春秋》中所言“万人操弓，共射一招，招无不中”，秦安脱贫的胜利也很好地诠释了这句古语。

“授人以鱼，不如授人以渔”，扶贫先扶智，或是先扶志。北京科技大学秦安扶贫团队立志于开展教育扶贫，突出师生志智双扶。一是建立教育扶贫基地，在秦安县建立9个教育扶贫基地，连续3年选派4名研究生赴秦安桥南中学支教，协助建立“留守儿童心理健康教育基地”“北科大科普教育基地”“中学生科技创新实验室”“贝壳梦想教室”。多方筹措47万元科普设备和图书；在学校的支持下，争取30万元设立秦安县“教师敬业奉献奖”及学生“鼎新奖学金”“励志助学金”。二是打造教育扶贫品牌。组织学校教学名师“送教下乡”，对秦安全县196所教学点上的260名教师进行培训，协调秦安县中小学校长到北科大附中、附小进行挂职进修。发动教职员工和爱心人士一对一资助贫困学生405人，组织秦安县12名贫困家庭学生“手拉手共度六一”游学北京。三是开展教育扶贫捐赠。从中国扶贫基金会争取价值90万元的爱心包裹，捐赠给9000余名乡村小学生。从北京少年创客教育科技研究院争取50万元设备建设“秦安县少年创客工作室”。从中国光华科技基金会争取100万元图书，捐赠给秦安县

100所学校。从中国青少年发展基金会争取10万元资助100名贫困家庭学生。致天下之治者在人才，成天下之才者在教化，扶志、扶智，才是脱贫攻坚胜利的根本原因。

产业是经济发展的关键所在，是一个国家的立国之本。产业经济的发展，对于区域经济的可持续发展有着显著的推动作用，特别是发展具有区域特色的产业集群。其不但能够促进区域经济整体发展，提升产业经济的竞争力，促进产业结构的调整，提高区域的可持续发展水平。为建设具有秦安特色的产业文化，北京科技大学秦安扶贫团队开展产业扶贫，破解了产业的升级难题。一是提升城乡发展规划水平。联络聘请中国中小商业企业协会7名领导专家为"县域经济发展顾问"，为秦安经济发展出谋划策。举办"2019年中国·秦安党建引领乡村振兴战略论坛"，汇聚多方专家学者为秦安发展把脉问诊。携手浙江大学编制《秦安县国土空间发展规划纲要》《刘坪桃花小镇概念性规划》，提高城乡产业规划水平。二是推动传统产业升级发展。组织各类培训班，培训企业管理人才、电商人才、农技人才和农村创业致富带头人1000余人次。联合金融机构实施苹果"保险+期货"项目，学校投入50万元保费补助1516个贫困户苹果种植实现收益保底。促进学校出资20万元援建的果品分拣"扶贫车间"落地，吸纳25名贫困村民在家门口实现就业。做好学校捐建的20万元产业路的施工工作。在学校支持下，向贫困村民发放优质苗木7.5万株，扩大种植面积2000余亩。三是拓展农特产品销售市场。促成校地双方签订《政府采购协议》，通过举办农特产品展销会、工会福利采购、"爱心大礼包"认购、后勤集中采购以及食堂"扶贫窗口"等方式开展消费扶贫226万元。同时帮助当地农产品拓展销售渠道，组织果树网络认购、公益营销大赛、引进电商平台和校友企业等，帮助销售农特产品460余万元。四是助力文化旅游产业开发。联系中央电视台《中国影像方志》栏目拍摄甘肃"秦安篇"，讲述"羲里娲乡"的故事。联系北京林业大学编制《秦安县绿地景观提升规划》，将秦安悠久历史文化融入产业升级发展。组织“秦安文化走进北科大”活动，邀请非遗项目传承人到学校展演展示秦安文化。产业与文化的结合碰撞，这是思想灵魂的融合升腾，是团队深入基层，于不断实践中所探寻的真谛。

在实施脱贫攻坚时期，我国农业科技投入不足，农业农村科技服务力量薄弱，农产品技术含量低，已经成为农业转型升级和是否能够脱贫攻坚的重要制约因素。我国农业研发经费投入强度不仅低于许多发展中国家的水平，更远低于主要发达国家3%至6%的水平。“科学技术是第一生产力”，为提高秦安当地的科技水平，团队决定开展科技扶贫。学校划拨50万元专项经费围绕秦安县教育、科技、文化、健康等发展问题进行研究，以此为契机，邀请10余支专家及研究生科技服务团赴秦安县开展“科技下乡”活动，把论文写在祖国的大地上，助力科技服务团入选“全国高校师生主题社会实践百个优秀团队”。联络科技史一流学科开展秦安县遗址保护开发和国家级非遗项目申报；推动经管学院与秦安果品龙头企业签订战略合作协议；联络环境学科参与秦安县污水处理防治项目，进行农村宜居环境“厕所革命”试点改造；联络教育学团队开展乡村教师“走教模式”研究；联络学校医学大数据联合体在秦安县建立“健康扶贫社会服务基地”，助力秦安县成功申报“全国首批健康扶贫示范项目”，协调医生赴空军特色医学中心等进修。发挥学校矿冶学科专业技术优势，联络专家团队为麦积区铷矿资源勘探、张家川铁铜矿开采及冶炼提供技术支持，帮扶天水市矿产资源勘查开发。科技兴国，在经济全球化发展的时代，一个地区的科学技术水平与当地的发展息息相关，科技扶贫，是团队在求索中寻得的道路，也是时代的选择。

北宋时刘彝在《画旨》中有一名句：“读万卷书，行万里路。”指出人生第一求知，第二实践的重要性，无不证明，理论结合实际才是亘古不变的客观真理。其基本特征，就是要通过理论与实践的结合，达到实现主观和客观、理论和实践、知和行的辩证统一。“时代是思想之母，实践是理论之源。”理论对实践的指导作用，其重要性是不言而喻的。主要表现在：首先理论是对事物本质和规律的认识，理应走在实践前头；其次理论能预见未来，校准实践方向；最后理论能够推动实践创新。由此可见，没有理论，何从谈起实践；如果没有正确的理论做指导，那么一切实践都将会是劳而无功的。而实现理论创新成果与科学研究之间的融通转化，更需要从实际出发，遵循规律，久久为功。理论与实践的结合，是团队在脱贫攻坚中又一重大突破。一是开展扶贫理论研究，依托"北科大驻秦安县第一书记工作室"，在《光明日报》《人民论坛》《中国组织人事报》等刊物发表党的建设和贫困村治理等方面的学术论文6篇。以"驻村第一书记加强贫困村党组织建设研究"为题，获批2019年教育部直属系统挂职干部扶贫专项课题。在国务院扶贫办举办的2019年度"习近平总书记关于扶贫工作的重要论述"主题征文活动中，我校选送的文章被评为获奖论文，并受邀参加国务院扶贫办举办的理论研讨会。二是梳理总结扶贫经验，国务院扶贫办《扶贫开发》、教育部网站"一线采风"栏目、《甘肃省脱贫攻坚专报》、《甘肃脱贫攻坚动态》、《天水扶贫开发工作动态》等集中报道了学校产业扶贫、教育扶贫、科技扶贫等方面的工作举措和典型经验。三是宣传报道扶贫事迹，新华社、《人民日报》、中央电视台、《甘肃日报》、《天水日报》对我校定点扶贫工作成效进行了宣传报道。中国教育电视台、《中国教育报》、《中国科学报》、人民网、中国青年网等对学校教育扶贫、产业扶贫进行了专题报道，总结出北科大定点扶贫"秦安样本"。扶贫团队多次收到贫困村群众自发送来的锦旗。学习，实践，总结，在不断的循环中逐渐成长，开出累累硕果。

党的十八大以来，我国精准扶贫精准脱贫取得重大进展。按照2011年确定的贫困标准，农村贫困人口从2012年年底的9899万人减少到2017年年底的3046万人，年均减少1370万人。按照这样的减贫效率，到2020年我国将告别农村绝对贫困。党中央提出的到2020年贫困县全部摘帽的目标也将实现。但与此同时，我们也要清醒地看到，农村绝对贫困人口实现脱贫和贫困县摘帽，并不意味着农村贫困的消失，也不意味着扶贫工作的结束，"防止返贫和继续攻坚同样重要”，习近平总书记于2017年3月8日参加十二届全国人大五次会议四川代表团的审议时强调：“已经摘帽的贫困县、贫困村、贫困户，要继续巩固，增强‘造血’功能，建立健全稳定脱贫长效机制。”“雄关漫道真如铁，而今迈步从头越”，时间是忠实的记录者，也是客观的见证者。缘木求鱼不可取，竭泽而渔不可行，全民期待“美丽乡村”的时代，用富民之美给村民一个富足的生活条件，用生态之美给游子一个身心休憩的家园，用强业之美给城归一个勃勃发展的生机，只有走上富民、村美、强业的多赢之路，才会实现乡村宜居安康的振兴之梦。而展望未来，中国人民将历史性地摆脱绝对贫困，共同迈入全面小康，开启全面建设社会主义现代化国家新征程，社会主义制度优越性将得到更为有力的验证。一个为人民谋幸福、为民族谋复兴的政党，一个以人民为坚实根基的国家，其征途必定是星辰大海，其未来必定是其道大光，北京科技大学秦安扶贫团队的故事也依旧在路上。

小传

为民服务、艰苦奋斗，践行公仆精神；不忘初心、扎根黄土，助力脱贫攻坚。顶风霜、冒酷暑、披星辰、走泥湾，咬定青山不放松；绘蓝图、育人才、引项目、壮产业，直挂云帆济沧海。扎根基层，脚踏实地，脱贫攻坚硕果累累，秦安大地夏花灿烂。

大家眼中的他们

“北科大秦安扶贫团队”带着责任和感情开展帮扶，他们坚持苦干实干、融入当地、深入基层、驻村驻校，向书本学、向实践学、向干部学、向群众学，从高校教师转变为扶贫干部，从大学校园转向脱贫攻坚主战场。在扶贫过程中，他们坚持“扶贫实践出题，科大师生答卷，秦安人民阅卷”的基本逻辑，聚焦脱贫攻坚“两不愁三保障”突出问题，确立了“以加强党的建设为先导，产业扶贫为主题，教育扶贫为主线，科技扶贫和文化扶贫为支撑”的帮扶工作思路，整合学校优势和社会资源，找准帮扶工作契合点，在教育、人才、产业、科技、文化等方面打造了立体帮扶模式，全面超额完成学校定点扶贫各项任务，助力秦安县如期打赢脱贫攻坚战，实现整县脱贫摘帽，全面建成小康社会。扶贫团队被授予“甘肃省脱贫攻坚帮扶先进集体”“甘肃省脱贫攻坚青年榜样先进集体”，扶贫干部获得“全国脱贫攻坚先进个人”“甘肃省脱贫攻坚帮扶先进个人”“天水市抓党建促脱贫攻坚致富带头人”“最美秦安人”等荣誉称号。奋斗是青春最亮丽的底色，“北科大秦安扶贫团队”用青春和热血把奋斗的足迹镌刻在美丽的秦安大地。

——北京科技大学 党委常委、副校长 郑安阳

“北科大秦安扶贫团队”成员是由学校选派到秦安县挂职干部和支教研究生组成，他们相信只有迈进群众的门槛，才能走进老乡的心坎，不仅克服生活上的种种困难，“5+2”“白加黑”昼夜奋战更是扶贫工作常态。他们不断创新扶贫实践，总结出扶贫工作“联动—推进—落实—提升—总结”机制，真正做到在秦安当地真扶贫、扶真贫、真脱贫，学校连续两年被评为“甘肃省脱贫攻坚帮扶先进集体”，打造了高校定点扶贫“秦安样本”，学校扶贫案例入选“全国教育扶贫典型案例”和“高校扶贫优秀案例”。同时，扶贫团队也为经济管理学院开展公益扶贫营销大赛、院村“一对一”共建、院企党支部结对、科技下乡扶贫等工作提供了全方位的支持和帮助。我能够深切地感受到他们对扶贫工作的强烈责任感和使命感、担当意识和奉献精神，并在秦安大地上空高高扬起了北京科技大学这面闪亮的旗帜。“北科大秦安扶贫团队”获得“感动北科”新闻人物的荣誉称号，实至名归！

——北京科技大学经济管理学院 党委书记 武森

“北科大秦安扶贫团队”是一支特别能吃苦、特别能战斗的团队，他们的事

迹不仅感动着秦安百姓，也感动着北科师生！他们昼夜奋战在脱贫攻坚一线，恶劣的自然环境，艰苦的生活条件，语言沟通不畅的障碍，阻挡不住他们前进的脚步。功成不必在我，功成必定有我！他们心中有信念、肩上有责任、脚下有动力，在脱贫攻坚这个没有硝烟的战场，砥砺前行、艰苦奋斗、忘我工作、以行践诺！他们顶酷暑、冒严寒，废寝忘食、不辞辛苦奋战在扶贫工作最前沿，把满足秦安人民对美好生活的向往作为自己的奋斗目标，把自己的梦想绘制在广袤的秦安大地上。他们用心扶贫、精准施策，做好脱贫攻坚和乡村振兴的有效衔接。他们扶志和扶智的讲堂，开设在田间地头，开设在山村教室；做好精准对接，开展“一对一”结对帮扶，助力学生完成小学至高中的学业。他们坚持顶层设计，从破解农村产业发展升级难题到加强科技脱贫攻坚，从找准扶贫先扶智切入点到构建教育精准扶贫体系，从改变消费扶贫模式到探索“造血式”扶贫路径，从改变传统营销模式到向“订单式农业”发展……这支团队充分发挥想象力和创造力，为秦安整县脱贫摘帽贡献了才智和力量，也当之无愧地站上了全国脱贫攻坚的最高领奖台。

——北京科技大学附属小学 原校长、校关工委 副秘书长 张美娜

我本人与甘肃秦安及“北科大秦安扶贫团队”有着很深的渊源。作为北科大的一名老师，我曾多次跟随“扶贫团队”到秦安开展相关扶贫工作，在田间地头、村屋乡舍、学校教室，我目睹了扶贫团队每一名同志的热血和真情，他们紧紧围绕脱贫攻坚目标和要求，不断加深帮扶工作力度，在脱贫攻坚的主战场打造了高校定点扶贫的“秦安样本”，我深刻地感受到了团队上下勠力同心、同欲者胜的凝聚力量。我本人受“扶贫团队”的感召和启发，于2017年 5月倡导发起“微信扶贫”项目，建立“一对一爱心帮扶志愿者团”，专项帮扶秦安县贫困家庭的孩子，我把自己也当成扶贫团队的“编外”成员，与扶贫团队战斗在一起。我一直庆幸能参与到新时代脱贫攻坚的伟大实践中，见证和书写北科大师生与

秦安人民的真情和大爱。下一步，我将继续在“北科大秦安扶贫团队”的影响和带动下，继续做好教育帮扶，助力秦安开启乡村振兴新征程。

——北京科技大学能源与环境工程学院 教师 刘江山

“北科大秦安扶贫团队”作为北京科技大学定点帮扶秦安县的一支先锋队，切实肩负起了扶贫的政治责任和社会责任，他们大力弘扬北科大“求实鼎新”的校训精神，敢为人先、苦干实干，用心、用情、用力助推秦安县如期打赢了脱贫攻坚战。这是一支忠诚担当的团队。他们以高度的政治责任感和使命感，积极响应党的号召，统筹多方资源，积极主动作为，助力秦安县如期实现脱贫摘帽，完成了绝对消除贫困的艰巨任务，赢得了群众的一致好评。这是一支崇尚实践的团队。他们积极探索“扶贫+育人”模式，与秦安县基层党组织结成帮扶对子，在秦安建立教育扶贫基地，多次举办中小学校长进修班，组织贫困家庭小学生“手拉手共度六一”游学北京和“秦安非遗文化走进北科大”活动，开展大学生脱贫攻坚秦安训练营，做到扶志与扶智深度融合，打造了一支素质高、能力强、技术硬的人才队伍。这是一支心系群众的团队。他们紧盯“两不愁三保障”突出问题，着力教育扶贫、创新产业帮扶、开展科技扶贫、实施文化扶贫、推进志智双扶，补齐了贫困村短板弱项，助力秦安县消除了绝对贫困问题，与全国一道全面建成小康社会。

——甘肃省天水市秦安县人大常委会 原主任、二级巡视员 郭海军

“北科大秦安扶贫团队”坚持以习近平总书记关于扶贫工作重要论述为指导，深入贯彻以人民为中心的发展思想，认真落实党中央国务院关于决战决胜脱贫攻坚部署要求，坚守初心使命，克服重重困难，坚持用脚、用心、用情去丈量秦安脱贫之路，做到了人驻秦安、心住秦安、情注秦安。他们深入秦安扶贫一线，聚焦“两不愁三保障”突出问题，以强烈的政治责任感和使命感，积极投身

帮扶工作实践。在两年多的帮扶工作中，他们担起责任、团结奋进、不畏艰辛、倾情奉献，出色地完成了各项帮扶任务，赢得了秦安社会各界的一致认可和好评。他们不怕苦累、勇于担当，用自己的行动展示了首都高校师生的风采；他们不辱使命、不负重托，把自己的铮铮誓言镌刻在了秦安大地；他们扑下身子、深入基层，与当地干部群众结下了深情厚谊。脚下沾有多少泥土，心中就沉淀多少真情。君不在陇，故事犹存！

——甘肃省天水市秦安县人民政府 办公室干部 徐子春

挥洒汗水，用担当谱写秦安扶贫华章；厚植情怀，以真情照亮乡村教育梦想——这是“北科大秦安扶贫团队”的真实写照。扶贫路上，当看到乡村学校的教室年久失修导致屋顶漏雨、窗户漏风，看到离家较远的孩子中午只能啃凉馒头，沈崴同志带领扶贫团队积极引进社会资源，向学校师生、校友和爱心企业家寻求帮助，筹集帮扶资金，为我们修缮校舍和操场、装备“贝壳爱心食堂”、打造“贝壳梦想教室”、建设“贝壳爱心书屋”。涓滴成河，两年多的心血和汗水点亮了无数秦安贫困家庭学子的人生梦想。王尹学区困难学生较多，扶贫团队不畏山陡路滑、沟深路远，多次到困难学生家走访，多次个人出资向困难孩子捐助，并尽心竭力寻找资助人与孩子们“一对一”结对。师资队伍发展是制约秦安乡村教育质量提升的关键因素，扶贫团队多次对接名校名师为我们开展多元化的教师培训，为乡村教师引导思想、促新观念、提升技能。道阻且长，行则将至。扶贫团队尽力、用心，尽智、倾情促进乡村教育发展，助力我们打赢教育脱贫攻坚战，使乡村学校的办学条件和师资力量得到大幅度改善，让乡村的孩子在追逐梦想的道路上健康快乐成长。“北科大秦安扶贫团队”是扶贫路上的斩棘者，更是乡村教育的掌灯人。

——甘肃省天水市秦安县王尹镇学区 校长 张美钧

媒体关注

北科大研支团在支教扶贫中奏响爱国主义赞歌

自2017年起，北京科技大学连续三年选派优秀研究生支教团成员奔赴甘肃省天水市秦安县桥南初级中学开展支教帮扶行动。2019年，北京科技大学第21届研支团甘肃分团接过秦安教育扶贫的“接力棒”，以教学工作为圆心，以助力脱贫攻坚、关爱留守儿童为两个半径，打造别具一格的“同心圆”新模式。他们在尽职尽责做好日常教学工作的同时，加强爱国主义教育，弘扬爱国主义精神，培养学生爱国主义情怀，多措并举助力秦安脱贫攻坚，献礼新中国成立70周年。

召开“我和我的祖国”主题班会

甘肃研支团成员在桥南中学七年级各班召开“我和我的祖国”主题班会。他们带领学生解读中华上下五千年的历史发展沿革，引导学生坚定文化自信；了解祖国地理知识和地理版图，将中国主权、领土完整不可侵犯的意识在他们的脑海中烙下不可磨灭的印记；带领学生深入认识用革命烈士鲜血染红的五星红旗，使学生懂得尊重并敬仰国旗；观看《我和我的祖国》纪录片并学唱歌曲，培养初中生爱国情怀，做好思想引领。

举办“我和祖国共成长”合唱比赛

甘肃研支团成员遵循北科大校训，将北科大元素融入支教过程，以“鼎新杯”命名甘肃研支团组织开展的各类活动，目前已开展“鼎新杯——春风化雨·感念师恩”手抄报评比大赛、“鼎新杯——崇尚科学·反对邪教”征文评比大赛。近日，研支团成员又举办了“鼎新杯——我和祖国共成长”主题合唱比赛。此次合唱比赛得到全校师生积极参与，获得了学校负责同志的赞扬。

将爱国主义教育融入教学课堂

国庆前，在桥南中学甘肃研支团成员将国庆元素融入课堂，将爱国主义教育适时穿插进日常授课中。课堂上，研支团成员带领学生练习输入爱国主义诗歌、制作为祖国庆生版PPT、编制Scracth迎国庆小动画。将第一课堂的课程内容与第二课堂的爱国主义教育有机融合，使学生潜移默化地了解祖国，感受国庆氛围，以学生特有的方式抒发爱国情怀。

录制“庆丰收·迎国庆”短视频

在北京科技大学驻秦安扶贫干部的支持下，甘肃研支团成员走入北科大驻点帮扶的秦安建档立卡贫困村，策划并录制“庆丰收·迎国庆”短视频。在小寨村村委会广场他们用6000余个苹果摆出巨幅国旗，以新颖的形式庆祝当地苹果丰收，也为祖国献上最诚挚的祝福。

开展公益活动助贫困生圆微心愿

甘肃研支团成员联系并对接北京轻课公司益伴团队，搭建秦安贫困学生与外界爱心人士沟通交流的平台，为服务地学校建立班级图书角，帮助50名贫困生成功实现微心愿。

北京科技大学第21届甘肃研支团全体成员表示将怀着高度的责任心和勤劳踏实的态度，将青春热血挥洒在祖国西部，用实际行动肩负起实现中华民族伟大复兴的历史重任，为中国梦的早日实现贡献自己的一份力量。

——中国青年网

服务保障国庆70周年活动全体师生团队

北京科技大学服务保障国庆70周年活动全体师生，包括我校2126名师生和260余名服务保障工作人员，在2019年国庆活动中承担了群众游行“希望田野”方阵、“人类命运共同体”方阵、广场合唱、群众联欢、志愿服务等五项任务。为了圆满地完成任务，他们组成了一支意志坚强的队伍，自愿放弃假期和周末，冲锋在前，艰苦训练，众志成城，用高度的政治责任、饱满的工作热情、精益求精的工作态度，全身心投入国庆的相关工作。在活动中，学校的各项工作多次获得上级的嘉奖和表扬，并受到了中央电视台、《人民日报》、《光明日报》等多家主流媒体的集中报道。服务保障国庆70周年活动的全体师生员工，代表着学校，为国庆阅兵活动贡献了自己的力量，向祖国和人民交上了一份圆满的答卷，体现了新时代北科人的光荣精神。

颁奖词

七十周年，国之大典，气势恢宏、大度雍容，纲维有序、礼乐交融。三个月，2126名师生，艰苦训练，众志成城，无数汗水滴落，只为盛典铭刻。他们用高度的政治责任、饱满的工作热情、精益求精的工作态度，向祖国献礼，为人民赞贺！他们就是——北京科技大学服务保障国庆70周年活动全体师生团队。

先进事迹

盛会召开：光荣的任务

为庆祝中华人民共和国成立70周年阅兵式（简称“国庆70周年阅兵”或“2019年国庆阅兵”），是2019年10月1日为庆祝中华人民共和国成立70周年而开展的众多庆祝活动中一项重要的活动。这次阅兵，是中国特色社会主义进入新时代的首次国庆阅兵，彰显了中华民族从站起来、富起来迈向强起来的雄心壮志。在这次阅兵活动中，除了对部队的检阅外，群众游行也是十分重要的一个部分，其代表了全体中华儿女浓厚的家国情怀，新时代中国青年昂扬的精神面貌，它是全体中国人民对过往历史峥嵘岁月的回忆与总结，更是对未来发展宏伟蓝图的展望与期待。

为了本次阅兵活动的圆满完成，我校主动承担起了群众游行“希望田野”方阵、“人类命运共同体”方阵、广场合唱、群众联欢、志愿服务等五项工作任务，同时，学校作为主责单位，需要负责承担群众游行第10方阵的组织训练任务。这是为祖国70周年诞辰而举行的庆祝盛会，更是展现新中国艰苦奋斗发展的伟大成就的重要活动，是洗刷近代中国耻辱历史的重要时刻，是中国向世界宣告富强中国的呐喊！尽管时间紧、任务重，但认识到本次活动的重要程度后，在血液里流淌的家国情怀、骨子里存在的奉献精神的激励下，我校全体师生员工踊跃报名参加、积极参与活动。最终，我校2126名师生和260余名服务保障工作人员在层层选拔中脱颖而出，接下了这伟大而光荣的任务。

活动准备：坚定的付出

接下了光荣的任务后，服务保障国庆70周年活动全体师生员工随即展开了艰苦的训练时光，用自己坚定的付出，谱写出2019年夏季最美好的奋斗乐章。他们将小我的努力与大我的历史结合起来，真正做到了家国一体，以小我之汗水铸就大我之成功，为阅兵活动的圆满成功做出了不可磨灭的贡献。

群众游行“希望田野”方阵、“人类命运共同体”方阵、广场合唱、群众联欢、志愿服务等五项工作任务摆在眼前，对完美展现的高质量追求牢记心间。为了在顺利完成五项工作任务的同时，更为精益求精，服务保障国庆70周年活动全体师生员工进行了对自我的高要求训练，展现了新时代北科人昂扬的精神风采。

群众游行“希望田野”方阵任务中，参训师生用心与汗水浇灌出金黄灿烂的希望田野。训练中，参训师生精精益求精，在“三比三看”活动中，被总指、分指评为“最佳纪律作风”方阵。方阵同志反复打磨方案，动作表达获得总指授予的“敬业用心奖”。合成训练方案责任到人、分工到表、落实到图，被分指树立为合练方案的“北科大样本”。经过88个日夜的刻苦训练，1166名北科大师生和来自丰台、昌平、房山三个区的1103名农民同志和衷共济、精诚合作，让第10方阵在国庆当天完美呈现“风吹麦浪”，为祖国献上最美的“希望田野”。

“人类命运共同体”方阵任务中，国际学生精诚合作共同奋斗展现新时代的世界大同。来自28个国家的40余名国际学生参加“人类命运共同体”方阵，大家克服语言障碍、生活习惯和路途遥远等诸多困难，严格遵守纪律，认真训练演练，在国庆当天以饱满的热情与中外青年一起阔步走过天安门，为新中国70周年华诞献上自己的祝福。

广场合唱任务中，参训师生不断打磨，以最美好的歌声谱写北科人对祖国的深厚情感。82名师生组成的广场合唱团，在三个月内进行了400小时训练，在国庆当天作为广场千人合唱团的重要力量，伴着军乐团的演奏，以满腔热情为阅兵分列式和群众游行完成长达90分钟共18首歌曲的全程站立演唱。其间，北科大合唱团多次受到分指表扬和肯定并作为合唱方阵范本。

群众联欢任务中，参训师生刻苦训练，以最动人的舞姿展现出北科人在祖国发展迈入新时代时的昂扬精神。400名师生组成的群众联欢队伍，进行了长达273小时的训练，国庆当晚在天安门广场高质量、高标准地完成了100分钟的舞蹈表演，为祖国送上最生动的生日祝福。北京科技大学联欢师生表现优异，指挥部选派我校师生作为海淀区块唯一受访高校接受了央视采访。

志愿服务任务中，志愿队伍中的全体师生，以奉献与付出的姿态为祖国70周年奉上属于自己的青春祝福。432名师生组成的志愿者队伍，承担了长安街南侧集结候场、餐饮保障两个志愿者岗位，共43个服务点位，服务点为精确到灯杆、路标，配合指挥部动态要求，我校志愿者工作保障组反应迅速，先后调整方案60余次，服务井然有序，为游行群众顺利集结、就餐提供了有力保障。本着“精精益求精，万万无一失”的工作原则，志愿者们最早出发上岗，最晚撤离岗位，凭借出色的服务和贡献，收到了来自志愿者指挥部的“感谢信”，用微笑成就金秋十月的最美名片。

圆满成功：伟大的精神

2019年国庆阅兵活动圆满成功，胜利结束。不畏艰苦，是北科人的奉献身影；昂首向前，是北科人的前进姿态。回顾三个月刻骨铭心的奋斗时光，在这场盛会中，我们看到了全体北科人所体现出来的伟大精神。在希望的田野上，有麦浪金黄，让中国人民感受到丰收的成就与喜悦；在人类命运共同体的建设中，有国际合作，让世界感受到合作共赢的希望与美好；在广场合唱队伍中，最优美的歌声献给了最亲爱的祖国，歌颂出党领导下的70年中国发展峥嵘岁月；在群众联欢中，最动人的舞蹈表达了最真挚的情感，展现出中华儿女对党对祖国的热爱与深情；在志愿服务中，付出的滴滴汗水只为了展现最美的微笑服务，用青春最单纯的火热心写出最真挚的美好祝福。

盛会已经结束，但伟大精神永不会褪色。在这次国庆70周年阅兵中，北京科技大学服务保障国庆70周年活动全体师生展现出了热爱祖国、敢于担当的伟大精神，不畏艰苦、拼搏奋进的青春面貌，敢于奉献、昂扬向前的积极态度。在重大的政治任务面前，北京科技大学服务保障国庆70周年活动全体师生用行动践行着“最高标准、最严要求、最好状态”的承诺，用自己的行动向党和国家有力地证明了，北科大师生是最值得信赖的！

小传

栉风沐雨七十载，举国同庆建国日。北科师生心连心，众志成城齐上阵。精精益求精，共绘希望田野画卷；万万无一失，齐谱世界大同乐章。时间紧，夜以继日淬火北科风采；任务重，朝乾夕惕挥洒青春活力。十月秋风助阵，信心满满交答卷；不辱光荣使命，神采奕奕展面貌。总结峥嵘岁月，展望宏伟蓝图。为中华之崛起，襄北科之华章！

大家眼中的他们

2019年6月中旬，我有幸通过选拔成为一名国庆志愿者，经历多次培训与演练后，在国庆当天圆满完成服务游行人员集结与疏散的任务，以特殊的方式为祖国庆生。虽然集结疏散的服务内容相对简单，但站在长安街边面向天安门的那一刻，我突然觉得普通的工作也变得神圣起来。在这次志愿服务中，我亲眼见证了在党的领导下祖国的蓬勃发展，也看到了许多镜头之外的风景和幕后人员的辛勤付出。我们生长在如此和平富饶的年代，更应体会到所拥有的生活来之不易。阅兵方队从建国门走向复兴门，也象征着中华儿女在中华民族伟大复兴的道路上越走越远、越走越开阔。我们身为中华民族的一员，也应心怀祖国与人民，为中华民族的伟大事业添砖加瓦！

——中华人民共和国成立70周年庆祝大会志愿者 文法学院2018级本科生

井澈

2019年暑假，在准备回家的时刻，我收到了报名庆祝中华人民共和国成立70周年活动的通知，我决定退掉返乡的车票，报名参加庆祝大会志愿者。训练开始时恰逢7月中旬，这正是北京最热的时候，在中午的烈日下、在凌晨的黑夜里，一次次前往长安街核心区踏勘、演练、彩排，我们最早到达、最晚离开，工作虽然辛苦但无比充实与幸福。在近三个月的理论学习、技能培训、踏勘演练后，在国庆当天，我们圆满完成了中华人民共和国成立70周年庆祝大会志愿服务工作。在工作中，我只是承担着非常小的一部分工作，但每一位志愿者汇聚到一起，汇聚成五星红旗灿烂的光华。感谢70周年志愿服务团队，在工作的路途锻炼我们、培养我们、保障我们，带领我们以实际行动，向这个伟大的时代致敬，向亲爱的祖国母亲致敬，光荣地接受全国人民进行检阅。

——中华人民共和国成立70周年庆祝大会志愿者 马克思主义学院研究生 刘逸哲

二分指第十方阵，再次想起这个光荣的名字，心中感慨万千。2019年，我有幸参与了国庆群众游行的集结疏散工作，我们10号方阵的主题是“希望田野”，展现在党的领导下家庭联产承包责任制明确后，中国农民实现的伟大创造和农村改革波澜壮阔的进程。集散处坚持“集结疏散有秩序，组织协调有措施，培训上岗有力度，服务保障有温度”，高效、有序、稳定地完成了北科大3000余名师生赴良乡机场、沙河机场、阅兵村及长安街的集结疏散任务。回想起“南河沿站”“正义路站”“金融街站”，一个个熟悉的地点都是我们曾经集结疏散的地方。我们全力为参训人员做好服务保障工作，提前清理集结点障碍，做好天气情况预报，为各中队准备好急救包和常规药品，为每一位方阵成员准备雨衣、餐包，为每一车辆配送训练道具，全面为方阵训练、深夜集结服务，让全体参训师生没有后顾之忧，充分感受到了方阵大家庭的温暖。那半年，每天伴随着我的或许只能用“高度紧张”来形容。从合练、彩排、预演到正式活动中的远端集结、疏散，最终在国庆当天，北科大师生光荣凯旋，载誉而归，这份经历和荣光将是我人生中最难以忘怀的豪迈乐章。

——70周年群众游行10号方阵集散交通处成员 学生工作部（处）李勇威

2009年正逢国庆60周年大型庆典活动，我因故错失了参加小学生方阵的机会，当得知能参加国庆70周年庆典时，我就一直和团队小伙伴认真准备、刻苦训练。终于，在2019年10月1日，我作为中华人民共和国成立70周年庆祝大会广场合唱团一员，在五星红旗下站立3小时，歌唱18首歌曲，表达出我深切的爱国之情。我带着十年的坚持，站在天安门广场上为祖国唱响赞歌。这一刻，数万名现场观众肃穆聆听；这一刻，十四万万中国人民内心都齐声高颂；这一刻，我们每个人都感到无限幸福，无限荣光。何其有幸，生在红旗下，长在春风里；何其有幸，见证祖国的七十周岁生日。风华正茂时、不负凌云志，作为新时代的“钢小伙、铁姑娘”，我们定当以最昂扬的斗志，不忘苦难辉煌、不愧使命担当、不负伟大梦想，埋头苦干、勇毅前行！

——中华人民共和国成立70周年庆祝大会广场合唱团成员 王树芳

有幸作为广场合唱团成员参与到中华人民共和国成立70周年庆祝大会当中，当盛典的礼炮鸣响，心中默默从1949数到2019，无数历史画面浮现眼前，禁不住热泪盈眶，没有任何力量能够阻挡中国共产党团结带领中国人民和中华民族的前进步伐。

从演唱国歌开始，再也止不住自己的泪水。《请你检阅》《没有共产党就没有新中国》《我爱你中国》《我和我的祖国》《歌唱祖国》…… 一首首作品，军乐团演奏雄浑壮阔，合唱团演唱饱含深情，阅兵盛况振奋人心，群众游行生动欢愉，现场和观看直播的每一个人都能体会“此生不悔入华夏”的自豪与骄傲，都为我们伟大的祖国衷心祝福。

从7月1日合唱团成立，大家就放弃了周末和假期，开始了白天上班上课、晚上合唱训练的日子。感谢这群年轻的同学们，可爱活泼但雷厉风行；感谢无数给予我们支持保障的领导老师，让大家能全情投入。我们都是见证者，都是亲历者，当我们用自己的平凡来见证不平凡的时刻，这一切都是值得的，也都是幸福的。

——中华人民共和国成立70周年庆祝大会广场合唱团成员 尹传举

作为一名一线辅导员，既要进入队伍参加训练和演出，也要承担起组织报名、团队建设、突发事件处理等任务，刚接到活动任务时我深感压力。但在训练和参演过程中，同学们的表现让我感受到了惊喜、温暖和信心。他们愿意放弃暑假休息、和家人团聚甚至企业实习的机会，用百分百的热情投入到日常训练中；他们多数没有舞蹈基础，跟着导演一个个动作学习、一遍遍练习，在通宵达旦的彩排中保持着高度的秩序性和耐力；他们会在比赛刷夜的第二天按时起床参加训练，会在下雨时相互照应让出一把雨伞，会在休息时用自己的才艺展示舒缓疲惫；他们还会在训练完主动带走垃圾维护环境卫生，会在返程的地铁上让出宝贵的座位，会在活动结束后向路边的工作人员道一声辛苦和感谢。这就是当代的大学生，关键时刻知大局、识大体、肯奋斗，可爱、可信、可为的青年！

——庆祝中华人民共和国成立70周年广场联欢成员 翟文洁

媒体关注

中华人民共和国成立70周年庆祝活动取得圆满成功，获得国内外广泛赞誉。习近平总书记对庆祝活动给予了高度评价，深刻指出“这次庆祝活动是国之大典，气势恢宏、大度雍容、纲维有序、礼乐交融，充分展示了新中国成立70年来的辉煌成就，有力彰显了国威军威，极大振奋了民族精神，广泛激发了各方面力量”，明确要求要“加强对这些精神财富的发掘利用，使之转化为亿万人民群众奋进新时代的强大动力”。

7月以来，学校共有2271名师生和服务保障工作人员参与到群众游行“希望田野”“人类命运共同体”“民主法治”“从严治党”方阵和广场合唱、联欢活

动、志愿服务工作中。所有服务保障国庆70周年活动的师生员工以高度的政治责任感、饱满的工作热情、最佳的工作状态全身心投入国庆相关工作，不舍昼夜，艰苦训练，无私奉献，以实际行动诠释了北科人热爱祖国、敢于担当、拼搏奋进的精神面貌和家国情怀，圆满完成了党和国家交给北京科技大学的光荣使命，得到了上级单位的高度肯定，为学校赢得了荣誉。学校决定，对服务保障国庆活动的师生员工予以隆重表彰。授予1884名师生、12名医护人员、10名安保人员、8名后勤服务人员等共计1914人“北京科技大学服务保障国庆70周年活动贡献奖”。授予陈星翰等136名游行师生、郭宁等16名广场合唱师生、郑智予等60名联欢活动师生、詹宇飞等63名国庆志愿者、张华文等39名服务保障工作人员共计314名师生“北京科技大学服务保障国庆70周年活动先进个人”。授予马聪、姚永豪等43名师生“北京科技大学服务保障国庆70周年活动突出贡献个人”。授予学生工作部、团委、保卫保密处、后勤管理处、国际学生中心“北京科技大学服务保障国庆70周年活动突出贡献集体”。希望获得表彰的师生和集体珍惜荣誉，在今后的学习和工作中继续弘扬爱国主义精神，永葆家国情怀，把青春理想、远大抱负落实到实际行动中，矢志前行，奋斗不止。希望全校师生员工以受表彰的师生为榜样，弘扬热爱祖国之情，树立远大报国之志，心怀民族复兴使命，自觉践行社会主义核心价值观，秉持“求实鼎新”的校训精神，精益求精、追求卓越，团结协作、攻坚克难，立足本职岗位接续奋进，再创佳绩。希

中华人民共和国成立70周年
北京市庆祝活动领导小组志愿者指挥部

感谢信

北京科技大学：

庆祝中华人民共和国成立70周年是党和国家政治生活中的一件大事，庆祝活动取得圆满成功，获得国内外广泛赞誉，习近平总书记对庆祝活动给予了高度评价，对北京市的工作给予了充分肯定。

志愿者工作是庆祝活动的重要组成部分，在中央领导小组和市领导小组的坚强领导下，在各成员单位的支持帮助下，志愿者指挥部与各相关单位团结带领广大志愿者，充分发扬北京服务保障重大活动的优良传统，守正创新，奋发图强，微笑服务，圆满完成了既定的各项工作任务。

贵单位在本次国庆志愿者工作筹备和服务保障过程中，工作部署周密，指挥组织有序，为庆祝活动的圆满成功做出了巨大贡献。志愿者们热情主动政治强，踏实肯干听指挥，圆满完成了各项保障任务，践行了习近平总书记对志愿者们“立足新时代、展现新作为，弘扬奉献、友爱、互助、进步的志愿精神，继续以实际行动书写新时代的雷锋故事”的殷切希望，为祖国争光，为首都添彩。

在此，对贵单位的大力支持和志愿者的热情奉献表示衷心感谢！

国庆70周年志愿者指挥部
2019年10月25日

望各单位深入学习贯彻习近平总书记听取国庆70周年庆祝活动总结报告时的重要讲话精神，不忘初心、牢记使命，勇于创新，敢于担当，为把北京科技大学建设成为“国内一流，国际知名”的高水平研究型大学、实现中华民族伟大复兴的中国梦而不懈奋斗。

——北科大新闻网

中华人民共和国成立70周年庆祝大会于10月1日在北京天安门广场隆重举行，北京科技大学432名志愿者圆满完成大会志愿服务工作，累计服务时长达26926小时。近日，北京科技大学凭借出色的服务和贡献，收到了北京市庆祝活动领导小组志愿者指挥部的“感谢信”。

北京科技大学自2005年将志愿服务列为必修课程以来，构建长效机制、立足学科优势、打造品牌项目，将“学雷锋”志愿服务作为推进大学生劳动教育的重要载体，促进常态化、专业化、体系化建设，发挥育人功能。展望未来，北科大志愿者将继续发扬惊叹号精神，鼓励学生投身到实现中华民族伟大复兴“中国梦”的伟大实践中去，为国家繁荣富强贡献北科力量！

——北科大新闻网

万向元

——北京科技大学教授

万向元，1976年出生，中共党员，北京市平谷区政协委员。北京科技大学特岗教授，博士生导师，国家“万人计划”专家，北京市特聘专家，“北京市有突出贡献的科学、技术、管理人才奖”获得者。2005年7月获得南京农业大学博士学位；2005年12月至2009年2月在清华大学和美国康奈尔大学从事博士后研究；2009年3月至2011年6月国家作物分子设计技术研究中心研究员；2011年7月至2016年11月主要农作物种质创新国家重点实验室主任、书记、博士生导师；2016年12月全职加入北京科技大学，现任北科大生物与农业研究中心主任、平谷生物农业研究院院长，并兼任北京市新型研发机构“北京中智生物农业研究院”院长。

主要研究方向：(1)作物生物育种新技术与应用；(2)作物生物信息学与育种应用；(3)植物分子医药新方法与应用；(4)植物重要功能基因发掘、克隆与作用机理研究；(5)特种微生物筛选、作用机理研究与产业化应用。

颁奖词

是国家“万人计划”中的一员，是持之以恒、苦心钻研的“新农人”。

以身作则，以德育人，是他坚定的作风；

创新科技，积极扶贫，是他突出的贡献；

无论是科研还是社会，你总能看到他的身影，他就是万向元教授。

先进事迹

迄今，万向元教授在国内外知名期刊上发表学术论文70余篇，申请授权国家发明专利30多项；审定作物新品种和获得新品种权保护8项；北京市新技术新产品证书6项；并先后获得国家级、省部级科研和人才奖近20项，如：2007年荣获浙江省科技进步二等奖、万向元博士论文荣获“全国百优博士论文奖”和“江苏省优秀博士论文奖”称号；2013 年被评为北京市中关村高聚工程领军人才奖；2014年被评为国家共推计划“重点领域创新团队”（主要农作物生物育种与产业化创新团队）负责人、山东省泰山学者领军人才、北京市海英人才专家；2016年被评为国家“万人计划”中青年科技领军人才、北京市青年拔尖人才团队（作物生物技术育种与产业化应用创新团队）负责人；2017年被评为“北京市平谷区高层次人才工作室负责人”；2018年被评为“北京市特聘专家/北京市海聚工程高层次人才”称号、北京科技大学第五届“研师亦友——我最喜爱的导师”；2019年获得“北京市有突出贡献的科学、技术、管理人才奖”、“学习强国”榜样人物、北京长城网“主题教育”先进个人、北京市科学技术协会创新争先奖。

坚守科研一线，做踏实的“新农人”

万向元教授积极投身科研工作，始终坚守在科研第一线，聚焦种业行业痛点，大力推进关键核心技术自主创新，在我校生物农业新学科建设方面取得了优异成绩。在国内率先启动实施作物第三代杂交育种技术研究，并取得突破性的研究成果。主导并成功建立的玉米多控不育技术体系和玉米通用型显性不育技术体系，作为国际先进水平的关键核心技术，可以解决玉米育种和制种过程中长期缺乏稳定不育系的难题，大大提高我国育种和制种效率，保障国家粮食安全。积极参加北京市与中央高校的“政产学研用”一体化合作，联合发起成立了“北京科技大学平谷生物农业研究院”。该研究院旨在汇聚生物与农业领域国内外顶尖科技人才，打造“农业+大健康”国际一流的创新平台，确保中国粮食安全、食品安全，最终实现健康中国梦。积极开展生物与农业领域的国际前沿研究，形成一批重大科技创新成果并转化应用，着力打造央地融合、理论研究与技术应用结合、“政产学研用”一体化且具有国际影响力的“农业+大健康”科技创新与应用转化中心。

另外，万向元教授早在2009年开始与袁隆平院士合作，联合承担湖南省科技重大专项“超级杂交稻分子育种研究”；2011年后，根据国家粮食安全战略需求，开始聚焦玉米分子遗传与设计育种研究，继续加强与袁隆平院士团队合作，致力于开发玉米、水稻、小麦等作物通用型杂种优势利用技术，已经取得了一批重要研究成果。

北京科技大学生物与农业研究中心、化生学院、融创院及北京中智生物农业国际研究院万向元教授团队与湖南农业大学、湖南杂交水稻研究中心袁隆平院士团队合作，历时10年，在玉米核雄性不育基因ZmMs7的分子调控研究及植物通用显性雄性不育系统的建立与应用评估方面取得了重要进展。相关研究工作得到了国家重点研发计划、国家自然科学基金、国家转基因重大专项、中央高校基本科研业务费、国家“万人计划”人才项目和北京市科技计划项目等联合资助。

在中南海参加国务院关于科技体制改革与“放、管、服”政策落实座谈会，提出三条意见全部采纳，并被采纳在科技部和财政部2019年文件“进一步优化国家重点研发计划项目和资金管理12条措施”中。始终坚守在科研第一线，聚焦种业行业痛点，大力推进关键核心技术自主创新。已主持国家科研项目32项；在国内外知名期刊发表论文70多篇，SCI 总影响因子超过 220，引用次数超1900；申请获得授权国家发明专利35项；培育玉米新品种3个和水稻新品系5个，获批国家新品种权保护证书5项；获得北京市新技术新产品证书6项。

以真诚领发展，做热心的“新农人”

万向元教授始终相信，一个人的进步需要带动更多人，这样才会促使行业发展。他积极服务首都科技发展，积极参加北京全国科技创新中心建设。为了引进国际高端优秀生物农业科技人才，打造集科技创新、成果转化、产业发展于一体的国际化、一体化和市场化融合创新体系，服务北京全国科技创新中心建设，并有效提升北京科技大学生物农业学科建设和优秀人才培养。他推动建立北京市生物农业领域新型研发机构——“北京中智生物农业国际研究院”，并为研究院捐款200万元。建设生物农业科研平台4个：生物与农业研究中心、平谷生物农业研究院、北京中智生物农业研究院、主要作物生物育种北京市工程实验室，极大促进了学校生物农业新学科建设。

为打通“技术研发、产品测试、市场销售、资本助力”全产业链，在海淀区东升镇建立了“中关村首佳利华生命健康产业园”，2017年至今，每年为北科大老师和研究生无偿提供2000平方米试验、办公和生活空间。目前集聚了“生物、农业、食品与医疗等大健康”企业59家。2017—2019年，多次组织北京科技大学老师前往中央办公厅定点帮扶扶贫点光山县，开展科技扶贫工作。积极参政议政，2017年被增选为北京市平谷区政协委员：主要是帮当地推荐优质水稻新品种和玉米高产新品种。活动主题：“不忘初心，牢记使命！科技扶贫，增产增收。”作为北京市平谷区政协委员，积极推动当地生物农业科技人才引进、生物农业相关国际机构分支机构在当地落地建设，为当地生物农业高科技发展献言献策，助力北京

平谷农业科技创新中心建设。

恪守教师准则，做有德行的“新农人”

万向元教授时刻谨记立德树人的责任感和使命感，帮助学生树立攀登科学高峰的自信，敢给他们压担子，提要求。坚守“品质为先、学高为师，身正为范”的基本原则；按照“四有”好教师和“四个引路人”的标准，以身作则，以德育人，润物无声。万向元被评为北京科技大学第五届“研师亦友——我最喜爱的导师”。现已培养国家“万人计划”专家1人（安学丽教授），北京市青年拔尖人才2人（张勇讲师和孙倩博士后）。多次参加国家领导关于政策法规、科技创新、人才引进等方面的座谈会；科技创新创业工作及成果被《人民日报》（海外版）、《中国青年报》、《科技日报》、《北京日报》、北京电视台、北京长城网、学习强国等媒体和近 10个官方认定的微信公众号进行多次宣传报道，总点击和关注量超过5万次。2019年7月22日参加中央政治局委员、中央组织部部长陈希的人才与科技工作座谈会；2019年9月20日，万向元被评为北京长城网的主题教育人物：农业追梦人——万向元；2019 年10月01日，应邀参加70周年国庆现场观礼。

2020 年1月1日，北京市委组织部在北京卫视人才节目“为你喝彩”，报道了万向元在北京创新创业发展的先进事迹；2020 年 1 月 9 日，“为你喝彩”节目，在中共中央宣传部“学习强国”北京学习平台播放，并标为榜样人物。此外，近10个官方认定微信公众号“北京科技大学”“首都人才”“北京组工”“国科科学技术中心”“国科农研院”“BioArt植物”等给予了广泛报道。多媒体、新媒体和微信公众号的相关报道，总点击和关注量超过5万次。

小传

博古通今，满腹经纶。德才兼备，国士无双。蹇蹇三事，师师百僚。数理玄妙，潜心钻研，其果昭昭。立德树人，率先为范。其教之优，山河共鉴。风骨傲岸，品格坚韧，心胸若谷，似竹之高洁，任才高于世，不慕虚名。其学者风范，师者风华，行者风度，同笔墨悠然，书香萦绕。桃李不言，下自成蹊，令公桃李满天下，何用堂前更种花。

大家眼中的他

作为万老师入职北京科技大学后招收的首位博士研究生，我有幸见证了“北京科技大学生物与农业研究中心”的成长与发展。“生物农业中心”在万老师的带领下，以国家需求为导向，力求解决种业“卡脖子”问题，攻克玉米“雄性不育”世界性难题，取得了一系列丰硕的科研成果。窃以为，万老师秉承的“为学以敬，治学以畏”的理念和态度是取得这些成果的基石。求学期间，我深刻感受到了万老师为人、为学、为师的风格——“严谨、严肃、严格”。“学高为师，身正为范”，万老师律己以“严”，严肃对待科学问题，严谨分析实验数据，严格要求论文写作。万老师的言传身教使我对“科学来不得半点弄虚作假”有了更深入的理解。“以铜为镜，可正衣冠；以人为镜，可明得失。”作为学生，吾辈当以万老师为楷模，在今后的学习、生活和工作中“严以修身，严以律己”，方不负万老师的谆谆教诲和殷切希望！

——化学与生物工程学院 化生博17班 朱涛涛

万老师治学严谨，要求严格，循循善诱，科研上要求学生多读多想多做，亲自讲授学术文章的写作技巧，并通过深入浅出的讲解，让我们学生掌握了很多艰涩难懂的知识和技巧。另外万老师还会亲自指导学生课题进展，除做好课题的顶层设计外，还会在一些细节处指导学生，比如文章构图，资料查阅等。另外万老师还会经常带领学生参加国内国际的学术会议，了解前沿植物科学发展，开阔科学视野。万老师在学生生活上也会积极做好服务，包括为学生提供免费的午餐和晚餐，尽可能为更多学生营造优良的办公和实验环境，以此提高工作效率和质量。万老师还会安排专责老师及时了解学生的身心健康发展，积极解决学生遇到的实际工作和生活问题。万老师的学识渊博和认真负责的工作态度极大地提高了学生对科研的热情，是学生一生追求和学习的榜样！

——化学与生物工程学院 化学19班 江易林

万向元老师专业知识渊博，治学严谨；实验室里的他不苟言笑，不怒自威，工作兢兢业业，是我们在科研路上的灯塔，实验室里的榜样。万老师以身作则，对学生要求严格，经常教育我们研究生靠的是自己的自觉性，万老师不只是这样教育我们，他本人也经常工作到深夜，也正是因为老师的严厉要求和以身作则的态度，鞭策着我们不断前行。万老师经常鼓励学生多读文献，多思考，开阔视野，教育我们要时刻关注学科最前沿，多看文章，博学多识，理论与实践结合起来，将科研论文写在祖国大地上。在学生培养方面注重发挥每个学生的特长，对每个学生都有不同的培养计划。生活中，万老师是一个“知冷知热”的老师，督促学生锻炼身体，并且关注每一个学生的心理动态，在万老师的带领下实验室的老师同学力往一起出，劲往一处使。身为万老师的学生，我感到骄傲。

——化学与生物工程学院 化学博19班 房超伟

万老师作为我们的大家长，充分做到了严于律己，给我们做出了榜样。在科研上，他“敢于给学生压重担”，扮演了冷酷的角色。使我们在这条道路上负重前行却收获颇丰，让我们明白了科研是枯燥的，但是到了收获的时候确实是幸福的。他对于我们研究问题的总方向的把握是非常精准的，总能找出我们研究方案方法上的不足；有了地基上的坚实，我们才能在上面建起高楼。在生活上，万老师又是一个有温度的人。他充分考虑我们在生活方面遇到的各种难题，为我们的衣食住行提供有效的帮助；在学生遇到困难时能够及时了解并为我们排忧解难；他为了我们科研顺利地进行去扫除其他的阻碍。万老师通过实际行动使我们的“灯不熄”团队迸发出强劲的动力。

——化学与生物工程学院化博18班 刘欣泽

2019年，我非常幸运地成为万向元老师实验室的一名博士生，在此后的三年多时间里，万老师在学习、科研和生活中，都尽力给我们提供他所能给予的指导和帮助。

在我的博士课题研究过程中，万老师总是能及时指出我在课题进展以及研究方向上的问题，并给予耐心的指导，并且在实验遇到困难时，他都会为我们积极协调，给我们提供了一个非常好的科研平台。万老师也经常会和我们分享他的求学和工作生涯，从学术论文的写作技巧，到科学研究的严谨和创新，万老师都在潜移默化地教导着我们。

在生活中，万老师也总是像一个大家长一样，不管是衣食住行哪一方面，只要我们有困难，他总是会尽力为我们解决。

万老师对工作认真负责的态度以及对科研的追求，是我们学生学习的榜样。

——化学与生物工程学院 化学19班 赵薇

万老师，有着近20年的农作物遗传育种工作经历，是我们眼中的“新农人”。科研上，作为“灯不熄”团队的领头人，他心怀家国担当使命，用科技助力国家粮食安全，始终贯彻把中国人的饭碗牢牢端在自己的手中。他投身科研严于律己，经常工作到深夜，在*Cell*子刊*Molecular Plant*和*Proc. Natl. Acad. Sci. U.S.A.*等发表多篇高水平研究论文。他治学严谨以身作则，是学生们的严师益友，敢于给学生压担子，提要求，亲自指导学生课题进度，要求学生多读多想多做，会经常带学生参加国内外学术会议，了解前沿发展，开阔科学视野。生活上，他待人平和认真负责，十分关心团队的老师和学生，为大家提供免费的午餐和晚餐，为学生营造了良好的办公和实验环境，提高工作效率，深受老师和同学们的喜爱。

——化学与生物工程学院 化学19级 颜廷玮

媒体关注

北京科技大学万向元教授团队与袁隆平院士团队合作成功研发出植物通用型显性不育育种技术，该研究成果于9月9日在线发表于《美国科学院院刊》（*Proc. Natl. Acad. Sci.U.S.A.*）上，我校为第一完成单位，万向元教授和袁隆平院士同为通讯作者，我校安学丽教授、马彪教授、董振营副教授和湖南农业大学副校长段美娟教授为共同第一作者，该成果已于今年8月已经正式授权1项国家发明专利。

习近平总书记高度重视国家粮食安全，并作出重要指示“中国人的饭碗任何时候都要牢牢端在自己手上，我们的饭碗应该主要装中国粮”。当前，在新冠肺炎疫情和国际特殊的背景下，粮食安全对稳定我国经济社会发展的大局极其重要，更是国内“大循环”的底线。作物种业是国家战略性、基础性核心产业，是保障国家粮食安全的根本，是发展现代农业的命脉。种业关键核心技术的创新在粮食增产的各项要素中处于核心地位。

杂种优势利用技术是种业重大关键核心技术。该技术能够大幅提高作物单产、改良作物品质、提高作物抗逆性、增加作物适应性。我国在袁隆平院士率先开创的水稻雄性不育与杂种优势利用的基础上，通过数代科学家的不懈努力，在水稻杂种优势利用及强优势杂交种创制方面抢占了国际制高点，有效保障了国家粮食安全。但截至目前，杂种优势利用的核心环节——雄性不育育种技术，在玉米等作物上仍然受到很大限制，迫切需要技术突破。

万向元教授早在2009年开始与袁隆平院士合作，联合承担湖南省科技重

大专项“超级杂交稻分子育种研究”；2011年后，根据国家粮食安全战略需求，开始聚焦玉米分子遗传与设计育种研究，继续加强与袁隆平院士团队合作，致力于开发玉米、水稻、小麦等作物通用型杂种优势利用技术，已经取得了一批重要研究成果。

此外，北京长城网以“农业追梦人——万向元”为题报道了其先进事迹，并为“主题教育”先进人物“北京卫视——党旗耀京华《为你喝彩》”节目和中共中央宣传部“学习强国”北京平台分别以“新农人——万向元”和“新农人万向元：执着钻研，保障粮食安全”为题，报道了其用科技力量保障国家粮食安全的先进事迹，并标为“榜样人物”。

科技报国，北科大一直在路上！

杨国庆

——北京科技大学『孟子居』团队创始人

杨国庆，男，中共党员，北京科技大学本科生、在读硕士研究生。杨国庆2015年至今积极投身创业扶贫活动，组建孟子居创业团队，前往贫困地区进行公益创业扶贫。其曾作为执笔人之一给习近平总书记写信，并收到了习近平总书记回信。杨国庆的创业扶贫事迹三次受到中央电视台《新闻联播》节目报道，《人民日报》两次报道。

杨国庆为贫困地区农民带去的不仅仅是技术与财富，更是知识，是意识，是思想；作为班干部，本硕连续带领班级取得本科北京市“我爱我家”十佳班集体、研究生标兵班级；积极学习，获得研究生学业一等奖学金；投身科研，有3项实用新型发明专利；爱好广泛，是围棋国家二级运动员，杨国庆用实际行动践行着祖国的六有青年。

颁奖词

满腔热血洒入中华大地，家国情怀烙进奋斗青春，杨国庆以赤子之心回馈家乡父老，他以互联网思维助力困难群众创收，他用双脚走出村民致富路，他用双臂扛起青年应担责，大好青年，不负韶华，大好青春，不负国家！

先进事迹

扎根邹城——立志帮助家乡农民脱贫致富

扶贫是一种精神，也是一份初心。杨国庆出生在山东省邹城市城前村，从小的农村生活经历让杨国庆对农村有着深厚的感情。“孟子居”名字取自孟子故里——山东省邹城市，立志帮助家乡农民脱贫致富。

团队成立之初仅仅有3人，为了帮助家乡农户销售农产品，团队在2015年前往电商龙头企业“三只松鼠”公司进行调研考察，经过十余次的交涉，团队终于迈进“三只松鼠”的大门，此次考察也为今后数年的产品帮扶打下基础，团队根据从“三只松鼠”取的经回到山东针对本地农户进行帮扶。

在过去的5年里，团队每年都会组织北京科技大学及其他高校同学前往邹城市进行实践帮扶，深入贫困户走访调研，与邹城团市委、山东鲁西南电商产业园形成了长期的合作对接关系，帮助山东农户设计了花生、绿豆、红枣、核桃等十余种产品包装，帮助其获得了60余万元的销售额。2019年4月，团队与山东省农科院花生研究所签署“高油酸花生品种引进与示范应用”项目合作协议，为山东农户提高种植技术，帮助农户增收。

对口秦安——打造“苹果树之恋”助力扶贫

2016年暑假，在了解到北京科技大学对口扶贫单位秦安县的现状后，杨国庆当即组建“北京科技大学甘肃省秦安县农产品电商扶贫实践团”，带队前往秦安进行为期2星期的社会实践。实践中，他看到了秦安果农的辛勤劳作，每天凌晨四点起来摘果子，团队成员问果农：“卖不掉的果子怎么办？”大爷大妈回答说：“卖得掉就卖掉，卖不掉就撂掉，没（mò）办法啊。”看着大爷大妈全是茧子的双手和满脸无奈的表情，他决定一定要为他们做点什么。

回到学校后，杨国庆带领团队成员马不停蹄地策划如何帮秦安县果农销售农产品，最后提出了认购苹果树的想法。在12月9日，团队发起了北京科技大学“12·9苹果树之恋”活动，号召129个团支部认购来自秦安贫困户的129棵果树，依托一二·九历史事件，在新时期以不一样的形式奉献祖国。

之后，在团队的不懈努力下，联系了北京科技大学管理协会与甘肃省秦安县华园果业有限公司，联合举办公益营销大赛，帮助秦安县地区贫困户销售苹果，两年的营销大赛共有60余支团队300余人参加，销售额达20余万元，成功帮助当地8户贫困果农脱贫。

目前，杨国庆已经连续4年6次带领团队前往秦安县进行实践帮扶，与当地农户形成了如同亲人般的紧密合作关系，累计给秦安果农开办电商培训十余场，帮助秦安贫困果农销售农产品40余万元。杨国庆给当地农户带来的，不仅仅是经济的帮助，还有知识、意识、思想的帮扶。其中一位果农说：“我最感谢孟子居创业团队的不是帮助我多销售了几千元，而是教会了我用微信跟女儿说话。”

筑梦延安——努力请习近平总书记吃扶贫产品

2017年4月和7月，杨国庆来到革命圣地延安参加了教育部主办的“青年红色筑梦之旅”活动，了解到习近平总书记当年“捅开陕西第一口沼气池”“扛二百斤麦子，十里山路不换肩”的事迹，十分震撼，十分感动。活动结束后，杨国庆作为执笔人之一给习近平总书记写信，汇报了在延安的学习心得，惊喜的是，竟然收到了习近平总书记的回信！

2017年8月16日和10月29日，《新闻联播》两次报道了孟子居创业团队的创业扶贫事迹，杨国庆也在节目中展示了针对延安策划的“五枣俩核桃”扶贫项目，并在节目中说道：“希望习近平总书记能够吃到我们在延安扶贫的核桃和红枣产品。”

至今，团队完成了“五枣俩核桃”项目的营销策划、包装设计，针对延安的“五枣俩核桃”公益扶贫项目申请成为国家级SRTP创新创业项目，团队也在继续帮助延安果农制定“梁家河”果树DIY扶贫计划。团队总计7次前往延安进行志愿帮扶，与30余户农户对接，帮助延安的农户销售核桃、红枣、苹果等农产品达40余万元。

小传

齐鲁英才，立志报国，连年苦学，为乡谋福，激烈之志，奋进求索，乃有孟子居。数年来，累为父老售三百余万元，贡献甚广，为贫乏之农带者，非徒数与财也，尤知识，神，心也。

文武双全，博学善弈，潜心科研勇创新，不畏艰险敢登攀。赤心诚诚，为国为家甘愿白首，潜修默默，为人为己不忘初心。

大家眼中的他

我在杨国庆同学大二时就与其相识，同时担任杨国庆同学硕士研究生导师。其间，杨国庆同学积极将创业实践与学术结合，扎根中国大地，了解国情民情，每年都带领学生前往边远山区、农村地区，积极用自己的科研成果解决脱贫攻坚、乡村振兴中的实际问题，做到把学术论文写到中国大地上，真正一定程度解决了国民社会中的实践问题。“不闻不若闻之，闻之不若见之，见之不若知之，知之不若行之”，将《荀子》里的一句话与你共勉，希望你携着经济人的特色和风采，到中原大地，去云川边疆，经历知识和实践相结合的洗礼，肩负中国青年的社会使命，助力乡村振兴这艘大船的扬帆起航！

——北京科技大学教授 王未卿

来自孟子故里而心向四方，学于满井乐土而求实鼎新。杨国庆从学生时代到工作时期，从团支部书记到团队创始人，热爱生活，有情有义，追求科学，始终满怀青春热血和知识技术投入探索乡村振兴之路。7年来，他带领孟子居创业团队从0到1，从小到大，涓滴细流日益汇聚成河，公益梦想终得点亮成真。创业之路注定崎岖不平，但他偏偏是那初生牛犊，赤子心，家国情，科学精神与报国理想如红日之火，点燃他心之种。他将学术理论与创业实践相结合，推陈出新，招来全国同路人，结伴踏过千山万水。他是名副其实的"全国乡村振兴青年先锋"，也是新时代的大学生党员榜样。愿你继续争做"听党话、跟党走、有理想、有本领、具有为国奉献钢筋铁骨的高素质人才"！

——北京科技大学教师 邓张升

"展科学精神，做自己的英雄"是杨国庆的座右铭。七年来，杨国庆带领"孟子居"创业团队脚踏实地、攻坚克难，深入千家万户，从精准扶贫到乡村振兴，探索建设社会主义新农村的道路。一直以来，杨国庆身上的"标签"就是"爱折腾"，他总会产生一些创新想法并付诸实践，有着积极探索、刻苦钻研的良好品质。七年里，杨国庆从一名大学生到现在的辅导员角色，心中的情怀和坚守一直没有改变，在辅导员岗位上，依然热衷于创新创业工作，带领并指导在校生参与创新创业活动，用心诠释青年使命，实干彰显青年担当。

——北京科技大学教师 戈誉阳

作为老杨的室友，与老杨相识于2018年秋天的管庄校区。虽然各种帅哥见得多了，但初次见面，老杨的帅气面庞着实还是让同宿舍的金融研18班"吴彦祖" & 金融研18班"彭于晏"感受到了极大压力，一个"帅"字此刻体现得如此具象，连我都要避其锋芒。

随着相互了解的逐步深入，我们开始了解到老杨帅气面庞下炙热的乐于助人的内心。管庄校区打印材料很不方便，老杨在宿舍购置了打印机为同学提供打印服务。每周往返管庄与本部组会时，老杨积极与同学联络行程。老杨在认真工作，学习的同时还格外关心同学，多次策划班级活动。利用自己身为帅哥带来的巨大号召力，为班级带来了丰富的课余生活。如今，研究生活过去了，老杨又帅了，但不得不说，我非常怀念那段时光。

——北京科技大学学生 江彦辰

杨国庆热爱祖国，热爱生活；热衷实践，乐于探索；能够积极接触新鲜事物，具有较强的执行能力。在北京科技大学学习、工作的岁月里，他团结同学，成立了孟子居创业团队，他坚持实践育人的理念，每年都带领北科学子有序参加社会实践必修课和创新创业竞赛。他怀抱扎根乡土的信念，把助力乡村振兴作为自己的追求。他奔走在科技助农的一线，积极带动身边各专业同学将科技落地，将科研做在祖国大地，为农业农村发展插上科技的翅膀。

杨国庆是有理想、有道德、有文化、有纪律的新时代青年，也是青年学子成长的榜样。

——北京科技大学学生 徐坤亮

早对这位曾给习近平总书记写信的青年创始人有所耳闻，而在2019年加入孟子居创业团队后，我方才对杨学长有了更多的了解。2015年，他创立孟子居创业团队，参与扶贫，建设家乡。到如今已是七年时间，他仍初心不改，热情不减。他告诉我们，真正意义上的帮扶贫困地区，不仅要扶贫，更要“扶智”和“扶志”，只有为农村带去知识与技术，才能激发贫困户发家致富的志气；做社会实践，应当从需求出发去找技术，要充分发挥大学生的专业知识与才智创新农业科技，努力让贫困农村变成“智慧农村”。正是他从始至终、不忘初心的满腔热忱和积极行动，感染和带动了我们一批又一批青年学子投身于祖国大地的社会实践中去，服务人民、奉献社会。他亦常常结合自身经历，在学业规划、社会实践、创新创业等方面给予我们以教育和引导，为学生们的学业和人生规划提供了有意义的帮助。年复一年，接续奋斗，杨国庆带领和引导我们大学生践行初心使命，增强自我认知和服务意识，坚定自觉地投身到发展中国特色社会主义伟大事业中去。

——雷思淇

媒体关注

杨国庆：电商扶贫很“烧脑”

《水浒传》里有个“智多星”吴用，他足智多谋，带着众多梁山好汉“一起搞事情”。北京科技大学“孟子居”创业团队的创始人杨国庆，也是团队里的“智多星”。他率领一群大学生深入贫困农村帮农民网上卖土特产。团队中的人都称杨国庆为老杨，这个从山东邹城农村走出来的95后大学生，调侃自己科技扶贫的方法论是“老杨定律”。

“双创”热潮席卷校园，杨国庆的创业梦也被点燃了，这个初出茅庐的小伙子，琢磨着卖家乡邹城的土特产。他风风火火地拉着宿舍几个同学一块参加校园营销大赛。周围人不看好他们：科技大学的学生不去研究无人机、机器人，偏偏卖起农产品。评委们也毫不留情泼冷水：你们光有热情，没有行动。坚果零食的市场已经被龙头企业垄断了，东西往哪卖？

将电商和扶贫结合是杨国庆大学生创业团队的首创。

2016年，杨国庆的暑期社会实践在甘肃秦安。“这辈子没吃过这么好吃的桃子”，20多个小时的颠簸后，杨国庆形容第一次吃到秦安的桃子的感受，喝到的一口咸水又把杨国庆拉回现实。原来，当地净水成本高，村子的水都是咸的。农户要凌晨3点多起床，4点摘完桃子，村口已经有拉货的车等着，这样才能保证早上就能运到城里的农贸市场。考虑到桃子储存不易，秦安的红苹果成了扶贫主打产品。杨国庆要了贫困户的名单，锁定了秦安最困难的8个贫困户，实现“精准扶贫”。先付订金再拿货，农民再也不用起早贪黑地摘苹果了。贫困户的信息发布平台上，保证公开透明。

2016年，学校举行纪念“一二·九”活动时，杨国庆发起了“12·9苹果树之恋活动”，全校129个团支部认购秦安贫困户的果树。2017年，杨国庆去了延安，延安贫困户的特色核桃、狗头枣被团队收入囊中，“五枣俩核桃”营养计划应运而生。

每年，杨国庆都会带着团队到各地贫困村调研，帮助他们把特产做成响当当的品牌。杨国庆不仅搭上了互联网电商的快车，还当上了司机，将电商便利送到贫困农民家门口。

云南凤庆县的红茶声名远扬，但当地农民生活依旧贫困。村民们不懂“互联网思维”，误会杨国庆是来“搞倾销的”，要向自己卖东西。为了说服他们，杨国庆自己买了几斤茶叶，挂到网店上卖出了个好价钱，村民们看到快速上涨的销售额，才放心地把自家的产品交给他。

杨国庆虽然在农村长大，但是从小就有了“商业头脑”。刚上幼儿园时就卖过泥巴捏的“葫芦娃”“小坦克”，长大了，跟着父母进货，杨国庆就敢在集上摆地摊吆喝卖东西。大概是从小到大做了10多年的“生意人”，让杨国庆既能看准市场，又不好高骛远。

杨国庆说，创新的核心是行动，但是周围的同学大多都是在城里长大的，根本不知道农村的真实情况。怎么才能让同学们一起跟着“科技扶贫”？杨国庆领着100多名同学去农村实地调研，调研之后团队小伙伴有了干劲，纷纷拿出自己的看家本领，或是设计宣传，或者做文案。

电商扶贫，杨国庆乐在其中。

杨国庆爱看书，但他不咋看互联网的书，因为“写的都是成功的例子，失败的经历才是最有价值的”，杨国庆伸出三根手指晃了晃，“大学生创业成功率只有3%”。从指导老师到创业者、投资人，他们都告诉杨国庆“创业失败是常态”。所以，杨国庆组建创业团队初心是“公益”，他希望，以后能有一批接着一批的大学生加入到科技扶贫的队伍里。

今年，杨国庆以专业第二的成绩考上了北京科技大学的金融学研究生。“考研时，你的身体最多只能保证你学习10小时。”杨国庆说，所以，吃饭、走路、睡不着觉的时候，都被杨国庆拿来“烧脑”。

其实，考研也是为了更好地创业，杨国庆想学些财务方面的知识，“有时候投资人嘴里蹦出的专业名词，听不懂，还得回头上网查”。

杨国庆做事要的就是这一份脚踏实地。

——《中国青年报》

吴继庚

——北京科技大学教授

吴继庚，男，汉族，1940年9月出生。1964年毕业于北京钢铁学院（现北京科技大学）冶金机械专业，1969年11月加入中国共产党，后留校任教。曾编写《实用数值计算方法与程序》等书籍。

2007年起吴老师开始尝试为老同志开设计算机课程。2010年，北京科技大学老年大学成立，吴老师进一步推进教学效果，先后担任计算机应用、智能手机专业教师。目前授课时间累计长达600余小时，课程受众量已达600余人。2019年起，吴老师资助甘肃秦安贫困学生一名。

2011年获北京科技大学“优秀共产党员”荣誉称号；2012年被北京市教育工委授予“北京高校离退休干部老有所为先进个人”称号；2019年再获北京科技大学“优秀共产党员”荣誉称号；2020年入选北京科技大学“感动北科”十大新闻人物。

颁奖词

三尺讲台坚守初心，四季耕耘银发华章，鞠躬奉献师德璀璨，桃李遍地芬芳四溢。

他是在讲台上一丝不苟的红烛，不去追寻南山的悠闲，粉笔勾勒教书光阴。

教书人一转身，一如温暖的风如水，清澈而优雅。

他将生命延长，再购一张人生的新船票，再启人生新征程！

先进事迹

不慕南山，乘风破浪

走进北京科技大学的铭德楼老年大学里，近百名老人聚精会神地盯着黑板。他们一边微笑着在课堂讲义上补充笔记，一边仔细确认讲述的内容。而为他们细心讲解这些内容的，就是吴继庚老师，一名来自北京科技大学的退休教师。

吴继庚在1964年于北京钢铁学院冶金机械专业毕业，后留校任职。三十六载里，他是首批接触计算机的教授，他主讲多门课程，主编两本教材，培养数十名研究生。

三十六载时光悠悠，他总是一丝不苟地潜心钻研着，当他回忆起从前的自己时，他说道："那个时候我穿得太随便啦，但是我讲课从不随便！"那是他对自己工作的尊重，这样的态度让他赢得了无数师生的称赞，开发的软件程序也受到了用户们的好评。

2000年，年满60岁退休的他没有享受"慢节奏"的生活，而是继续站在那三尺讲台躬耕于教书事业。60岁的他开始了新的人生角色——老年大学的教师。站在那间多媒体教室内，仿佛回到了第一次任职的时候，回看当年时，坚守当初心。

他笑着说："不懂就搜，我早就习惯了玩命地干！改不了！"这样的他瞬间俘获了学生的心，在他不断更新自己知识的同时，也不断地更新着生命的篇章。

还记得，他自1978年进入计算机专业领域，自主学习刻苦钻研使得他将计算机硬件和软件知识牢牢掌握。当21世纪的快车带来了新时代新科技，智能化成为时代的潮流时，很多老同志跟上时代，却没有合适的机会。吴继庚作为1969年入党的"老党员"，决定继续发光发热，帮助老同志搭上时代的快车。他将自己掌握的知识发挥转化，开展计算机相关的课程，满足身边人的需求。

于是他就这样开启了60岁的新旅途，60岁的新征程里，悠然南山下变成了乘风破浪时，他再一次将人生的意义延长，再一次为人生购买一张新船票。

上下求索，唱响生命

“当你服务他人的时候，人生总是充满幸运和幸福的。”这是他作为党员所坚信的，也是他作为出色的中国共产党所奉行的。

于是，2010年到2019年间，吴继庚先生围绕老年大学实事求是、实用实践的理念，设计开展课程。十年里，为了适应程度需求，他分别开设了初级班、中级班和高级班十期计算机课程，不仅为大家讲述计算机的基础知识、文字编辑，甚至还有会声会影、QQ应用、PS等应用方式。2019年，他又新开设两期智能手机使用课程，为大家讲授微信上网、手机支付、手机视频制作等课程。为了搞好教学，他自编讲义、制作课件光盘、录音录像，全程全方面地完成了适合老同志的教学课件。与此同时，他还对自己每一期课程进行总结和记录，对自己的授课内容进行修改和更新。

他常告诉自己的学员，我们可能不会用到网络缴费，但是我们需要知道现在世界的样子，提高我们自己的生活品质。

2019年，吴继庚先生已经79岁了。已近耄耋之年的他依旧坚守讲台，授课时间已经超过600小时，课程受众也已经超过600人。他回忆起2010年的往事时，说道：“2010年的时候，一半学员比我还大，还有我的老师。到了2019年就只有四分之一比我大，我一定要认真上好每一节课，努力充实大家老年生活的精神世界，让大家过快乐而有意义的晚年生活。”

萧伯纳说，“人生不是一支短短的蜡烛，而是一支暂时由我们拿着的火炬。我们一定要把它燃得十分光明灿烂，然后交给下一代的人们”。

吴继庚先生拿着火炬，用生命唱响一曲悠长的歌，璀璨的生命之河静静地流淌着，一如他这十年的坚守，光明闪亮、灿烂动人。

赤色誓词，永存心间

吴老先生总是谨记自己是一名中共党员，既然是党员，就应该为人民做贡献。

他说，“自己在这个小院六十年了，让小院里的老人们增加乐趣，又保持脑力，努力实现健康长寿，提高思想修养就是我的服务宗旨”。然而，由于常年劳累，2011年他患上了严重的带状疱疹，常常疼痛难忍。身边的人劝他好好休息，他却拒绝了大家的好意。他说自己作为一名教师，就算带病也要坚持上课。总有人问他，你图什么。他总是笑着告诉大家，“我不要名，更不要利，我要的就是和大家一块儿学到最后，带着新时代老人终身学习的精神气儿。这样做就是为了让老年人提高自身生活水平，保持身体健康，陶冶性情，实现双丰收”。

爱是自然流露出来的奉献，像一根蜡烛，点亮自己又能照亮他人。

他的学员说，在这个时候碰到这样的老师无疑是幸福的。这十年来，不管外在抑或内在因素如何变化，他从没缺席过一节课。不管在课堂上还是生活中，他为人随和亲切，乐于帮助每一个人，把温暖带给所有人。他捧着一颗心来，不带半棵草去。在不同时期发挥党员的榜样作用，是我们共产党员的楷模！

吴老师说，我是一名共产党员，就不能忘记入党誓词80个大字，也不能忘记“为人民服务”这五个金光闪闪的大字。而说到“初心”，吴老师说：各条战线上的人们，都在为党为国献身、工作。我要向他们学习；发挥共产党员的先锋模范作用，时刻不忘入党誓言的80个大字；不忘初心、牢记使命，要自觉地为党、为人民服务。他在三尺讲台上挥洒着自己的汗水，他把生命中最好的年华奉献给了科大，他也把自己的余热挥洒在老年大学，他的无私、他的奉献、他的敬业得到了大家的一致认可，并于2020年入选北京科技大学“感动北科”十大新闻人物。

这样一位人民的党员，这样一位人民的教师，在老年大学的讲台，十四载默默耕耘。精编讲义，自制课件，激情授课，热情答疑，不辞辛劳，不计报酬，坚守四季，病痛不辍。三尺讲台坚守初心，四季耕耘银发华章，鞠躬奉献师德璀璨，桃李遍地芬芳四溢。

八十字的入党誓词，是新党员向党许下的郑重承诺，较之于其他承诺，在党旗的见证下最庄严、最神圣，也彰显着共产党人的初心和使命。

吴继庚先生做到了，那八十字的誓词，如红星般闪烁于他这数年坚持不懈的教书岁月，如一首温暖的歌，流淌回响于我们的心中。

小传

继事学府，晚岁耕深。勤学入世，无问岁庚。裼裘而来，不衫不履，科研精深，不究巨细。胸怀崇志望登稔，心中云水任阅川。驻足今时，悬车日至无退意；回首故岁，踌躇志满入杏坛。初心不改，难为克终，终身以之，切敬景行。

大家眼中的他

在这个时候碰到这样的老师无疑是幸福的。这十年来，不管外在抑或内在因素如何变化，他从没缺席过一节课。不管在课堂上还是生活中，他为人随和亲切，乐于帮助每一个人，把温暖带给所有人。每次上课，我的问题总是能得到及时解决，无论是基础操作还是各个软件的应用，老师总能用最简易的方法教会我们。在这样的课堂里，我感觉自己在老师的带领下不断地跟上了新时代，也变得愿意发现新时代中的新事物，这对我来说无疑是这节课带给我的最大的收获！

——退休职工、原人事处处长 孙学忠

吴老师不仅在教学中十分认真，而且在科研上都有非常突出的成就。在备课过程中，他特别认真负责，无论是课件还是课上播放的视频，他都自己完成制作，保证将课程知识传达给同学，让大家完全掌握这些知识。他将难以理解的操作用简单明了的方式表达出来，让同学们豁然开朗。在答疑解惑中，他也十分有耐心，只要是有一点问题，吴老师绝对会帮你解决。他默默地为大家服务为大家付出，将每一件事情都落到实处。他能够在退休之后继续担任老年大学的讲师，也是牢记党的精神。在不同时期发挥党员的榜样作用，是中国共产党的楷模！

——退休职工、原关工委副秘书长 许炳春

吴老师在各个方面都很优秀。因为这样的优秀，他也获得了许许多多的荣誉。在2011年他获得北京科技大学“优秀共产党员”荣誉称号，又在2012年被北京市教育工委授予“北京高校离退休干部老有所为先进个人”称号。2019年，他又获北京科技大学“优秀共产党员”荣誉称号；2020年，他入选北京科技大学“感动北科”十大新闻人物。这些成就，都离不开他的严格律己，他在退休期间为老同志开设计算机课程，已经非常值得赞扬。而2010年，他为了进一步推进教学效果，先后担任计算机应用、智能手机专业教师。大家都知道，吴老师已经授课长达600余小时，这可不是一个小数字，这个数字是他年复一年日复一日的坚持，是他坚持中国共产党奉献精神的体现。他的课程受众已达600余人，大家都从他的课程获益良多。他才是真正做到了“春蚕精神”的人！

——退休职工、原离退休职工工作处副处长 庄心怡

当我知道吴老师在2019年资助了一名秦安贫困学生的时候，我深受感动。我发现吴老师的仁爱之心是如此的深沉、如此的伟大。他在人生的旅途中做了太多让人感动的事情，这一件件一桩桩事情累积成了我们对他的敬佩之心。大家都知道，他在60岁开启人生的新征程，不仅担任新课程的老师，还教会了一批又一批的新同学，这是多么伟大的决定啊！为了搞好教学，他自编讲义、制作课件光盘、录音录像，全程全方面地完成了适合老同志的教学课件。这些我们都看在眼里，暖在心间。与此同时，他还对自己每一期课程进行总结和记录，对自己的授课内容进行修改和更新。这让同学们在此期间不断跟随时代，从不落后一分一毫。我坚信，无论是我们还是那位被吴老资助的学生，我们都深深敬佩着他，也深深被他感动。他始终调动着我们的积极性，我们也愿意与吴老一

起，跟上时代的潮流！

——退休职工、原后勤科教服务中心 王玉凤

吴老师说过，他是一名中共党员，他会时刻记得入党誓词那80个大字。在我看来，他真正做到了这80个大字，任职期间他就编撰了《实用数值计算方法与程序》等书籍。退休之后，他仍然不忘记这80个大字，他继续任教，不求名利，只求和大家一起学习一起奋斗，他身上一直有一股新时代老年人终身学习的精神，他不仅让老年人提高了自身的生活水平，更是让大家在身体健康和陶冶性情两个方面实现双丰收。他说他会向各条战线的人们学习，他会一直不忘初心、牢记使命。而真正有意义的是，他做到了这些，他自己就是这种精神的楷模，他自己就是先锋者。在为人民服务这条道路上，他把最好的年华奉献给了北科大，他也将自己的余热挥洒在老年大学的课堂上，他的无私奉献、敬业认真得到了大家的一致认可，我们也都会向吴老学习，为人民服务！

——离退休职工党委副书记、离退休职工工作处副处长 刘淑红

在他任教期间，整整三十六年，他总是一丝不苟地潜心钻研。他那时穿着朴素，但是他说，“那时我穿得太随便啦，但是我讲课从不随便！”是啊，那时的他是认真的、是敬业的，他对自己的工作，总是饱含热情与尊重。这样的态度让他总是能获得无数师生的赞赏，开发的软件程序也是广受好评。让我们更敬佩的是，在2000年，他虽然已经年满60完成退休，但是他没有选择南山之下的慢节奏生活，而是坚持继续教书，在三尺讲台上，永远能看到他的身影。60岁的他开启人生新角色，那一刻我们为之感动，深受鼓舞。站在多媒体教室内，他真的没有辜负任何一个坚守初心的约定和原则。作为老年人新时代的引领者，他是伟大的，是值得学习的！

——老年大学办公室主任 侯佳

媒体关注

吴继庚老师兢兢业业，在职时曾编写《实用数值计算方法与程序》等书籍，工作中吴老师先后获国家及学校多项奖项。

2007年起吴老师开始尝试为老同志开设计算机课程。2010年，北京科技大学老年大学成立，吴老师进一步推进教学效果，先后担任计算机应用、智能手机专业教师。他勤于思考，亲手制作适合老同志的教材、课件。他敬业奉献，带病坚持给学员们上课。大家在他的带领下受益良多。疫情期间，吴老师仍每天在微信里为老年学员们答疑解惑。目前他的授课时间累计长达600余小时，课程受众量已达600余人。2019年起，吴老师资助甘肃秦安贫困学生一名。

他在三尺讲台上挥洒着自己的汗水，他把生命中最好的年华奉献给了科大，他也把自己的余热挥洒在老年大学，他的无私、他的奉献、他的敬业得到了大家的一致认可。2011年获北京科技大学“优秀共产党员”荣誉称号。2012年被北京市教育工委授予“北京高校离退休干部老有所为先进个人”称号。2019年再获北京科技大学“优秀共产党员”荣誉称号。2020年入选北京科技大学“感动北科”十大新闻人物。

他的学员说，在这个时候碰到这样的老师无疑是幸福的。这十年来，不管外在抑或内在因素如何变化，他从没缺席过一节课。不管在课堂上还是生活中，他为人随和亲切，乐于帮助每一个人，把温暖带给所有人。他捧着一颗心来，不带半棵草去。在不同时期发挥党员的榜样作用，是我们共产党员的楷模！

吴老师很少笑，他却总能让你感受到他柔软的心，让你会心地笑。这份温暖不像娇艳的阳似火，却像温暖的风如水，清澈而优雅。他在三尺讲台上挥洒着自己的汗水，他把生命中最好的年华奉献给了北科大，他也把自己的余热挥洒在老年大学，他的无私，他的奉献，他的敬业得到了大家的一致认可。

原机械系教授刘淑春、原冶金研究设计院高工陈维和原校医院医生谢影都是吴老师的忠实“粉丝”，“我们上班的时候信息技术行业没这么发达。退休后从计算机初级班、高级班到现在的手机班，一直跟着吴老师。他的课程永远是那么充实，我们很喜欢上他的课程，感谢他带着我们跟上时代的脚步！”87岁的刘慕怡老师说道，“虽然我曾经是教授，但是在这里我是从头开始。2007年开始，我跟着吴老师到现在，电脑和智能手机都会用了。能跟上时代，我的心情是舒畅的，自然就健康了。能多动脑，多研究，我的精神世界是充实的，这是我永葆青春的秘诀！”76岁的吴长顺老师，是这个班级最年轻的学生，他说，“我是1960年来到钢院，1976年在干校认识了吴老师，现在终于又跟着吴老师用上智能手机。我现在记性不大，忘性不小，吴老师的课针对老年人的设计太好了，让我全面了解智能手机的神奇，更让我和孩子之间的交流方式多了起来！”83岁的郭学策，一位转业到钢院的老士兵说道，“一个人一辈子做一两件好事不难，难的是一辈子都在做好事。从年轻到现在，他一直在无私奉献，总是牺牲个人时间，甚至动用全家力量，春节都在整理、装订讲义。遇到这样的老师，是我的幸运！”

吴继庚，一个普通的北科大退休教师，用他那颗永远奋进、永远热诚的心，带领着众多老同志们一起不断学习，努力与时代同步前进，这种不平凡的付出，带给我们无尽的感动、无尽的钦佩！

大学英语系党支部

——首批教育部样板支部

北京科技大学大学英语系党支部，以中青年女教师为骨干力量，主要肩负北京科技大学本科生的大学英语教学任务，开设了共计9000多学时必修课和38门全校公选课。支部现有党员30人，教授2人、副教授13人、高级讲师2人，平均年龄不足40岁。

团队先后荣获北京科技大学第一批“标杆党支部”“北京科技大学十佳党支部”；支部所在系所先后获评“国家级及北京市精品课程”、“北京市优秀教学团队”、校“先进集体”、“师德先进集体”等荣誉称号，2018年支部所在的大学英语系教学团队荣获“北京市高等教育教学成果二等奖”。团队的突出事迹曾报送教育部“师德建设优秀工作案例”。2018年，团队入选首批“全国党建工作样板支部”建设项目。

颁奖词

学高为师，身正为范；一心育人，桃李芬芳。立德树人呕心血，砥砺创新树典范。

似傲骨嶙峋的梅花，率先垂范、律己奉献是她们的信条；似温暖和煦的春风，立德树人、因材施教是她们的准则。党建教学并蒂花开，课程思政润物无声，创新思想硕果累累，桃李不言，下自成蹊。

先进事迹

苏轼曾言道:“古之成大事者,不惟有超世之才,亦必有坚忍不拔之志。”自古以来,有“苟利国家生死以,岂因祸福避趋之”的豪情,有“横眉冷对千夫指,俯首甘为孺子牛”的奉献,有“天下兴亡,匹夫有责”的抱负。但同样也为“红霜须于闺中阁,凌梅无畏寒中立。谁许女子茌与阁,莫令巾帼逍一回”的女子的温柔强大所感动。北京科技大学外国语学院有这样一个集体备受关注,她们全部由美丽优雅的中青年女教师组成,是师生眼中的“铿锵玫瑰”。但就是这样的一支“娘子军”却为立德树人呕心沥血,用一流的本科教学服务于全校各学科,取得了累累硕果。她们先后获得北京科技大学第一批“标杆党支部”“北京科技大学十佳党支部”;支部所在的系所先后获评“国家级及北京市精品课程”、“北京市优秀教学团队”、校“先进集体”、“师德先进集体”等荣誉称号。该团队的突出事迹曾报送教育部“师德建设优秀工作案例”,并于2018年入选首批“全国党建工作样板支部”建设项目。这个团队就是外国语学院大学英语系党支部。

若以竹来形容君子,梅则是女子的真实写照。漫步梅园,立于花影飞雪之间,恍若隔世遥云,浮游仙境。百树梅花,竞相绽放,或傍石古拙,或临水曲斜,那秀影扶风的琼枝,那暗香充盈的芳瓣,无须笔墨的点染,却是十足的诗味见酣。温婉而又坚强,亦是北京科技大学外国语学院英语系党支部最真实的写照。团队以中青年女教师为骨干力量,朝气蓬勃、团结奋进,“以绿叶的情怀教书,以高尚的师德育人”是她们工作的核心,也是她们为人为师的崇高理想。

“学高为师,身正为范”,她们用青春年华阐释了“师”“范”的真正内涵。作为基层党支部,团队始终不忘初心、牢记使命,团结奋进,全力配合系所推进党建+教学+互联网的立体交互深度融合,实现基层党建与课程建设的“并蒂花开”。桃李不言,下自成蹊,这如梅一般的老师,宛若知己,将温暖的瞬间凝望成永恒。“零落成泥碾作尘,只有香如故”,哪怕碾作尘土,也会记得她翩然离去的背影；哪怕繁华落尽，也会永恒留存她淡淡的幽香。

“率先垂范、律己奉献”一直是大学党支部核心的行事准则。这种准则体现在日常教研中党员的率先垂范、无私奉献，体现在困难重担前党员的勇于担当，团结奋进。为了促进系所的和谐发展，支部党员除了完成繁重的本职教学工作，还额外承担了大量的教辅工作。为了帮助学生提高英语听力水平拓宽视野，她们主动承担了英语网络资源库的建设，搜集整理了大量资料，丰富了教学内容。为了适应时代的步伐，党员教师们率先垂范，利用休息时间带领大家开发完善了网络教学管理平台并且建设适合四、六级考改要求的试题库。在支部党员的支持和带动下，大学英语系所有的工作都围绕着“以学生为本，提高英语教学质量”的目的，齐心协力建设团结奋进、务实高效的和谐系科。多年来，大学英语系的教学质量一直稳居全校前列，学生评教均为优良。“率先垂范勇于担当，凝心聚力共谋发展”，师者风骨，贤者风骨，智哉也。

《师说》一文曾言道：“师者，所以传道授业解惑也”，老师在学生了解世界，建立正确的价值观、人生观、世界观等方面有着尤为重要的作用。“立德树人”一直以来都是教研人员所坚守的信条。在传道授业的道路上，支部依托所属系所面向全校学生开设公共课的广阔平台，以“国际视野下的基础教育”为突破，不断探索建立有效的课程思政体系和模式，在润物无声间将思想政治工作贯穿于教育教学全过程，发挥“三全”育人的优势作用。支部引领教师根据课程类型、教学对象、教学内容、教学手段的不同对现有课程体系和教学资源进一步完善和优化，探索“课程思政”教育过程的科学化、规范化建设；深入挖掘课程蕴含的思政元素，融入家国情怀、法治意识、社会责任、人文精神、仁爱之心等要素，实现知识传授与价值引领相统一、教书与育人相统一；发挥资深教师和优秀党员教师的辐射作用，带动系所全体教师提升整体思想理论水平和道德素质建设；打破时间和空间的限制，利用小学期举办的语言文化夏令营和辩论、演讲、电影配音等丰富多彩的第二课堂活动多维度、全方位实现课程思政与教育教学的深度融合，将“课程思政”“立德树人”与“能力提升”有机融合，拓展学生国际化视野的同时也增强了学生的民族自豪感和文化自信。2019年英语夏令营学生参与人数多达1700名，覆盖全校14个学院的53个专业，学生满意率高达97.44%。教研此程，如栉风沐雨，潜移默化中铸造了正确的价值观、人生观、世界观，取得了党建教学“并蒂花开”。

高尔基曾说过：“如果学习只在于模仿，那么我们就不会有科学，也不会有技术。”“育人为本”的工作理念是大学英语系各项工作得以顺利、有序开展的保障，而“开拓创新”是大学英语系得以不断发展和进步的驱动力。为了顺应互联网时代的需要，大英支部配合系所，在全国范围内率先尝试与探索“互联网+”时代外语课堂教学模式，集全系力量和资源于2015年在中国大学MOOC网推出我校第一门专属线上课程“大学英语”慕课。起步之初，没有专门的视频制作公司、没有专业的课程录制指导、没有成熟的在线课程建设经验，支部的党员们发挥先锋模范作用，凭借吃苦耐劳的精神和无所不能的创新，她们自己布景，自己设计在线课件，自己亲自出镜录课，夜以继日一帧一帧编辑视频，把最精彩的课程呈现给学生。在线课程的资源建设凝聚了老师们的智慧和辛勤，课程形式生动、内容丰富多样，极大地提升了学生英语学习动机、兴趣，促进了学生英语综合应用能力的发展，受到学习者的一致好评，目前选课人数累计超过67万人次，极大提升了我校的社会影响力。此外，老师们还利用“微信”“云课堂”“百度云盘”等新媒体手段加强师生课上课下交流互动，实现师生一对一、一对多的无缝交流，用爱关心温暖着每一个学生。为了适应大学英语教改，以支部党员为主体，大学英语系成功推出融课程、资源、文化、娱乐等为一体的“贝壳英语”官方公众号，成为北科学子学习英语、应用语言、展示自我的广阔平台。目前该公众号关注用户多达6.4万多人，也成了“互联网+教育”时代背景下的杰出典范，引领了全国公共外语教学改革，其成功经验在国内高校引起广泛关注，学校获批“全国大学英语教学改革示范基地”。2018年，支部所在的大学英语系教学团队荣获“北京市高等教育教学成果二等奖”。支部党员也多次获得北京市教学名师、北京市优秀教师、北京市及校级师德师风先进个人、优秀班导师、优秀共产党员等光荣称号，并在国内各类外语教学比赛中多次荣获特等奖、一等奖等殊荣。

此外，在团队教师的悉心指导下，我校学生也在国内重要赛事中表现出色。2019年全国大学生英语竞赛中，2人获特等奖、12人获一等奖；2020年全国大学生英语演讲比赛中，1名同学斩获二等奖。全校四级一次通过率连续10年达90%以上。

桑榆未晚，望天边夕阳如火；青松陶然，看人生如梦如歌。试问，一种人生，可以承载怎样的内涵？一种选择，可以传递怎样的信念？一种付出，可以滋润多少求知的心灵？而一种精彩，又可以绽放出怎样的光芒四射？“书留春秋在，道与天地参”，大学英语系党支部全体教师党员以爱岗敬业、无私奉献为基石，时刻以共产党员的标准要求自己，本着“一切为了学生，为了一切学生，为学生的一切”的执教原则，好似黑夜繁星点点，朗照这烟火人间，不忘初心、牢记使命，以忠诚敬畏之心担负起教书育人、立德树人的使命。她们的先锋模范作用得到高校同行的赞赏与认可，在全国高校外语教学中发挥了示范辐射作用。她们在平凡而伟大的教书育人中，坚守着自己的使命，蕴含着对学生的深情关爱。她们正直坚韧的风骨，坚忍不拔的品格，虚怀若谷的心胸，若梅至高洁雅致，以超然脱俗的气韵在翰墨里飘香，以清逸若仙的风骨守护世间至真的纯净，于风雪中傲然地绽放；她们的学者风范，师者风华，行者风度，如同古韵悠悠的笔墨丹青，在宣纸上留存墨迹，萦绕细腻的书香。带着这份初心和坚持，这个团队会永远走在为学生成长成才呕心沥血的道路上，以严谨的治学态度，浇灌成功之花的夺目绽放，灿烂了北科文化，推动了一代又一代的北科人，在中华民族崛起的道路上永不退缩，奋勇前进，并永远秉承北京科技大学“为中华之崛起而读书，奉科技以强国”的甲子华章。

小传

一半风尘仆仆，一半星辰大海，也许极尽琐碎，却也浸满美好。她们正直坚韧的风骨，坚忍不拔的品格，虚怀若谷的心胸，若梅至高洁雅致，以超然脱俗的气韵在翰墨里飘香，以清逸若仙的风骨守护世间至真的纯净，于风雪中傲然地绽放；她们的学者风范，师者风华，行者风度，如同古韵悠悠的笔墨丹青，在宣纸上留存墨迹，萦绕细腻的书香。桃李不言，下自成蹊。

大家眼中的她们

大学英语系党支部，是一支有着光荣传统的团队，她们既是师生眼中美丽的“铿锵玫瑰”，也是坚守教学一线的“铁娘子军”，她们秉承“以绿叶的情怀教书，以高尚的师德育人”理念，承担着全校本科生的大学英语教学任务。她们积极推动英语教学改革，对课程体系和教学资源不断完善和优化，在全国高校范围率先探索“互联网+”时代外语课堂教学模式，自主开发了网络教学管理平台和在线课程资源库，极大地提升了学生英语学习的动机、兴趣和效果，引领了全国高校公共外语教学改革，获批“全国大学英语教学改革示范基地”。她们积极探索“课程思政”新理念新思路新路径，深入挖掘思政元素，在课堂教学中融入家国情怀、社会责任、人文精神等要素，实现知识传授与价值引领相统一。她们坚持将党建与教学工作深度融合，“率先垂范、律己奉献”一直是支部党员的行事准则，在平凡的教学岗位上做出了不平凡的业绩，入选首批“全国党建工作样板支部”，为全校基层党组织树立了一面闪亮的旗帜。

——北京科技大学外国语学院党委书记 沈崴

我有幸见证了从学校十佳支部成为首批教育部样板支部的大英支部的成长历程。这是一支勇于奋进、不知疲倦地永远奔行在前行路上的巾帼团队。外语学院教学任务繁重，她们为全校学生开设了共计9000多学时必修课和38门全校公选课，所有的工作都围绕着“以学生为本，提高英语教学质量”展开，讲台上的老师更是讲台下的“妈妈”，她们不仅把母爱给了自己的孩子，也把同样的爱给了我们的学生们。正是这样的绿叶情怀、甘于奉献的精神让大英支部在新时代迅速成长，先后获评了“国家级及北京市精品课程”、“北京市优秀教学团队”、校“先进集体”、“师德先进集体”等荣誉称号，这样的大英支部一直都是我们学习的榜样。

——外国语学院日语语言文学系党支部书记 王书玮

我以一名即将毕业的学生的身份这样评价我的老师：举手投足、一颦一笑，尽显优雅与风度；一开一合，一回一应，彰显学识与智慧。

潜心教学谋创新，立德树人润无声。我们的老师们不满足于现有课程内容，通过搜集整理大量资料，丰富教学内容，拓宽了我们的学习视野和领域，也有效提升了我们的英语听力水平。同时，老师的课堂讲授也进一步刷新了我的思想认知，英语课堂中，处处弥漫着家国情怀、法治意识、社会责任、人文精神、仁爱之心，真正实现了知识传授与价值引领、教书与育人的有效结合。如果课上老师的讲课是海洋中探索的航船，那线上老师的教学活动则像助推前进的引擎，“大学英语”慕课新颖的授课方式极大地提升了我们学习英语的动机、兴趣，促进了我们英语综合应用能力的发展。

听君一席话，胜读十年书；听君一堂课，倍感三生幸！

——计算机与通信工程学院 通信1803班 祝一丹

随风入夜，润物无声。与大学英语系党支部老师们的缘分始于大学一年级的英语课堂上，每一个精巧的环节、每一页细致的教案都映照着老师们前一夜的伏案倦首。寓教于乐，循循善诱。一则小故事、一次小组展示、一个天马行空的游戏，都让同学们无不沉浸在语言学习的愉快氛围中。

"学贵得师，亦贵得友"，而她们亦师亦友。生活中，这些老师们与学生互相尊重，彼此交心。与之相处，若逢知己。相互交谈像是遇到多年的朋友，无需醴密之语。老师们关心学生的发展，也关爱学生的生活，真正彰显了立德树人的职业操守。

北科学子们总是由衷感动：大学英语系党支部秉持以学生为本的执教原则，以爱岗敬业、无私奉献为基石。不忘初心，团结奋进，于平凡而伟大的教育事业中坚守自己的使命。她们，一直在路上！

——机械工程学院 机191班 王晓伦

与一些高中同学相比，在进入大学的这两年里，我仍受到了浓厚的英语环境的熏陶，不得不说学校开设的英语课程十分丰富，从公共课到选修课，课程类型琳琅满目。在我修过的英语课程里，无论是大学必备的基础英语，还是专业的学术英语课程，给我最大的感受就是每一个老师都十分认真负责，都在尽心教授课程内容，并且会根据班级情况调整教学方法，以帮助我们更好地学习掌握知识。

课程还配有线上教学资源来辅助我们学习，如基础英语的课程就结合了慕课内容，分主题教学，同时利用iSmart平台辅助我们练习口语，以帮助我们全方位地学习英语。

我认为语言的学习应该是一个持续的过程，我很感谢学校开设了这么多的英语课程供我们选择，让我们有更多机会进一步学习英语，也很感谢每一位认真负责的老师。

——经济管理学院 管信201班 林诗轩

大学四年，英语课永远是每学期繁重工科课程中难得的精神放松。基础外语的初见让我感受到英语学习的自由与乐趣，在一次次小组展示里，我和同学们探索大学生活，同彼此同老师都结交了深厚的友谊。大一下的英语小学期，我和同学们一道在语言文化夏令营中用英文辩论、演讲、电影配音，丰富多彩的活动让甜美的回忆充盈那个炎热的夏天。之后的英语公选课里，我在一位位严谨治学的老师的陪伴下，备战六级词汇、赏析美国电影、感悟美国文化。在线MOOC课程，贝壳英语公众号也让线上英语学习成了件轻而易举的事，每学期选课季的英语课都是一课难求……英语学习是每个北科学子的独特回忆，这一切都离不开外国语学院大学英语系党支部全体老师的不懈努力，衷心感谢老师们的专心备课和悉心教导！

——能源与环境工程学院 能动181班 齐勃宇

媒体关注

新兵老将话成长，匠心独具融思政

大学英语系党支部隶属于外国语学院党委，现有正式党员31人。党支部自成立以来，一直把"发挥基层党支部战斗堡垒作用、全力建设和谐进取的'三型'党支部"作为工作理念，秉持"团结讲奉献、创新求发展"的工作宗旨，各项活动始终紧密围绕"教学、教研、教师"，促进教师职业生涯发展，用一流的本科教学服务全校各学科人才培养。支部于2018年入选首批"全国党建工作样板支部"，曾获北京科技大学第一批"标杆党支部""北京科技大学十佳党支部"，多次荣获学校"基层党支部活动立项一等奖"；支部所在团队先后获评"国家级及北京市精品课程"、"北京市优秀教学团队"、校"先进集体"、"师德先进集体"等荣誉。

【立意】

北京科技大学外国语学院大学英语系党支部，就如何"加强教师的德育意识和功能，精确挖掘和整合思政资源，将思想政治之'盐'融入大学英语教育之'汤'，将正确的价值追求和理想信念传达给学生"，进行探讨和实践，创建"成长型”大学英语系教师党支部。结合学科特色，以大学英语课程类型为基础，通过老中青教师“传帮带”、设置新教师成长导师和开展党员带动非党员工作，深入挖掘教师的潜能，推动每一位教师积极参与到“课程思政”的教学设计之中，构建全员、全课程“大思政”教学体系，做到课程门门有思政，教师人人讲育人，助推一线教师不断成长完善，做到“守好一段渠，种好责任田”。

【成效】

1. 创新形式求实效，探索“大支部平台”下的“党小组制”

此次活动打破了原有的集体学习、浮于形式、枯燥乏味的学习模式，根据支部党员多、规模大的特点，支部创造性地开展“点面结合、互动交流”的学习模式、努力探索“大支部平台”下的“党小组制”。通过“反思、分享、讨论、点评”的方式让大家畅谈心得体会，极大地提高了学习效率，增强了组织生活的实效性、统一性、灵活性和多样化，使支部成员在轻松活泼的氛围中学习理论、交流思想、提高素质，从而真正做到政治学习的点面结合、人人参与、互动交流、不留死角。

2. 弘扬优良师德师风，使“思政”与“教学”深度融合，“润物无声”，用榜样的力量实现师德薪火相传

大学英语系主要肩负着全校本科生的大学英语教学任务，开设了共计9000多学时必修课和38门全校“人文素质”公选课。党支部通过组织教学反思和讨论，既加深了对“课程思政”的理解，同时交流和互相学习也开拓了思路，使教师们可以从课程中挖掘更多的课程思政内容和元素。“寓道于教、寓德于教、寓教于乐”，课程思政手段可多样化，只有使“思政”与“教学”深度融合，真正做到“含而不漏”“润物无声”，才能真正将思想政治工作贯穿教育教学全过程，使思想引领和价值观塑造有机融入教师教学科研、学生学习生活，真正发挥“三全”育人的优势作用。此外，通过“党群互动”“新老教师交流”“优秀教师案例分享”等环节也引导教师们注重率先垂范、言传身教，在知识传授中关注价值传

递，将思想政治教育融入课程教学改革的各个环节，从而进一步弘扬了优良的师德师风，用榜样的力量实现师德薪火相传。

3. 助推“立体多维成长型”支部建设，实现党建教学双融合、思想文化双提高

此次活动立足教师本职，不拘泥于形式和生硬的理论学习，充分发挥党员的主观能动性，实现了党员学习由“完成学习任务”向“传递分享知识”的转变，既促进了党员自身的成长，尤其是青年教师的成长，也助推了学生的全面成长。从而实现了党建和教学“深度融合”、支部建设与课程建设“双促进”、思想和文化“双提高”，最终推动课程建设、教师发展与学院发展的齐头并进。

——全国高校思想政治工作网

睿羹CalmSpoon防抖餐具团队

睿羹CalmSpoon团队，由来自自动化学院宋广轩、秦昕，机械工程学院王美军联合创始，自动化学院付冬梅教授与创新创业中心邓张升老师担任指导教师。团队了解到在中国有超过3000万人受到震颤症状折磨的病人，他们利用专业所学，用火热的心，靠努力，做一个有温度的作品，研发了帮助震颤患者自主进食的CalmSpoon防抖餐具。

团队作品获得“互联网+”大学生创新创业大赛北京赛区一等奖、“挑战杯”首都大学生创业计划竞赛金奖、iCAN国际创新创业大赛国际金奖等国际/国家级奖项4项、省部级奖8项。团队授权实用新型专利1项、软件著作权2项，发明专利进入实质审核阶段。项目曾被中央电视台、中国教育电视台报道，团队宋广轩接受了共青团中央和优酷节目采访、iCAN国际创新创业大赛的专访等。团队多次参加国家级、省部级相关科技展览。

长期的专注与坚持、敢于梦想、敢于挑战是创新者的素质。关于创业，团队还有很长的路要走，睿羹Calm Spoon会继续坚持下去，做有温度的事。

颁奖词

小发明，大情怀！他们走近帕金森病症患者，立志于改变震颤类疾病患者的生活现状；他们把人文关怀注入科技，致力于将所学技能带动“智慧医疗”的落地；他们将顽疾苦难转化为科研的动力，与“帕友”一路同行。他们就是睿羹CalmSpoon团队——一群书写创新与社会责任的青年大学生。

先进事迹

睿羹CalmSpoon防抖餐具团队，由自动化学院宋广轩、秦昕，机械工程学院王美军，经济管理学院黄雨露、田鑫宇组成，自动化学院付冬梅教授与创新创业中心邓张升老师担任指导教师。团队利用专业所学，研发了能为震颤患者自主吃饭提供便利的CalmSpoon防抖餐具。团队通过两年的调研与作品不断打磨，每个人不断突破自己，使自己的综合能力得到了锻炼，同时作品获得多项国家级、省部级奖项，现团队正在逐步扩大规模，争取尽快完成初代产品的患者验证。

要做梦，要追梦

深秋最浓烈的记忆，大抵校园里是漫天飞舞的银杏叶。2017年10月，刚进入大二的我们了解到学校“本科生创新创业训练项目”正在立项，便组队参加，希望能给大学生活增加一些色彩。团队经过几轮头脑风暴，想到重症帕金森患者因为手抖不能自主进食，食物会从餐具中抖落，便确定了要利用专业所学，为帕金森患者做些事情。

项目从立项到结题花了近一年的时间，推进的过程十分艰辛。刚上大二的我们仅仅学习了高等数学和大学物理，因此我们不仅要在课余时间学习单片机、编程、机械结构、3D建模与打印等技能，而且作为新的团队，队长没有太多的经验，在一年的跨度里，团队建设也几次碰壁，险些解散。有着老师的鼓励与支持，团队成员的不放弃，我们才能遇到一个困难解决一个困难，一张张草稿纸的推导、方案的推翻重来、学习到凌晨三点一起吃泡面……我们知道工科生的公式、代码总是冷冰冰的，但我们想用我们火热的心，用我们的努力，做一个有温度的作品。见过凌晨三点的夜，是繁星点点，月光皎洁，万籁俱寂，是青年努力奋斗的样子。

经过一年时间，本科生科研训练项目顺利结题。团队最大的收获是仅仅一年时间，成员实现了技术能力的迅速提升，为之后的迭代更新奠定了基础。

“少年不负凌云志，曾许人间第一流”，帕金森病、甲状腺功能亢进和特发性震颤等疾病都会引起震颤症状，在我国约有3000万患者，很大一部分患者手部的震颤，吃饭时食物会抖落，无法自主进食。“世界是你们的，也是我们的，但是归根结底是你们的。你们青年人朝气蓬勃，正在兴旺时期，好像早晨八九点钟的太阳。希望寄托在你们身上。”这句话是毛主席1957年11月17日，在莫斯科大学接见中国留苏学生时说的。敢于做梦，敢于追梦，在最好的年纪，放肆勇敢地奔跑。

让科技充满人文关怀

岁序常易，物换星移。时代似乎走得太快，我们的脚步似乎还停留在昨天。时代的进步，总会有一些人不知所措而又无可奈何。“终日乾乾，与时偕行”，那些跟不上时代发展的人该如何？这是抛给现代社会的一个需要正视的问题。科技之根应是善。古有星河长明，而今有明灯三千，城市的夜空已被华灯璀璨，我们不再惧怕黑暗。而今，科技的发展应充满人文关怀。

“本科生创新创业训练项目”让睿羹CalmSpoon防抖餐具从无到有，第一次验证了一部分控制原理的可行性。团队没有止步于此，大家从人文关怀角度进一步审视自己的作品，让我们决定继续做下去的，是这个过程中我们接触患者受到的触动。

我们向京东方数字医院神经外科医生当面请教帕金森综合征的发病机理，

了解到不仅老人可能患帕金森，青年人也会患病，我们还了解到，不仅仅是帕金森，还有很多疾病同样可以引起震颤症状，受到震颤症状折磨的病人，远比我们预想的多。后来我们接触了几位病情严重的病人，有的患者悲观地抱怨，让我们心疼不已，有的病人乐观、勇敢地与病魔抗争，坚持锻炼，让我们感动。我们还与不同领域的专家教授甚至投资人交流过，他们的观点和态度更新了我们对自己的认识。项目应该做下去，总有一天，它会出现在震颤患者的手中，给他们的生活带来改变。

我们更加坚定，我们要让科技充满人文关怀，做有温度的创新

我们，永远在路上

团队在“本科生科研训练项目”的作品基础上，不断优化调整。我们通过比赛与评委交流、联系患者试用，收集大家的建议，逐步优化餐具防抖性能，开发、完善了项目APP、网站，增加病情检测等功能。团队增加了会计专业、管理专业方面的力量，在双创中心的指导下，逐步进行市场验证。

凯鲁亚克在《在路上》写道：“我们非去不可，在到达之前，永不停止。”创新永远在路上，我们提出了新的计划，今年我们分成了三个小组，分别在市场调研、多自由度防抖和震颤数据建模方面进行攻坚，正按计划有条不紊地实施。即使前路仍是困难重重，也要一路风雨兼程。我们，永远在路上。

感谢，一路成长

“星光不负赶路人，时光不负有心人”，两年前，我们不敢想能做到今天这一步。那时青涩的我们，给指导老师发邮件都是紧张的。两年时间不管是专业技术上，还是综合能力方面我们都有了很大的成长。团队宋广轩获得了北京市“三好学生”称号、北京科技大学首届“十佳班长”和自动化学院“院长奖章”，秦昕被评为首都大学“先锋杯”优秀共青团员和“87级校友基金优秀学生干部”。

团队大四同学全部保研，其他同学也正在朝着保研方向努力。

我们努力将正能量向外辐射，我们与帕金森患者交流，不断鼓励他们乐观生活；我们在外展或宣传平台上尽我们的力量宣传震颤类疾病，希望更多人能了解这个群体。团队宋广轩接受了iCAN国际创新创业大赛的专访，被刊发在官方公众号。团队多次参加学校的展览，被北科大青年、北京科技大学创新创业中心、北科自动化等官方公众号宣传，越来越多的人了解我们，开始关注帕金森或老年人的生活问题。

前路有光，初心莫忘

项目在北京科技大学大学生创新创业训练项目（北京市级）中结题，并被评为二等奖。团队曾获北京科技大学第二十届“摇篮杯”科技作品竞赛三等奖、“互联网+”中国大学生创新创业大赛北京赛区总决赛二等奖、2019 BOE创新挑战赛全国决赛第七名、第十三届“西门子杯”中国智能制造挑战赛全国决赛一等奖、“华为杯”中国大学生智能设计竞赛全国决赛特等奖（亚军）、第十三届iCAN国际创新创业大赛总决赛全国五强。团队拥有软件著作权三项，发明、实用新型专利已经受理。

长期的专注与坚持、敢于梦想、敢于挑战是创新者的素质。我们还有很长的路要走，我们会坚持下去，做好有温度的事。

如果没有穿过漫漫黑暗，没有经历过痛彻心扉的过往，就永远不会明白看到星光时的喜悦，也自然不会懂得黎明的意义。三毛曾言：“一个人至少拥有一个梦想，有一个理由去坚强，心若没有栖息的地方，到哪里都是在流浪”，但行好事，莫问前程；前路有光，初心莫忘。

小传

头角峥嵘，风华正茂。终日乾乾，与时偕行。锐意进取，开拓鼎新。古之星河长明，今有华灯璀璨。梦之伊始处，若日昭然；志之所求者，似星璀璨。路漫漫其修远兮，吾将上下而求索。科技注人文，温情暖天下。青年意气风发，肆意张扬，摘得硕果累累。星光不负赶路人，时光不负有心人，但行好事，莫问前程；前路有光，初心不忘。

大家眼中的他们

睿羹CalmSpoon项目有意义、有潜力，项目团队给被病痛折磨的患者带来了希望。帕金森病的常用治疗方案需要DSB设备，DSB的原理是使用不同强度、频率的电刺激信号刺激大脑深部，相较于防抖餐具，它的价格高昂，有副作用。而睿羹CalmSpoon团队发挥专业所长，从患者的角度出发，设计了可以提升他们生活质量的防抖餐具，并且做成了服务、医疗相融合的体系，努力开拓蓝海市场。另外项目的科研价值同样巨大，项目可与临床病例结合进行Meta分析，可作为PD发病机制、治疗方法、疗效的重要评价指标，其科研价值巨大，意义显著。

——京东方数字医院SBU/医疗规划副本部长 张勇

睿羹CalmSpoon项目体现了团队成员能够学以致用、理论联系实际，用自己的专业知识为帕金森病人研发了一款方便他们自主进食的防抖餐具。团队大力开展学科交叉，在将机械和电气装置体积压缩到最小的同时，又将自动化专业所学的信号处理、自动控制技术淋漓尽致地进行了应用。配套开发的一款APP还可以实时分析采集的震颤数据，提供病情评估，让患者享受到智慧医疗时代的福利。此外，他们还充分考虑了可靠性、价格等多方面的因素，凸显了项目的实用性和普惠性。

值得一提的是，睿羹CalmSpoon项目还充分体现了团队设计人员的人文关怀和价值取向。前期他们通过调研，了解到我国患有震颤症状的人群超3000万且很多无法自主进食这个现实后，毅然决定研发这款产品，以便在最大程度上保护患者的自尊心。此外，他们的作品也完全符合习近平总书记在科学家座谈会上提出的“四个面向”要求，“面向人民生命健康”，充分体现了人民至上、生命至上的理念。团队成员们以胸怀天下的家国情怀，努力提升帕金森患者的生活品质，实现了科技工作者应有的社会价值，用前沿科技成果为健康中国助力。

——北京科技大学自动化学院党委书记 李擎

“睿羹CalmSpoon团队”是一支将专业所学化为服务力量，让科技充满人文关怀的团队。团队成员因同一个目标——“关注、帮助弱势群体”相聚。起初，他们描绘梦想，凭借着微薄的专业知识，与导师长谈、与书籍为伴，只为研发出一支“防抖勺”，让帕金森患者实现自食自理；之后，他们攻坚克难，依托大学生创新创业平台，与竞赛辗转、与专家深研，只为将项目反复打磨完善，让梦想成为现实；现在，他们扬帆启航，扎根北科大一方沃土，与科研深耕、与创新为伍，只为今后成为国家栋梁之材。四年来，团队参与科技竞赛、创新创业交流和采访访谈30余次，让更多的人关注到震颤患者群体，让青年担当与责任在公益活动中发挥，让奋斗经验在学校双创工作中助力。这支团队斩获国际/国家级奖项4项、省部级奖8项，但更令人感动的是荣誉背后他们的坚持、奋斗与热血，是他们刻苦学习、锐意创新、服务人民的青年志向！“睿羹CalmSpoon团队”获得“感动北科”新闻人物荣誉称号，实至名归！

——北京科技大学自动化学院党委副书记、副院长 程海雨

在科学进步的同时，更需要一批人去推动科技的落地应用。睿羹团队秉承着“让科技充满人文关怀”的价值观，针对帕金森患者因震颤而引发的进食困难

问题，创新性地研发出了防抖勺和APP软硬件结合的解决方案，帮助患者恢复进食能力、回归正常生活，“睿医”智慧医疗系统的开发更是给这个项目带来更大的想象空间。项目属于医工融合领域，被中央电视台报道，产生了一定的社会影响，展现了当代大学生利用科技为病患解决实际问题的青年力量和人文情怀。

项目负责人宋广轩和团队成员秦昕、王美军、韩宏宇等人进行了一次有意思又有意义的科技产品探索，获得了许多奖项、得到了许多认可。但更珍贵的，是这个年轻的团队在科技落地应用这条路上的探索。中国拥有世界上最大规模并且最拥抱创新的市场，但缺少洞悉真正用户需求的科技创新者。“睿羹”是这个青年团队的作品，也是这群年轻人科技理想的起步，期待着他们未来更闪耀的成果！

——北京科技大学团委副书记 苏烜

睿羹团队从医工结合的角度出发，利用所学专业知识进行防抖餐具的研发，并配套开发相应的软件系统，帮助震颤症患者解决基本生活问题，整个项目充满人文关怀，同时也助力我国智慧医疗行业的发展，真正做到了让科技创新充满温度，用科技服务温暖人心。睿羹项目所斩获的国家级奖项数不胜数，并被央视等多家重要媒体报道，团队内成员所获得的荣誉也是不计其数。作为学弟，在为他们所取得的成绩感到骄傲的同时，也在不断向他们学习看齐：学习中，他们成绩优异是我们的榜样；项目研发中，他们刻苦钻研、坚持不懈的精神值得我们学习；在工作、生活中，他们脚踏实地的态度也是我们需要培养的，同时他们为社会公益、学校创业活动等所作出的贡献也令我们十分敬佩。优秀的团队造就优秀的项目，相信“睿羹”这个优秀的项目也会成就更好的睿羹团队。

——自动化学院 自181班 刘建强

睿羹CalmSpoo防抖餐具团队，一支书写创新与社会责任的青年大学生队伍，他们利用专业所学研发了能为震颤患者自主吃饭提供便利的防抖餐具。创业是发展之基，创新是动力之源。他们富有想象力和创造力，作为创新创业的有生力量，他们大力弘扬北科大“求实鼎新”的校训精神，通过两年的调研，不断打磨，完成了样机研发、APP开发、网站建设等。团队作品获得“西门子杯”中国智能制造挑战赛全国决赛一等奖、“华为杯”中国大学生智能设计竞赛全国决赛特等奖（亚军）、iCAN国际创新创业大赛总决赛全国五强等国家级奖项4项、省部级奖8项。他们参与学校创业训练营、多角度思考与分析、大学生工程创新等课程建设，向同学们分享创新创业历程，将青春梦融入中国梦。

团队多次获得校内外媒体平台报道，曾被中央电视台、中国教育电视台、海淀融媒等媒体报道，他们尽每团队内个人的力量让越来越多的人关注到震颤患者；他们参加助老爱老、青少年科普等活动，在公益活动中发挥自己的价值。

小发明，大情怀！他们走近帕金森病症患者，立志于改变震颤类疾病患者的生活现状；他们把人文关怀注入科技，致力于将所学技能带动“智慧医疗”的落地；他们将顽疾苦难转化为科研的动力，与“帕友”一路同行。

——经济管理学院 工商191班 赵文慧

媒体关注

睿羹CalmSpoon团队：用技术提升震颤患者生活

睿羹CalmSpoon团队致力于让创新有温度，用技术提升震颤患者生活质量。

帕金森病、甲状腺功能亢进和特发性震颤等疾病都会引起震颤症状，在我国约有3000万患者，很大一部分患者因手部的震颤，吃饭时食物会抖落，无法自主进食。团队研发防抖餐具和智慧医疗服务，让震颤患者吃饭时，即使手部抖动，食物能够稳定在餐具中，帮助患者自理进食，保护患者自尊心；除了防抖功能，同时APP可以分析餐具采集的震颤数据，提供病情评估功能，让患者享受到智慧医疗时代的福利。

团队通过算法创新，在低成本硬件上实现了较高精度的稳定能力，将一套防抖餐具成本压缩到了150元左右，用户用得起的价格凸显了项目的普惠性。项目授权实用新型专利1项、软件著作权2项，发明专利进入实质审核阶段。

睿羹CalmSpoon项目由团员青年大学生发起，3名联合创始人中有两人曾任学院团委学生副书记，在共青团北京科技大学委员会的指导和支持下，发挥青年的创新精神，坚持学习、注重成长，坚定“让科技充满人文关怀”的初心，推动项目不断取得新的进展，获得“挑战杯”首都大学生创业计划竞赛金奖、“摇篮杯”学生创业竞赛特等奖等多项荣誉。

在校团委第二课堂的创新创业教育中，睿羹CalmSpoon项目成功入选学校“鼎新计划”，在学校指导下进行参赛规划、参加参赛讲座、完成社会实践；项目参与团委举办的“摇篮杯”大学生创新创业大赛，在“创意、创新、创业”三赛合一的赛制下，接受多位校内外专家的决赛评审，促进项目迭代、提升，最终获得特等奖。

——北京头条

2020年

刘白羽

——北京科技大学教授

刘白羽，生于1982年12月，北京科技大学教师、教授。2010年7月毕业于清华大学数学科学系获理学博士学位；2010年7月至今在北京科技大学任教，先后任讲师，副教授，教授。从教以来，敬业勤恳，深受学生喜爱，屡屡获奖，同时也潜心科研，成果迭出。在*Nonlinear Anal-Theor., Discrete Cont. Dyn.-A, J. Math. Anal. Appl.*等期刊发表SCI论文15篇。近五年主持和参与10项各级教学项目，出版全英文教材《高等数学》，研究生课程教材《高等微分几何讲义》。先后获得第三届全国高校数学微课程教学设计竞赛二等奖；北京高校青年教师教学基本功比赛理科类A组一等奖、最受学生欢迎奖、最佳教案奖、最佳现场展示奖；北京高校优质本科教材课件等多项省部级奖项。她所在的数学教学团队于2019年荣获“北京高校优秀本科育人团队”，“北京市工人先锋号”，2020年获“北京市三八红旗集体”荣誉称号。2020年，在第五届全国高校青年教师教学竞赛理科组决赛中获得一等奖第一名，实现了我校在全国青年教师教学竞赛中理科组的连续四次一等奖三连冠。同年，她入选校青年教学骨干人才。

颁奖词

倾注万千心血，筑梦教学丰碑，再捧青教赛桂冠！

她坚持科教相承，勇担重任，逐梦青教赛场，屡创佳绩，苦心孤诣终获科大第四个“一”；她坚持学生为本，教学至臻，甘守三尺讲台，秉烛一生无悔，披星戴月护英才。她倾注万千心血，今朝载誉扬帆再启航，桃李不言自成芬芳。

她就是数理学院的刘白羽老师。

先进事迹

三尺讲台写师心

教师不仅是一份职业，也是一份事业。当刘白羽老师踏上这三尺讲台时，便将教书育人立为了自己的追求与理想，爱岗敬业，无私奉献，全心投入。

刘白羽老师先后主讲“高等数学”“微积分”“概率论与数理统计”“线性代数”“微分几何”等多门基础课和专业课。这些课程在学生眼中多是“天书”一般的存在，作为北科的优秀学子却对这些科目谈及色变，如畏猛虎。这种恐惧心理，无疑使这些课程在那高教学难度基础上更上一层楼。刘白羽老师明白教学的难度性，需要花大量的时间及精力认真备课。如何将抽象的知识形象化，如何用课堂90分钟的时间细讲重点又全面覆盖，如何布置课堂练习及作业使学生学以致用，深入理解，等等，这些都是备课一个又一个的难关。刘白羽老师结合自身学习经历，积极运用所学教学理念，虚心请教前辈，和同事热烈讨论，一遍又一遍地改进教学方案，细化一个又一个的课程细节，才将千锤百炼的方案应用于实际教学。在课堂上，刘白羽老师在进行教学的同时关注学生的学习状态，当学生在听知识点面露难色时便放慢进度，组织语言，想方设法地让学生能在课堂上对知识有初步的理解；课堂习题及课后作业刘白羽老师都是精挑细选，力争让学生达到练习的效果，而不是大手一挥，以题海战术来淹没。

年复一年地教学，刘白羽老师的教学水平日益精进。实际教学为刘白羽老师提供了大量的经验，哪里是学生学习的难点，什么知识点是学生畏惧的，哪一章节是整本书的关键点，还有许多结合实际的经验，刘白羽老师从中总结，找出解决方案，积极进行研究型教学，从学生的角度出发，设计教学案例，利用现代化的教学手段，激发学生自主学习的能力，让自己的课堂越来越贴近学生，教学效果越来越优异。这也得益于刘白羽老师在教学过程中非常注重专业引领和学生互动、交流及教学反思，对教学，对学生充满热爱，孜孜不倦地解答学生的疑问，去理解学生对课程的苦恼与担忧，帮助学生克服对学科的恐惧心理，从而满怀热情地去学习。刘白羽老师同时不断学习先进的教学理念，作为教师也在进行着教育事业的终身学习，将理念与实际结合，不断改进教学模式、教学方法和教学内容，让每一届学生都能在生动形象的课堂中学习。在这个网络学习也流行的时代，刘白羽老师紧跟时代，作为学校线性代数课程负责人和主要录制人之一，制作的线性代数慕课课程，在中国大学MOOC网已开展三轮授课，累计选课人数近两万人，还有许多社会上或其他专业、学校自学的学生，绵绵春雨润泽了无数学子，就算只是通过视频，刘白羽老师教学的深厚功力也对学生们的学习起到了极大的帮助，受到学生广泛好评。

在和学生的互动交流中，刘白羽老师不仅做到了教书，也做到了育人。学生的思想建设也是刘白羽老师教育理念中非常重要的一部分。大学生作为中华民族崛起的一股中坚力量，肩负着重大的希望与责任。作为中华民族一名优秀的园丁，刘白羽老师注重课程思政建设，积极将思政元素融入到课堂教学中，引导学生们建立正确的价值观，以身为范，用自己的努力与认真带动学生积极学习，在课堂教学成效、学生创新素质培养、学生综合能力提升方面取得了优秀的业绩。刘白羽老师曾获得北京高校优质本科教材课件等多项省部级奖项。她所在的数学教学团队于2019年荣获“北京高校优秀本科育人团队”，“北京市工人先锋号”，2020年获“北京市三八红旗集体”荣誉称号。2020年，她入选校青年教学骨干人才。

赛场争锋提能力

在刘白羽老师逐步具备优秀教学水平的同时，她也参加各项教学比赛，教学比赛的竞争性可以刺激她不断提高教学水平，提升自身的业务能力。2019年7月，刘白羽老师及指导团队荣获北京市基本功比赛第一名，取得了全国比赛资格。赛事汇聚了全国教育行业的精英老师，而刘白羽老师及指导团队参赛的课程为数学专业课“微分几何”，课程专业性强、难度大，想要在这样激烈的比赛中脱颖而出，做出比其他参赛者更优秀的教学方案，无数道难关等着刘白羽老师他们去克服。更出人意料的是2019年年末突如其来的新冠肺炎疫情，在疫情的严峻形势下，刘白羽老师及指导团队原定的部分计划被迫做出改变，无数的困难也随着政策和疫情接踵而至，各种因素阻挠着他们努力的脚步，但刘白羽老师以坚定的意志和毅力克服了种种难题，在困境中不断寻求前进的方向，和指导团队一起通过线上线下相结合的方式经历了近一年半艰辛的备赛历程。

以备赛为契机，刘白羽老师配合指导团队将微分几何课程中的各部分教学内容进行了重新设计，并自主开发了计算机模拟动画和演示教具。课程设计思路深化“数”与“形”的有机结合，帮助学生深刻理解相关理论；通过贴近生活的实际应用案例，激发学生的学习兴趣，真正达到“学以致用”的目的；引入前沿科研进展，开阔学生视野，培养创新思维能力。通过课程整体设计，架起由初等几何通往现代微分几何的桥梁。

经过一年多的持续艰苦备赛，2020年10月在第五届全国高校青年教师教学竞赛理科组决赛中，刘白羽老师的讲解思路清晰，层层深入，自然流畅，课件教具配合精妙，听众为素材的新颖到位、为“数”与“形”的巧妙结合而真心感叹，为跨学科手段的运用而拍案叫绝。能将“微分几何”这样难度大的课程讲授得如此生动，其背后的付出之艰辛可想而知。最终，刘白羽老师以扎实的基本功、完美的表现毫无悬念地取得了全国一等奖第一名的好成绩，实现了我校在全国青年教师教学竞赛中连续四次一等奖三连冠，巩固了我校青年教师教学水平在全国的领先地位，扩大了我校数学学科的影响力，再一次成为全国高校青年教师教学工作的标杆。

深入科研更前进

正所谓“学高为师”，刘白羽老师能将教学做到炉火纯青，自然离不开自身对知识的勤奋钻研与学习。身为一名教授，刘白羽老师在科研方面卓有成就。刘白羽老师在非局部偏微分方程的理论分析方面潜心深入研究。系统地发展了与分数阶拉普拉斯算子相关的偏微分方程的移动平面方法，针对几类具有非局部、非线性性质的偏微分方程组得到了解的对称性条件。此外，在非局部发展方程解的爆破分界问题上也得到了较完整分类的结果。在*Nonlinear Anal-Theor., Discrete Cont. Dyn.-A, J. Math. Anal. Appl.*等期刊发表SCI论文15篇。这些无疑彰显了她对知识的创新理解与运用。

秉持以高水平的科学研究支持高质量的本科教学的理念，刘白羽老师积极进行教学改革探索和研究型教学实践，通过自身对知识的透彻理解，将科研成果融入到教学内容中，使学生能够接受到更高效、更深入的学习。

随着对课程的深入分析与对学生的逐年了解，刘白羽老师近五年主持和参与10项各级教学项目，将自己的教学经验与感悟应用于实际效果，通过这些项目帮助莘莘学子更系统地学习专业科目，并出版全英文教材《高等数学》，研究生课程教材《高等微分几何讲义》。

基于刘白羽老师在教学和科研上的工作业绩，2019年中共北京市委教育工作委员会授予刘白羽老师所在的教研室为“北京高校青年教师创新教研工作室”。2020年刘白羽获得北京市教委颁发的北京市高等学校青年教学名师奖。

小传

文武并列，左释白羽，下罗三军。零陵香蕙，楚畹美兰。锦心绣腹，声满青衿。明烛谆谆引路者，晨露湛湛早行人。潜心研学履前路，仰首攀登过难关。飞瀑成静水，险峰作平夷。因材施教，有意以身为蜡炬。弦歌鼓琴，无悔此路踏棠梨。

大家眼中的她

这三尺讲台，台下学生一批来，一批走，日月轮回间桃李满天下；台上一人诲人不倦，粉尘飞扬中十余载春秋。刘白羽老师不忘初心，一直砥砺前行，正是做到了学高为师，身正为范。

——高工 张承鑫

刘白羽老师是一位在教学和科研上都非常突出的优秀教师。她认真负责，对待工作一丝不苟，在备课过程中，查找国内外和课程内容相关的资料，包括最新科技前沿、丰富的案例、思政融合点等，编写动态演示动画，将难以理解的知识内容用简单明了的方式表达出来，将所学知识应用到实际问题中，将科研融入到教学中，同时也将思政教育融入到课堂讲授中。刘白羽老师对待学生更是有爱心，有耐心，只要关乎学生，哪怕是一些小事，白羽老师都会细心地安排，比如创新项目的每周讨论的内容，助教的每周答疑是否到位，慕课中的问题解答和学生互动等，她都会默默地付出，仔细地讲解，把点滴工作落到实处。作为线性代数负责人她还默默地做出了许多工作。刘白羽老师是我们学习的榜样，真的是“有白羽，什么事情都放心、踏实！”

——数理学院 线性代数教研室主任 张丽静副教授

能在大学本科生学习阶段遇到刘白羽老师这样严谨务实，格致求真，同时又温柔可敬，平易近人的老师，这是我毕生的幸运。尽管没有上过刘老师的课，但是刘老师对我的学业、生活给予了很多指导与帮助。刘老师经常会在微信群内推送相关数学学科的前沿讲座、竞赛资讯以及学习资料，这帮助我们本科生开拓视野、增长技能和提高自身竞争力，并在刘老师的带领之下，我在大二开始了第一段srtp项目，对项目的研究方向、论文修改提出建议，让我对科研有了初步的了解。大三是一个为未来的发展感到迷茫的阶段，刘老师在她繁忙的科研教学时间之余，会经常与我进行交流，心理上排忧解难，帮助我分析自身优劣势，拓宽未来的选择发展空间。在与刘老师的交流互动之中，她不但传授专业上的知识，而且言传身教地进行德育教育，关注学生的生活心理健康，促进学生的全面发展。

——数理学院 信计192班 沈琳

刘白羽老师各方面都非常优秀。她教学上勇于创新、精益求精，科研上潜心钻研、踏踏实实，工作上高度负责、严谨认真，生活中平易近人、宽和友善。她能够在北京市和全国青教赛中取得一等奖第一名的好成绩，先后获首都劳动奖章和全国五一劳动奖章，成为北京市青年教学名师，入选“感动北科”新闻人物，离不开她多年的不懈努力和扎实功底。她真的做到了厚积薄发，锐意进取，获得这些荣誉的确是实至名归。我们都由衷地为她感到开心，也为身边有这样优秀的同事朋友感到骄傲。

——数理学院 信息与计算科学系 党支部书记 赵金玲 副教授

最初在数理学院官网简介上看到刘老师时，第一印象便是“腹有诗书气自华”。如愿成为刘老师的学生后又发现，其实她很“多变”。她是悉心教育的引路人，近些年主持或参与13项各级教学项目，同时指导学生参加数学建模竞赛并多次获奖。她是严于律己的科研人，潜心研究偏微分方程理论，系统地发展了分数阶偏微分方程的移动平面法并且在非局部发展方程解的爆破分界问题上得到了低能级、临界能级及部分高能级情形初值的爆破分界。她是学生成长的知心人，引领学生在未知的前路中探索，找到了属于自己的星光。读研三载，能遇到刘老师是我的幸运！

——数理学院 2020级研究生 王露

刘白羽老师，是我的本科生导师。刘老师和蔼可亲、平易近人，每次与导师见面交谈时，她脸上总洋溢着温暖的笑容，给人一种亲切的感觉。我们遇到一些学习上或者是生活上的困难，与刘老师交谈时，她总是很耐心地向我们一一说来；刘老师在教学中立足教学一线，夯实教学基本功，在第五届全国高校青年教师教学竞赛理科组决赛中获得一等奖第一名的优异成绩，她身上的优秀品质值得我们学习；刘老师潜心科研、科教融合，她总利用通俗易懂的方式让本该烦琐复杂的数学知识变得易于接受，在刘老师所上的课程上同学们不再是“低头族”，而是紧随刘老师的脚步学习知识。同学们也特别喜爱老师开设的慕课课程。刘白羽老师热爱学习，在她身上我体会了“活到老学到老”这句话的深刻内涵，在她的不断学习和努力中，获得全国五一劳动奖章，是我的榜样，是北科的榜样，更是青年的榜样！

——数理学院 统计201班 李盛宇

刘白羽老师自2010年入职北京科技大学以来一直奋斗在教学的第一线。从教十二年如一日，秉持以学生为中心的教育理念，热爱学生，敬岗敬业、勤奋勤恳，她是学生心目中的好老师、是同事心目中教学科研并举的榜样，更是青年教师“四有好老师”的典范。

刘白羽老师12年来从一个清华大学的优秀博士生一步一个脚印地成长为北京市青年教学名师、获得首都劳动奖章、“感动北科”新闻人物等，直至今日获得“全国五一劳动奖章”。其间她的努力、她的执着、她的付出是有目共睹的，她是个任劳任怨不善言辞且行动强于言语的人，她给自己设计的目标是：立足教学第一线夯实教学基本功、潜心科研以科学研究支持本科教学、科教融合积极探索教学改革。12年来她在强有力的团队带领下，以自身的踏实苦干、扎实的科教基础、敏锐的学术触角和精湛的工匠精神实现了这些目标，在教学和科研上都取得了不菲的业绩、获得了一系列的荣誉，2021年当选为海淀区人大代表。

刘白羽老师所有荣誉的取得都凝聚着她克服种种困难、日复一日所付出的辛劳和汗水。作为指导团队的一名老教师，我真切地希望刘白羽老师在现有的平台上再接再厉，不负众望、鼎力前行，按习近平书记所要求的既精通专业知识的“经师”，又涵养德行的“人师”，朝着做精于“传道授业解惑”的“经师”和“人师”统一者的目标更上一层楼。

——数理学院 范玉妹

媒体关注

2021年11月5日是北京市区和乡镇两级人大代表换届选举投票日。北京科技大学立足“一校多地”实际，有序组织广大师生员工、离退休职工与社区居民等选民分别在属地参加海淀、朝阳、昌平区级人大代表换届选举。我校三个校区共登记选民29781人，设立投票站25个，投票率达99%。我校坚持“突出政治标准，严把入口关；突出法治思维，严把程序关；突出民主意识，严把结构关”工作思路，根据选举法要求和选民意愿，综合考量候选人政治表现、履职能力等要素，依法完成代表候选人提名推荐工作。在经过程序严格的计票后，海淀区选举委员会确认刘白羽等三人当选海淀区第十七届人大代表。

——北京科技大学新闻网

2022年4月28日，中华全国总工会公布了关于表彰2022年全国五一劳动奖和全国工人先锋号的决定，表彰全国五一劳动奖状200个、全国五一劳动奖章966个、全国工人先锋号956个。我校优秀青年教师刘白羽获得“全国五一劳动奖章”荣誉称号。刘白羽老师立足教学第一线，夯实教学基本功，先后获得全国高校数学微课程教学设计竞赛二等奖、北京高校青年教师教学基本功比赛理科类A组一等奖第一名、第五届全国高校青年教师教学竞赛理科组一等奖第一名等优异成绩；她潜心科研，以科学研究支持本科教学，发表学术论文19篇，同时又科教融合，积极探索教学改革，近年主持或参与13项各级教学项目，出版教材《高等数学》和《高等微分几何讲义》。

——北京科技大学新闻网

2020年10月3日，第五届全国高校青年教师教学竞赛决赛在南京落下帷幕，我校青年教师刘白羽经过激烈角逐获得理科组一等奖第一名，为北京科技大学捧回了第四座青教赛金杯！本届比赛由中国教科文卫体工会全国委员会

主办，江苏省教育工会和南京大学承办，共有来自全国31个省(自治区、直辖市)和新疆生产建设兵团的162名选手，同时为更好发挥竞赛的示范引领作用，竞赛实行网络直播。刘白羽老师此次参赛的课程是数学专业课“微分几何”，课程专业性强，再加上突如其来的新冠肺炎疫情都给此次备赛带来不便，刘老师和指导团队克服各种困难，自正月初六开始就一直通过线上线下相结合的方式持续备赛。刘白羽老师10月29日下午第一个出场，她精神饱满，气质干练，教学设计中将几何直观和分析证明完美结合，将微分几何课程中的“可展曲面”完美“展开”。她讲解思路清晰，层层深入，自然流畅，课件教具配合精妙，获得了同行的一致好评。

——北京科技大学新闻网

任浩

——北京科技大学硕士研究生

任浩，2019年本科毕业于北京科技大学材料科学与工程学院，现为材料学院2019级硕士研究生。师从燕青芝教授，目前主要进行核电钢耐腐蚀涂层方面的研究。

2020年11月2日，任浩在南方医科大学珠江医院成功捐献了造血干细胞，他捐献的造血干细胞被移植给一名骨髓增生异常综合征患者，为患者带去了生的希望。

颁奖词

他是全国第10398例造血干细胞捐献者，他用无私奉献为一位父亲、一位丈夫续写了美丽的人生，完美地诠释了救死扶伤的崇高品质和大爱情怀。青年之盛志，有如天光之正当，青年之胸怀，有如河海之苍茫。他用行动展现至善至美，用胸怀书写大爱无声！他就是材料科学与工程学院的任浩同学。

先进事迹

任浩，北京科技大学材料科学与工程学院2019级硕士研究生。今年11月2日，他在南方医科大学珠江医院成功捐献造血干细胞，是全国第10398例造血干细胞捐献者。他捐献的造血干细胞将被用于拯救一名骨髓增生异常综合征患者。

志愿献血——初遇干细胞捐献

早在本科就读期间，任浩同学就热心公益事业，曾经先后5次前往北京市红十字血液中心献血，累计献血量1600ml。2016年，任浩在第一次献血的过程中了解到捐献造血干细胞可以用于治疗血液系统的疾病，回去之后便通过网络等途径详细了解了捐献造血干细胞的流程和相关知识。当他了解到捐献造血干细胞并不会对自己的身体产生什么影响，而且又能拯救患者的生命时，在2017年第二次献血的过程中，他毅然决定把自己的血样留在了中华骨髓库。

配型成功——毅然决定捐献

此后两三年时间里，并没有患者与他的血样配型成功，他也逐渐淡忘了这件事。在此期间，任浩同学顺利完成本科阶段学习任务，继续在我校攻读硕士研究生学位。直到今年6月的一天，因为疫情原因还在甘肃老家的任浩接到中华骨髓库北京分库工作人员打来的电话，说有一位骨髓增生异常的患者与他的血样配型初步吻合，需要进行造血干细胞移植手术，询问他是否还有意愿进行造血干细胞捐献。当听到这个消息后，任浩既感到非常震惊，又十分激动。他没有想到在这么庞大的骨髓库库容中，自己会成为那个“幸运儿”，能够有机会为挽救生命做出贡献，这是一件非常光荣的事情。思考片刻后，任浩初步同意进行造血干细胞移植手术，但是需要和家人进一步沟通后再做出最后的决定。面对父母的担心，他说：“以现在的医疗条件，捐献造血干细胞基本不会对我的身体产生影响，但是如果我不出手相救，患者可能就要离开人世。如果有一天当我们的亲人需要帮助时，您是否也希望出现这样的一个好心人呢？”终于，父母也决定全力支持他的选择。

思想指引行动，行动践行精神

作为一名中共党员，任浩同学始终不忘全心全意为人民服务的宗旨，热心公益事业，曾经先后5次献血，累计献血量1600ml。上学期间，他曾多次进行志愿服务活动，累积志愿服务时长200余小时。他用自身的行动展现北科大青年无私奉献的品质。2020年11月2日，材料学院学生任浩在广州成功捐献了造血干细胞，是全国第10398例造血干细胞捐献者。他捐献的造血干细胞被移植给一名骨髓增生异常综合征患者，为患者带去了重生的希望。任浩同学用他的实际行动、用爱心铸就了一段崭新的生命，用无私奉献为患者续写了美丽的人生，完美地诠释了救死扶伤的崇高品质和大爱情怀。

2020年6月，北京新一轮疫情暴发，首都各高校学生返校计划全部推迟。在此情况下，中华骨髓库北京分库决定将捐献工作转至甘肃分库进行。在甘肃分库工作人员的安排下，任浩同学于7月初在兰州进行体检，并且采集了血样进行高分辨配型。7月中下旬，根据导师安排，任浩又前往广州市长期出差，整个捐献工作只得转至广东分库进行。而此时，恰好高分辨配型和体检结果显示他的各方面情况均符合捐献条件。至此，所有的工作都围绕着最后的造血干细胞移植手术紧张而有序地准备着。根据中华骨髓库安排，原本计划8月底在广州进行造血干细胞移植手术。然而，8月初患者病情再次恶化，捐献手术必须要在一个周期的化疗之后根据情况再决定是否进行。面对这种情况，任浩通过中华骨髓库向患者及家属表达了慰问，并表示愿意在患者病情缓解之后第一时间进行移植，给患者及家属的化疗之路又打了一剂强心针，使他们有了坚持下去的信念。

2020年8月至10月，任浩在广州又先后进行了两次体检，最终在10月28日住进南方医科大学珠江医院的病房，正式开始了造血干细胞移植术前准备。在住进医院的5天时间里，任浩每天都要注射一针动员剂，以刺激人体骨髓内的干细胞增殖和分化。注射动员剂之后身体会有明显的不适感，会出现腰酸、腹痛、乏力的感觉，而任浩同学忍受住了身体的不适。11月2日上午8点，任浩来到手术室开始正式采集干细胞，整个采集过程持续了四个多小时时间，总共采集了295mL造血干细胞，被紧急送往患者所在医院进行移植。捐献结束后，广东省红十字会的领导向任浩同学颁发了“捐献造血干细胞”荣誉证书，感谢他捐献造血干细胞的人道善举。患者及家属也向任浩同学寄来了感谢信和礼物。采集结束在医院休息了1天后，任浩便返回单位投入紧张的科研工作中。

参与志愿活动，提高自身素质

作为一名中共党员，任浩同学始终不忘全心全意为人民服务的宗旨，积极参与各种集体活动。任浩同学始终满怀无私奉献的理念，积极为身边同学做出表率作用，也带动了身边同学自愿加入到志愿服务和集体活动中去，树立了当代大学生的良好形象。同时，任浩同学在学习中也刻苦努力、认真钻研，曾经获得国家励志奖学金、北京科技大学“三好学生”等奖励和荣誉称号。攻读研究生以后，任浩同学怀揣科技强国的梦想，积极投身于科研和学习中去，目前在燕青芝老师的梯队中继续深造。

在住院及手术期间，学校导师和同学们都发信息询问任浩同学的身体状况，表达了对任浩同学的关心。捐献结束返回单位后，学院专门购买了鲜花和礼品对任浩同学进行慰问，老师们叮嘱他要多注意休息，及时补充营养，感谢他用实际行动感恩社会、服务社会的真诚与爱心，赞扬了他舍己为人、无私奉献的品质。

在采访中，当被问到得知自己挽救一个生命的时候是什么心情，任浩同学却说:“在知道了患者只有35岁,还是两个孩子的父亲之后,我觉得自己的举手之劳能够让孩子们有了父亲,让妻子有了丈夫,这也许就是我做这件事情最大的意义吧。”爱让生命延续,任浩同学用他的实际行动、用爱心铸就了一段崭新的生命,用无私奉献为一位父亲、一位丈夫续写了美丽的人生,完美地诠释了救死扶伤的崇高品质和大爱情怀。这种品质将是北科学子学习的好榜样,因为它来自北科,也将一直在北科延续下去。

小传

北科才俊,学业有成。事事关心,热衷公益。频频献血,己任天下苦难事;救人水火,浩然挺身挽狂澜;牢记党章,萧萧竹声萦耳间;心怀人民,枝叶关情爱无言。古道热肠扶伤病,大爱无私续生命。

大家眼中的他

从小到大,我家孩子在欢声笑语中学习和成长。认认真真做好每一件小事是我对他最常说的一句话,他也能够持之以恒地坚持做好每一件事,因此在学业道路上走得比较顺利。其实,在平常的生活中,我不仅会培养他的学习能力,我更希望他能成为一个有爱心的人,一个有社会责任心的人,比如在公交车上让个座、积极参与社会公益活动等等,这也是作为父母对他的期望。最后,在今后的人生道路中,我希望他能够不忘初心,积极向上,永远保持一颗年轻的心。

——任浩爸爸

任浩是我的师弟,我和他在同一个课题组一起相处了三年,深刻了解他的为人。他是一个亲和友善而又自信乐观的男孩,他经常无私帮助班级和梯队的其他同学。就我所知,他在就读本科和研究生期间参与了许多志愿服务活动，用他的人格魅力感染着周围的人。2020年，他勇敢地捐献造血干细胞治病救人的善举让我及身边的师生备受感动，任浩师弟用他无私的奉献精神完美地诠释了救死扶伤的崇高品质。

——同学 张珺

任浩同学能够尊敬师长，团结同学，与身边同学关系融洽。在平常的学习、科研和工作方面认真踏实。不仅掌握了牢固的基础知识，而且在科研过程中能够摸索出自己的学习方法，同时保持独立思考，对学习和科研过程中遇到的问题及时提出自己深刻的见解。在研究生梯队管理工作中，任浩同学能够积极主动地为大家服务，并及时指出办公室和实验室安全方面的问题。此外，他还积极参加学院和班级组织的活动，有一定的组织能力与动手能力，是一位品学兼优的学生。当然，最重要的是他能够积极参与社会公益活动，每年都参与无偿献血活动，是我们身边同学学习的榜样。

——同学 王宇

任浩同学在学习和生活中是一个自律的人，他上进心强，有良好的学习能力。生活上吃苦耐劳、勇挑重担，能够积极帮助他人。作为一名党员，他在思想上能够时刻用党员的标准要求自己，能正确处理整体利益和个人利益之间的关系。平时的科研工作和老师布置的任务都完成得较为出色。在社会公益活动方面，任浩同学始终满怀无私奉献的理念，积极为身边同学做出表率作用。

——同学 王子豪

任浩是我很好的朋友，平时在生活中幽默风趣，乐于助人，经常在枯燥的生活中给我们带来欢声笑语。在思想上，任浩同志有着非常高的觉悟，心怀中国梦，时刻拥护着党的领导，时刻为集体和人民群众考虑。在梯队中，任浩同学能够很好地融入集体并在集体中无私奉献。例如他自愿当担实验室和办公室管理员，经常在晚上维护实验室设备，帮助同组的同学进行实验，问他问题也是知无不言。他在广州捐献自己的骨髓去挽救一个岌岌可危的病人，这种无私的大爱情怀足以感动我们所有人。

——同学 张友源

媒体关注

“虽然这一路走来有很多难题、很多困难在阻挡我们，但你的坚持、坚定给了我们莫大的力量，让我们无惧病魔，无惧未知的考验，无惧任何困难！”这封情真意切的感谢信，是一名骨髓增生异常综合征患者的妻子写给任浩的。

日前，在北京科技大学读研的八里镇照世村人任浩，成功捐献造血干细胞，成为静宁县成功捐献造血干细胞的第一人，也是全国第10398例造血干细胞捐献者。

2016年，任浩在第一次献血过程中了解到，捐献造血干细胞可以用于治疗血液系统的疾病，回去之后便通过网络等途径详细了解了捐献造血干细胞的流程和相关知识。当了解到捐献造血干细胞不会对自己的身体产生影响，又能拯救患者的生命时，在2017年第二次献血过程中，任浩毅然决定把自己的血样留在了中华骨髓库。谈起这次经历，任浩说：“我仍然记得第二次在红十字血液中心献完血之后，顺便申请把血样留在了中华骨髓库，当时负责采血的护士小姐姐说了一句你真勇敢，其实我也觉得自己挺勇敢的吧！”

此后的两三年，并没有患者与任浩的血样配型成功，他也逐渐淡忘了这件事。今年6月的一天，任浩接到中华骨髓库北京分库工作人员打来的电话，说有一位骨髓增生异常的患者与他的血样配型初步吻合，需要进行造血干细胞移植手术，询问他是否还有意愿进行造血干细胞捐献。得到这个消息后，任浩既

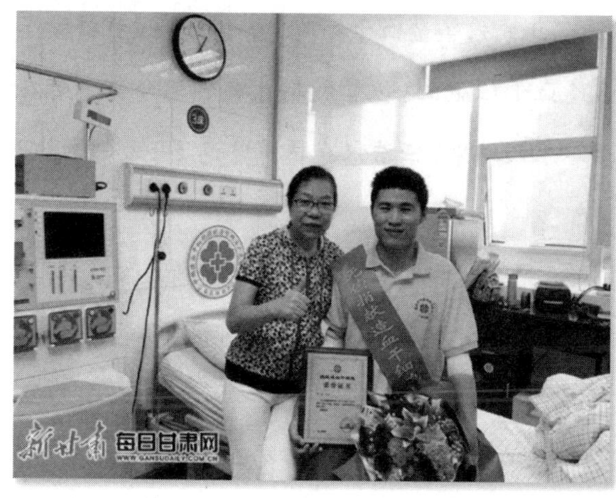

感到非常震惊，又十分激动，他没有想到在这么庞大的骨髓库库容中，自己会成为那个“幸运儿”。任浩说：“能够有机会为挽救生命做出贡献，这是一件非常光荣的事情。”

任浩接到中华骨髓库北京分库工作人员打来的电话时，由于疫情原因还在家隔离，任浩的父母得知这件事情后，特别担心。面对父母的担心，他说：“以现在的医疗条件，捐献造血干细胞基本不会对我的身体产生影响，但是如果我不出手相救，患者可能就要离开人世。如果有一天当我们的亲人需要帮助时，您是否也希望出现这样的一个好心人呢？”终于，父母也决定全力支持他的选择。

6月，正是北京新一轮疫情发生的时候，北京各高校学生返校计划全部推迟。在这种情况下，中华骨髓库北京分库决定将捐献工作转至甘肃分库进行，任浩于7月初在兰州进行体检，并且采集了血样进行高分辨配型。7月中下旬，根据导师安排，任浩又前往广州市长期出差，整个捐献工作只得转至广东分库进行。讲到捐献的过程，任浩说：“虽然捐献工作先后在中华骨髓库北京分库、甘肃分库、广东分库之间进行交接，但所有的工作人员都非常尽职尽责，都会耐心地解答各种疑惑。”

今年8月至10月，任浩在广州先后又进行了两次体检，最终在10月28日住进南方医科大学珠江医院的病房，正式开始了造血干细胞移植术前准备。11月

2日上午8点，任浩来到手术室开始正式采集造血干细胞，整个采集过程持续了4个多小时，总共采集了295mL造血干细胞，这位骨髓增生异常综合征患者在生病半年之后，最终得到了救治。采集结束，任浩仅在医院休息了1天，便返回单位投入紧张的科研工作当中。

捐献结束后，广东省红十字会向任浩颁发了“捐献造血干细胞”荣誉证书，感谢他捐献造血干细胞的人道善举。患者及家属也向任浩同学寄来了感谢信和礼物。

其实，早在北京科技大学本科就读期间，任浩就热心公益事业，曾经先后5次前往北京市红十字血液中心献血，累计献血量1600mL。他还曾多次前往宋庆龄故居、北医六院、北科大社区等单位进行志愿服务活动，累计志愿服务时长200余小时。

任浩鼓励有条件捐献造血干细胞的人：“随着公众对造血干细胞捐献知识的进一步了解，以及国家对造血干细胞捐献志愿者保障和奖励措施的进一步完善，近几年，我国捐献造血干细胞的人数已经呈现出较快的增长，这对建设爱心社会具有重要的意义。”

——每日甘肃网

早在本科就读期间，任浩同学就热心公益事业，曾经先后5次前往北京市红十字血液中心献血，累计献血量1600mL。2016年，任浩在第一次献血的过程中了解到捐献造血干细胞可以用于治疗血液系统的疾病，回去之后便通过网络等途径详细了解了捐献造血干细胞的流程和相关知识。当他了解到捐献造血干细胞并不会对自己的身体产生什么影响，而且又能拯救患者的生命时，在2017年第二次献血的过程中，他毅然决定把自己的血样留在了中华骨髓库。

——北科大新闻网

『灰雀』医疗移民调查实践团

北京科技大学“灰雀”医疗移民调查实践团以医疗移民为主要服务对象。团队以改善城市异地医疗患者群体的生活环境为奋斗目标，始终本着艰苦奋斗、不断创新的理念，为医疗移民的生活提供更多切实有效的帮助，缓解其经济及精神压力。团队通过高效的成果产出，尽大学生能及之力量帮助医疗移民，同时进行深度组织与策划，取得一定商业价值突破。团队项目主要分为三大部分：精准医疗、经济帮扶、心理陪伴，现已连续四年获得北京科技大学暑期社会实践金奖，并将长期渐进转化实践成果，以可持续的发展模式加强引领作用，扩大社会影响，关注国民健康。

颁奖词

他们关注漂泊于大城市求医的医疗移民，带动了更多人去感知、去帮助、去发声。他们收集信息、研发程序、筹集善款，为医疗移民照亮前行的路，见证医疗移民故事中，爱与奇迹的到来。四载金奖蝉联，献力公共卫生，用心点燃希望，用爱传递真情，他们不惧山高路遥，他们用行动书写青春华章！他们就是北京科技大学“灰雀”医疗移民调查实践团。

先进事迹

北京科技大学"灰雀"医疗移民调查实践团连续4年关注漂泊于大城市求医的医疗移民群体，致力于建立一个可持续发展的长期帮扶模式。团队建立了与北京新阳光和春苗两大慈善基金会、爱心苗圃和川渝同乡会等机构的合作；受到了《光明日报》《北京青年报》《南德意志报》等媒体及新阳光基金会等慈善机构专访；共形成了微电影6部、文创手稿130余幅、文创产品70余套，撰写商业计划书4本、基金手册3本、论文4篇，以及访谈录16万余字、实践调研报告共计约100万字等成果；与"信诺"平台进行数据合作，整理了26大基金会，20种病种、105条常见的基金信息和申请模式，并利用自主开发的小程序及网页实现了用户自主检索，目前小程序常用用户200余人，检索量超过30000次，为医疗移民提供了更广泛权威的信息渠道，并将持续探索公益组织的成熟运营模式。

在医疗移民领域，"灰雀"医疗移民调查实践团（以下简称"灰雀"）从开拓到建设，从合作到创新。截至2020年，小而精的"灰雀"团队连续四年荣获实践金奖，实践成果转化特等奖、优秀奖；多次荣获首都大中专学生暑期社会实践优秀团队奖，获得中国扶贫基金会与希尔顿集团联合发起的大学生社会实践项目——公益未来·希尔顿社会实践项目校内赛第一名，并进入全国高校20强，且曾代表学校参加中国儿童少年基金会"大学生暑期牵手共成长"等大型活动。同时，队内涌现数名"十佳标兵"与"先进个人"，组织多场"暑期归来话实践"宣讲，积极引领北科青年关注医疗移民群体与我国医疗事业发展。

4年来，团队共为医疗移民拍摄微电影6部、Vlog7部、科普动画1部，制作文集4本、访谈录4本，制作影集3本，设计文创手稿130余幅、文创产品70余套，撰写商业计划书4本、基金手册3本，开发微信小程序两版，网页一个，互动游戏一个，总结形成实践调研报告共计约100万字。"灰雀"还广泛采访了上百名医疗移民，基于对其的深度访谈、长期跟踪记录等策划了纪实三部曲：连续四年编撰文集《雀吟》，整理访谈录《雀记》16万余字。据此，我们继续深入研究，制作量化调查问卷，撰写《基于KANO模型的网络医疗募捐平台用户需求及满意度分析》《基于多元回归分析的患者满意度影响因素的实证研究》等调研论文4篇，多次荣获优秀实践成果特等奖。团队还为6组家庭拍摄了温馨的全家福，为10个白血病童拍摄艺术照，让其感受到自己的美好，从而更加坚定地对抗病魔。

同时，"灰雀"通过多方位宣传矩阵，为医疗移民发声：微信公众号关注4000余人，原创推送最高单篇阅读5200余次，累计打赏1500余元；B站视频与微博总浏览量达20万余次；被新阳光公益、北京爱心苗圃、馨公益等慈善机构转发宣传。团队组建以来，受到了《光明日报》《北京青年报》《南德意志报》等媒体及新阳光基金会等慈善机构专访；多次登上院媒"银杏树下"以及"北科大青年""北科实践小博士""学在贝壳"等校媒，影响力可观。

"灰雀"曾在疫情背景下为两大公益机构的白血病童，策划5次、历时约2周的线上活动，也曾在燕郊病房学校实地参与志愿——团队策划"曦愿"夏令营，用6天540分钟的12节原创课程，和所购置的近600元的课程用品为医疗移民患儿送去温暖。此后持续设计原创主题7个，课程42节，授课时间共1680分钟；线上原创课程"皮影童趣"，共计约300分钟，为孩子们购买皮影材料600余元；互动项目"小小心愿单"，携手大众完成35个病房里的小小心愿。

"灰雀"还致力于用公益文创搭建起医疗移民与大众的桥梁，让每一份爱心物有所值，并在公众号公示善款去向。团队原创设计师设计出3个系列的公益文创产品，并在线下线上进行售卖，在北科大国家扶贫日线下活动中总共获得的694元收入，为8个患病小朋友完成心愿。2018年，"灰雀"公益文创微店将所获得3665元的收入悉数捐给了春苗基金会下设的小花项目。2019年，"灰雀"在自主平台基础上加强机构合作，在腾讯公益99公益日中发起"甜梦陪伴"活动，助力早产微宝贝项目。项目获得117人的支持，共捐出4421.41元。2020年，"灰雀"不忘初心，发起线上筹款并继续文创商城产品更新上架，将共计2800余元善款全部用于助力医疗移民生活；并在设计方面持续发力，用共计两部原创漫画和一本立体书，为医疗移民唤醒社会关注。

在创新科普方面，团队收集权威资料1.3万余字，制作"早癌筛查"科普视频并在多媒体平台发布，帮助更多医疗移民了解基金信息与帮助渠道。疫情下的线上建设中，"灰雀"持续优化"贝壳灰雀"小程序，并完成了独立网页构建，以展示灰雀公益活动、患者所需医疗基金信息和自主开发的H5游戏。我们致力于将灰雀网页建设成为一个同时面向大众科普和医疗移民的服务网站，为患者家属代写水滴筹、申请基金的有效平台，且具有与其他慈善机构合作运营的能力。面对医疗移民寻求社会支持的过程中，信息分散、申请流程烦琐等问题，团队整理了26大基金会，20种病种、105条常见的基金信息和申请模式，利用小程序及网页实现了用户自主检索，目前小程序常用用户200余人，检索量超过30000次，并总结形成3.6万余字的《基金手册》及一本《罕见病手册》。我们还开创性制作H5游戏"雀羽"，以第一视角的互动体验形式，助大众理解医疗移民荆棘密布的求医之路。

公益合作方面，"灰雀"联手北京新阳光和春苗两大慈善基金会，完成腾讯99公益日合作，发起"重症儿童救助""新阳光病房学校""春苗呵护"等筹款项目，连续两年筹集并捐赠善款6000余元。

活动认可方面，灰雀荣获北京新阳光基金会感谢视频及多封感谢信；北京春苗基金会荣誉证书及其"公益合作伙伴"资格。同时，我们与爱心苗圃和燕郊川渝同乡会等慈善机构建立合作关系，开设分别针对儿童、青少年、成年的不同志愿活动，使各年龄层医疗移民都能受益。参与病房学校、爱心苗圃和春苗基金会志愿3个志愿项目，并达成长期志愿合作，让更多的北科学子加入到志愿行列中。在此过程中，"灰雀"累计开展 170余小时的志愿活动，撰写相关《课程手册》《病房学校项目策划书》等总结手册。我们希望传达一份温情，用爱的暖光为医疗移民照亮一程前行的路。

2020年是"灰雀"成长壮大的关键之年，也是疫情背景下的挑战之年。团队承前启后，开创了线上线下联动新模式，以更加数字化的形式为医疗移民提供实质帮扶，完成了从"开拓者""建设者""合作者"到"破风者"的蜕变，紧贴时代的脉搏，温暖并感动着更多的心灵，为疫情中的医疗帮扶与国民健康科普探索出全新的维度。

小传

访视探微，不畏辛苦。创新科普，成果丰硕。联合公益，四方逢源。开拓建设，破风而行。有心悬壶，青衿共探安济坊；立志济世，燕雀同怀凌云心。深入实地，志得真知。万里蓬蒿，功成无谓辩小大，率众同心，助人不问行近遥。

大家眼中的他们

医疗移民是公共卫生与公民健康领域的重要议题。自2017年成立以来，"灰雀"实践团在帮助医疗移民方面做了大量的工作，已经探索出了比较成熟的长期帮扶模式和丰富的新媒体运营经验。在历年的暑期实践中，"灰雀"实践团前期准备比较充分，实践方案具有可行性，所得成果也富有创新性，希望他们取得更大的成绩。

——指导老师：郇建立

我是在网络上知道"灰雀"实践团的，了解到他们所组织的活动和成果之后，便接受了采访。最初认为这群年轻人还比较稚嫩，但后来渐渐为他们调查寻访时的钻研精神和贴心的关怀所打动。他们会为了素未谋面的陌生人献出自己宝贵的热情，所以我想，他们取得这么多成果也是有原因的。他们所做的事情很有意义，可以帮助到像我一样或者比我更困难的医疗移民们，虽然这件事任重而道远，但是有这样一群年轻人在关注关爱着这个群体，总归是让人十分感动。希望他们未来更加优秀，温暖和帮助更多人。

——被采访者：小刀（化名）

初识“灰雀”是通过它的公众号。“灰雀”的公众号很特别，没有华丽的藻饰，没有冗余的白话，每一篇文章都用情至深。我被其中的真心和情怀深深地打动了，希望加入这个团队，为弱势群体付出自己的关怀与爱。在经过层层选拔加入团队之后，我发现了作为队员的辛苦。我们用大量的时间进行头脑风暴、走访调研、整理文献、策划活动、反思复盘等等，经历了很多挫折与改进，其中的艰难与不易或许只有我们自己知道。幸而，我们高强度的实践工作切实地帮助了多名医疗移民及其家属，也助我们将许多奖项收入囊中。加入“灰雀”是我大学中所做的最正确的决定！希望之后加入的学弟学妹们也不忘初心，砥砺前行，再创佳绩。

——队员

实践是检验真理的唯一标准。我希望孩子们在大学里面学到的不仅是理论知识，更多的是体验和感悟生活的能力。大学是人生的花季，更是步入社会的起点。我相信“灰雀”团队所做的事情是对大学生自身和社会都有意义的事情，通过帮扶医疗移民这样一个群体，他们可以深切地体会到生命的可贵和平凡的意义，纵然团队的能力是有限的，但是如果他们能为这个群体出一份力，让更多人关注他们，并通过一定的官方渠道进行帮扶，将社会的善意和温暖一点点聚集起来，最终也一定为国家的社会建设出一份力，体现一名大学生对于社会的责任与担当。“一个民族只有寄望青春，永葆青春，才能兴旺发达。”希望他们能够继续“以青春之小我，奉献青春之中国”。

——队员家长

作为“灰雀”社会实践团成员的室友，在暑假社会实践期间，我能感受到“灰雀”队员的忙碌与充实。室友是新媒体组的成员，她会采访异地就医的病人与病人家属，向大众讲述医疗移民的故事，还会通过科普视频的形式为大众介绍一些医疗小知识……能看见室友为了照顾医疗移民的心情与情绪,反复修改采访稿;从多种渠道与平台调研医疗移民的生活状况;为囿于小小病房中的白血病童们实现小小心愿,祝愿他们早日战胜病魔;等等。他们大量的工作背后是一颗为了帮助到更多医疗移民的心,而这些工作真的将这一群体带到了更多人的视野中,从精神与物质上帮助到了一些医疗移民,是真正有意义的社会实践,向"灰雀"学习!

——队员同学

媒体关注

有这样一群人,在家乡患了病却无法治疗,为了活下去举家来到大城市求医,他们被叫作医疗移民。

灰雀起航,为这些人带去温暖和帮助。为了使帮扶更贴合其需求,实践团开展针对医疗移民需求的预调研,完成论文《基于J.bradshaw需求评估模型的异地就医患者需求评估》,并提出可行有效的解决方案。实践团整合各界资源为医疗移民提供经济支持。医疗移民面临信息分散和申请流程烦琐的问题,难以获得基金救助。对此,实践团整理26大基金会、20种病种、105条常见的基金信息和申请模式,制作成微信小程序,实现用户自主检索,目前小程序常用用户达两百人,检索量超过两万次。实践团已为5个医疗移民家庭向各基金会申请到近27万元的医疗救助基金,为2名患者撰写求助信发往当地市长信箱,为3名患者在网络筹款平台上筹得2.7万元资金。

除此之外,实践团还自主创新公益模式,致力于促进新型公益模式的持续发展,实践团举办夏令营,建立义工服务实现心理陪伴。为帮助燕郊病房学校的白血病童获得同龄人陪伴,实践团开展夏令营,陪伴他们学习新知识、认识新朋友。实践团与春苗基金会合作,为身患先天性心脏病的小朋友带去104小时

的关怀。实践团撰写有价值的文章，扩大医疗移民群体的社会影响力。团队公众号关注用户超过1000人，累计阅读量达6.2万次。发起的“露水情缘”公益活动，募捐156瓶花露水共计1346.71元，为露宿公园的医疗移民驱赶蚊虫。

“灰雀”所行之路，漫长且艰险异常，所幸他们踏实用心，用实力将情怀落地。一路前行，不曾停息。

——全国高校思想政治工作网

同心战『疫』北科来华留学师生团队

同心战“疫”北科来华留学师生团队由848名国际学生和负责来华留学管理工作的国际学生中心(含国际学生公寓)29名来华留学管理教师组成。近年来,来华留学师生团队积极服务学校事业发展、安全稳定和疫情防控,培养了大批知华友华国际人才,爱校荣校情感不断提升,是学校国际化建设重要力量。同心战“疫”北科来华留学师生团队在疫情防控和来华留学工作中,以习近平总书记给学校全体巴基斯坦留学生重要回信精神为指导,全力抗击突发新冠肺炎疫情,守住校园净土,持续深化事业发展内涵建设,创新成效明显,为学校相关工作做出了突出贡献。

颁奖词

同心战“疫”,亲如一家。他们共克时艰守净土,奋力拼搏促发展,他们以习近平总书记重要回信精神为指导,全时无休,连续奋战;他们应对挑战,深耕来华留学教育质量,创新成效明显。他们用点滴真情绘出人类命运共同体的美丽风景线!他们就是同心战“疫”北科来华留学师生团队。

先进事迹

突如其来的新冠肺炎疫情，给国际学生正常学习和生活带来严重困难，给来华留学工作带了严峻挑战。来华留学师生团队奋力担当，顾全大局，同心抗击疫情，合力战胜困难，共同筑牢了国际学生疫情防控的坚固防线。在看到学校疫情防控工作成效和人文关怀后，学校52名巴基斯坦留学生汇报他们在学校面对疫情的感受与收获。习近平总书记于2020年5月17日以国家主席名义给北京科技大学全体巴基斯坦留学生回信，体现了党中央和总书记对全校师生的关心关爱，为做好新时代来华留学教育工作提供了根本遵循。在习近平总书记给学校全体巴基斯坦留学生重要回信精神指引下，来华留学师生团队聚力鼓足干劲，同心积极进取，续写了来华留学工作高质量发展新篇，为学校疫情防控和事业发展做出了突出贡献。

全力投入抗击疫情，筑牢防控坚固防线

生命至上，全力组织疫情防控。按照学校统一部署，来华留学管理教职工第一时间敏锐吹响疫情防控集结号，2020年正月初五全体教职工即全员到京上岗，全年不间断连续奋战，高强度严防死守，及时发布预警，严格执行校园管理举措。持续开展防疫指导，发布多语种防控政策和安全提示，增强学生防范意识和自我防护能力。克服时差等实际困难，“点对点”密切追踪学生轨迹，强化公寓管理，给在校学生提供一人一间住宿，实现零感染。及时解决困难和问题，着力开展人文关怀，关注心理疏导，提供多形式跨境帮助，给困难学生寄送口罩，超前策划在线教学方案研讨和设计，协调采取针对性教学安排和举措，保障了在线学习效果，组织学生积极参与“云端毕业季”“云端入学季”系列活动，全方位保障滞留境外国际学生学业进展。

顾全大局，主动配合疫情防控。疫情暴发伊始，国际学生因学习、探亲和

旅游等原因分布在世界各地，担心健康、安全和学业受到影响。但是，在来华留学管理教师的积极引导和帮助下，国际学生对学校疫情防控给予了充分的理解和支持，主动配合学校疫情防控工作，努力克服时差等客观实际困难参加线上学习，且在线上教学中互帮互助，协助滞留境外毕业生打包行李，在校学生主动组织体育锻炼增强体质，主动参与公寓公共区域消毒工作，以实际行动支持学校疫情防控工作。52名巴基斯坦留学生主动给习近平主席写信汇报了他们在学校学习、生活和面对疫情的感受与收获，特别是疫情暴发后学校对他们的关心帮助和中国对全球疫情防控做出的突出贡献，表达了对中国致力于构建人类命运共同体的感激之情，以及希望学成后积极投身两国友好关系建设、为构建人类命运共同体贡献力量的美好憧憬。习近平总书记在百忙之中于5月17日回信，这是学校的至高荣誉。

珍惜荣誉鼓足干劲，聚力奋进贡献强劲力量

习近平总书记给学校全体巴基斯坦留学生回信，是推进学校新时代来华留学工作的里程碑。来华留学师生团队迅速掀起宣传贯彻落实总书记重要回信热潮，全力克服疫情严重影响，大力推进来华留学工作提质增效。

来华留学管理教师采取针对性举措顺利完成国际学生招生工作，稳固了工作基础；创新国际学生培养模式，努力保障国际学生学业进展和培养水平；实施“爱知工程”，在秦安建立中外青年文化交流基地，持续加强国际学生中国国情教育，扎实开展中外人文交流；建立起了招生就业、教育教学、人才培养、科学研究、外事服务、日常管理、后勤保障等全链条工作体系，国际学生爱校荣校情感不断提升，来华留学工作成为学校国际化建设重要力量。

国际学生收到习近平主席回信后，备受鼓舞，积极热情地参与习近平主席回信宣讲等各项活动，讲述收到习近平主席回信后的激动之情和收获，更加努力、认真地投入到学习、生活和各项交流活动中，积极参加“云战疫”“感知中

国·秦安行”等、抗疫歌曲录制中外人文交流活动，讲述中国故事，传播正能量，获得了社会的关注和正面评价，为构建人类命运共同体贡献着自身力量。《人民日报》、中央广播电视总台、《光明日报》等多家主流权威媒体报道了国际学生收到总书记重要回信的激动之情和落实重要回信精神的实际行动，其中中央广播电视总台《新闻联播》节目专题报道长达五分钟，引起强烈反响。

积极应对挑战困难，同心续写高质量发展新篇

深化内涵建设，创新成效明显。一是应对疫情创新在线教学模式，停课不停教。积极协调各教学单位和教师力量，提早进行在线教学的方案研讨和设计，采取针对性的教学安排和举措，从选课、上课、考勤、考试考核等多方面及时解决国际学生遇到的困难和问题，通过雨课堂、腾讯会议、微信平台等多种复合方式保障学生在线学习效果。二是积极主动求变创新，稳固工作基础。克服疫情严重影响，着力丰富招生渠道，制作学校来华留学国际宣传片，面向国际建设网络宣传直播间，推出线上直播宣讲，选拔优秀学生担任“宣传大使”，取得较好效果。推进教学培养单位国际宣传能力，设计二级单位来华留学宣传页。及时调整申请材料接收审核方式，组织线上入学考试面试，圆满完成审核录取工作，招生基础得以有力稳定。2020年，共录取国际学生350人。生源质量和结构持续向好发展，全年在学国际学生学历生比例达94.10%，提升6.43%，高层次学生比例达55.78%，提升3.22%。三是聚力组织应对挑战，保障培养质量。制订《国际学生招生管理规定》，修订《国际学生管理规定》等3个校级文件，专项研制来华留学管理系统，来华留学制度和管理体系日趋完备。全力克服时差、网络、师资等多种困难，开展国际中文教育线上直播教学，努力维系短期项目开展。着力解决全英文授课专业教学难题，持续推动来华留学品牌课程和培养项目建设，“丝绸之路”中国政府奖学金项目获评国家留学基金委优秀项目，在国家留学基金委组织的中国政府奖学金年度评审工作中获得“优秀”。

积极克服困难，取得成绩斐然。一是努力克服困难，停课不停学。在来华留学管理教师指导下，国际学生积极克服时差和基础设施落后等多种实际困难，参加线上学习，除确因无法克服的客观困难申请休学的学生外，基本顺利完成了学习和培养计划。二是知华友华，搭建交流桥梁。来华留学师生踊跃参加美化校园、服务社区志愿服务活动。获得教育部“我与中国的美丽邂逅”征文暨短视频大赛优秀组织奖、个人征文优秀奖和北京市外办首届在京外籍人士足球赛冠军等荣誉，彰显了学校国际学生风采。三是学术再显硕果，先进典型涌现。尽管疫情给国际学生学业进展带来严重困难，但是国际学生在学术研究等方面仍然取得了优异的成绩。Getele, Gutama Kusse荣获校长奖章，Chege Samwel Macharia获得学校十佳学术之星提名，Mughal Muhammad Arif等15名国际学生被评为校级优秀毕业生，71名学生获得校级优秀国际学生奖学金。

小传

呦呦鹿鸣，食野之苹。我有嘉宾，鼓瑟吹笙。山川异域，风月同天。同心战疫，奋勇向前。九百师生，载驰载驱诣北科。适华追梦，同心同德克时艰。艰难困苦，不怠学业。身处天涯心比邻，情比金坚胜手足。

大家眼中的他们

同心战“疫”北科来华留学师生团队由848名国际学生和国际学生中心29名来华留学管理教师组成。面对突如其来的新冠肺炎疫情，来华留学师生团队坚持生命至上，全力抗击突发新冠肺炎疫情，共同筑牢国际学生疫情防控坚固防线。在看到学校疫情防控工作成效和人文关怀后，学校52名巴基斯坦留学生给习近平总书记写信汇报了他们在学校学习、生活和面对新冠肺炎疫情的感受与收获。2020年5月17日，习近平总书记给北京科技大学全体巴基斯坦留学生回信，体现了党中央和总书记对包括巴基斯坦留学生在内的全体师生的关心关爱，为做好新时代来华留学教育工作指引了方向，提供了根本遵循。

近年来，来华留学师生团队以习近平总书记重要回信精神为指导，努力探索新时代来华留学工作中的新思路，培养了大量知华友华的国际学生，扎实推进学校来华留学工作内涵发展，为推动学校国际化进程，培育促进中外民心相通、构建人类命运共同体的国际青年力量做出了突出贡献。

—— 国际学生中心主任 赵宝永

突如其来的新冠肺炎疫情，给国际学生正常学习和生活带来严重困难，对来华留学工作形成严峻挑战。从2020年1月24日（农历除夕）开始，来华留学师生便进入了疫情防控阻击战的状态，来华留学管理教职工第一时间敏锐吹响疫情防控集结号，全年不间断连续奋战，高强度严防死守，及时发布预警，持续开展防疫指导，着力开展人文关怀，全方位保障滞留境外国际学生学业进展。国际学生对疫情防控给予了充分的理解和支持，配合学校疫情防控工作，努力克服困难参加线上学习，主动开展志愿服务，以实际行动支持疫情防控工作。来华留学师生凝聚起了强大合力，展现了阻击疫情防控的强大力量。习近平总书记于2020年5月17日给学校国际学生回信，极大鼓舞了学校来华留学师生。在用文字记录这些难忘记忆的过程中，我被感动着，被激励着……这不仅彰显了来华留学师生凝聚起来的疫情防控强大合力，更生动诠释了人类共同体的深刻内涵。

——国际学生中心教师 贾兆义

2020年年初，新冠肺炎疫情打乱了人们的正常生活。作为国际学生辅导员，我毅然肩负起疫情防控的重大责任，放弃与家人团聚，迅速投入到国际学生疫情防控工作，与国际学生同住宿舍楼内，始终坚守在疫情防控的第一线，及时解决国际学生的实际困难，保障国际学生学业进展，守护国际学生身心健康。

为了打赢这场没有硝烟的战争，国际学生中心全体成员，第一时间吹响疫情防控集结号，立即进入“战时”状态，舍小家，顾大家，奋力担当，同心抗击疫情，筑牢疫情防线，全力保障在校国际学生的身心健康，维护校园安全稳定，在实际工作中践行了共产党员的誓言和初心。

——国际学生中心教师 刘焱

疫情期间，北京科技大学一视同仁，不分外貌、国籍、宗教，关心照顾我们每一个国际学生。我们给习近平主席写信表达对中国的感谢，习主席在百忙之中给我们回信，证明了他对在华留学生的关心，他关心我们的安全和学习，这对我们来说是一种荣誉。这封信彻底改变了我的生活，让我的视野更加开阔，让我更有信心和勇气，为人类共同的未来做更多的事情。我一遍遍仔细地读这封信，去了解每句话的深层含义。我很自豪是同心抗疫来华留学师生团队中的一员，我们师生站在一起，共同战胜疫情；我们生活在同一个星球上，命运与共，携手向未来。我们会遵照习近平总书记在回信中的嘱托，把亲眼看到、亲耳听到、亲身感受到的中国讲给全世界听。

——巴基斯坦籍国际学生 萨塔尔

新冠肺炎疫情给我们的学习和生活带来了巨大的挑战，许多国际学生也因此没有回到自己的国家。习近平总书记的回信，让我们全体国际学生备受鼓舞，中国政府和学校采取的防控举措和给予的关心帮助，让我们全体国际学生感受到家一样的温暖。

作为同心抗疫来华留学师生团队中的一员，我也和其他国际学生一起积极参与到了学校的疫情防控工作中，协助老师们完成宿舍楼的环境消杀工作，相互提醒出门时戴好口罩，保持宿舍卫生，勤通风，按时提交“平安报”。这份在特殊时期与大家守望相助的经历让我体会到了老师们的辛苦，也更加体会到了人类命运共同体的深刻含义。感谢老师们的辛勤付出！也祝愿学校来华留学工作越来越好！

——泰国籍国际学生 白娜

媒体关注

同心战“疫”北科来华留学师生团队由848名国际学生和负责来华留学管理工作的国际学生中心（含国际学生公寓）29名来华留学管理教师组成。面对突如其来的新冠肺炎疫情，来华留学师生团队奋力担当，顾全大局，同心抗击疫情，合力战胜困难，共同筑牢了国际学生疫情防控的坚固防线。在看到学校疫情防控工作成效和人文关怀后，学校52名巴基斯坦留学生汇报他们在学校面对疫情的感受与收获。习近平总书记于2020年5月17日以国家主席名义给北京科技大学全体巴基斯坦留学生回信。在习近平总书记给学校全体巴基斯坦留学生重要回信精神指引下，来华留学师生团队聚力鼓足干劲，同心积极进取，续写了来华留学工作高质量发展新篇，为学校疫情防控和事业发展做出了突出贡献。

——《北京日报》新媒体平台

吴保桥

——北京科技大学校友

吴保桥，男，汉族，1973年4月出生，中共党员。1996年本科毕业于北京科技大学金属压力加工专业，2010年硕士毕业于机械工程专业。现为马鞍山钢铁股份有限公司技术中心型钢研究所所长、高级工程师，马钢公司高级技术主管。

吴保桥校友长期从事型钢领域的科研和技术开发工作，是多项国家型钢领域技术重大科技项目负责人或课题负责人。曾获冶金科学进步奖一等奖、安徽省科学技术奖一等奖，2020年获“全国劳动模范”荣誉称号。

在从事型钢轧制科研和产品开发工作的20余年中，吴保桥同志在多项国家及公司重大科研项目中担任重要角色。作为马钢H型钢技术带头人，他瞄准高寒地区油气资源开采市场，带领团队对耐低温热轧H型钢成分设计、连铸控制、轧制控制、相变析出等行业性技术难题开展攻关。通过不懈努力，研发团队成功研制了−60℃条件下低温韧性和焊接性能优异H型钢经济型合金体系，并率先开发出满足−60℃低温韧性要求的V和Nb-V微合金化热轧H型钢生产技术，确立了马钢在我国耐低温热轧H型钢领域的主导地位。近年来，吴保桥校友带领研发团队累计开发新型品种钢60个，新产品销售量超过41万吨，在交通、能源、基建、机械等领域得到广泛应用，多个产品市场占有率达到100%，新增利润超过3亿元，为马钢热轧H型钢走出国门并深度参与国际高端市场竞争打下了坚实的基础。

颁奖词

坚守钢铁岗位，铸造大国之风。

他追逐最新技术，与设备为伴，做精做强；他在科技的道路里永争激流，在实践的磨砺中求索前路。是他带领团队研发新型钢，带领“中国钢铁”走出国门。二十余载栉风沐雨，那份“求实鼎新”的精神始终铭记心间。他越平凡，越不平凡，越简单，越彰显伟大！

先进事迹

伴随着我国钢铁行业转型升级的持续推进，企业的发展和生存越来越依赖技术和品牌，普通热轧H型钢产品市场同质化竞争激烈基本进入零利润甚至负利润时代，在关系国家安全和国民经济的能源领域，高端热轧H型钢国内无法供应，依然需要进口。

吴保桥校友科研作风严谨，又秉承着“功成不必在我而功成必定有我”的信念，作为马钢热轧H型钢技术研发带头人，瞄准高寒地区油气资源开采领域市场所需的耐低温热轧H型钢产品，在国内率先带领团队开展相关技术研究和产品开发。

然而这一过程却是艰难艰辛的，该产品相关技术被国外少数几家企业封锁，团队在无资料、无数据、无经验的条件下，从合金成分配比设计、坯料表面裂纹控制技术、基于往复轧制的相变控制工艺、基于全连续轧制的预驰析出控制技术等关系产品生产的关键技术展开攻关。

攻关的每一步中都有他的身影，攻关的每一程中都有他的汗水。

从理论研究到实验室开发、从中试验证到现场试制，在技术开发过程中的每一步都踏踏实实、认真对待，通过不懈努力，他带领团队在国内率开发了−60℃条件下低温韧性和焊接性能优异的热轧H型钢经济型合金体系，满足−60℃低温韧性要求的V和Nb-V微合金化热轧H型钢全流程生产技术。

基于上述研究成果，他带领团队在国内率先开发出满足高寒地区耐低温要求的热轧H型钢产品，通过法国德希尼布公司的严格审核和DNV认证，产品实际应用于迄今为止全球最大的LNG项目——俄罗斯北极圈内的亚马尔项目，共实现销售利润近1.3亿元。相关科研成果相继获得冶金科学技术奖一等奖、安徽省科学技术奖一等奖和中国钢铁工业产品开发市场开拓奖，在行业内起到了技术引领的示范效果，也确立了马钢在国内耐低温热轧H型钢领域的主导地位。

他丰富的实践经验、较高的学术水平和较强的分析与解决实际问题的能力，具备独立承担型钢科研、新产品开发和其他复杂技术工作的能力，在多项国家及公司科研项目中担任了重要角色，在为企业创造巨额经济效益的同时，提升了马钢H型钢的品牌形象和核心竞争力。

与此同时，马钢不仅在国内占据了重要地位，更是名扬国外，成为中国的又一大特色优势。马钢耐低温热轧H型钢的成功开发，不仅打破了国外产品对高端能源市场的垄断，为马钢赢得了国际声誉，而且相关的研究成果和生产经验通过技术转化移植到其他热轧H型钢产品的优化改进中，也陆续开发了耐低温热轧角钢和热轧槽钢，持续发挥技术推动作用。为马钢热轧H型钢走出国门并深度参与国际高端市场竞争打下了坚实的基础，也支撑了国内中海油、中石油等单位的工程公司承接国际项目。

当然，吴保桥校友的奋斗不仅在于此，更在于更多的实践与奉献之中。

耐候钢是国家走向绿色发展的重要支撑钢铁材料，但是由于耐候性能对高合金含量的要求，与产品优良的力学性保障存在一定的矛盾，这对于以孔型轧制为优的热轧H型钢，是行业性难题，这也制约了热轧H型钢在铁路、桥梁等特殊领域的应用。

这时，他的身影再次出现在一线奋斗的岗位上，他带领团队，瞄准耐候热轧H型钢开发技术瓶颈，在成分设计、冶炼和连铸生产控制技术、控轧控冷技术、焊接工艺控制等方面开展全面深入研究，开发了适应不同服役环境和加工条件的耐候热轧H型钢系列产品，也实现了全流程高效生产控制技术。仅铁道车辆领域耐候热轧H型钢产品，已累计向中车股份供货近35万吨，新增销售收入14.9亿元，新增销售利润2.6亿元，极大促进了我国铁路货车向重载化、高速化和长寿化，有效支撑国内铁路交通的快速发展。

奋斗者的脚步并未就此停下，他沿着这一征程，继续前进。

重型热轧H型钢在业内号称“皇冠上的明珠”，国外也仅有极少数企业可以生产，在规格配套要求很高的热轧H型钢领域，一旦缺少这类超厚、超宽和超高规格将成为国内企业的制约因素，依赖进口经济效益差但风险高。由于生产重型热轧H型钢在轧制变形渗透和温度控制等方面与当前产线存在很大差异，产品质量控制和性能保证难度是巨大飞跃，国内没有企业可以生产，这也是国外在热轧H型钢品种开发领域对我国封锁的最后一块“技术高地”。

随着2020年1月马钢“十三五”重点工程——国内第一条重型热轧H型钢生产线热负荷试车的成功，吴保桥校友又把目标瞄准了重型热轧H型钢的产品开发和技术推广，正在对相关技术进行集中攻关。虽然重型热轧H型钢的市场潜力巨大，国内对于重型热轧H型钢的认知、产品标准到设计规范都要从零开始，他带领团队走访建筑、桥梁和锅炉设计院，以及钢结构加工制造单位，识别技术需求、了解服役条件、推介选材方案，参与国家和行业标准的制订，牵头制订《重型热轧H型钢》《厚度方向性能热轧H型钢》《锅炉结构用热轧H型钢》等标准，修编《热轧H型钢设计应用手册》。

近5年来，以吴保桥校友为核心的团队累计开发新品种60个，新产品销售量超过41万吨，在交通、能源、基建、机械等领域得到广泛应用，在多数市场占比达到100%，新增利润超过3亿元。共申报发明专利16项，获得发明专利5项；主持国家和行业标准GB/T20933-2014《热轧钢板桩》、GB/T11263-2017《热轧H型钢和剖分T型钢》和GB/T34103-2017《海洋工程结构用热轧H型钢》等的制修订工作。

中国共产党的精神被他奋斗的汗水融入了钢铁的灵魂，他对中国钢铁事业的热情和追求，延续传承了中华民族的钢铁精神。正是凭着这种热爱和执着，吴保桥校友几十年如一日，在平凡的岗位上诠释着马钢科研人“创新争优、甘于奉献”的信念，在历史的书页中留下最动人的篇章。

小传

若保赤子，山行即桥。晨兢夕厉，临深履薄。躬耕科研，未有仄亏，龙烛玄度，并无差慝。出叶蓁蓁，结实莘莘。功成不必在我，功成必定有我。胸中浮云，记丈揣高度薄厚；心怀赤电，整班率众力科研。为学在勤似碾玉，大斧劈凿制轧钢。

大家眼中的他

吴保桥所长，既是我的导师，也是中国宝武热轧型钢技术领域的顶级专家，他始终坚持研发应面向“痛点”问题，并且要勇于挑战“卡脖子”难题，给青年员工树立了技术研发的好榜样。近些年，为填补我国在重型热轧H型钢方面的空白，他主动请缨，历经三年的坚持不懈，牵头攻克了制约热轧H型钢高性能化的行业性难题，实现了多个产品全球首发和国内首发，也为行业的进步做出了积极贡献。与此同时，他不忘鼓励和团结青年员工，紧抓团队建设。我从入职时的青葱成长为可以独当一面的青年，从他的身上学习到了很多，也感受到了很多。在他的带领下，如今的研发团队日益壮大，每位成员都有更多的获得感。希望吴保桥所长能够继续带领大家披荆斩棘、勇攀高峰。

——马钢技术中心主任研究员 夏勐

吴保桥所长自北科大毕业后就一直扎根马钢H型钢市场开拓与新产品的研发工作，事业上兢兢业业、一丝不苟。对自己开发的产品像对待自己“小孩”

一样，时刻关注，全程跟踪，有时产品试制时吃住在产线。坚守热轧型钢研发工作20余年，在技术创新中数年如一日，攻坚克难，不畏艰辛，砥砺前行；先后担任马钢型钢新产品开发项目组、APQP项目组组长、重型H型钢SBU小组负责任人，在他的引领下，马钢在海洋工程、铁道车辆、建筑和桥梁等领域率先开发出覆盖美标、英标、欧标、日标、国标等规格的高端型钢产品，为马钢热轧H型钢产品开发、拓展市场和走向海外，推动马钢H型钢走出了“模仿”到“创新”的高质量发展之路。主持起草热轧H型钢国家标准与企业标准10余项，获冶金科技进步一等奖、安徽省科学技术一等奖各1项；先后获得“马钢首席科学家”“宝武首席科学家”“全国劳动模范”等荣誉称号。作为型钢专业技术领军人物，他还注重人才培养，积极开展导师带徒工作，构建人才梯队，经他培养，团队人员已挑起了研发工作的大梁，成为专业技术领域的骨干人才。

——安徽工业大学教授 潘红波

有幸结识吴保桥已有十五载，从印象中的朴实温和的一位兄长，到成长为国内H型钢赫赫有名的领军人物，他的精神内涵在我的心中不断丰富升华。从不畏难，国内热轧H型钢从无到有、到强、到全，正是他“钉钉子”“攻城拔寨”坚韧精神的历程写照；永续情怀，热轧H型钢的生产研发与市场开拓的难度完全不亚于一个高端板材，他总是站在行业角度、国家战略高度耐心地讲好热轧H型钢能带来的价值链故事；始终谦逊，全国钢标委型钢分会副秘书长、全国劳动模范、宝武工程科学家……一个个头衔、荣誉让我们看到更多的是他对团队发展、宝武型钢基地建设和型钢下游应用的迭代升级的浓厚的使命感和责任感。他是一个平凡中散发着伟大精神的人。

——中信金属股份有限公司板材及型钢技术负责人 王厚昕

吴保桥同志，几十年如一日坚守在马钢热轧H型钢研发一线，带领我们团队实现了中国热轧H型钢从模仿、跟随到自主创新的历史突破，实现了中国钢铁脊梁中国造；他是我们身边的好同事，和蔼可亲，乐于助人，不论工作、学术还是生活上，都是我们亲爱的老大哥。

——马钢技术中心型钢主任研究员 邢军

吴保桥首席是我们马钢型钢专业的领头人，在他的引领下，马钢在海洋工程、铁道车辆、建筑和桥梁等领域率先开发出一系列高端产品，使马钢成为国内规格配套最齐全的热轧H型钢供应商。他从事型钢研发数十年，用实际行动为马钢H型钢注入“坚守、高度、力量、梦想”的“H”内涵。他坚守型钢研发工作，在技术创新中数年如一日，不畏艰辛，攻坚克难，砥砺前行，开发了一系列高端、极限规格H型钢产品；坚持技术引领，在他的带领下，马钢H型钢走出了一条从“模仿”到“创新”道路，马钢主持起草热轧H型钢国家标准与企业标准10余项，获冶金科学技术奖一等奖、安徽省科学技术一等奖等；“马钢首席工程师”“宝武科学家”“全国劳动模范”等一系列荣誉称号，是我们工程技术人员的标杆，在他的培养下，型钢团队梯队建设合理，团队人员已挑起了研发工作的大梁，成为专业技术领域的骨干人才；坚持梦想，目前型钢团队已向世界最大的厚重H型钢研发发起挑战，并取得了多个产品全球首发，我们有信心，在他的带领下，型钢团队成员可以为打造“国之重器”“镇国之宝”做出马钢的“H”贡献。

——马钢股份长材事业部高级主任师 胡春林

媒体关注

二十多年来，他和团队累计研发了近100个牌号、600多个品种规格热轧H型钢，不仅在国内培育了广阔的市场，而且积极进军全球市场，助力我国从热轧H型钢进口大国变成出口大国，成为国内H型钢具有领先优势和全球颇具竞争力、影响力的品牌。他就是全国劳模、马钢技术中心型钢研究所所长吴保桥。

争当开创钢结构发展新纪元的尖兵。1996年8月，吴保桥在北科大完成金属压力加工专业学习后，被分配到马钢技术中心型钢研究所。此时，马钢正在筹建国内第一条H型钢生产线项目。

1998年7月，马钢率先建成了国内第一条热轧H型钢生产线，但由于我国没有这方面的生产技术以及相应的技术规范和标准，加之设计院和施工单位对H型钢缺乏足够的了解，依然以工字钢作为建筑主料，H型钢市场一直难以打开。吴保桥和公司领导主动上门到全国各地设计院推荐H型钢优势，耐心讲解H型钢优越性能。

用了近三年的时间，他和他的团队几乎跑遍了全国设计院，终于赢得多家设计院的认可。

2001年，吴保桥抓住设计院逐步青睐H型钢的机遇，带领团队积极消化、吸收和再创新国外新技术，分别开发出海洋石油平台、高强耐火抗震、铁道车辆耐候用热轧H型钢等高端产品，覆盖美标、英标、欧标、日标、国标等规格系列，奠定了“中国名牌”基础，推动马钢H型钢走出了“模仿”到“创新”的高质量攀升之路。同时，与建筑设计专家共同完成了热轧H型钢应用设计手册、钢结构设计规范及相关软件，为国内各行各业广大客户安全、可靠地使用热轧H型钢创造了有利条件，开创了我国钢结构发展的新纪元。

争当H型钢高端应用新时代的主攻我国海洋石油开发起步较晚，直至20世纪80年代才拥有自己的海洋石油平台，且完全依赖进口。没有核心技术，势必受制于

人！为了解决被“卡脖子”的生存问题，吴保桥和团队成员们立志填补国内空白。

——北京科技大学新闻网

吴保桥依托学到的专业知识和先进的工艺装备，与团队积极融入国家海洋战略，锁定高端产品市场，联合相关科研院所，着手开展高效节能海洋石油平台用热轧H型钢的研发。经过自主创新、艰苦攻关，马钢生产出性能指标符合日标、美标、欧标严格要求的产品，满足了深海油气开发需求，打破了国外垄断，实现了高端产品国产化。此后，经过多次生产工艺优化，马钢制造的海洋石油平台用钢性能不断提升，尤其是在低温韧性方面取得突破性进展。-20℃横向低温韧性满足美国市场石油协会APIRP2A11类钢材需求；耐低温热轧H型钢满足

俄罗斯亚马尔北极项目和纳伯斯石油钻井项目对用材-45℃低温韧性的要求。

——搜狐网

吴保桥说，在团队共同努力下，目前我国海洋石油平台用钢60%由马钢提供。凭借优越的性能、合理的价格和优质的服务，马钢海洋石油平台用热轧H型钢不仅成功取代进口，傲然屹立在祖国辽阔的蓝色海疆，而且从身处北极圈的俄罗斯亚马尔天然气项目，到竞争异常激烈的石油盛产地中东地区，处处可见马钢热轧H型钢的英姿。

目前，马钢热轧H型钢已获得冶金行业卓越产品、冶金金杯奖、特优质量奖、国家科技二等奖、冶金科技一等奖等荣誉，相继通过日本JQA、欧盟CE、俄罗斯GOST、新加坡BC1、泰国TISI、韩国KS、马来西亚SIRIM等一系列全球主要标准认证。

争当开发H型钢广阔市场的先锋为顺应“一带一路”这一战略构想，马钢积极抢抓市场机遇，大力发展轨道交通用钢，与中国中车开展铁路车辆设计、制造。

近年来，吴保桥和团队相继研发出多个牌号和规格的耐候热轧H型钢，在满足力学性能、焊接性能、加工性能需求的同时，耐候性能提高了40%，顺利通过了铁科院的验收，以及相关资质审核，全面替代了低合金产品，使马钢成为国内铁路平车架大梁用耐候热轧H型钢的独家供应商。同时，马钢还为非洲国家量身定做了时速160公里铁路货车新车型耐候热轧H型钢。

——搜狐网

依托品牌优势，2017年5月31日，马钢铁路用钢托起了被誉为“世纪之路”的肯尼亚蒙内铁路。2018年2月15日（大年三十），肯尼亚国家演员不远万里来到中国春晚舞台载歌载舞，向中国人民表达了感激之情。

蒙内铁路全长约480公里，设计运力2500万吨，客运设计时速120公里、货运时速80公里，是第一条采用中国标准、中国装备、中国设计、中国技术的海外铁路项目。同时与之配套的车辆也是中国生产、制造和组装的。为确保蒙内铁路安全、高效、优质建成，吴保桥和团队积极与参与建设的单位通力合作，积极开展铁路车厢、支架和平板车用耐候热轧H型钢等多项技术创新与科研攻关，先后攻克了铸坯表面裂纹、轧钢易产生翘皮等难关，最终牵手马钢长材事业部完成肯尼亚蒙内铁路150辆重载铁路平板车交付任务。“今年4月28日马钢建成国内第一条重型H型钢生产线，有效填补了在超重、超高、超宽热轧H型钢领域的空白，将极大地满足高层建筑、海洋石油平台、电力、化工等高端需求。”吴保桥说，目前，马钢研发的重型H型钢已生产出17个规格的产品，在国内地下工程、地铁建设上发挥强大的支撑作用，同时分别有1000多吨、10000多吨产品出口欧盟和美国市场。

在追求创新的道路上，吴保桥和他的研发团队从来没有停下过探索的脚步。聚焦市场、客户需求，他们相继开发出满足不同领域特殊需求的高品质热轧H型钢产品，在交通、能源、基建、机械等领域得到广泛应用，多数市场占比达到100%，为马钢热轧H型钢走出国门并深度参与国际高端市场竞争打下了坚实的基础，有力支撑了国内中海油、中石油等单位的工程公司承接国际项目。

在疫情期间，也显示出他的担当。2020年新年伊始，新冠肺炎疫情在全国各地无情肆虐。当吴保桥得知马鞍山市新冠肺炎唯一定点收治医院——市第四人民医院各项物资紧缺时，身为共产党员的使命和责任让他坐不住了。他立刻行动起来，主动和院方取得联系，在短短几天的时间里，吴保桥跑遍马鞍山大小超市，自掏腰包购得苹果、柑橘、方便面、饼干等价值4000多元的生活物资，送往第四人民医院。

面对院方的一再感谢，吴保桥表示，“在这个特殊的时期，我想尽自己的一份力量，这也是作为一名党员应该做的。只要大家团结起来，星星之火可以燎原，我们一定能战胜疫魔！”

疫情就是命令、防控就是责任。马钢尚未正式复工，但是产品研发工作不容耽搁！特别是刚刚于2020年1月热试成功的马钢重型H型钢生产线，更是牵动着众人的心。

作为型钢研究所的负责人，疫情期间，吴保桥组织团队成员召开远程视频会议，集中学习公司及中心相关疫情防控文件精神，并对每位员工自身及家人身体状况、返程情况等进行了再次确认。特别是对5位需要居家隔离，其中一位还在湖北的员工，每天与他们进行视频连线，关心慰问。

一刻都不松懈，一天都不耽误。在做好疫情防护的前提下，吴保桥带领团队抓紧科研攻关和产品开发不放松。型钢产品订单评审、技术文件讨论全部上线，采用网上评审的方式并及时发布备忘，与特定用户的交流也采用电话或视频连线。在团队的共同努力下，H型钢的相关研发工作受疫情的影响被降至了最低。

回首来路，困难重重；一路走来，始终如一。正是凭着对H型钢的热爱和执着，吴保桥几十年如一日，在平凡的岗位上诠释着马钢科研人创新争优、甘于奉献的精神。围绕打造“中国宝武优特长材专业化平台公司”这一目标，吴保桥将继续发挥劳模的先锋带头作用，为实现马钢热轧H型钢高品质发展，推动国内热轧H型钢技术发展贡献自己的力量。

——《安徽工人日报》

许镇

——北京科技大学教授

许镇，北京市人，出生于1986年，北京科技大学教授，清华大学博士，《工程力学》（卓越计划期刊）副主编。2004年至2015年，在清华大学先后获得学士、博士、博士后学位。2018年至2019年，曾赴美国斯坦福大学作访问学者。主要研究方向为：城市和重大工程的灾变过程情景仿真。近五年，发表国际高水平期刊论文共30余篇，多次入选国际期刊热点论文。以第一作者身份发表SCI论文6篇，EI论文4篇，包括2篇JCR工程土木类2区论文，2篇3区论文，1篇美国土木工程学会ASCE下属SCI期刊论文。获得实用新型专利1项，软件著作权5项。以第二作者身份，出版中文专著《基于计算机辅助的桥梁倒塌事故分析》1部，出版教材《防灾减灾工程与技术》1部，出版英文专著*Encyclopedia of Earthquake Engineering*（地震工程百科）其中1章节。主持国家自然科学基金青年项目1项、中国博士后科学基金项目1项，承担国家"十二五"科技支撑计划子课题2项。作为项目骨干参与国家自然科学基金重大研究计划、国家863计划等重要科研项目6项。曾获中国公路学会科学技术一等奖（12/15），中国土木工程学会计算机应用分会颁发的优秀论文奖，国际SCI期刊*Adv Eng Softw*的年度Most Downloaded Articles的第2名，美国土木工程学会下属SCI期刊的季度Most Frequently Read Articles等奖励。

颁奖词

凝聚创新，目光超前，他坚守理想，潜心研究防灾难题只为强国之梦；春风化雨，玉汝于成，他循循善诱，辛勤教导爱生如子育才屡创佳绩；科技报国，勇挑重担，他发挥专业特长，助力雷、火神山战疫但求不负人民。铸就河清海晏，他无怨，护航国泰民安，他无悔！他就是土木与资源工程学院的许镇教授。

先进事迹

读博立下防灾志，12年潜心钻研国际防灾难题城市灾害情景仿真

2008年5月12日，一场自中华人民共和国成立以来破坏性最强、波及范围最广、灾害损失最重、救灾难度最大的地震——汶川地震在我国暴发。地震波及了大半个中国以及亚洲多个国家和地区，严重破坏地区约50万平方公里，受灾人数高达4625.6万人，造成直接经济损失8451.4亿元，其破坏性震惊世界，每一位国民的心都被这场灾难牵引。当时，还在读博的许镇已经获得了清华大学土木工程系防灾减灾研究所的直博保送资格，即将开启他的学术生涯。当目击这场前所未有的大灾难之后，作为党员的许镇更加坚定地选择做城市灾害情景仿真的研究，立志为我国防灾减灾事业贡献自己的力量。

城市灾害情景仿真是国际防灾领域难题。常规的灾害情景仿真针对建筑单体，但是城市建筑复杂、计算量巨大，其结果难以表达。开展城市灾害仿真需要准确的分析模型、快速的计算方法和真实感可视化技术，也就是“准”“快”“真”这三大关键科学问题。而国内乃至国际，这方面相关的研究极为有限。

从读博到现在的12年里，许镇针对“准”“快”和“真”三大问题，取得了一系列创新成果：

在“准”方面，建立了城市地震及次生灾害的耦合分析模型。成果应用于美国国家科学基金重大研究计划Simcenter中，实现了旧金山湾区180万建筑的地震次生火灾仿真，成为该计划的标志性成果，并应用在世界上最大的悬索结构

展厅——石家庄国际会展中心的综合防灾设计中。在“快”方面，提出了大规模建筑群灾变反应的并行计算方法。成果被*Computer Weekly News*杂志作为计算领域先进成果报道，并被作为代表性创新成果写入施普林格出版社的英文专著*Encyclopedia of Earthquake Engineering*（地震工程百科）中。在“真”方面，提出了灾变动力过程的真实感、动态可视化技术。成果入选领域高影响力期刊*ADV ENG SOFTW*的最佳下载论文第2名，被加拿大皇家学会Clague院士引用并评价为“取得了显著进步”。

许镇以知识武装头脑，以信仰保持初心，12年潜心研究城市灾害情景仿真这样的国际防灾难题。他为了人类的事业仰头追星，却又脚踏着实地，聆听着大地的声音。

十载甘露润禾苗，积极推进成果 应用服务于雄安新区、北京副中心等防灾规划

汶川地震带给人们不止一时的伤痛，还在人们的心底留下了历久难合的缝隙。在汶川地震中，四川省绵阳市北川县城被毁，而后被易地重建。在2018年，汶川地震十周年之际，北川人民十分关心这样一个问题：如果地震再度来袭，新的北川县城又将会遭遇怎样的危机？这不仅仅是北川人民的忡忡忧心，也是许镇的心之所系。为了回答这个问题，许镇结合无人机倾斜摄影测量技术，给出了照片级真实感的城市震害情景，动态地展示了新北川县城再次遭遇汶川地震时的全过程。他的研究证明了新北川县城的抗震能力，被央视《新闻直播间》作为防震救灾的代表性科研成果进行了报道。同样，在2016年“唐山大地震”四十周年之际，许镇也用自己的研究成果模拟了唐山新城再次遭遇当年大地震的情景，为《唐山市综合防灾规划》提供了编制依据，先后获得了河北省优秀城乡规划奖一等奖和全国优秀城乡规划奖三等奖。

许镇的研究成果为多个城市的防灾减灾计划提供了决策支持。2017年，

中共中央、国务院印发通知，决定设立国家级新区河北雄安新区。为了满足雄安新区“千年大计”的定位，许镇参与了雄安新区综合防灾规划，在地震情景仿真的基础上进一步考虑了地震次生火灾等多灾害影响，实现了雄安新区的地震灾害链情景仿真，助力提升雄安新区综合防御能力。同时，北京作为国家的政治中心，其安全对于中国乃至整个世界都有着极为重要的意义。针对北京城市副中心面临的地震风险，许镇依托研发的情景仿真技术，预测了北京城市副中心在8级大地震下的震害情况，为其防灾规划和应急管理提供了决策支持。除此之外，许镇还参与了北京“南中轴”“三城一区”的怀柔科学城等综合防灾规划，为进一步提升北京综合防灾能力提供了关键技术支撑。

危急关头显担当，参与武汉火神山医院、北京地坛医院等排风设计，科技助力抗疫

许镇高中入党，在大学期间，他曾获清华大学优秀共产党员的称号，始终以党的需要为自己的首要。自新冠肺炎疫情发生以来，党发挥集中力量办大事的能力，在全国多地开始改扩建肺炎患者集中救治医院。然而，扩建救治医院的过程却并没有那么顺利。肺炎患者集中救治医院会向室外排出病房内受污染的空气，可能造成医院环境二次污染。因此，模拟室外含病毒空气的扩散机制，并定量评估医院环境二次污染的风险成为一个令人困扰的问题。紧急的疫情之下，留给武汉火神山、北京地坛等抗疫医院的建设或改造期一般仅有10天左右。为了满足快速建设的需要，医院的排风环境影响分析必须产生于短短几个小时之内。针对这样的难题，许镇联合清华大学等开展联合科技攻关。在除夕当天，团队仍在组织研究生开会讨论，与时间赛跑。凭借着前期灾变仿真的深厚积累，短短的3天时间，团队就联合研发了建模快速、分析高效、可视化清晰、开源免费的排风环境污染快速分析方法及程序，解决了抗疫医院排风环境污染分析这一紧急难题。

随后，联合攻关组配合武汉火神山医院、北京地坛医院等工程进度要求，快

速准确地评估排风口有害气体对室外空气的污染影响，助力设计单位优化了新风口、排风口的位置和高度，将医院环境有害气体浓度控制在显著低于传播限值的范围内，保障了抗疫医院的安全。

相关成果在线发表在我国科技期刊《城市与减灾》《工程力学》上，并取得软件著作权，相关事迹也被中国共青团网、光明网、《人民日报》(海外版)等报道。许镇老师的研究生课题组获得了北京科技大学"共抗疫情、爱国力行"优秀学生集体，他也获得了北京科技大学"研师亦友"荣誉称号，同时获得了"北京市优秀青年人才"称号，被《北京日报》、北京发布等官方媒体报道。

作为一名高中入党的中共党员，许镇充分发挥专业优势，用科学研究助力防控阻击战，彰显了青年党员将初心书写在行动上、把使命落实在岗位上的精神风貌，为全国抗击新冠肺炎疫情贡献了力量、为城市防灾减灾奉献了青春。

小传

戊子川地大震，墙倾屋塌，山裂水陷。有感于斯，心志维坚，防震减灾，早立寸的。抱信守心耕亩垄，从学次第登高楼。既见崇山，兼察埵堁，潜心科研，其实丰硕。技术抗疫，助力排风安济坊，胸怀生民，且学且行向前途。

大家眼中的他

诚明相资以为体，知行相资以为用。许镇老师对待工作、对待同事真诚、友善。与他合作过程中，他善于倾听、更善于引导，清明在躬，是非常值得信赖的伙伴。许镇老师坚持"四个面向"，刻苦专研、孜孜以求，非常注重理论与实践的结合。他在城市安全、防灾减灾领域，在"灾害模拟""城市灾害图谱"等理论研究方面不断地探索的同时，在"抗击疫情"重要基础设施建设等现实应用方面积极攻坚，取得了斐然的成绩，是一名杰出的青年科学家。

——同事 张昱

我是土资学院的一名年轻教师，许镇教授是我身边的优秀前辈和同事，在科研教学、团队建设等方面都为我树立了优秀榜样。在科研方面，许老师以城市数字防灾为主要领域，其研发成果有效应用于新北川县城震害情景仿真以及雄安新区等地的综合防灾规划中，新冠肺炎疫情期间还带领团队紧急投身于武汉火神山、雷神山医院的排风分析任务，真正实现了“做对社会有用的研究”。此外，许老师也展现了极强的集体意识和奉献精神，对团队新入职的老师提供教学、科研、基金申请等方面的耐心指导和帮助，在繁忙工作之余也一直惦记着大家的各项重要节点，帮忙沟通协调。我在入职前后就因为各种琐事多次麻烦许老师，他每次都为我耐心解答并提供有益建议，让我感受到了城研院大家庭的温暖。

——同事 赵鹤

许镇老师是我的研究生导师，他学识广博，治学严谨，专注于城市灾害情景仿真研究。平时他总是耐心地指导我们的科研学习，注重培养我们的专业能力，教导我们要把科研做在国家最需要的地方。在许镇老师的谆谆教诲下，同学们不仅在学业学术方面有所精进，在思想抱负上也受益匪浅。疫情期间，他主动带领我们投入到抗疫医院排风环境污染快速分析的联合科技攻关项目中，得益于平时的专业积累，我们积极响应，快速完成了科研任务，为抗疫工作贡献了力量。许镇老师在关键时刻勇担重任，以身作则地践行了科研报国的矢志初心，是一位德才兼备的良师益友。

——学生 齐明珠

躬身科研，诲人不倦，许镇老师在科研方面不断创新、不断开拓新的领域，对于学生的培养也倾注了大量的精力。在科研学术方面，许镇老师会经常带我们去全国各地参加学术会议，开阔眼界，同时也注重我们个人业务水平的提升，帮助课题组每位成员定制发展规划。他致力培养我们成为具有社会担当的专业人才，带领我们参与了新北川抗震分析，雷神山、火神山抗疫医院排风环境污染快速分析等。在生活中，许镇老师也是一个温柔细腻的导师。他时刻关心学生的生活和心理，比如举办学术午餐会，改善我们的伙食，或是督促我们加强锻炼，保证身心健康等等。良师益友，春秋数载，许镇老师不仅是我们科研道路上的引路人，更是我们生活中的大朋友。

——学生 张芙蓉

铸魂育人守初心，创新科研担使命，这是许镇老师给我们留下的最深刻的印象。他带领我们参与新北川抗震防灾，火神山、雷神山抗疫医院的排风环境污染评估、深圳赛格大厦晃动原因调查等工作，让我们学以致用，在科研学习之际，学会承担社会责任。在日常科研中，他循循善诱，耐心地引导我们进行科研学习。在工作中，他言传身教，对本职工作从不懈怠，一丝不苟的态度一以贯之，这也深刻影响了我们整个课题组。务实求真，开拓创新是许老师最真实的写照！

——学生 吴莹莹

媒体关注

许镇，北京科技大学教授/博导，致力研究国际防灾难题城市灾害情景仿真十余年，被评为北京市科技新星，成果应用在雄安新区、北京城市副中心、怀柔科学城、北京“南中轴”等防灾规划中，被“央视新闻”报道，获北京市科学技术奖二等奖等。新冠肺炎疫情期间，带领研究生团队参与了武汉火神山医院、雷神山医院、北京地坛医院等排风环境污染快速分析，为抗疫医院排风设计提供了关键技术支持，被光明网、《人民日报》（海外版）、中国共青团网等报道，团队获得北京科技大学“共抗疫情、爱国力行”优秀学生集体，个人获北京科技大学

“研师亦友”荣誉称号，同时获“北京市优秀青年人才”称号，被《北京日报》、北京发布等官方媒体报道。

——北京日报

科技助力 北科大师生团队科技助力火神山、雷神山医院建设

北京3月4日电（记者　刘尚君　通讯员　邓波　赵莹莹）疫情暴发以来，北京科技大学紧密结合疫情防控期间科研工作的有关要求，在确保有效防控与人员健康前提下，鼓励广大科研人员潜心科研，瞄准主攻方向，以应用为标准，以实战为方向，加强力量协同，注重学科交叉，为疫情防控提供科技支撑。

北京科技大学土木与资源工程学院土木工程系副教授许镇带5名研究生组成课题组，参与了由清华大学主导的战疫医院排风环境污染快速分析的联合科技攻关。除夕当天，北京科技大学课题组就组织研究生开会讨论，与时间赛跑。凭借前期的技术积累和连续奋战，短短3天时间，联合研发了建模快速、分析高效、可视化清晰、开源免费的排风环境污染快速分析方法及程序，为火神山、雷神山医院排风设计提供了重要的技术支撑。

随后，联合攻关组配合火神山、雷神山医院工程进度要求，对医院周边区域室外有害气体浓度和分布进行了分析。实现了临时医院建筑的快速建模、基于云计算平台的高效计算、以及有害气体流动的监测和可视化，并验证了模拟方法的准确性，成功应用于武汉火神山、雷神山医院的室外有害气体排风设计。

此外，该程序在北京地坛医院（北京第一传染病医院）近期的病房楼升级改造工程中也得到了应用。

——中国青年网

我院许镇副教授参与的
“新北川县城震害可视化预测系统”被央视新闻报道

由清华大学陆新征教授和中国地震局地球物理研究所杨建思研究员牵头、我院许镇副教授参与的“新北川县城震害可视化预测系统”作为抗震防灾新成果，在5·12汶川地震十周年之日被央视新闻直播间、央视新闻客户端分别报道。央视新闻频道《新闻直播间》栏目以简讯的形式介绍了该系统在抗震救灾中发挥的作用，央视新闻客户端以专访形式对该系统进行了详细报道。

“新北川县城震害可视化预测系统”由国家支撑计划支撑研发，由清华大学，中国地震局地球物理研究所，北京科技大学，中国地震学会地震应急专业委员会，北川羌族自治县防震减灾局等多家单位合作集成创新完成，现已经得到国际业界的高度认可。

在使用中，将地震波数据输入平台系统，就可以形象地呈现出不同波形对建筑物的不同影响，通过观察城市楼群在地震中晃动的幅度，即可判断出其灾难损失的影响程度。

此项成果目前已经开始应用在地震救灾的实践中，由于该方法显著的优势和原创性，得到了众多国际知名专家的高度评价，成为美国国家科学基金重大项目“多灾害模拟平台”核心模块之一。

——北科大新闻网

北科大课题组参与火神山、雷神山医院排风设计

记者从北京科技大学方面获悉，该校土木与资源工程学院土木工程系副教授许镇带领5名研究生组成课题组，充分发挥专业优势，参与了由清华大学主导的抗疫医院排风环境污染快速分析的联合科技攻关，为火神山、雷神山两座医院排风设计提供了重要的技术支撑。

为避免发生交叉感染，火神山、雷神山等传染病医院都采取负压病房，并利用专门的排风系统向室外排出病房内受污染的空气。虽然排风系统针对含病毒空气采取了很好的过滤措施，但过滤后的排放气体依然可能造成污染。基于具体医院的实际情况，模拟室外含病毒空气的扩散机制，就可以定量评估临时医院排放出的含病毒空气的污染风险，为排放物的二次污染防控提供更加定量具体的参考和依据。由于火神山、雷神山医院的设计和建造期只有10天左右，留给排风环境影响分析的时间一般只有几个小时，常规方法很难充分满足此类抗疫医院的紧迫需求。

在火神山、雷神山医院设计单位中信建筑设计研究总院有限公司、中南建筑设计院股份有限公司等单位支持下，许镇课题组在除夕当天就组织研究生开会讨论，与时间赛跑。凭借前期的技术积累和连续奋战，短短3天时间就联合研发了建模快速、分析高效、可视化清晰、开源免费的排风环境污染快速分析方法及程序，可满足雷神山、火神山医院排风环境污染分析的紧急需求。

联合攻关组配合火神山、雷神山医院工程进度要求，对医院周边区域室外有害气体浓度和分布进行了分析。联合攻关组以开源流体力学计算软件FDS为基础，实现了临时医院建筑的快速建模、基于云计算平台的高效计算、以及有害气体流动的监测和可视化，并验证了模拟方法的准确性，成功应用于武汉火神山、雷神山医院的室外有害气体排风设计（如下图所示），相关技术细节分别在线发表在我国科技期刊《工程力学》和《城市与减灾》上。

武汉火神山医院有害气体轨迹及浓度等值面
（武汉冬季平均风速，东风）

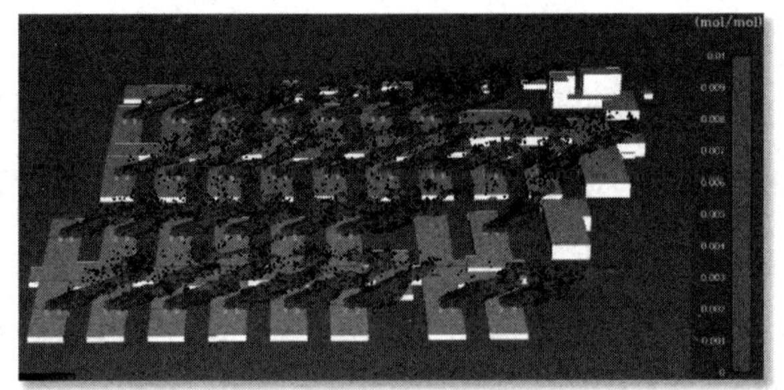

武汉雷神山有害气体轨迹及浓度等值面
（武汉冬季平均风速，西南风）

许镇课题组参与的联合攻关工作，可以快速准确地评估排风口有害气体对室外空气的污染影响，助力设计院优化了新风口、排风口的位置和高度，最后将各个风向和常见风速下的新风口附近有害气体浓度控制在显著低于传播限值的范围内，并在医院建设中得到了实施，降低了二次污染风险，保障了这两座医院及周围环境的安全。

此外，在北京市建筑设计研究院有限公司的支持下，许镇等参与的联合攻关成果也在北京地坛医院(北京第一传染病医院)近期的病房楼升级改造工程中得到了应用，也为北京市疫情防控贡献了一份力量。（光明网记者 战钊 通讯员邓波、赵莹莹）

——光明网

助梦天使团

——北京科技大学就业指导教师团队

就业指导教师团队由招生就业处学生就业指导中心的教师及各学院、研究生培养单位的就业指导教师组成，共26人，负责全校毕业生的职业规划指导和就业服务。2020年遭遇疫情背景下的“史上最难就业季”，就业指导教师团队齐心协力，攻坚克难，创新服务。他们紧密把握毕业生需求，准确识变、主动思变、精准应变，为毕业生在多方面压力下顺利就业竭尽全力，将疫情对学校毕业生就业的影响降到最低。2020年学校整体就业率94.01%，毕业生满意度和用人单位满意度均保持在90%以上，学校就业指导中心获评“2020年北京地区就业工作先进集体”，4人获得“2020年北京高校毕业生就业工作先进个人”，学生就业指导中心获评学校“2019—2020年度机关五星文明科室”。

颁奖词

不畏艰难想方设法，不忘初心全力以赴，最难就业无惧前行！

他们坚守“立德树人，助人筑梦”的初心和使命，秉持“实现毕业生的梦想，也是我们的梦想”的工作理念，在每个陪伴学生求职的日夜里，用生命点燃生命，用梦想激发梦想。守护着6430名毕业生，他们默默无闻亦闪闪发光，他们用温暖和力量照亮北科学子的生涯梦想！他们就是北京科技大学助梦天使团——就业指导教师团队。

先进事迹

“疫”不容辞，“职”为你来

“就业是最大的民生。”2020年，一场新冠肺炎疫情突如其来，全国上下众志成城，共渡难关，与此同时，经济下行压力加大，招聘岗位迅速减少，学生不能返校、线下招聘会取消，毕业生人数再创新高……重重不利交错叠加，高校毕业生就业难度前所未有，历史罕见。习近平总书记要求，“要注重高校毕业生就业工作”“让他们顺利毕业、尽早就业”。从党中央、国务院到教育部、地方政府、各高校，都把“稳就业”作为重中之重。疫情发生后，学校领导们第一时间对就业工作作出部署，多次到招生就业处、各学院、班级调研，要求学校就业工作队伍全力以赴帮助毕业生顺利就业。

在这个时候，有这样一支队伍，他们勇挑重担，坚守“立德树人、助人筑梦”的初心和使命，喊出这句誓言，顶住压力，想方设法，全力以赴，带着广大毕业生摸索突破、步步为营走出困局。

“实现你们的梦想，就是我们的梦想”，他们这样说，铿锵有力。2020年，北京科技大学整体就业率高达94.01%，就业质量保持在较高水平，在高校中名列前茅。恪尽职守、夜以继日，他们用尽全力兑现了确保学校就业工作大局稳定的承诺，用真心实力守护了同学们学校生活的最后一公里、职业生涯起点的第一公里，他们就是北京科技大学就业指导教师团队，20届毕业生的筑梦天使团。

准确识变送安心，开拓市场有速度

特殊时期，采取特殊办法。疫情发生后，面对急剧下降的招聘需求，就业指导教师团队绞尽脑汁，推出了许多超常规举措，千方百计地为毕业生争取就业机会。

大家深知“岗位是学生就业的生命线”。一方面，紧盯就业态势“风向标”，深度拓展钢铁冶金、机械制造、航空兵器等央企、国企释放的潜在就业岗位。深入对接互联网、大数据、人工智能和实体经济深度融合创造的新增就业机会，开拓思路为毕业生多元化就业提供支持。另一方面，主动向校友企业、第三方机构以及有过合作的各类公司和相关人力积极联络和发出邀请，整合各种力量和资源，一起帮助毕业生渡过难关。此外，就业指导团队紧跟政策“指挥棒”，大力宣传企业扩招、研究生扩招、二学位扩招、征兵扩招、基层就业扩岗等国家促进就业的政策，帮助有深造意愿的毕业生提供“二学位”读书深造的机会。积极引导毕业生到西部、到基层、到祖国需要的地方成就梦想，为祖国建设贡献青春力量。在筑梦天使团及各方人士的共同努力下，2020年我校毕业生去国有体制的企业或事业单位就业学生比例高达62%。

主动思变强信心，“云端指导”有热度

线上招聘，家中面试，怎么办？不同于往年的春季就业高峰期，企业会深入高校开展线下招聘会，2020年的新冠肺炎疫情，使招聘会、各种面试全部搬到线上。面对陌生的求职方式，同学们陷入了无助和焦虑中。如何让学生尽快适应“云求职”？如何为见不到面的毕业生们做工作？老师们一时间也是一筹莫展。

“既然有直播带货，不如我们也来直播‘带岗’？”一位老师的小提议，瞬间点亮了就业指导教师团队的微信群，大家的信心和热情被重新点燃。说干就干，一次又一次的线上会议，老师们展开了热烈的讨论交流，一个又一个新点子，正如春芽，破土而出。

大年初六，新年还未完全过去，就业指导老师团队就已经投入工作中，为毕业生忙前忙后。他们开始了一场线上新比拼——争做新媒体小达人！张静老师

第一次申请了抖音号，王靖老师开始自学研究直播软件，杨志达老师忙着为线上宣讲平台改造流量花费打起了算盘，曹蕾和刘春老师开启了线上直播课的新尝试，孟曦和徐萌森老师自编自演求职短视频，刘晓杰老师则创作了一首《求职战疫歌》，吹响了大家创新战疫、服务学生的“集结号”……仅用一周时间，就业指导教师团队就变成了地道的“直播通”，抖音、B站、雨课堂、腾讯会议、腾讯课堂，同学们活跃的网络平台都有了就业指导教师团队的身影。

“不会，就学嘛，咱们可不怕困难”，对未知的领域，猝不及防的挑战，老师们照样笑着面对。2020年的春天，“北科就业”抖音官方平台作为字节跳动公司北京高校的首批合作伙伴应运而生，“首都教育”开篇文章花落北科就业工作团队，“职聊小讲堂”“求职干货铺”等一批新媒体栏目诞生并迅速受到同学们热捧，尹兆华老师还代表高校辅导员走上央视与白岩松共话毕业生就业。随着一个又一个新伙伴的到来，同学们很快适应了这种不见面的温暖，提升了求职技能，增强了求职信心，一个个offer捷报频传，一个个职业梦想扬帆启航。

精准应变减忧心，困难帮扶有温度

“让每一个有就业意愿的学生顺利就业”，这是老师们最常说的一句话。踏踏实实为毕业生“做实事，解难事”是就业指导教师们的工作原则。

一方面，他们坚信“就业一人，脱贫一家”的理念，对建档立卡贫困家庭毕业生提供一对一帮扶。老师们经常线上和这些同学聊天交流，关心他们的家庭经济情况，为有需要的同学提供心理疏导和必要帮助。同时，建立健全贫困家庭高校毕业生就业信息台账，精确掌握这部分毕业生基本信息及就业意向，在同等条件下为他们优先推荐就业岗位。“老师们真的很温暖，那段时间，真的很感谢有他们在。”一位同学这样评价。

另一方面，老师们公平地关注每一位需要帮助的毕业生：为湖北生源毕业生建立了微信求职帮扶群，提供求职绿色通道；为来自求职困难的毕业生，进行一对一岗位推荐；为求职受挫或屡受打击的毕业生查找问题，温暖鼓励；为“准备二次考研”的学生和家长明确未来的方向；为极难就业的结业生定向推荐工作，也作为北科大代表向身在湖北的兄弟院校送去“一帮一”的温暖祝福……他们深知就业是学生一辈子的大事，是学生大学生活的最后一公里，是他们未来职业生涯的起点。

在每个陪伴学生找工作的日夜里，老师们用生命点燃生命，用梦想激发梦想。默默无闻亦闪闪发光地守护着6430名毕业生，用温暖和力量照亮同学们的生涯梦想！

“星光不负赶路人”，在2020年这个最难的就业季，就业指导教师团队用实际行动诠释了立德树人、助人筑梦的核心使命。同学们的顺利就业是对就业指导教师团队最大的鼓励，或许，对他们来说，所愿所求，不过如此。

小传

经师易遇，人师难求；筑梦师团，燃己为人。

新冠始临，人心惶惶。停杯投箸，茫然四顾。闭门家中，未解其路。忽见人来，手执烛光，云开月出。剑阁峥嵘，巉岩难攀；四方借力，柳暗花明。但见青春逝，光阴无，一身无华，唯有师心付。

大家眼中的他们

在我未毕业之前，对未来充满了期待与憧憬，但一切又有一些缥缈，我适合做什么职业？我的优势是什么？我想成为一个什么样的人？很幸运的，我从就业指导教师团队那里找到了属于与自己的答案。学校的就业指导教师团队具备丰富的指导经验，大到人生观、择业观的培养，小到如何制作一份优秀的简历、面试技巧等，对于即将参加招聘会的我们来说犹如一场及时雨。课余时间就业指导老师还会细心地帮助我们进行一对一的职业选择与规划，开展模拟求职等活动让我们对求职应聘有一个更具体的认识。上了几节的就业指导课以后，让我对自己未来的就业有了更加坚定的信心，也清晰了自己该努力的方向，没有了最初的迷茫。

——能源与动力工程2020届本科毕业生 刘登荣

学校就业指导教师团队是一支非常优秀的团队，我从大二开始在就业指导中心做学生助理，跟其他同学相比，除了平时的就业指导课程，我能接触到就业指导老师的机会更多一些，也更能看到老师们为了毕业生能顺利求职而付出的诸多努力。2020年，疫情给校园招聘造成了很大影响，就业中心采取一系列措施为毕业生求职保驾护航。针对企业，就业中心提供线上宣讲平台，保证企业顺利开展宣讲；针对毕业生，就业指导老师们纷纷化身线上主播，在抖音等平台上定期为毕业生开展求职公开课，为同学们培训面试技能，提升求职能力。感谢所有就业指导教师的付出，因为有你们，我们的求职路才能更顺利。

——能源与动力工程2020届本科毕业生 王瑞梓

我对学校就业指导教师团队印象最深的是在大四下学期。因为疫情无法返校，对未来的未知让我感到很焦虑。后来我无意中得知学校就业指导中心开展了"职聊"线上小讲堂活动，由学校就业指导教师针对不同主题开展讲座，内容涉及考研调剂和复试该如何准备，春招的求职策略以及简历制作和面试技巧等。现在想想，这一系列讲座简直就是保姆级教程，不仅给考研成功的同学提供了复试技巧，还为考研失利的同学提供了求职帮助。而且，这一系列的讲座听下来，焦虑感也缓解了不少，知道了自己现在应该做什么，该怎么做。感谢就业指导教师们，在疫情期间依然陪在我们身边，为我们保驾护航。

——金融工程2020届本科毕业生 张雪

北京科技大学就业指导教师团队长期以来一直以满足应届毕业生不同求职需求为工作的根本目的，积极对接各方企、事业单位，努力帮助每一位求职学生获取适合的、心仪的offer。在平时的业务对接过程中，就业指导教师团队也会提供定向求职咨询，一对一为求职学生进行单位优势分析、简历优化指导、明确求职方向。当我校同学与意向单位就求职问题达成一致后，就业指导教师团队会以最快的速度配合学院完成同学们的三方协议签订工作。在应届毕业生整个求职过程中，就业指导教师团队发挥着提供资源、分析指导、协助签订等不可或缺的功能，是同学们强有力的助推大手，也是同学们新起点的领航人。

——土木工程2020届本科毕业生 王滋安

媒体关注

新华社、人民网、中国教育电视台、《光明日报》等多家媒体对我校就业指导团队的工作进行了专题报道。

“实现你的梦想就是我们的梦想”——探寻北科大就业指导“良方”

——新华社

一堆堆就业材料、一台电脑、一台打印机、一个小沙发、两把折叠椅……北京科技大学机械工程学院就业指导教师王靖的办公室，紧凑而又功能齐全。沙发用于接待企业代表，两把并排的折叠椅，一把留给自己，另一把随时准备接待学生。

“我负责学院学生的就业指导课程，同时要与企业对接、调研就业市场，为学生提供就业咨询和求职技能培训、就业引导等。”王靖说。

三年前，因工作调整，王靖到机械工程学院就业专职教师岗位任职。“我接手这个工作前是做辅导员，所以我紧接着专门报名学习了生涯规划课程，同时也跟校就业指导中心不断沟通，一步步探索工作的最优路径。”王靖说。

北科大就业指导中心主任刘晓杰介绍，学校除在校级层面设立就业指导中心外，自2008年起，在每个二级学院设置就业指导教师岗位，配备一名专职教师，为学生提供就业相关服务。

数学专业出身的王靖，希望借数据开展更科学的就业指导，通过整理学院历届毕业生数据，经统计、建模、分析，为就业指导提供数据支撑。

精准“一帮一”！这两所大学携手助力大学生就业创业。

——人民网

有关负责人介绍，在机制建设上，北京科技大学积极构建帮扶机制。截至目前，学校相关部门多次组织召开工作推进或主题交流会，帮助湖北科技学院建立健全毕业生就业信息对接、就业指导、就业帮扶、就业管理等精准就业服务机制，逐步完善依托于云平台的就业服务工作体系。

北科大有关负责人介绍，下一步，该校将根据湖北科技学院需求，持续推进大型空中双选会、就业指导与帮扶、就业师资培训等专项工作，不断加强信息平台、就业渠道、教学资源共享共建，促进全方位帮扶合作，将毕业生就业创业工作“一帮一”行动落到实处、做到深处、送到用处。

北科大谢辉：工科院校也遇就业难 设就业考核指标。

——人民网

北京5月21日电（记者袁勃）北京科技大学党委副书记谢辉今天下午做客人民网访谈时坦言毕业生就业面临较大压力，为促进就业，学校力争提供更多的就业信息，并对下面的学院设考核指标。

据统计，今年高校毕业生达到699万，是历史最高点。国家提供的就业岗位有900万，而这900万不仅仅都是给毕业生了，还有其他人员的就业，整体压力非常大。

北京科技大学是以工科为主的211高校，谢辉介绍，往年该校学生的就业率始终保持在90%以上，今年有明显的压力，到目前为止，本科生签约率在65%左右，和去年基本持平。研究生签约率不到60%，比去年相比低了五六个百分点。

毕业生就业情况不乐观，谢辉认为这和就业市场、经济大环境有直接的关系，“我们是以工为主的学校，大部分学生是到企业或者到科研院所的，但这些地方往往受冲击是最大的。比如钢铁行业、制造业、航天、能源等等，它冲击的地方往往和我们学生找工作的地方直接相关，这样对学生就业就有很大的影响”。

谢辉介绍，为了促进毕业生就业，北京科技大学从2008年开始，专门给学生开了一门必修课“大学生职业生涯规划和就业指导”，每个学院设了一个就业指导教师。专门给学生做就业指导方面的工作。

“毕竟现在学生找工作难，今年学校考虑得更多一些，校方要为学生提供更多的就业信息，信息有很多渠道，一方面从网上传递给他们，另一方面是通过招聘会，招聘会对学生找工作很有帮助。我们学校每年大大小小招聘会有三四百场，这对学生去选择自己适合的岗位帮助还是非常大的。”谢辉说。

学校在对学生就业帮助的同时还有考核任务，谢辉称，北京科技大学对学院有要求，每个学院每年要给学校引进三家新的就业单位才算年度考核合格。另外每年年底要对学院领导班子进行考核，就业率、深造率、高质量的就业率等，比如高质量的就业率是指毕业生进500强企业、好的大学、科研院所，等等。

——人民网

葛昌纯

——粉末冶金、先进陶瓷与核材料专家、中国科学院院士

葛昌纯，上海人，男，生于1934年3月6日，北京科技大学教授，中国粉末冶金、先进陶瓷与核材料专家，中国科学院院士，世界陶瓷科学院院士。1952年毕业于唐山交大物理冶金专业，1952工作于钢铁研究总院，1966年国庆节他应国务院邀请代表我国浓缩U235用分离膜研制人员作为对社会主义建设有重要贡献的科技工作者上天安门城楼观礼。1980—1982年作为洪堡基金会研究员在德国马普所粉末冶金实验室和Berlin工大无机非金属材料研究所从事粉末冶金与先进陶瓷研究。1983年获Dresden工大博士学位。1985年至今在北京科技大学任教，创办起国际上第一个“粉末冶金与先进陶瓷研究所”（即核能与新能源系统材料研究所）。1988年国家人事部评为“有突出贡献的中青年专家”。1990年国家教委和国家科委授予“全国高校先进科技工作者”称号。2016年11月获中国金属学会“冶金科技终身成就奖”。2020年1月15日中国核工业集团有限公司作为对核工业做出卓越贡献的开创者、引领者授予葛昌纯院士“核工业功勋奖章”和“核工业功勋人物”荣誉证书。获一等国家发明奖“乙种分离膜的制造技术”等各级奖20项，曾和赖和怡教授创建起我国第一个粉末冶金博士点，和钟香崇院士等创建起我校无机非金属材料博士点，发表论文500余篇，著作3部，专利55项，培养硕/博士共计115名。

颁奖词

他是打破超级大国核垄断的先驱者，为我国“两弹一艇”事业做出了开创性、历史性的贡献。他是中国粉末冶金、先进陶瓷和核反应堆关键材料的开拓者，为建立我国第一个现代化铁粉生产基地奠定了基础。助力抗疫，云端党课，材料报国，躬耕不辍，他养勤奋赤子心，行家国天下志，作科研掌灯人！他就是葛昌纯院士。

先进事迹

材料报国，躬耕不辍

葛昌纯，男，中共党员，中国科学院院士，世界陶瓷科学院院士，北京科技大学材料科学与工程学院教授、博士生导师。自1952年从事材料科学研究以来，69年始终牢记初心、不忘使命，“材料报国，追求第一”是他毕生的奋斗目标。

临危受命，打破垄断

浓缩U235是制造原子弹、氢弹、核潜艇和核裂变反应堆的基本原料，成功获得高浓度浓缩U235关系到国家安全和国防战略。分离膜被苏联称为“社会主义阵营安全的心脏”，其制造难度极大，当时只有美、苏、英三国掌握其制造技术，为国际绝密技术。1960年赫鲁晓夫撕毁协议，撤退专家，严格封锁制造技术，断绝对我国分离膜的供应，企图使我国核工业夭折，我党中央向中国科学院和冶金部分别下达研制甲种分离膜和乙种分离膜的紧急任务。年仅26岁的葛昌纯临危受命，作为我国用于浓缩U235的核心元件——复合分离膜的专题负责人，成功研制一系列复合分离膜，满足了我国制造原子弹、氢弹、核潜艇和核反应堆的急需。为我国“两弹一艇”事业做出了开创性、历史性的贡献。1985年他作为第一发明人的“乙种分离膜的制造技术”获一等国家发明奖。1988年国家人事部评为“有突出贡献的中青年专家”。1990年国家教委和国家科委授予“全国高校先进科技工作者”称号。2016年获中国金属学会“冶金科技终身成就奖”。2020年中国核工业集团有限公司授予葛昌纯院士“核工业功勋奖章”和“核工业功勋人物”荣誉证书，荣登“核工业功勋人物榜”。

关键材料，领域开拓

葛昌纯对我国的还原铁粉生产进行了全面的技术改造，为建立我国第一个现代化铁粉生产基地奠定了基础。他首次研制成功无偏析、使用寿命为熔炼高速钢3—7倍的超硬粉末高速钢FT15、粉末锻造FP18插齿刀、喷射成形粉末模具钢FV9等一系列粉末合金钢；他首次提出用无毒性复合氮化物取代氧化物作氮化硅的助烧剂，发明了国家级新产品ST复合氮化硅基陶瓷刀片，获教育部二等科技进步奖、全国发明展银奖等三项国际国内展奖；他首次合成Mg_3N_2、Si_3N_4/SiC/TiCN等一系列复相陶瓷，解决了气—固体系燃烧合成中的一系列关键科学问题；他首创超高压通电烧结技术与装备，首次研制成功W/Cu 、SiC/Cu、B4C/Cu、SiC/C 四种模块和 B4C/C、B4C/Cu两种涂层，在物理、化学溅射、热解吸特性和高热负荷性能等方面已达到国际先进水平，2011年获中国材料研究学会二等科技奖。

丹心热血，培育栋梁

葛昌纯深知“育人先育己，正己后正人”，耄耋之年，面对如孙辈的学生，他依然身体力行、言传身教，无论严寒酷暑，他不顾高龄仍然下工厂、爬高楼，亲自指导学生做实验。他要求学生勤奋的同时，自己加倍勤奋，频繁出差的他利用一切可以利用的时间，在外出车上、参观途中、会议间隙抓紧时间看资料、写文件、谈合作、与学生谈心。他朴实无华，始终谨记曾经的艰苦岁月，从不浪费一分一毫。

“甘为孺子育英才，克勤尽力细心裁。”葛昌纯以“材料报国，追求第一”为奋斗目标，他和赖和怡教授建起我国第一个粉末冶金博士点，和钟香崇院士等建起无机非金属材料博士点。迄今为止，他培养出百余名优秀的博士和硕士，其中不少已成为国家的栋梁之材。

作为一名老科学家、一名老党员，他在培养学生专业知识的同时，极其注重学生思想和道德品质的培养。他对学生提的最多的就是：树立革命的人生观，要爱国爱民。他要求研究生，入校第一课必须学习“老三篇”，写心得体会，并要见诸行动；学生犯了错，他要求学生按照党员的标准进行自我反省，写检讨书；他团队的老师，要符合“毛主席五项接班人”条件，必须遵守以之为基础的研究所教师守则“约法六章”。在2019年中华人民共和国成立70周年时，他亲自带学生到香山学习，在香山所陈列的70周年展前，他给学生讲解其中的故事，2020年，适逢抗美援朝70周年，他再次带领学生来到香山参观双清别墅，为学生讲解与双清别墅有关的历史故事。

疫情期间，他一手抓防控新冠病毒阻击战，一手抓复工复课。在外地师生不能回校、学校停课的困难条件下，他每天上午安排各研究组的师生轮流通过电话汇报和网上开会抓紧防控和科研工作、带头捐款支持白衣战士、关怀家乡疫情，86岁老党员“云端”上党课，与师生畅谈党员的责任与担当。仅防控阻击战期间“简讯”就推出了6期，宣传优秀人物、转载白衣战士和防控阻击战英雄的感人事迹，有力推动疫情防控和复工复课工作。

葛昌纯院士说：“我们国家正在迅猛发展，为了实现强国梦，我还有很多事情要做。”他带着“一定要自主创新”的信念，至今仍坚守在科研工作的第一线，无论是粉末冶金、先进陶瓷或是核材料、空间太阳能发电等新能源材料研究，都贯穿着他材料报国的热忱信念。

小传

中谷覃葛，维叶莫莫。守谨平正，敬拜昌言。高山景行，大人赤心。纸上揭竿，竹管慢书究物理；阵前张弩，镞矢疾行射天狼。苍鬓科研力开拓，丹心报国勇创新。硕果累累，功勋加身。俯首诲人，孜孜不倦。胸中块垒庙堂量，腹里抱朴云水心。

大家眼中的他

88岁，早已步入耄耋之年，本该儿孙绕膝的年纪，却依旧每日步履蹒跚过着办公室—家两点一线的生活，这便是葛老师日常生活的真实写照。作为核工业功勋人物，在那个国际局势动荡的年代他用自己的方式践行着保卫国家，捍卫尊严的理想，显示的是中华民族的铮铮傲骨。现在的葛老师，早已桃李满天下，但他并没有放缓脚步。科研上，“材料报国，追求卓越”的所训是他的教学标准，“严谨、科学、实践”是他对学生的最低要求；树人上，葛老师常说“要先学会做人，再做事”；生活上，他更像是一位大家长，细致入微。如今，他依旧是我们的领路人，蹉跎背影下却依旧伟岸的身躯带领我们前进！

——2017级博士 赵波

I would like to express my special appreciation and thanks to my advisor Professor Ge Changchun, you are tremendous mentor for me. It feels good to be a PhD student of Prof.Ge, I am deeply grateful to his persistent help, skillful and excellent guidance and positive encouragement. Professor Ge contribute largely to our lives. He always keeps his dream in mind: to build a world-leading advanced Metallurgy and Ceramics lab for China. Powder Metallurgy and Materials Science at USTB is a major research centre with world class facilities. Our research is at the leading edge of Materials Science and Engineering, and we work closely with a range of industrial partners to ensure that the potential of our discoveries are maximized. My research focused on "Atomized Metallic Powder and Advanced Digital Light Processing 3D Printer Technology.

The specialty of my PhD title is that it' s a combination of Powder Metallurgy and Additive Manufacturing making green parts application. Bunch of thanks to Prof.Ge and Dr. XiaMin whose gave me to chances to do experiments in two industries, First, XUROY industry in Handan for Metallic Atomization via using combined (gas-water) atomization; Second, 10-D 3D printing in Foshan, Digital Light Processing 3D printing. The rich and colorful life at working under Prof. Ge provides me astonishing platform for all-round development and fundamental understanding how to formulate strategies to develop new material makes me determined to 3D printing application in Aerospace green parts.

——2018级博士 Irfan

还记得在新楼办公室初次见到葛老师，我的直观感受便是这不像一个接近鲐背之年的老者，不像不只是外观，还有其他很多方面。

在导师与新生见面会上，在葛老师谈吐过往间体会到老一辈科学家在中国最困难的时期那种不畏条件艰苦，一心打破国外科技封锁，为我国科技军事发展做出奉献的精神。同时我也感受到葛老师对中国共产党发自内心地拥护，他常训诫我们要多读书，要读《毛泽东选集》、老三篇等等。葛老师作为退休返聘的教授不会因为自己年纪问题而感到消怠，无论是去办公室工作，还是开会指导学生工作，我能看出他不服老的态度，作为正值身体最好的我颇感惭愧，因此还有很多葛老师身上的优秀品质需要我去感受与学习。

——2021级硕士 王振帆

作为青年有幸成为葛昌纯院士门下的博士倍感欣慰，葛老师作为乙种分离膜的第一发明人，为我国“两弹一艇”事业做了重要贡献。他不仅是核材料领域的专家，也为推动我国高温合金和先进陶瓷材料的发展做了突出贡献。葛老师那种锲而不舍，孜孜以求，忘我工作和奉献科学事业的精神，是常人所不能及的。老师的言传身教一直激励着我不轻言放弃，激励着我以“材料报国，追求卓越”的远大目标努力奋斗；葛老师经常教导我要把国家需要放在第一位，个人发展要服从于国家发展的需要，这将是影响我一生的教诲。

——2018级博士 武明雨

在我刚读研究生才开始接触科研的时候，葛老师的名气就早已响彻整个陶瓷界，当时的我还懵懵懂懂，只知道学术界的人都尊称他为“陶瓷泰斗”。后来我考博的时候慕名而来，历经千辛万苦终于进入了院士团队，有幸得到了葛老师的亲自指导。

在接触了一段时间之后，我发现葛老师作为学术界顶尖的传奇人物，却完全没有院士的架子。相反，研究所的所有事情，葛老师都是亲力亲为。在我看来，葛老师最让我敬佩的一点是他的执着，年过80的葛老师现在每天还坚持工作到凌晨2点，有时候晚上1点多刚给我发完邮件，第二天早上6点就能给我打电话。这一点我作为一名年轻人确实有点自叹不如。而执着的好处，就是有一些看似不可能的事他就能办成。比如上次跟葛老师一起申报北京市重点实验室的时候，明明已经快到截止日期，好多材料都还没写，但葛老师不到最后一秒坚决不放弃，跟着我们一起工作了两个通宵，最后把项目申请下来。我们学生都看在眼里，从心底佩服葛老师不服输的精神。

跟着葛老师读博，我学习了很多，见识了很多，成长了很多。院士之所以能被称为院士，想必是他们拥有一股常人所不具备的不服输的精神吧。

——2019级博士 董晓峰

葛先生的爱国主义情怀，只争朝夕的紧迫感，博学、勤奋，执着追求，成就了他一生的辉煌。他把自己一生绝大部分时间留给了工作，留给了科研，留给了教书育人，却很少留给自己和家人。他经常跟我们说“爱生如子，爱师如父”，他确实做到了，也一直是这么做的。我永远不会忘记先生在送给我的那套《毛泽东选集》中为我题的词，我将伴随着这些话成长，并以此为目标努力下去。特把题词摘录如下，愿与读者共勉。

徐轶吾生：

认真学习毛泽东思想，学习实践科学发展观，发扬“两弹一星”精神，热爱祖国，无私奉献，望能成为又红又专的科学家和教师，成为坚定成熟的共产主义战士。

——葛昌纯 2010 年元月6日

——西南交通大学 徐轶（葛先生培养的博士生）

我是葛先生培养的博士研究生，虽然已毕业多年，但先生的教诲言犹在耳。对初入科研大门的学生，他会说：“谁也不是天生就会搞科研，你要学习，学习了就会做。”对不会写项目的学生，他会说“就是没写过才要写，万事总要有开头”。对惧怕答辩的学生，他会说“专家也是人，有什么好怕的！”在面对挑战有畏难情绪的老师，他会说“作为核心成员，要以大局为重。虽然难度大，但只要认真学习，认真对待，就一定可以！”先生的信任，给了我们飞翔的翅膀，飞越一道道沟坎，变得坚强。

——北京科技大学 燕青芝

媒体关注

20世纪90年代中期起，葛昌纯继续当年分离膜会战时期奠立的核材料研发兴趣，开始把精力投在受控核聚变堆服役条件最严酷的面向等离子体材料的研究上。可控核聚变堆发电被普遍认为是一劳永逸解决人类能源问题的主要途径，但其实现却极其困难，特别是必须要研发出面向等离子体材料，即直接面向聚变反应，能够耐等离子体辐照的第一壁和偏滤器，这是极具挑战性的任务。早在我国加入国际热核聚变反应堆计划（ITER）前的1996年，葛昌纯向国家有关部门提交了顶层设计项目《耐高温等离子体冲刷的功能梯度材料研究》建议书。第二年4月，他的申报材料获批国家“863”计划项目。经过三年研究，葛昌纯团队开发出六种第一壁候选材料，其中五种在国际上尚未见报道。此项成果获2008年中国材料研究学会科学技术奖二等奖。

在中国加入ITER后，葛昌纯领导团队深入开展钨基第一壁和偏滤器材料（PFM）的制备研究；在“973”项目“超临界水裂变堆的应用基础研究”立题后，他的团队负责裂变堆关键材料研究，取得一系列创新成果。2011年在第15届国际核聚变反应堆材料大会（ICFRM-15）上，葛昌纯组织中国代表团成功获得ICFRM-16的主办权。这是我国首次申办成功核聚变堆材料领域最高级别会议，表明国际同行对我国核聚变材料研究的肯定，也奠定了葛昌纯及其核材料研究团队在国内外核聚变材料领域的重要学术地位。

葛昌纯在德国研究工作的基础上成功开发出以复合氮化物作Si_3N_4助烧剂的ST-Si_3N_4型陶瓷刀片。许多次实验证明ST-Si_3N_4型刀片比硬质合金的切削效率提高3—30倍；对于切削高Cr铸铁，可以取消退火淬火工序，实现以车代磨，并可切削除不锈钢外的各类合金钢。刀片得到了广泛应用，到20世纪80年代末，已建成三条生产线，为企业创造了显著的经济效益和社会效益。该成果被国家科委评为1999年国家级新产品，1999年获教育部科技进步奖二等奖。

以严格要求著称的Sialon陶瓷发明人杰克教授在1994年6月访问后写下了如下评价："葛教授做出了极好的研究工作……每个项目都做得很成功。"

——《中国科学报》

葛昌纯指出，太阳是一个巨大的核聚变反应堆，一秒钟辐射到地球的能量相当于燃烧500万吨优质煤所发出的能量。在地球同步轨道上，99%的时间内可稳定接收太阳辐射，是理想的建设空间太阳能发电站的位置。一个标准接收站的发电功率可达5GW，相当于5个大型核电站的发电量。

20世纪90年代，我国就开展了大量的论证和前期的研究工作。在总体设计、航天技术、材料技术、无线能量传输技术、空间组装技术等关键技术方面都取得了不少进展和阶段性的成果。空间太阳能发电已引起我国政府的高度重视。但迄今空间太阳能发电还没有被列为国家的重大项目和国际合作的重大项目。

葛昌纯指出，在"一带一路"的创建中，应该大力加速空间太阳能电站建设。尽早把空间太阳能发电列为发展国民经济的重大长远项目和国家重大科技专项；成立国家空间太阳能发电站推进委员会，协调各部委多渠道持续进行关键技术攻关；实行"政产学研用金"六结合，形成国家投入和市场推动的创新投资机制，并通过亚洲投资银行和主导成立国际合作机构推动空间太阳能发电站的国际化。

——《中国科学报》

近期，美国太平洋煤气电力公司又宣布将与加州太阳能发电公司合作。由此，他们迈出了在外太空开发太阳能的第一步——在地球轨道上设立太阳能电池阵，然后将生成的电能转化为无线电波束传回地球，再由地面电力储备站接收，转化为电能后供应给千家万户。

“在迫切的能源需求面前，发展空间太阳能发电对中国而言势在必行。”葛昌纯说。

此外，葛昌纯指出，近年来，作为高端装备制造基础的材料科学与技术在我国迅猛发展，我国在先进能量转换材料、纳米材料、各种功能梯度材料、超轻超强结构材料、超导材料、各种复合材料和抗辐照材料等领域都取得了显著成绩，而这可以为我国发展空间太阳能电站提供重要的支撑。

“目前，我国在空间太阳能发电所需一系列关键技术研发方面并不落后于美、日等发达国家。”葛昌纯说，如果像搞“两弹一星”那样，集中力量办大事，我国完全有可能引领国际空间太阳能发展。

——《中国能源报》

北京科技大学防控办

2020年1月，新冠疫情来势汹汹，席卷全国。为了全体在校师生员工的生命健康，北京科技大学以最快速度集结起防控办队伍，为保障全体在校师生员工的生命健康安全做出了巨大的贡献。学校防控办先后出台防控工作文件、方案等100余份，编发《防控日报》210期、《防控专报》64期、《督查报告》121期，确保科学防控、精准施策。截至目前，全校师生员工"零感染"。疫情期间，人类命运共同体更为突显，全球人民同呼吸共命运。面对校内有许多外国留学生无法回国的情况，学校防控办积极关心支持留学生抗击疫情，保障了留学生在中国的生命健康安全。留学生阿力夫有感而发组织全体巴基斯坦留学生给习近平主席写信，深情回顾留学收获，讲述疫情期间学校、老师给予的关心帮助。2020年5月17日，习近平总书记给北京科技大学全体巴基斯坦留学生回信，对教育系统和学校疫情防控工作给予高度肯定。收悉习近平总书记给北京科技大学全体巴基斯坦留学生的回信后，学校防控办坚持以习近平总书记关于疫情防控工作的系列重要讲话和给学校全体巴基斯坦留学生重要回信精神为指引，构建"横向到边、纵向到底"的防控工作体系，以守初心担使命的实际行动，让党旗在疫情防控第一线高高飘扬。

颁奖词

“防控办”是他们持续作战的响亮番号，逆行出征是他们勇于担当的充分彰显，全校师生安康是他们交出的圆满答卷。担使命，保安康，收到习近平总书记回信，他们用勠力同心诠释了北科人关键时刻冲得上、危难关头豁得出的务实作风！他们用百日无休、严防死守，坚决护卫了我们共同的美好家园。他们就是北京科技大学防控办。

先进事迹

学校防控办坚持以习近平总书记关于疫情防控工作的系列重要讲话和给学校全体巴基斯坦留学生重要回信精神为指引，构建“横向到边、纵向到底”的防控工作体系，科学防控、精准施策，让党旗在疫情防控第一线高高飘扬。截至目前，学校师生员工“零感染”，将疫情挡在校门之外。

发挥政治优势，夯实决战抗疫的牢固根基

立足学校实际，抓实战疫统筹谋划。2020年1月23日成立学校防控办、防控办临时党支部，下设9个专项工作组共44人，有效统筹学校各单位工作力量，充分发挥防控决策参考、狠抓工作落实、带头示范引领作用。坚持“三防四早九严格”，先后出台防控工作文件、方案等100余份，编发《防控日报》210期、《防控专报》64期，确保学校科学防控、精准施策。协调上线“平安报”系统和疫情防控大数据平台，确保2.5万余名师生每日信息快速准确上报。向上级部门反映“教学区与家属区实行分隔管理”“境外人员返京集中隔离观察14天”等10余条意见建议，得到认可。

坚持慎终如始，抓细战疫举措落实。第一时间实施校园封闭管理，实行教学区与家属区分区硬隔离，加强校内楼宇管理，建设独立、集中的健康观察点，坚决防止疫情输入扩散蔓延。狠抓防控工作落实，构建防控工作24小时值班机

制。坚持每日检查防控工作落实情况，编发《督查报告》121期。防控办全体成员持续奋战、主动作为，做到关键时刻靠得住、豁得出、顶得上。疫情初期，有的同志连续奋战一个多月，冲锋在前，过度劳累仍坚守防控一线，学校发布“强制休息令”要求其返家休息一周，其结束休整后又即刻投入防控一线；部分党员连续工作超70小时，有的同志在家中怀孕妻子支持下连续8日值守岗位。他们用辛苦付出和真情投入，真正践行了“疫情就是命令，防控就是责任”的铮铮誓言。

聚焦思政教育，抓牢战疫故事宣讲。组织开展深入、持久、生动的线上线下爱国主义教育，举办“师生同上一堂课”、“共防疫，中华情”网络对话、网络作品征集等活动，教育引导广大师生在疫情防控中感受中国力量及中国特色社会主义制度优越性。加强道德法治教育，科学制定疫情防控管理规定，多渠道确保师生知晓并执行，引导师生夯实法治和规则意识。加强生命健康教育，强化防疫知识宣传，开通“心理热线”，实施“在线点对点辅导”，引导师生做好自我防护。将应急教育纳入学校师生日常理论学习，提升师生科学、理性应对疫情等突发公共卫生安全事件的意识。

截至目前，学校疫情防控工作举措成效获教育部网站“一线采风”栏目全文刊发3篇、北京教育系统疫情防控工作简报全文刊发12篇，在北京高校中名列前茅。

发挥组织优势，凝聚携手抗疫的强大力量

树立生命至上的人本理念。2020年除夕深夜即启用学校健康观察点，安排3名武汉返京学生入住隔离观察；妥善做好学校社区1名确诊病例、2名疑似病例、多名密接人员的应急处置工作，全力保障学校师生健康安全。协调开通疫情防控经费绿色通道，并从留存党费和党建活动经费中划拨119万元用于支持二级党组织疫情防控工作。选派30名青年师生组成突击队，奔赴新国展入境旅客转运集散地防控一线，协助做好疫情防控工作；号召干部教师积极参与门岗

值守、校园巡逻、秩序维护、毕业生行李打包等防疫志愿服务。用心用情做好师生教育管理，强化防护指导、心理疏导、成长辅导，为湖北地区、家庭经济困难学生发放补贴。

紧盯科技战疫的主攻方向。制定专项方案，加强科研服务，强化医工结合，围绕疫情防控需求，瞄准主攻方向，以应用为标准，以实战为方向，面向全校教师开展“新冠肺炎防治研究项目”征集，为打赢疫情防控阻击战提供科技支撑，在防护设备研制、疾病诊断治疗与防控、火神山与雷神山两座医院排风设计等方面开展科研攻关，针对不同人群出版《新型冠状病毒肺炎暴露风险防范手册》，为社会大众及相关领域提供百科全书式指导。

彰显全球抗疫的情怀担当。聚焦在校国际学生，落实从严从细管理要求，切实做好线上教学、学业辅导、心理疏导、物资保障。聚焦学校境外师生，“一对一”联系沟通，消除师生疑虑，坚定战疫信心，掌握健康状况和行动轨迹，确保线上教学正常开展，向物资采购困难的境外师生寄送防护物资，切实为境外师生解决实际困难。聚焦境外合作院校，关心关注合作伙伴最新动态并发函慰问，分享经验做法，传递抗疫信心。

截至目前，学校疫情防控工作累计获央视《新闻联播》、《人民日报》、新华社、《光明日报》、“学习强国”等国内外主流媒体报道300余次，积极传递践行人类命运共同体理念、同心构筑守护生命防疫阵地的北科声音。

深入贯彻落实习近平总书记重要回信精神，完善重大突发事件防控机制。

疫情发生后，“北京市抗击新冠肺炎疫情先进个人”称号获得者、学校防控办主任郑安阳同志，日夜奋战防控一线，关心留学生的学习生活和所在国家疫情发展情况，多次组织为滞留京外、境外师生寄发“抗疫爱心包”。他与留学生阿力夫的“跨国抗疫”小故事成为中巴世代友谊的生动实践。阿力夫有感而发联合学校全体巴基斯坦留学生给习近平主席写信，深情回顾了留学经历和收获，讲述了疫情期间学校、老师给予的关心帮助，表达了学成后投身两国经济社会发展、为增进中巴友谊做贡献的愿望。

2020年5月17日，习近平总书记以国家主席身份给北京科技大学全体巴基斯坦留学生回信，在全国引起强烈反响。习近平总书记指出："新冠肺炎疫情发生后，中国政府和学校始终关心在华外国留学生生命安全和身体健康，为大家提供了全方位的帮助。"习近平总书记的重要回信是对全体来华留学生的亲切关怀，是对教育系统及学校疫情防控工作的高度肯定，字里行间充分体现了总书记对教育工作的高度重视，充分彰显了总书记生命至上的理念情怀，充分展现了总书记持续推动构建人类命运共同体的责任担当，同时为下一步发展来华留学事业、加强优秀国际人才培养、加快和扩大新时代教育对外开放、提高我国教育国际影响力，指明了前进方向，提供了根本遵循。

学校及防控办牵头制定《北京科技大学深入学习贯彻习近平总书记重要回信精神实施方案》，明确贯彻落实重要回信精神的目标要求、基本原则和重点任务；组织举办"以重要回信精神为指引 开创来华留学事业发展新局面"专题研讨会，确保总书记重要回信精神落地生根；协调成立"矿业与钢铁行业中外人文交流研究院"，践行中外人文交流使命。持续做好疫情防控工作，紧盯细节严防漏洞，压实责任坚持斗争，全力以赴将常态化疫情防控工作抓紧抓实抓细，坚决防止疫情输入扩散蔓延。完善学校重大突发事件防控机制，着力将疫情防控工作中建立的迅速响应联动机制、科学快速决策机制和高效有力动员机制固化下来，进一步加强分区管理、应急物资储备、数字校园建设，不断提升学校重大突发事件应急处置能力。

小传

庚子伊始，疫病肆虐。防控小组，应运而生。偕偕士子，朝夕从事。旅力方刚，经营四方。尽瘁事国，不已于行。立足实际，落实工作。慎始如终，心系师生。科学防控，精准施策。众志成城勉力抗击新冠疫情，同心书写防疫画卷北科华章。

大家眼中的他们

大疫无情人有情，危难时刻显担当。2020年新冠肺炎疫情发生以来，学校迅速抽调精干力量组建防控办。他们中，有刚进家门还没来得及和父母寒暄就被急召回京的同志，有刚下脱贫攻坚战场就立即投入防控战斗的同志，有一个个舍小家为大家、逆行出征的同志，他们长期高强度工作，承担了艰巨繁重的本职常规工作和疫情防控任务，为切实保障全校师生健康安全、不断巩固学校疫情防控成果做出了积极贡献。在学校党委的坚强领导下，防控办始终坚持人民至上、生命至上，坚决扛起全校师生的重托，与时间赛跑，同病毒斗争，冲锋在前，持续奋战，以高度的政治站位和思想认识，以精准务实的举措和坚决果断的行动，团结带领广大师生织密筑牢学校疫情防控钢铁防线，全力守护我们共同的美好校园。

——北京科技大学党委书记 武贵龙

2020年疫情发生以来，我们校园未出现疫情，我们的心态也从最初的恐慌，到现在的自信。这些背后，是防控办全体工作人员夜以继日地坚守与努力。一年多来，他们在每一次紧急情况发生时，都能迅速响应、果断处置，给我们充足的安全感。要做到这些，牺牲的是他们自己休息的时间、团圆的时光。作为一线教师，我深知有一个良好的氛围对教学、科研的开展有多重要，正是他们的努力付出，为广大师生创造了安全舒适的校园环境；学校教学质量逐步提升、科研业绩逐年攀升，这些背后，离不开他们的担当与付出。

——全国五一劳动奖章获得者、北京科技大学教师 李娜

学校防控办是一支豁得出、顶得上、靠得住的队伍。从疫情发生至今，不知不觉已经过去一年多了，防控办同志们连续战斗，冲锋在前，风雨无阻，过度劳累仍坚守校园疫情防控一线，真正践行了“疫情就是命令，防控就是责任”的

铮铮誓言。他们既要研究疫情防控形势、制定疫情防控政策，做疫情防控的学者，又要总结传授疫情防护知识，做疫情防控的师者；更要深入校园疫情应急处置一线，做疫情防控的勇者。他们用钢筋铁骨为全校师生筑牢了坚实的防护堡垒，用担当作为守护着校园的一方净土。

——北京科技大学化学与生物工程学院团委书记 李芳墨

作为防控办工作人员杨锐杰的家属，也曾是高校疫情防控一线的工作人员。疫情发生以来，我的心情可以用四个词语来形容。一是“骄傲”。危难时刻，作为党员，杨锐杰第一时间冲在一线，尤其是2020年大年三十到初二70多小时，他一直坚守岗位，跟我说“关键时刻我得顶上”，我为他骄傲。二是“心疼”。疫情就是命令，防控就是责任。他们义无反顾，披星戴月，24小时待命，经常半夜两三点钟还在发消息、打电话协调工作……这样的状态实在让人心疼。三是“支持”。疫情之下，“有小家的坚守，才有大家的平安”，我俩互相打气、互相支持。四是“信心”。我始终相信他们定能扛住压力、不辱使命，也相信我们终将战胜疫情。

——北京科技大学防控办杨锐杰家属 李倩雯

疫情发生以来，学校防控办担负着守护全体师生健康安全的重任，他们临危受命、众志成城，奋战于校园疫情防控各个岗位。老师们科学精准制定防控政策，及时开展疫情排查和应急处置。老师们帮助毕业生耐心打包行李并免费邮寄，暖心为毕业生补办毕业典礼。老师们为每一位学生发放防疫补贴和防疫物资，想方设法提供多样菜品。当然最辛苦的莫过于组织全校师生疫苗接种和核酸检测了。我们平静生活的背后，有这样一群人在默默付出，夜以继日地努力工作，全力打好这场抗击疫情的校园保卫战。

——北京科技大学文法学院2020级硕士研究生

校研究生会第十四届主席团成员 张晓莹

媒体关注

央视网消息(新闻联播):5月17日,国家主席习近平给北京科技大学全体巴基斯坦留学生回信,信中说,中国政府和学校始终关心在华外国留学生生命安全和身体健康;中国欢迎各国优秀青年来华学习深造,也希望大家多了解中国、多向世界讲讲你们所看到的中国。看到回信,许多留学生纷纷表示,患难见真情,自己亲身感受到中国抗击疫情的责任和担当,也愿意携手为促进民心相通、推动构建人类命运共同体贡献力量。

前不久,北京科技大学巴基斯坦籍博士生阿力夫通过网络连线签名的方式,号召全校52名巴基斯坦留学生给中国国家主席习近平写信。

患难见真情,虽相隔万里,但心心相印。疫情暴发后,巴基斯坦举全国之力,向中国捐赠防疫物资,之后中国也第一时间向巴基斯坦援助了大批医疗物资。在阿力夫的朋友圈里,记录了这样的一幕:三月下旬,身处巴基斯坦的他收到了来自中国的口罩,包裹上用中英双语写着"亲爱的巴基斯坦同学们,春已至,花正开,我们心心相印,唯愿世间皆安"。在给习主席的信中,阿力夫写道:"经过这次疫情,我们感觉更爱中国了,虽然这里不是我们的出生土地,但我们感觉已经和中国紧紧联系在一起。"

带着这份感动,52名同学共同写下了这封信,让大伙没有想到的是收到了习主席的回信。

博士研究生阿里的父亲40年前也曾在北京科技大学留学,收到回信,他第一时间就把这个消息告诉了远在巴基斯坦的父亲。

在回信中习近平主席说:"生命至上,不管是中国人还是在华外国人员,中国政府和中国人民都一视同仁予以关心和爱护。"疫情面前,在华留学生亲眼目睹、亲身感受,对中国政府的大国担当深有感触。

习近平主席在回信中说,中国欢迎各国优秀青年来华学习深造,也希望大

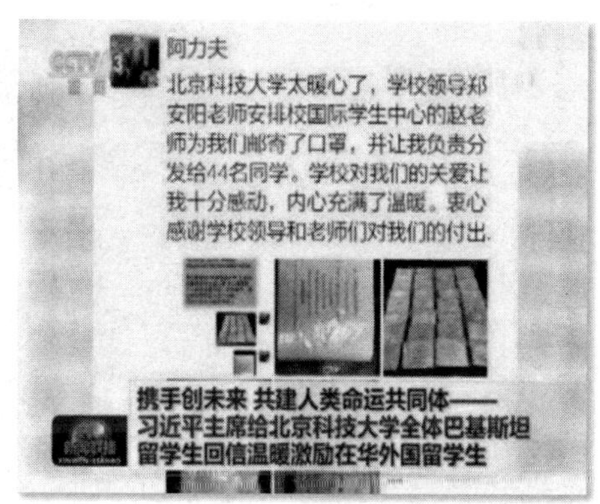

家多了解中国、多向世界讲讲你们所看到的中国。习主席的寄语，饱含深情、字字暖心，留学生们表示要为推动构建人类命运共同体贡献力量。

——央视网

北京科技大学“四个抓实”做好疫情防控工作

北京科技大学深入学习贯彻习近平总书记重要讲话精神和党中央决策部署，按照北京市委和教育部党组部署要求，把疫情防控工作作为当前最重要的工作，迅速行动、全力奋战，切实履行学校疫情防控主体责任，推进各项防控举措落细落小落实，坚决打赢疫情防控总体战、阻击战。

——中华人民共和国教育部官网

北京科技大学“五早五到位”坚决打好疫情防控阻击战

北京科技大学坚决贯彻落实习近平总书记关于疫情防控工作重要指示精神，尽早启动、高效推进、全力奋战，切实把疫情防控工作作为当前最重要的工作抓实抓细抓好，聚焦“早”字争取防控主动权，坚决打好防控阻击战。截至2月18日，学校全体师生员工“零感染”。

——北科大新闻网

北京科技大学青年突击队

北京科技大学青年突击队组建于新冠肺炎疫情“外防输入、内防扩散”的关键时期，为做好外籍人员返京疫情防控工作，由2名校团委青年教师和28名来自北京科技大学材料、机械、自动化、计通、文法、外国语6个学院的学生共30名志愿者组成，并成立“北京科技大学新国展疫情防控战旗党支部”，共同奔赴入境进京人员新国展集散点的防控一线，提供入境人员分流登记、语言翻译等工作。这支队伍中大部分是“95后”，其中包含10名党员，20名入党积极分子，还有6名“00后”。他们，牢记总书记的嘱托，践行“奉献、友爱、互助、进步”的志愿精神，用青春的力量与热忱向世界展现了当代中国青年的良好风貌！他们，用志愿精神点亮青春梦想，助力新时代青年锚定青春航向！他们，向全社会展现了扎实的工作作风和不畏艰险、共克难关的战“疫”精神，主动担当、有所作为，为打好疫情防控工作做出了积极贡献！他们立足新时代、展现新风貌，以实际行动书写时代新人的青年力量，用青春浇筑中国梦，让青春之花绽放在祖国最需要的地方。

颁奖词

他们曾驻守北京新国展抗疫一线，决心用自己的青春力量为祖国守好国门，为首都防疫工作筑牢一道坚固的防线。30名“钢小伙”“铁姑娘”，1530小时总服务时长，16个国家和地区的入境旅客……他们用志愿精神点亮青春梦想，用行动展现北科青年的责任与担当，他们是那个春天最勇敢可爱的中国好青年。他们就是北京科技大学青年突击队。

先进事迹

身着白衣、心有锦缎，将爱国热情挥洒在新国展

2020年3月，防范疫情境外输入成为北京疫情防控工作的重中之重，北京新国展集散点作为首都机场入境北京旅客的转运集散地，成为北京市疫情防控的第一线。在接到服务保障新国展任务的短短6小时内，北京科技大学迅速集结组成“北科大青年突击队”，成立“战旗党支部”，投身新国展防疫最前线开展疫情防控服务保障工作。

自3月22日至29日，为期8天的志愿服务工作中，战旗党支部充分发挥“一个支部就是一个堡垒，一个党员就是一面旗帜”的精神，累计服务时长1530小时。接待16个国家和地区的近千名中外旅客，负责入境人员分流登记、语言翻译、行李查询、指引等服务，并配合指挥部分发物资，统计各单位接待人数，传达指挥部信息，处理部分文案工作；协助民航局、国航、首都机场等单位，协调处理各驻京办接运工作中的问题。

志愿者们不仅在自身岗位上尽职尽责，更用耐心与热情为入境旅客提供帮助，为疫情之下的寒冬带来温度。志愿者杨泓哲说，“我看到过丢失行李的中年人、拿不动包裹的老年人、想找瓶装水的留学生和现场重新买票的外国人……在他们眼中，身穿白色防护服、持证上岗的工作人员，是‘唯一的希望’”。带着助

人的使命，突击队的党员们除了做好本职工作，还要化身“志愿者中的志愿者”。明确工作职责、细化工作流程、提前总结防控常用外文服务指南、制定出值班、例会、宣传、卫生防疫和宿舍管理等一系列相关制度。为了提高工作的效率，突击队在各小组分别设立安全员、物资管理员和宣传员等，大家各司其职，各有专攻，为保障志愿者的安全和疫情防控工作的有序进行打下坚实的组织基础。

在前方充满未知与危机的路途中，青年突击队用自己的青春力量为祖国守好国门，用激情与热血为首都防疫工作筑牢一道亮丽的青春防线。

燃烧青春、勇敢逆行，将不畏艰险镌刻在最前线

“亲身体验过穿防护服的感觉，才能真的理解奋战在一线的医护人员。”志愿者李想表示。“第一次穿防护服时，慌慌张张：皮筋太松，头罩没办法全部罩住头发，手套很大，拿东西穿衣服都要用一只手拽着另一只手套；戴上眼罩后，听力也不好使了。”服务过程中，志愿者们遇到了重重困难。在高危环境下，突击队员们不仅要做好自身的心理建设，还要应对全天穿戴严密的防护装备导致的缺氧甚至过敏症状。大部分时候，防护服一穿就是一整天，突击队成员在岗期间需要保持近8小时的滴水不进，克服疲惫、保持机警，用热情的服务抚平旅客的焦虑，用灵活的头脑完成所有任务。

他们看过疫情笼罩下凌晨四五点的北京，也驻守过深夜三四点钟的新国展，那里便是他们的战场。在一位突击队员的“抗疫日志”中，曾写到过这样一段话“中午回到酒店，我发现手背上有许多红点，是橡胶手套戴久了过敏了。手背有灼烧感和麻痒感，但我仍坚定地要进行今天的工作和准备明天的任务，因为一名党员，就是一面旗帜，北科大学子不仅要有健康的身体，更要有顽强的意志，我们是打不倒折不弯的北科钢铁青年！”不管面对何种困难，青年突击队成员都能保持高昂的斗志迎难而上！他们用自己年轻的身躯为国家站成一面鲜红的红旗，与人民心手相连，与国家共克时艰。

青春不止、奋斗不息，将青春力量彰显在最前沿

全国各地驻京办、北京市各区都需要接待刚刚落地的外国旅客和国内同胞，新国展作为北京的一个重要集中疏散点，其肩上的担子不可谓不重。面对众多外国旅客，“语言不通”严重影响了这里的工作效率。突击队队员作为大学生志愿者，发挥所学本领，每天为百余名外籍人员提供语言翻译服务，耐心讲解防护知识，解答各类问题并且安抚其情绪，给身处异乡的外国友人温暖帮助。他们也并不是每一个人都擅长外语，为了给旅客们提供更好的服务，他们将常用关键词记到便利贴上，日夜练习。同时，他们在“战场”上也不忘学习。在工作间歇，队员们常常隔着护目镜观看网课，复习书本内容。

在值班处的留言板上，那里写满了刚刚结束志愿服务任务的北二外同学留给北科同学的心里话。“召必应，战必回，保护国门的接力棒已经送到你们的手上，加油呀！”“定福庄为学院路加油！”“一定要做好防护，早日回家！”还有画着冠状病毒，写着“交给你啦！ To北科”的便利贴，一张张留言条贴成了“心形”，默默地传递着爱与鼓励。“我顿时感觉到这是一个有温度的战场，防护服隔离的是病毒，但并不隔离爱。”志愿者魏博闻说。

在接到上级通知要求突击队一部分队员先行前往隔离点进行休整时，全体党员联名申请留下来，他们用一长段一长段的文字表达决心，要在新国展提供服务到最后一刻，将提前撤离休息的机会留给其他同学，这一举动在新国展指挥部和突击队中引起了热烈的反响和高度赞誉，突击队员们用真挚的爱和钢铁般的意志在新国展扛起青年的责任与担当。

志愿者们的先进事迹受到了《人民日报》、新华社、中央人民广播电台、《中国青年报》、中央财经频道、北京电视台、《北京青年报》等多家主流媒体宣传报道。志愿服务过程中，北京市委、团市委相关领导指导慰问北科大志愿者。北科大青年突击队向共青团中央第一书记贺军科同志写信汇报了抗疫前线志愿工作，得到了军科同志的回信和充分肯定。青年突击队得到中共北京市委教育

工作委员会的通报表扬。

“万水千山，休戚与共”，简单的八个字承载着坚定的信念和强大的力量。北科大青年突击队的成员们将青春之花绽放在祖国最需要的地方，用爱国热情书写着当代青年的使命与担当；用“奉献、友爱、互助、进步”志愿精神点亮青春梦想，助力新时代青年锚定青春航向，向全社会展现了扎实的工作作风和不畏艰险、共克难关的战“疫”精神，为疫情防控工作做出积极贡献，让人生在奋进追逐中展现出勇敢奔跑的英姿，同心共筑中国梦的伟大华章。

小传

遥想往昔，青年学生领导五四，开办报刊，于枪林弹雨中独支一庐，于长夜黯黯中自成炬火。当今青年，扛大旗，勤奔走，勇呼号，不畏艰难，不惧辛苦，奋战在抗疫防控第一线。欲即烧明烛，心盼避瘟君。守好国门，奋斗不息，心手相连，共克时艰，北科大青年突击队在做好防疫工作的同时，传递不隔离的爱和温度。

大家眼中的他们

2020年我校疫情防控青年突击队的30名师生，在新冠肺炎疫情防控的最关键时刻，第一时间挺身而出，赶赴新国展集散点开展志愿服务保障行动，他们大部分是“95后”，还有6名“00后”，党员占比高达35%，入党积极分子占比高达100%，在志愿工作中，不管面对何种困难，青年突击队成员都能主动担当作为，保持高昂的斗志迎难而上。

在8天的疫情防控服务保障工作中，他们向全社会展现了扎实的工作作风和不畏艰险的战“疫”精神，用自己的青春力量为祖国守国门，为打好疫情防控工作做出积极贡献。他们身体力行展示着新时代青年先锋队“始终奋进在新时代前列”的奋斗姿态，为首都防疫工作筑牢“第一道防线”，成为新时代的奋进者、开拓者、奉献者。

——北京科技大学团委书记 王鹂

2020年新年刚过，疫情暴发。全国人民通力合作抗击疫情。寒假在家的敬树坤经常关注有关疫情的报道。还记得那是2020年的3月22日，他告诉我们要报名参加学校的志愿服务活动，作为北京科技大学青年突击队的一员，奔赴新国展集散中心的疫情防控一线开展服务，身为家长既担心又欣慰！担心他能否做好防护、能否做好自己的工作。送他到达驻地时，老师的一句话让我的担心烟消云散了，“请家长们放心，我们有完善的管理模式，一线的防护措施，一定保证全体突击队员安全、圆满地完成工作任务！”

看到他出隔离酒店时，深感孩子已经长大了，也体会到他作为入党积极分子的青年担当，没有忘记党和国家对他的培养，把青春力量带到了祖国需要的地方去，真正做到了听党话、跟党走、感党恩！为他自豪！

——青年突击队队员敬树坤家长 敬义

2020年初春，北京科技大学青年突击队光速集结，前往新国展协助防疫。在北京与疫情战斗最焦灼的时间，面对疫情还没有像现在这样的从容。但24小时他们集结完毕，3名教师，28位学生志愿者，累计在一线服务1730小时。他们肩负着责任和希望，他们为祖国筑起青春防线，用实际行动践行着爱国和担当，最终完美出色地完成了任务。这些人是我的师长，我因未能加入到他们之中感到遗憾，但也因为有他们的存在，我感到多了一份安全，多了一个目标，多了一丝敬意。青年人要有青年人的担当，青年应像他们这样，勇当先锋、倾情奉献，承担起对于社会的责任，在实现中华民族伟大复兴的征程上，继续做突击队。

——文法学院2019级本科生 黄柏滔

青年的有为和无畏是我近些年从周围的朋友身上深刻体会到的，2020年3月，当我们因疫情没法返校暗自苦恼的时候，一支由科大组成的三十名志愿者青年突击队已经开赴北京顺义新国展的抗疫前线，我的两名舍友都自愿报名参与成为科大青年突击队一员，当我们在7人宿舍群里得知这个消息时，万分自豪！万分振奋！同时还有一点点小遗憾，遗憾自己没能参与其中，与朋友并肩作战！疫情三年，青春也三年，青年人的青春理应在为国为民当中昭昭！科大青年突击队的每一位校友，正是我辈有为无畏之士的表率！他们用青春之歌，激励影响着每一位科大的同学不忘初心，不负青春！

——青年突击队队员 舍友

北科大青年突击队是一支以党员、青年为主的突击队，他们能吃苦、能战斗、能奉献，有幸我的孩子当时就在这支队伍中。在疫情防控期间，他们担负北京新国展入境人员分流过程中志愿服务任务。面对急难险重任务和各种突发事件，服从大局，勇于担当，敢于作为。虽然身着防护服，有时“憋”得难受；虽然头戴护目镜，有时眼睛酸胀，但支队伍每日工作都在十几小时以上，毫无怨言；这群可爱的孩子不叫一声苦，不喊一声累，没人打“退堂鼓”，个个都是好样的。他们全力为入境外籍人员提供语言翻译、路线导引等服务，出色地完成了上级赋予的工作任务，为外防输入做出了积极努力，体现出了青年人应有的担当！

——青年突击队队员 家长

青春时期因其朝气与恣意为人所感念。新冠肺炎疫情的突发迅速打破了我们平静的生活，那时的我作为高三生被无数青年志愿者所激励产生了独特的青年印象。那时的我没想到自己即将考入的大学中，我的老师和学长学姐们则将这一群像更加具体化，让我近距离感受到了青年的担当。在疫情突发的时候，他们志愿作为北科大青年突击队的一员站在了新国展抗疫的一线，我被这样的果决与勇敢折服，由衷地钦佩他们的选择。作为与外国人员对接交流的渠道，新国展的抗疫体现的是老师学识与勇敢，这是当代青年群体的缩影，是个人风采的展扬。梁启超先生在百年前曾言，青年强则国强。立足新时期，国强就是少年强。青年突击队用自己的行动与信仰，将中国青年的形象向世界展扬。以他们为榜样，我们身为青年，但求初心不忘，青春昂扬。

——青年突击队队员

媒体关注

2020年度“感动北科”新闻人物——北京科技大学青年突击队

北京科技大学青年突击队组建于新冠肺炎疫情“外防输入、内防扩散”的关键时期，为做好外籍人员返京疫情防控工作，由2名校团委青年教师和28名来自材料、机械、自动化、计通、文法、外国语6个学院的学生共30名志愿者组成。关键时期他们第一时间投身到入境进京人员新国展集散点，为首都防疫工作筑牢“第一道防线”。对外，志愿者们守好国门，承担入境人员分流登记、语言翻译、行李查询、道路指引等任务，擦亮“中国名片”；对内，做“志愿者的志愿者”，完成信息核对、物资发放、人数统计等工作，传递“北科力量”；人员调整时，战旗党支部全体党员联名申请，成为新国展最后一批撤离的志愿者，昂扬“爱国之志”。突击队收到了来自共青团中央第一书记贺军科同志的回信和肯定，受到中共北京市委教育工作委员会的通报表扬。

——《北京日报》

北京科技大学派出青年突击队奔赴疫情防控一线

未来网高校频道3月24日讯（记者 杨子健 通讯员 王占奎 裴宇航）3月22日，北京科技大学举办青年突击队出征仪式，该校校长杨仁树，党委副书记、纪委书记戴井岗，党委副书记、副校长薛庆国，相关学院领导及突击队全体师生参加了出征仪式。

为配合北京市在新冠肺炎疫情防控期间做好外国入境人员管理服务工作，该校选派2名校团委青年教师和28名来自材料、机械、自动化、计通、文法、外国语等6个学院的青年学生，组建北京科技大学青年突击队，赴新国展入境

旅客转运集散地进行服务保障工作。同时，成立北京科技大学青年突击队临时党支部、团支部，该校团委书记苏栋担任临时党支部书记、团支部书记。

出征仪式上，杨仁树做动员讲话并为突击队授旗。杨仁树首先代表学校向前往一线服务的志愿者们表示崇高的敬意和衷心的感谢。他指出，自接到上级任务以来，学校高度重视，组织相关部门迅速响应，由团委牵头从6个学院选出28名青年学生组成突击队，投身于疫情防控的第一线，这充分展现了该校师生讲政治、顾大局的宝贵品格和不畏艰险、冲锋在前的可贵品质。

薛庆国宣读了成立北京科技大学青年突击队的决定，突击队党支部书记苏栋带领突击队全体成员宣誓，戴井岗为突击队发放物资。出征仪式后，该校青年突击队立即奔赴新国展入境旅客转运集散地，并于当日开始参与服务保障工作。

——北科大新闻网、《人民日报》

工程技术研究院自动化部热轧团队

工程技术研究院自动化部热轧团队现有成员44人，是一支充满朝气、开拓进取、求实创新的集体，可为钢铁及有色金属行业热轧生产线提供整套的电气设备和工艺自动化解决方案，并完成从系统设计、软件设计、编程调试、现场服务到开工投产的全过程。该团队分别于2005年、2013年作为主力队伍自主完成国内第2条宽幅带钢热连轧、国内第1条宽幅铝热连轧生产线的自动化控制系统，打破了国外供货商的技术垄断。多年来该团队先后完成了国内外30多个热轧自动化系统项目，国内超过20%的宽带钢热连轧自动化系统由这个团队参与实施，为国家和企业节约了大量外汇，产生了巨大的经济效益和社会效益。

颁奖词

他们在钢铁热连轧行业埋头苦干数十载，凭借一股不畏艰、不怕难的劲头，坚持自主创新，用高超的专业技术打破国外垄断。疫情当前，他们负重前行，向国内多地派员，助推企业复工复产。拳拳之心报家国，生生不息成栋梁！他们坚持精益求精，以实干笃定前行，用智慧和力量铸就钢铁强国梦！他们就是工程技术研究院热轧自动化团队。

先进事迹

工程技术研究院热轧自动化团队是工研院成立最早、成绩最大、影响最大的专业技术团队，在热连轧自动化系统打破国外垄断、实现国产化和全面技术推广中功勋卓著，影响巨大。自疫情暴发以来，工程技术研究院自动化部热轧团队积极响应国家号召，通过在线办公、视频会议等方式积极谋划、精心组织、推进落实具体工作，逐一分析研判企业存在的困难和问题，制定有效的应对方案。配合企业复工复产需求，在做好疫情防护用品保障的情况下，从2020年2月23日开始，团队陆续向多个现场派出调试人员，在员工零感染的情况下，2020年实现了4条热轧线的投产以及多条轧线的技术服务，业务量十分饱满。2020年团队项目合同额再创新高，团队发明专利申请新增21项，授权新增18项，获省部级奖2项。团队积极配合研究院的科研与工程并重的发展目标，团结协作、苦练"内功"，严格按企业的技术要求，保质保量地完成科研与工程项目。

2020年，工程技术研究院自动化部热轧团队以实际行动积极地响应国家强化疫情防控，恢复经济生产力，为提升中国钢铁工程技术的国际影响力贡献了自己的力量。3月18日，北科大新闻网以"谋划新思路 践行新举措 助力企业打赢疫情经济保卫战"为题报道了工程技术研究院全力服务企业复工复产与提质增效的事迹，其中，大部分都涉及该团队的工作。除了承担了大量科技成果转化的工程任务，该团队还需完成学校的科研及研究生培养任务，他们绝对是一个特殊的教师群体，他们的课堂在钢铁车间，他们的培养对象是企业的技术骨干，他们的成果是一条条先进的自动化生产线。

长期出差，加班加点是团队工作的常态。2020年对该团队来说更具有挑战，除了工程项目对工期节点要求非常严格，工期短、任务重，还要受疫情的限制，做到自我防护，避免感染，一手抓疫情防控，一手抓复工复产的要求，需有担当、能干事、坚持不懈、带领团队同舟共济、众志成城、共克时艰的强大力量。工程技术研究院自动化部热轧团队依靠自身的团结奋进、全心全意为客户服务的精神，实现4条热连轧项目的顺利投产。

自疫情暴发以来，工程技术研究院自动化部热轧团队高度重视疫情防控工作，积极组织，周密部署，迅速行动。通过线上学习，沟通交流，共同抗击疫情。2020年2月正是疫情最为严峻的时刻，通过电话、微信、网上视频会议等方式与现场沟通，为企业推进有序复工复产提供技术支持。2月23日开始，团队调试人员开始陆续进入各工程现场，3月31日扬州恒润高强度工业用板项目1780mm带钢热连轧工程热负荷试车成功，4月15日梧州鑫峰950mm不锈钢全连轧绿色精品生产线正式竣工投产，8月13日四川罡宸1450mm不锈钢和碳钢热连轧生产线自动化系统热负荷试车一次成功，9月28日重庆攀华万达1580mm带钢热连轧生产线热负荷试车成功。

每一条热连轧生产线顺利投产的背后都体现了工程技术研究院自动化部热轧团队合作奉献的精神。扬州恒润项目的调试正处在疫情的关键时刻，但是复工复产是必要的，通过与企业多方面沟通，由企业提供点对点的接送服务，将团队调试人员从家里直接接送到生产线现场。为了保证企业的顺利投产，必须加班完成当天的调试任务，当时还没有完全解封，在一段时间内只能吃方便面，每个人都顶着双重压力，最终实现了项目按节点投产的目标。梧州鑫峰项目时间紧、任务重，由于当时团队同时进行着两条生产线的调试工作，在人员相当紧张的情况下夜以继日加班加点，实现了一个几乎不可能完成的任务，从人员进入现场到热负荷试车成功，只用了10来天的时间，创造了热连轧项目自动化调试时间最短的奇迹。

精益求精，追求卓越是工程技术研究院自动化部热轧团队工作的目标。该团队持续加大在技术研发方面的力度，对于控制精度也提出越来越高的要求，板形、厚度、宽度、温度等关键指标已经达到或超过国际先进的水平。团队注重科研与工程紧密结合，始终坚持创新才能发展的原则。

经过工程技术研究院自动化部热轧团队多年不懈的努力赢得了很多荣誉，先后获得了各类奖项20多项，其中国家科技进步奖二等奖2次；省部级一等奖6次；团队中还有多位老师获得"北京科技大学优秀共产党员"称号。2020年又是丰收的一年，团队项目合同额再创新高，发明专利新增申请21项，新增授权18项，获省部级奖2项。一个个奖项和荣誉是对该团队工作的认可和鼓励。该团队积极配合研究院的科研与工程并重的发展目标，团结协作、苦练"内功"，严格按企业的技术要求，保质保量完成多个科研与工程项目。

总结过去，工程技术研究院自动化部热轧团队兢兢业业，屡次在热轧自动化控制系统的自主研发方面创造了一个又一个奇迹。使得求实鼎新的科大精神得到一次又一次的发扬光大。展望未来，该团队将在研究院党委的统一部署下，继续发挥党政协作、群策群力的优良传统，依靠团队力量，开拓创新，厚积薄发，争取取得更大的成绩。

小传

心系国事，腹有千秋。昂首产业，低眉春秋。苦学善思勤试炼，举旗当先破首章。兢兢业业行大事，求实鼎新问前程。入山行单道，三千取一瓢。热轧锻筋骨，钢铁铸精魂。二十不悔数十载，一往无前来几旬。

大家眼中的他们

2021年7月，河南长葛遭遇了前所未有的暴雨，灾情远超想象，厂房进水达1米，地下室液压站所有控制系统被淹，地下液压阀组及电缆沟全是水，地面上所有的辊道电机及主传动电机全部过水，现场的就地IO柜、操作台及辊道开关箱全部浸泡在水里，地面上水平高度在1米以下的所有电气检测元件也全都浸泡在水里。北科工研第一时间与企业取得联系，详细了解轧线受损情况之后，迅速组建传动、基础自动化、过程自动化、表检等10余人的专业技术团队，马不停蹄地于7月26日进驻厂里，积极配合厂里和相关供货商一起投入到紧张的复工复产工作中，经过连续几天的加班加点，最终于8月4日恢复生产顺利过钢。当天，公司李总裁亲自到操作台，给予北科工研自动化技术人员高度评价，李总裁说："你们都很能吃苦，加班加点帮助我们恢复生产。非常感谢你们，没有你们，不可能这么快恢复生产。"北科工研心系企业，敢于担当，勇于奉献，尽力帮助企业渡过难关，彰显了北科工研以客户为中心的宗旨。

——自动化部 李新

2022年1月15日，由北京科技大学设计研究院有限公司（北科工研）三电总包河北安丰钢铁有限公司（安丰钢铁）1450热轧工程热负荷试车一次成功！从安丰1780到安丰1450，北科工研团队再次以丰富的经验、高效的服务把不可能变为可能。热负荷试车成功当天，安丰主管钢轧部分的赵德春副总，给予北科工研自动化技术人员高度评价，赵总由衷地说："好，很好，非常感谢你们。你们的专业能力和敬业精神，克服了这么多困难，保证工程按照节点顺利投产。" 1450产线转入生产阶段后，北科工研必将一如既往，通过持续做好精细化服务，不断提高安丰钢铁热轧产品的品质和竞争力。

——自动化部 宗胜悦

自动化团队是北京科技大学工程技术研究院面对钢铁工业智能制造技术升级、信息化和工业化深度融合等重大需求而倾力打造的集设计、研发、实施一体化的队伍。该团队创造性地设计并实现钢铁产线自动化集控系统、连铸连轧、不锈钢轧制等，实现了多项国际、国内首创技术，为钢铁行业带来新一轮的变革和创新驱动。

近三年，团队克服疫情不利因素，出差前往各厂开展项目，科研成果丰硕，助力学校多个学科"双一流"建设。未来，相信北科工研自动化团队也将继续以提高我国热轧带钢生产自动化水平为己任，对标国际先进，瞄准行业前沿，持续发力，开拓创新，为推动我国热轧带钢生产技术进步、助力企业实现高质量发展做出不懈努力！

——学生 刘心爽

工研院自动化团队，在承担大量成果转化的工程任务的同时较好地完成了科研及研究生的培养工作。2021年，该团队秉承着严谨认真的工作态度，积极创新，以默契的团队配合，超高的工作效率完成大型自动化项目40余项。在科研与研究生的培养方面，以科研团队为平台，提升了研究生的素质培养优势，通过深入科研一线的实践，强化学生专业素质，培养团队精神。通过定期的学术交流与科研项目汇报，将教与学的优势最大化的同时，提升了团队科研能力与科研成果数量。

——学生 肖思竹

北科工研自动化部热轧团队在钢铁热连轧行业埋头苦干数十载，坚持精益求精，忘我拼搏奉献，坚持自主创新，以核心技术和优秀团队打造冶金建设核心竞争力，用高超专业技术水平提升中国钢铁工程技术的国际影响力，在国内外多个大型轧钢项目中取得自动化控制关键技术突破，取得优秀业绩和品牌认同。

团队注重技术研发与工程实践相结合，持续加大在技术研发方面的力度，板型、厚度、温度、宽度等关键指标已经达到或者超过国际先进水平。团队同时注重培养具有创新意识、创新能力的专业技术人才，经过多年的科技开发和工程磨炼，团队人才梯度合理，既有具备几十年工程经验的专家，又有走在技术开发前沿的青年骨干，同时也有一批将技术推广到工程一线的生力军，具备了面向未来不断跨越的团队基础。

——自动化部 项晓菲

媒体关注

近日，河南省涝情严峻，牵动着全国人民的心。一方有难八方支援，许昌金汇中超不锈钢科技有限公司在抗洪结束后，表达了复工复产的意愿，北科工研在第一时间与该企业联系，详细了解受损情况，克服人员紧张的困难，组建了传动、基础自动化、过程自动化、表检等十余人的专业援豫团队，于7月26日开始进驻企业，指导、参与复产工作。

灾情远超想象，现场触目惊心。厂房进水达1米，地下室液压站所有控制系统被淹，地下液压阀组及电缆沟全是水，地面上所有的辊道电机及主传动电机全部过水，现场的就地IO柜、操作台及辊道开关箱全都浸泡在水里，地面上水平高度在1米以下的所有电气检测元件全部浸泡在水里，可以说是一个名副其实的“水上轧钢厂”。

灾情就是命令，复产就是责任。来自北科工研教工二支部、五支部的援豫技术人员达到现场后，马不停蹄，第一时间配合业主及相关供货商一起投入到紧张的工作当中去，经过加班加点连续奋战，最终于8月4日凌晨顺利过钢恢复生产，为客户企业抗洪救灾复工复产做出了及时有效的支持！

北科工研作为北京科技大学面向冶金企业提供高效轧制与智能制造先进技术服务的窗口和纽带。在本次河南抗洪与复产过程中，北科人心系企业，敢于担当，尽全力帮助企业早日渡过难关，恢复生产，彰显了北科工研以客户为中心的宗旨。

——北科工研传媒

2021年

毛新平

——中国工程院院士、北京科技大学教授

毛新平，男，生于1965年6月，中共党员，中国工程院院士，北京科技大学终身教授，博士生导师。国家“2011计划”钢铁共性技术协同创新中心主任，北京科技大学碳中和创新研究院院长。国家科学技术进步奖评审委员会委员，钢铁行业低碳工作推进委员会专家委员会主任，中国海洋材料产业技术创新联盟理事长，中国金属学会近终形制造技术分会主任委员，汽车用钢开发与应用技术国家重点实验室、海洋装备用金属材料及其应用国家重点实验室学术委员会主任，国家重点研发计划项目首席科学家。长期从事先进钢铁材料及其低碳制备技术研究，获得国家科技进步二等奖3项、省部级科技进步一等奖8项、出版英文专著1部、中文专著3部。曾获全国劳动模范称号、全国五一劳动奖章、何梁何利基金科学与技术创新奖、光华工程科技青年奖、魏寿昆冶金青年奖、首批“万人计划”百千万工程领军人才和首届杰出工程师奖。

毛新平院士一直从事先进钢铁材料及其低碳制备技术研究，胸怀“钢铁强国，科技报国”的远大理想，三十多年如一日，牢记初心使命，扎根科研一线。

此外，毛新平院士一直致力国家碳中和重大战略。他指出了我国钢铁行业碳中和的实现路径：一是要控制钢铁行业的产能产量，淘汰落后产能，逐步建立以“碳排放、污染物排放、能耗总量”为依据的存量约束机制；二是优化钢铁企业能源结构、工艺结构、流程结构；三是优化产业布局，构建绿色低碳产业生态链；四是突破节能减排核心关键技术，开发氢冶金、生物质能使用及二氧化碳资源化

利用等重大行业性颠覆性技术;五是开发高性能产品,推动材料绿色化;六是深化智慧制造,助力生产过程绿色化;七是搭建国际合作平台,促进关键性技术创新。

最后,为了实现碳中和,他还提出了钢铁行业的关键技术:氢还原技术、富氧燃烧技术、二氧化碳综合利用技术、钢厂尾气资源利用技术、近终形制造技术、高性能钢铁产品。

颁奖词

创新添动力,精神昭后人。扎根钢铁领域,引领低碳战略。几十年如一日,将科研精神化入绿色制造,始终以匠心精神,铸入国家发展大背景中。身体力行,言传身教,他是大国钢铁引领人。他在三尺讲台上,在科研实验室,在国家重大项目中。漫漫求索路,拳拳匠人心。

先进事迹

钢铁强国,科技报国

毛新平作为中国工程院院士、北京科技大学终身教授、钢铁共性技术协同创新中心主任、碳中和创新研究院院长,胸怀“钢铁强国,科技报国”远大理想,三十多年如一日,面向钢铁材料科技前沿、面向国家重大工程和国民经济发展,牢记初心使命,扎根科研一线。

面向钢铁材料科技前沿,提出钛微合金化技术

微合金化是提高钢铁材料综合性能的有效方法,通常采用的微合金化元素主要是铌、钒,价格昂贵。我国钛资源丰富,储量约占全球的46%,发展钛微合金化技术具有重要的战略意义和巨大的经济价值。

毛新平院士率先提出并潜心研究钛微合金化技术,阐明了钛各类析出物的析出规律及强化机理,解决了产品性能波动大的关键技术难题,开发出钛微合金化钢成套制造技术,研制出450—900 MPa级系列低成本高性能钢铁材料,此

技术已在宝武、首钢、攀钢、涟钢、柳钢和安钢等企业实现每年千万吨级的生产和广泛应用，经济和社会效益十分显著。

该项成果成为钢铁材料组织性能调控的重要方法，为钢铁材料性能提升和产品升级提供了中国解决方案。鉴于该项成果的原创性和重要性，Springer出版社和冶金工业出版社出版发行，并入选中宣部对外推广计划办公室组织的“中国图书对外推广计划”。

面向国家重大工程需求，研制高性能桥梁用钢

我国经济社会的快速发展对桥梁工程，特别是大跨度桥梁工程提出了迫切需求。随着桥梁跨度的提高，对桥梁钢综合性能的要求也越来越高。高性能桥梁钢的发展水平决定了一个国家桥梁设计建造的水平，是一个国家综合实力的具体体现。

作为“十三五”国家重点研发计划项目“高性能桥梁用钢”的首席科学家，毛新平院士领导项目组面向重要交通基础设施建设的国家重大工程需求，完成了690MPa级超高强低屈强比桥梁钢、2000MPa级桥索钢等桥梁建设关键材料全链条开发，构建出我国具有国际领先水平的桥梁用钢铁材料新体系。使我国桥梁钢板从500MPa级跨越了550MPa级、620MPa级，直接达到比肩国际领先水平的690MPa级，使我国桥梁缆索从1770MPa级大幅提升至2000MPa级，高于国际先进水平的1960MPa级，有力支撑了全球首座主跨超千米的公铁两用斜拉桥的建设。

该项成果成功应用于沪苏通长江大桥、芜湖长江大桥和武汉汉江湾桥等特大型桥梁工程，为我国“一带一路”倡议的实施和重大桥梁工程的建设奠定了基础，使我国桥梁建造达到国际领先水平。

面向国民经济高质量发展，开发系列低碳先进汽车用钢

碳中和背景下，汽车工业对汽车用钢铁材料提出了越来越苛刻的要求，高

性能、低成本、绿色化和生态化已成为汽车用钢的发展趋势。传统汽车用钢的制造流程长、工序复杂、能耗高，无法满足汽车用钢绿色化的发展要求。

毛新平院士率先提出基于薄板坯连铸连轧流程的新一代绿色高性能汽车用钢的制造工艺路线。与传统制造流程相比，省略了冷轧和退火工序，制造流程大幅度缩短，能耗降低70%以上，环境影响指数降低55%以上。目前已成功开发出系列汽车先进高强钢，形成万吨级工业化生产，并在北汽、广汽等汽车制造企业应用，低碳环保效果显著，不久的将来基于新流程开发的汽车先进高强钢将全面替代传统流程的产品。

该项成果突破了传统汽车用钢铁材料的技术体系，提出新一代汽车用钢的制造技术，推动了汽车用钢铁材料的绿色制造、生态发展以及产品的低成本高性能化。

面向未来，言传身教立德树人

古人云："师者，人之模范也"，毛新平院士深知"育人者必先育己，立己者方能立人"。他有一本随身携带的工作日历，里面密密麻麻写着每天要做的事情，在院士的言传身教中，越来越多的同学也开始用这种方法规划自己的时间。他坚持每周跑步2—3次，每次5公里，在他的感召下，团队成员无不加入其中，体育锻炼已成为团队的文化。他用自己的实际行动引导同学们，勤奋、高效、自律、自省、热爱运动、积极向上……

他提出"项目学生负责制"，让学生深入到科研项目中来，完成科研任务的同时，提高学生的组织管理和沟通协调能力，强化学生的自我意识和社会责任。

在传授专业知识的同时，他还不忘对学生思想道德品质的培养。领衔主讲"大国钢铁"课程，让青年学生更多地了解钢铁、理解钢铁、懂得钢铁，从知识的角度了解钢铁材料的组织、结构和性能，从行业的角度了解中国钢铁工业的过去、现在和未来，从人文的角度理解钢铁人的传承、精神和梦想。

“路漫漫其修远兮，吾将上下而求索”，这是毛新平院士常跟团队说的一句话。他是这么想的，也是这么做的。

小传

欲以新技，平其艰苦。立足自身，育己立己。钛微合金化，引钢铁前沿；高性能铸钢，助国家工程；新能源用钢，领时代课题。立低碳为己任，彰钢铁般意志；以求索为理想，显匠人之气骨。钢筋铁骨人才处，巍巍钢铁传承人。

大家眼中的他

毛院士生活简朴、为人低调，生活上，毛院士常以一身白色衬衫示人，简单朴素的形象拉近了老师和学生们之间的距离。在科研上是一位严谨认真、贡献卓越的优秀科研工作者，一直坚守在钢铁行业的第一线，十年如一日地艰苦奋斗，迎来了薄板坯连铸连轧工艺的突破，为国家钢铁行业的发展做出巨大的贡献。工作上，毛院士严于律己，经常周末还在办公室加班加点，这种勤奋敬业的精神感染着身边的每一个人。除了工作之外，毛院士提倡身体是工作的重要保障，身先士卒带领大家锻炼身体。作为协同创新中心的主任，毛院上不仅在整体上对中心的发展进行统筹规划，而且对各项事务的细节进行把控，并提出建设性意见，推动关键钢铁技术的协同创新。咬定青山不放松，立根原在破岩中，毛院士所怀揣的钢铁强国的决心和坚持不懈的精神激励着一代代的青年教师，立志为钢铁事业发展奋斗终身！

——钢铁共性技术协同创新中心教授 侯新梅

作为一名研究员，我非常荣幸能够加入毛院士的团队进行科研工作。毛院士在工作中认真负责、严谨细致。在生活上幽默风趣，平易近人。在团队建设方面十分注重团队师生综合能力的培养和个人的长足发展，强调成员的身心健康，并以身作则示范运动的重要性。在科研中积极引导大家凝练科学问题，充分调动了大家对待科研的主观能动性。毛院士常教导我们，要将个人兴趣与坚持不懈的精神相结合才能在科研工作中有所成就，要在做事情中感受快乐，把科研融入生活。他身行力践，常常工作到深夜仍不知疲倦。毛院士这种追求卓越的精神是我们每一个人学习的榜样。

——钢铁共性技术协同创新中心研究员 吴桂林

毛院士为人品高德馨，谦逊豁达，他严谨治学的科研理念、甘为人梯的育人精神、事必躬亲的处世风格和健康向上的生活态度，受到广大教师与学生的尊敬和喜爱。科研工作中，毛院士率先垂范，引导和带领团队以解决实际需求为导向，将理论与实践相结合，以科研工作赋能钢铁实业。教学工作中，毛院士严谨认真，用每一次孜孜不倦的教诲，每一轮深入浅出的指导，深刻践行他教书育人的理念追求。团队管理中，毛院士周到细致，小到实验室规划建设，大到项目涉及领域的未来发展方向，都能在百忙中全面把关，并给出中肯建议。业余生活中，毛院士充满激情，以自身热衷运动、健康生活、高效工作的日常习惯，影响和带动着团队的每位成员。春去秋来寒霜降，经风历雨岁月长，毛院士以身体力行，永不懈怠的求索精神，教育和影响着我们每一个人，尽己所能为钢铁事业发展贡献不竭力量！

——钢铁共性技术协同创新中心博士后 高智君

能在博士阶段遇到毛院士这样的导师，荣幸之至。在科研方面，他精益求精，严谨务实，从PPT的制作，演讲的表达，到课题方向的选择，无不给了我巨大的指导和帮助。他还经常告诫学生，做科研一定要面向国家重大需求，将实际工作与国家和民族的命运紧密地联系在一起。在生活方面，他也用自己的实际行动感染着我。他深知运动的好处，坚持每周跑步2—3次，每次5公里，在他的感召之下，团队成员无不加入其中，渐渐地参与体育锻炼成了重要的团队文化，我也慢慢养成了跑步的习惯，从入学时的两三公里到现在可以完成半马。他还有一本走到哪儿，都要携带的工作日志，里面密密麻麻写着每天，每个时间段要做的事情，我清晰地记得，有一天他从早到晚接待了八拨访客，却始终有条不紊，渐渐地我也开始用这种方法高效地规划自己的时间。这样的例子还有很多，他用自己的实际行动引导同学们，要勤奋、要自律、要惜时、要热爱运动、要积极向上、要经常反思总结……我曾向好友感叹，他身上拥有所有我想拥有的品质。古人云："师者，人之模范也"，毛院士正是这样一位模范之师，值得我一辈子去追随，去学习。

——钢铁共性技术协同创新中心协创博19班 王胜伟

从怀着忐忑的心情给毛院士发出第一封自荐信开始，到师从毛院士的先进钢铁材料及其低碳制备团队两年间，毛院士对钢铁事业的无限热爱，渊博前瞻的专业知识，不懈创新的科学精神，严谨治学的工作作风，健康自律的生活态度，给我留下深刻的印象，也时刻感动和教育着我。记得毛院士第一次与我们座谈讲话时说到，希望我们领悟中华文化思想，时刻自律自省，做一个有担当、负责任的人。工作中，毛院士经常跟老师们讨论至深夜，其潜精研思的科研态度激励着青年人全力以赴地投身于科研；生活上，毛院士鼓励我们参加体育锻炼，他的5公里跑打卡已然成为微信群"常客"，在毛院士的带动下我也慢慢地开始享受运动；治学时，毛院士会认真指导每位同学的课题，对同学们科研中遇到的瓶颈问题都会悉心解答，深入浅出指点迷津。毛院士报国为民的理想追求、淡泊名利的品德风范、言传身教的育人精神、立德树人的使命担当，真正做到了"师者，传道授业解惑也"。

——钢铁共性技术协同创新中心协创硕2001班 杨明岳

能够在本科阶段遇见毛新平院士这样的导师，我感到十分的荣幸。精益求精、平易近人是毛院士给我最深刻的印象，在大学两年生活中，毛院士给予了我多方面的指导和帮助。毛院士重视本科生的学业发展，鼓励我们在保证学习成绩之余，主动跟随学长参加挑战杯等竞赛活动积累比赛经验；毛院士热爱运动，他一直践行“为祖国健康工作五十年”的理念，让五公里成为团队运动的常态，也让运动成为我健康生活的动力；毛院士笃心科研“胸怀钢铁强国梦”，助力国家双碳战略目标的达成，是他对我们这代人的殷切期望，在院士的指导下我已完成个人科研项目立项，并在师兄师姐帮助下进行项目研究。高山仰止，景行行止，毛院士的品行担当激励着无数北科学子，向着成为为国奉献钢筋铁骨的高素质人才而不懈奋斗。

——材料学院材高20班 法振邦

媒体关注

2014年10月16日，凭借在薄板坯连铸连轧技术领域的突破，49岁的武汉钢铁集团研究院常务副院长毛新平又一次站在了让业内人士艳羡的领奖台上，这一次是首届中国“杰出工程师奖”。

24年来，毛新平以薄板坯连铸连轧作为研究方向，孜孜不倦地攻克难关和探索创新，使我国在钢铁薄板坯连铸连轧技术相关领域“后来居上”。

“传统炼钢工艺中，铸钢后形成的900摄氏度钢坯需降至室温，运输至轧钢机组后再加热到1200摄氏度才能轧制，中间巨大能量损耗可想而知。”毛新平介绍，连铸连轧，薄板坯铸完即可直接轧制，既能减少大量运输热量损失，还能避免温差变化导致钢材性能减弱。“薄板坯连铸连轧钢理念虽然是西方国家率先提出和研究的，但这项技术到底使用什么工艺、能够生产哪些产品，当时国外也没搞清楚。”毛新平说。20世纪90年代，我国从德国引进了首条薄板坯连铸连轧生产线，开启了在该领域“边研发、边生产”的探索之旅；毛新平将主攻方向确定为新工艺条件下的钢铁钛微合金化，他认为我国钛资源丰富，研制薄板坯连铸连轧工艺条件下的钛微合金化钢，定能实现低成本高性能的目标。

薄规格热轧板是世界公认的“资源节约型”“环境友好型”的新材料。但一直以来，由于一系列关键技术问题的阻碍，薄规格热轧板在我国并没有得到广泛应用。

钢板向薄，科研向深。经过不断试验和调整，毛新平带领的团队终于成功攻克热轧薄钢板、高品质特殊钢等工艺技术难关，填补了我国薄规格热轧钢板生产领域的技术空白，总体技术达到国际领先水平；随后又研制出可批量生产的钛微合金化系列高强钢和超高强钢，且合金化成本仅为传统技术的四分之一。如今，这些产品已广泛应用于汽车、家电等领域，薄板坯连铸连轧技术发展取得的重大突破和广泛应用，使我国成为全球拥有薄板坯连铸连轧生产线最多、产能最大的国家，在国际薄板坯连铸连轧技术领域占有重要的地位。

功夫不负有心人。凭借在钢铁生产工艺领域的突破与创新，毛新平不久前获得首届中国“杰出工程师奖”、何梁何利基金科学与技术创新奖、光华工程科技青年奖。

毛新平说，“钢铁生产对低成本高性能工艺的探索永无止境。面对市场巨大需求和行业发展方向，薄板坯连铸连轧领域还有广阔的探索空间，需要不断创新。”

——人民网

2022年1月10日，市委书记王瑞军会见中国工程院院士、北京科技大学研究员毛新平一行。双方围绕“厂区变园区、产区变城区”改革试点中的创新技术应用开展深入交流。

毛新平表示，钢铁行业实现“碳达峰、碳中和”的首要任务是控制钢铁行业产能产量、淘汰落后产能、提高产业集中度。韶钢作为我国建筑钢材行业中的老牌生产基地，在韶关市委、市政府的指引下积极转型升级，在全省率先实施“厂区变园区、产区变城区”改革，成功申报省级现代产业园区，在钢铁行业转型升级之路上为其他企业作出了良好的示范。目前，其正与韩恩厚院长一同围绕大湾区海洋装备开展一系列研究，其中就包括如何有效提升钢材耐腐蚀性以更好应用到海洋建筑的研究项目。韶钢转型升级取得的瞩目成绩是吸引他来韶考察的重要原因。在了解过韶钢“双变”改革后，他对下一步与韶钢在海洋装备钢材应用方面的研究合作更添信心。期待能与韶关、韶钢在探讨我国海洋建筑装备发展路径中携手前行，同时为“双变”改革注入更多创新技术力量。

——澎湃新闻

2022年2月12日，应省科学院新材料研究所的邀请，中国工程院院士、北京科技大学毛新平教授到新材料研究所作题为《机遇与挑战：碳中和背景下的中国钢铁工业》的学术交流报告。省科学院新材料研究所所长郑开宏，副所长邓畅光、邓春明和研究所科研人员及研究生参加了本次交流会，会议由郑开宏所长主持。

在这次学术交流报告中，毛新平简单介绍了双碳提出的背景和碳中和对我国的意义及挑战，以翔实的数据展示了我国钢铁工业发展现状及其绿色化发展进程，并对碳中和背景下钢铁行业的机遇和挑战进行分析。他综合政策、技术和产业研究结果，全面介绍了总量控制、淘汰落后、优化用能及流程结构、优化产业布局、突破节能减排核心关键技术、开发高性能产品、深化智慧制造、搭建国际合作平台等我国钢铁行业实现碳中和的路径。他详细列举了氢还原、富氧燃烧技术、二氧化碳综合利用技术、钢厂尾气资源利用技术、近终形制造技术（薄带铸轧）、高性能钢铁产品（高强钢筋、建筑用钢）等碳中和关键技术及其应用成效。最后，毛新平指出双碳战略将会给我国经济社会带来系统、深远的社

会变革，是一次深刻的产业革命，更是一次极具挑战的科技革命。钢铁行业应主动承担碳减排的主体责任，科学制定周密的行动方案，深化供给侧结构性改革，实现高质量发展。

毛新平院士深入浅出的报告令参会者获益匪浅，对于交流环节中大家提出的关于增材制造、材料基因工程等技术在钢铁行业减排的应用问题，毛新平院士一一作出了详尽的解答。

善弈者谋势，善治者谋局。碳达峰、碳中和，既是前所未有的挑战，更是千载难逢的机遇。毛新平院士在本次报告中关于钢铁行业节能减排的新思路与深刻见解，为在场科研人员开展研究和创新指明了方向。

——《潇湘晨报》

2022年2月24—27日，“2022中国钢铁市场展望暨‘我的钢铁’年会”在上海召开。26日主题大会上，中国工程院院士、科技部行业低碳技术首席专家毛新平发表了题为“机遇与挑战——碳中和背景下的中国钢铁工业”的主题演讲。

首先，他介绍了碳中和的背景。他指出，碳中和已成为世界主要国家的共识，我国也提出二氧化碳排放力争于2030年前达到峰值，努力争取2060年前实现碳中和。他认为，我国实现碳中和面临着碳减排时间短、任务重、经济转型升级压力大、能源系统转型难度大等挑战。随后，他介绍了我国钢铁工业发展及

碳排放现状。我国粗钢产量从1996年开始，截至2021年，已连续26年保持世界第一。2021年我国粗钢产量占世界粗钢产量约54%。他表示，近四十年来，我国吨钢能耗下降约73%；近三十年来，吨钢二氧化碳排放下降约50%。

他认为，在我国钢铁产能总量大、以高炉—转炉为主的流程结构、以煤炭为主的能源结构、行业集中度不高的背景下，我国钢铁工业实现碳中和面临着巨大挑战。但是低碳发展也将倒逼钢铁行业深化供给侧结构性改革，推动钢铁工业实现高质量发展。

他还指出我国钢铁行业碳中和的实现路径：一是要控制钢铁行业的产能产量，淘汰落后产能，逐步建立以“碳排放、污染物排放、能耗总量”为依据的存量约束机制；二是优化钢铁企业能源结构、工艺结构、流程结构；三是优化产业布局，构建绿色低碳产业生态链；四是突破节能减排核心关键技术，开发氢冶金、生物质能使用及二氧化碳资源化利用等重大行业性颠覆性技术；五是开发高性能产品，推动材料绿色化；六是深化智慧制造，助力生产过程绿色化；七是搭建国际合作平台，促进关键性技术创新。

最后，为了实现碳中和，他还提出了钢铁行业的关键技术：氢还原技术、富氧燃烧技术、二氧化碳综合利用技术、钢厂尾气资源利用技术、近终形制造技术、高性能钢铁产品。

——我的钢铁

近日，中国工程院院士、阳江合金材料实验室学术委员会主任毛新平受邀到广东省阳江市参加国际民生用合金材料技术研讨会。会议期间，毛新平院士接受采访时表示，阳江要充分发挥阳江合金材料实验室的技术优势，让阳江的五金刀剪产业实现高质量发展，比肩国际先进水平。

阳江的不锈钢产业和五金刀剪业已有相当规模，在国内外都享有盛名，是阳江地方经济的重要支撑。从未来发展的角度来看，无论是产业开发还是质量改进等方面，都有待于在技术创新方面有所突破，在这种形势下，阳江合金材料实验室应运而生，担负着推动阳江传统行业高质量发展的重任。

毛新平院士表示，鉴于目前阳江市产业的发展情况，建设支撑刀剪产业和不锈钢产业发展的相关合金材料的设计、研发实验室很有必要，对于阳江相关产业未来的发展、未来核心竞争力的提升十分关键。尽管阳江的不锈钢产业和刀剪行业发展迅速，但是生产企业的技术创新和研发能力仍然比较薄弱，需要政府层面建立良好的机制，吸引更多的行业人才助力聚集到阳江合金材料实验室这个科研平台，助力阳江不锈钢产业和五金刀剪产业高质量发展。他认为有必要通过政府建立良好的机制，把国内乃至国际上相关的优势科技资源，整合到一个平台上，通过这样的平台，吸引相关的优秀科技人才，为阳江的相关产业发展服务。阳江传统五金刀剪产业要尽快提高产品的档次，全力研发能够进入国际高端市场的产品，让阳江产品比肩国际先进水平，这是阳江相关产业未来努力的方向。在这个形势下，阳江合金材料实验室必须要承担新材料新技术的开发，为企业研发新产品提供技术支撑。

毛新平院士还表示，现在建的实验室要结合阳江的产业需求，即所谓“需求牵引”，所以实验室下一步首先要解决的问题，就是要进一步了解阳江刀剪产业和不锈钢产业的实际需求，针对他们的需求来布局相关的研究方向和课题，配置相关的科技资源。

——阳江广播电视台

2022年1月8日上午，中国工程院院士、北京科技大学教授毛新平，广东腐蚀科学院与技术创新研究院院长、国家腐蚀控制工程技术研究中心主任韩恩厚带领北京科技大学、广东腐蚀科学院与技术创新研究院相关专家到实验室开展调研交流。

座谈会上，毛新平院士介绍了项目“粤港澳大湾区海洋材料发展战略研究”立项背景和此次调研的目的。双方就面向粤港澳大湾区乃至全国海洋开发所需要的海洋材料问题和重大工程科技问题，以及海洋工程结构、海洋腐蚀防护等关键技术领域战略规划进行交流研讨。

通过此次研讨交流，明晰了粤港澳大湾区海洋材料发展存在的短板，提出了诸多粤港澳大湾区海洋材料技术与产业发展战略建议，为产业的发展壮大提供了有力支持。

——湛江湾实验室

巩立姣

——北京科技大学校友

巩立姣，北京科技大学工商管理专业2007级校友，河北省体育局田径运动管理中心运动员兼教练员、高级教练，中国女子铅球运动员。曾被评为2021年中国十佳运动员、2021年全国三八红旗手，获得2020年东京奥运会女子铅球冠军、2019年田径世锦赛女子铅球冠军、2019国际田联钻石联赛苏黎世站女子铅球决赛冠军等多项世界级奖项。

一代代“钢小伙”“铁姑娘”共同创造了北京科技大学优良的体育传统，北京科技大学与奥运也有着不解之缘。巩立姣校友一直追寻奥运金牌的梦想，却三次无缘奥运领奖台。经历奥运会延期的打击，忍受身体伤病的折磨，巩立姣最终在东京奥运会上以个人最佳成绩圆梦，这也是中国第一枚田赛奥运金牌。巩立姣坚持梦想、不懈奋斗的事迹，感染着所有北科大师生，在人生道路上顽强拼搏、自强不息！

颁奖词

“立”贯千钧，中国“姣”傲！

从滑步到铅球落地只需五秒，她一生中从铅球首投到奥运夺冠用了21年。十年如一日的高强度训练是她的每日标配，即使膝踝负伤、疼痛难忍，她仍旧风雨无阻、一往无前。2021年，她踏上东京奥运会的赛场；20.58米，是她努力的最佳见证。她就是巩立姣校友。

先进事迹

铁姑娘

北京科技大学“铁姑娘”巩立姣，承袭学校一贯的体育传统，连续两届夺下田径世锦赛女子铅球金牌，连续三年赢下世界田联钻石联赛的“钻石大奖”。她一直都有一个奥运金牌梦，但三次参加奥运会、三次递补奖牌，却没能站在领奖台上领奖。

从2007年年初登大阪田径世锦赛的18.66米，到东京奥运会的20.58米，这1.92米的背后，是巩立姣21年的百折不挠与千锤百炼。而当她站在冠军领奖台上，听着国歌响彻云霄时，一切汗水与泪水，皆成传奇序章。

结缘

巩立姣与铅球结伴已经有21年了。她在上小学的时候，力量就很大。12岁时，巩立姣遇到石家庄市体育运动学校的范焕文教练，开启了专业的铅球训练。15岁时，巩立姣入选河北田径队，前国手李梅素负责指导。随后巩立姣稳扎稳打，一年一个台阶，很快就具备了参加国际大赛的实力。

每次训练，巩立姣都会带着两双训练鞋，一双是做力量时穿的，一双是练习专项时穿的。虽然在生活中，巩立姣是个爱笑爱玩的人，但在训练中却非常严肃和自律。“我从来不偷懒，如果没有伤病的情况下，都会认真完成教练安排的训练计划。”

铅球运动重视力量训练和速度训练，为了不断突破极限，巩立姣每天都要进行上肢力量训练、下肢力量训练、滑步、跳垫子等练习，她说：“膝盖和脚腕都有一些陈年的老伤，对我来说，的确是一个巨大的挑战。虽然每天都会进行治疗，但是训练不能间断。”

而她对铅球的热爱，也在日复一日的训练中，渐渐深入骨髓。

“铅球不光靠的是力量，更重要的是技术和头脑，是力与美的结合。我深深地热爱这项运动。”

人一定要有梦想，万一实现了呢？

巩立姣的梦想，就是奥运金牌！因此，当里约奥运会，她以19.39米的成绩获得第四，与奖牌失之交臂后，顿时“觉得天都塌下来了”，甚至一度想要放弃，正是梦想让她再次站了起来。

对于强者来说，挫折只会使她更强。

里约之后，“好像突然开窍了”的巩立姣，开始“姣”视群雄。2017年后，她几乎战无不胜，先后收获了国际田联钻石联赛总决赛、世锦赛、世界杯、亚运会等国际大赛冠军，拿下了近几年铅球项目几乎所有世界大赛的金牌，成为大满贯选手。

然而，东京奥运会的延期，给每一位老将带来的都是压力与打击。

不过，她毕竟是那个心怀梦想的巩立姣。封闭训练一年，没有机会参加国际大赛，巩立姣只和自己比。虽然忍受着身体伤病的折磨，但巩立姣不放弃梦想，刻苦训练。这个奥运周期，她状态出色，连续两届世锦赛上夺得冠军，本赛季世界排名更是稳居第一。

时间终于来到2021年8月1日，东京奥运场馆田赛场地，老将巩立姣一出场，就吸引了全国观众的目光。在前几天中国田径队的征战中，没有摘得一枚金牌，所以，大家都格外期待巩立姣的出场。

开场后，面对老对手亚当斯，巩立姣一声大喝，动作“干净利落脆”，第一投就投出19.95米，这个成绩拿奖牌已毫无悬念，但是否拿金牌，却还是未知数。接下来，巩立姣调整状态，虽然第二投失误，但最终在第六投，以“舍我其谁的霸气”投出20.58米，不仅圆了自己的奥运金牌梦，也实现了中国田赛奥运金牌零的突破。

铅球，在中国一直属于冷门项目，而巩立姣凭一己之力，让铅球在中国体育史上增加了一份重量，也让更多人认识到这项运动的魅力。

坚守与希望

没有什么比梦想更值得坚持，巩立姣为此坚守了20年。而当梦想实现的时候，她说，“就像做梦一样。比不好是噩梦，比得好是美梦。”说到这里她还掐了掐自己的胳膊补充道，“希望我这个美梦更长一些。”

这不仅仅是巩立娇的梦想成真，更是中国人的梦想成真。这枚金牌不仅是中国队在女子铅球项目上的首个奥运冠军，更是这届奥运会上中国首枚田赛金牌。比赛最后一投的20.58米，刷新了巩立姣的个人最佳成绩，也向全世界展现中国力量、中国骄傲！

结语

一代代“钢小伙”“铁姑娘”共同创造了北京科技大学优良的体育传统，北京科技大学与奥运也有着不解之缘。巩立姣校友一直追寻奥运金牌的梦想，却三次无缘奥运领奖台。经历奥运会延期的打击，忍受身体伤病的折磨，巩立姣最终在东京奥运会上以个人最佳成绩圆梦，这也是中国第一枚田赛奥运金牌。巩立姣坚持梦想、不懈奋斗的事迹，感染着所有的北科大师生，激励我们在人生道路上顽强拼搏、自强不息！

小传

怀揣梦想，砥砺前行，摘奥运之冠，显老将之采。你是田地运动的一抹亮色，你是划过天空的完美弧线，你是超越自己的动人故事。年少时编织的梦终会在日复一日的努力下开花结果，你用对铅球的热爱在数十年的历程里为自己谱写青春赞歌。

大家眼中的她

每每提到“巩立姣”，我总想起一个算是她的“伤痛”的事情——2016年从里约比赛回来，她一度抑郁了，因为这次的比赛她甚至未登上领奖台。我们都是普通人，无法体会到她所承受的疼痛与孤独，无法感同身受地知道沉重打击后如死灰般的心情究竟如何才能复燃。记得那段时间巩立姣总用“一个人，如果连自己的情绪都控制不了，即便给你整个世界，你也早晚毁掉一切。你成不了心态的主人，必然会沦为情绪的奴隶”这句话激励自己，我很敬佩她，就这样开始跟着外教狠狠练体能，开始独自参赛、独自上场，翻转了命运那张最难缠的牌，最终终于获得了奥运金牌，我为她骄傲！

——巩立姣好友 赵林

立姣是我很好的朋友，生活中她乐观阳光、积极向上，不论遇到什么困难都能自己开导自己，重新振作起来迎难而上；比赛中她也是锲而不舍，在十余年的不甘和努力之后终于拿到了奥运冠军，实现了自己的梦想。她每次去国外训练的时候，都要和教练自拍，发朋友圈，从她的描述中可以看出此次训练日程十分紧张，可她丝毫没有窘迫，反而乐观地面对。让我印象最深刻的是2018年她在5天之内要辗转6个国家，她说：“别问我怎么做到的，可能有一种东西叫梦想！”得知立姣得了奥运金牌，我知道这背后定是数不清的汗水。祝福立姣！希望她在以后的比赛中都可以取得自己满意的成绩！

——巩立姣好友 张瑜

我觉得巩立姣奥运能夺冠都是她用自己的辛苦训练和汗水，换来的成就。她是值得的，她是我们的骄傲！在这届奥运会上，她刷新了自己的个人最佳成绩，同时也打出了本赛季世界最好水平，21年，她终于实现了自己的梦想！为了奥运赛场上的这十秒钟，她每天训练投掷200次以上，每天投掷重量超过1吨，她说那段时间就是自己跟自己拼命，最终自己的努力得到了全世界的见证，为中国赢回了奥运会上铅球第一块金牌！

——巩立姣好友 胡丹

2021年立姣已经32岁，黄金运动生涯所剩无几，里约奥运会遭遇滑铁卢，憋着一口气等待东京奥运会雪耻。可是她苦练4年后，等来的却是奥运会因为疫情延期一年的消息，立姣本来很好的状态，被这突如其来的打击崩坏了，精神消沉，伤病作祟，难以投出突破20米的成绩。在最难的日子里，她靠着心理专家的辅导和自我疏导熬过来。4次冲击奥运会金牌，前3次都失败了，这次终于圆梦，赛程看起来轻松，实际上背负无数压力，赛前一晚她只睡了四五个小时。7届世锦赛和4届奥运会，立姣终于能够堂堂正正站上奥运会的最高领奖台，这块金牌的背后是21年的汗水和痛苦，但我相信所有的坚持都是值得的！我为立姣骄傲！

——巩立姣好友 丛玉珍

我一直都很佩服巩立姣师姐，训练场上她十分努力，不知疲惫地挥洒汗水；训练场下她十分亲和，常常和我们拍照、拍视频，非常开朗。我更佩服的是巩立姣师姐还写得一手好字，可以静下心来写写书法，心态很好。巩立姣师姐获得东京奥运会的这块金牌，我认为是绝对个人能力的体现。她这种老将风范，给了我们年轻运动员很多激励与启示，不论是她的技术特点、技术能力的发挥，还是应对大赛平稳的心理，都是值得我们学习的。我知道巩立姣师姐那这块金牌的背后付出了许多，我也要向师姐看齐，努力为国争光！

——北京科技大学学生 郭甜茜

真正的奥林匹克精神，是在打破个人最好成绩并且夺冠后，依然继续创造个人最好成绩！我一直很佩服巩立姣在这次东京奥运会上的表现。第五投她投出了20.53米，打破了自己20.43米的个人最好成绩，提前锁定了冠军，可即便如此，在第六投时她依然奋力投出最后一投，把个人最好成绩提升到了20.58米。这是相当难的。大部分人在确定获胜以后都会松懈，更何况已经打破了自己的纪录，但巩立姣居然完全没有放松，唯有对项目的热爱才能让她做到如此。一句话总结：这是一场超越完美的胜利！

——巩立姣好友 刘小马

媒体关注

2021年8月1日，在2020年东京奥运会田径女子铅球决赛中，巩立姣以第六投20.58米创个人最佳成绩并夺冠。从2008年北京奥运会的铜牌，到2012年伦敦奥运会的银牌，2016年里约奥运会的第四名。2021年的东京，第四次参加奥运会的巩立姣终于得偿所愿，收获了一枚金牌。滑动，出手，投出，巩立姣用21年的刻苦训练成就了东京奥运会女子铅球赛场上最美丽的绽放，实现了中国体育代表团在奥运会田赛项目中金牌零的突破，20.58米也创造了巩立姣的个人最好成绩！“首先我想说我做到了，我是可以的。这一刻我等了21年，这是

我铅球训练的第21年，所以说人一定要有梦想，万一实现了呢！我实现了！”

——澎湃网

说起自己赛后的泪水，巩立姣坦言，其实自己不是一个爱哭的人，“我一直觉得自己是要给大家展示那种高兴的泪水，为胜利而流的，所以这次哭了”。赛场上的强大和夺冠后孩子一般的哭泣有很大的反差萌，巩立姣说：“因为比赛那个时候不是代表自己，是中国力量。为荣誉而战。”

终于拿到奥运冠军，说起这种滋味，巩立姣觉得其实变化并不太大，“就是实现自己的一个梦想，感觉最大的变化是新闻出现比较多，微信炸锅，但我自己还是一个普通的人，没有觉得自己是奥运冠军就怎么着”。

这次的奥运金牌会被巩立姣和家人高高地挂起，而说起下一次，巩立姣觉得：“如果下一届参加的话肯定希望夺得金牌，但那个时候可能年纪有点大了，尽自己所能吧。”

——人民资讯网

巩立姣，2007年9月考入北京科技大学经济管理学院就读本科。作为中国田径运动员，她多次夺得女子铅球世界冠军。2021年6月13日，2021全国田径

冠军赛暨奥运会选拔赛女子铅球比赛，巩立姣以20.31米的成绩夺冠，同时也创造了该项目本赛季的世界最佳。2021年6月27日，夺得2021全国田径锦标赛女子铅球冠军（20.39米）。她已经是我国女子铅球运动的领军人物。

北科大师生一直关注着巩立姣校友的比赛。今天上午，大家集中收看过程中默默为学姐加油打气，当看到学姐夺冠后，观看现场欢呼雀跃，激动不已。

——北京科技大学新闻网

赵基淮

——北京科技大学学生

赵基淮，山东临沂人，1998年出生，听力一级残疾。目前为北京科技大学计算机与通信工程学院电子信息（计算机技术）专业2020级硕士研究生。曾获2020年度中国大学生自强之星标兵（全国10名）、2018—2019年度国家奖学金、中国高校计算机大赛微信大数据挑战赛全国一等奖等国家级竞赛奖项，以第二作者（导师一作）发表EI期刊论文一篇。个人事迹被《中国青年报》、新浪网、腾讯网、中华全国学联官微等多家媒体报道。

赵基淮虽自幼双耳听力一级残疾，但他身残志坚、刻苦求学，成功克服病痛，考入北京科技大学读研深造。他潜心科研，勇于创新，立志通过信息技术手段服务医学发展；他为爱坚守，投身志愿，创建公益病友群，尽己所能为更多人缓解病痛。他积极乐观、自强自立的事迹鼓舞和感召了一大批师生，推荐参评2021年度“感动北科”新闻人物。

颁奖词

身残志坚，以行动叩问上天不公！

从无声里突围，你心中号角嘹亮。新时代里，步履坚定。先飞的鸟，更向往远方，迟开的你，也鲜花般绚烂。不为残缺所困，刻苦学习，发表论文，逐梦象牙塔，不拘泥于文凭，立志应用技术于医学，他不肯怨天尤人，不惧千难万险，勇夺大赛桂冠，发表专业论文，追逐理想，甘愿踏遍荆棘，只要凌云志起，唯望前行不辍。历经磨难。自强自立，乐于助人，病友群间承托希望，帮助他人，亦实现自我！

先进事迹

身残志坚刻苦求学

赵基淮同学自幼身患罕见不治疾病导致双耳听力障碍，并伴有不定期的失聪、眩晕和呕吐，只能依靠助听器和电子耳蜗生活。赵基淮的父母都是当地化工厂的工人，后来接连下岗失业，只能靠母亲在超市打工维持生计。可病情一次次地复发，高昂的医疗费用和电子耳蜗植入费用对于原本捉襟见肘的家庭更是雪上加霜，赵基淮不得不在求学的同时打零工贴补家用。病魔缠身、听力残缺和家庭贫困并没有击垮这个乐观坚毅的男孩，他从未停止过追逐梦想的脚步。赵基淮说，虽然从小听不到，但他更加明确了努力学习的目标，因为那是能够弥补身体缺陷、改变命运的唯一方式。

不同于一般残疾孩子，赵基淮从未上过特殊学校，也未曾受过特殊教育。自幼儿园起，他便坚持与同龄人一样随班就读。由于听力障碍，即使坐在教室第一排，他也经常听不清老师讲课。但这并没有减少他求学的热情，听不清讲课就多啃书本自学，交流不畅就多花时间研究，病情发作耽误学业就多下功夫补回来。他用勤奋与刻苦弥补着身体的残缺，本科期间获得国家奖学金、一等奖学金、三好学生等多项奖项，但这沉甸甸的荣誉背后堆积的是常人无法想象的艰辛。

为了能够获得更优质的科研学习资源和更广阔的发展平台，赵基淮决定到北京科技大学继续读研深造。立下目标之后，他便踏上了考研之路。日复一日的高强度学习导致他病情多次发作，失聪、眩晕、呕吐。他从未因为病痛哭泣，却会因治疗耽误学习进度而着急落泪。病情反复多次后，医生强调他的身体已不能再负荷如此高强度的学习，但正值备考关键时期，为了梦想他依旧坚持。病情因此极度恶化，在距离考研还有四个月时，他不得不住院进行人工耳蜗植入手术。而仅仅在术后第三天，赵基淮就立刻投入考研复习之中。最终，他以高出录取线近40分的优异成绩考入北京科技大学电子信息(计算机技术)专业,在报录比高达15比1的竞争中,以第六名的成绩顺利成为一名硕士研究生。

科技筑梦勇攀高峰

成长于信息时代的赵基淮,从小便有一个算法梦。多年的专业学习让他更加深刻体会到计算机是一门能够化繁为简的学科,它有能力解决很多人类大脑没办法处理和解决的问题。自幼患病的他,深知疾病带来的痛苦,也懂得人类在疾病面前的渺小与无奈,因此,他希望未来能够在计算机算法方向继续深造、实践,并投身医疗领域,通过深度学习算法等技术手段推动医学发展,通过自己的能力帮助更多的"赵基淮们"减缓病痛带来的伤害。

在研究生阶段初进实验室时,他便申请进入医疗相关项目的课题组,跟随导师参与多个重点项目,刻苦学习,潜心钻研。在与北京协和医学院合作的基于影像分析的宫颈癌FIGO分期自动诊断项目中,他参与设计算法针对CT影像以及PET影像宫颈癌的智能识别,帮助医生识别宫颈病灶区域,利用信息化手段辅助医疗诊断。在与中国人民解放军总医院合作的基于深度学习的宫颈异常细胞图像检测与分类项目中,他参与设计算法对宫颈异常细胞进行智能识别,减少医生在进行异常细胞的定位和识别时带来的巨大工作量。听力的障碍,丝毫阻挡不了他的认真与负责。为了提高算法的稳定性,他反复与医生交流算法细节,认真听取医生反馈并不断改进。该项目目前已完成软件部署,进入临床测试阶段。勤奋刻苦的他不忘在完成好项目算法设计的同时总结凝练科研实践成果,在研究生一年级以第二作者发表EI期刊论文一篇。

尽管日常的科研学习已经让身患疾病的赵基淮应接不暇,但带着工科生属性的他热衷于在科技竞赛中不断创新,提升能力,锻炼自我,并多次获得国家级和省部级竞赛奖项。赵基淮说,每场竞赛都是一次模拟人生,需要热爱,需要全力以赴。在2021年的中国高校计算机大赛微信大数据挑战赛中,他赴广东决赛现场进行直播答辩，并斩获全国一等奖，同其他青年学子一样站在了国家级的舞台，自信发声，风采飞扬。

心系家国回报社会

学习之余，赵基淮不断激励自己打开心门、接触社会，走向广阔的志愿服务之路。由于自身深受疾病困扰，他更能明白和他一样身患此病的病友及家属焦虑的心情以及对未来的迷茫。2015年，他牵头创建公益病友群（现已达500人以上规模），在群里，他一方面积极解读疾病注意事项，缓解病友及家属的焦虑情绪；另一方面通过分享个人事迹，为他们消除迷茫，送去希望。此外，针对社会上一些不实医疗广告和医疗设备的质量问题，他积极求证，防止病友们受骗上当，同时鼓励他们合法维权，坚决与不良商家作斗争。

赵基淮深深明白自己之所以能有今天的成绩，离不开党和政府、各级残联等精心培养。他感动于此，并积极向党组织靠拢，渴望早日成为一名共产党员，更好地回馈社会。研究生入学后，他第一时间向党组织递交了入党申请书，现已被成功推优并确立为入党积极分子。在校期间，他积极参加支部的组织生活和主题党日活动，不断加强理论学习，提高思想认识，发挥先锋模范，争当服务先锋。在与二里庄社区开展红色“1+1”支部共建活动中，他充分发扬不怕脏、不怕累的精神，帮助社区老人清理废旧自行车辆，助力垃圾分类，美化环境，消除安全隐患。

虽身患听力残疾，但这并没有阻碍赵基淮成为国家奖学金获得者，成为一名优秀的科研人、竞赛达人和青年志愿者。他对求学的执着信念、不服输的乐观态度、以及回馈社会的奉献精神，都将会影响更多的大学生和残疾人群体。未来还在绽放，对于赵基淮同学来说，继续发扬身残志坚、乐观向上的精神，为祖国及社会贡献力量，继续谱写他的自强奋斗强音是他未来的使命。

小传

身残又何妨，砥砺求学一念坚，不闻战鼓又如何，旌旗招展，自是拍马一骑当先，病魔摧羸体，何妨挑灯夜战，少年青云志无匹，昂首蟾宫折桂。竞赛间，问鼎中原，有大爱，志愿奔忙。只将心绪寄中华，同侪表率，自当入党深研。

大家眼中的他

我和基淮是大学同学也是舍友，他是一个很有毅力的人，每天坚持早起去图书馆学习，我每天早上刚睡醒一睁眼就发现他的床上是空的，很是佩服他的毅力。同时，他也非常注重时间管理，记得有一次，老师上课拖堂了半个小时，下课他就直接去图书馆学习了，我问他为什么不吃午饭，他说："我只给午饭留半个小时，现在没有了。"我认为正是因为有了这种时间观念，以及恒心与毅力，他在学习上才更加优异。

——北京科技大学学生 曹猛

基淮能够获得"感动北科"新闻人物，我并不感到意外。无论遇到了什么样的困难与挫折，他从不抱怨，而是选择默默地扛下这一切。事实证明，遇到困难与挫折时，勇敢面对是唯一的解决办法，基淮做到了。我还记得快期末考试的时候，他突然听力下降到什么也听不见，但即使这样，他也不愿麻烦我们，自己一个人在什么也听不见的情况下坐了长达5小时的火车回家治疗，一周后回来期末考试，成绩出来时他依然位居前列，让我十分敬佩。

——北京科技大学学生 张文翰

基淮克服病痛、自强不息的事迹让我深受感动。他从未提起过自己的故事，只是勤奋刻苦地学习，做好手头的工作，不想因为自己的特殊而受到别人的额外关注。在学习和工作中，他的表现和正常人无异，甚至要优于正常人。作为他实验室的同学，我从未想过基准是特殊群体。某一天他的故事被人提起，我深为震撼：我无法想象他吃了多少苦，才能够走到今天这个地步。但我知道，他的这种自强不息、努力奋斗的精神，值得我们去歌颂与赞扬！

——北京科技大学学生 刘子豪

基准有一颗乐于助人的心，他曾经告诉我，他经常被别人帮助，所以他也很希望能够将这份爱心传递给别人。他在学习之余，不断地激励自己打开心门、接触社会，走向广阔的志愿服务之路。每当班里发布志愿活动，他都非常积极地报名。我知道他创建了一个公益病友群，还经常在群里积极解读疾病注意事项，缓解病友及家属的焦虑情绪。因为深受疾病困扰，他更能明白和他一样的病友焦虑的心情以及对未来的迷茫。我身边这种积极向上、乐于助人、身残志坚的同学真的并不多见，基准是唯一一个。每当我遇到困难的时候，总能想起他对待生活的乐观态度，他给了我极大的精神力量。

——北京科技大学学生 林旭

基准是个非常优秀、非常坚强、非常有爱心的人。虽然身患听力残疾，但这并没有阻碍他成为国家奖学金获得者、科研人、竞赛达人和青年志愿者。他的优秀在于对求学的执着信念、不服输的乐观态度以及回馈社会的奉献精神。作为他多年来的好友，能够亲眼见证他走向成熟与强大是一件极其荣幸的事情，也正是因此，我深知基准这么多年来一步步走到这，其中必然经历了太多苦楚与辛酸，每当想到这，我都非常敬佩他。

——北京科技大学学生 胡昕然

我和基准认识这么长时间，给我印象最深的是他在考研的时候非常努力，每天早上很早的时间就去图书馆了，晚上深夜回来，睡前还拿着几个小本本在床上看，即使是节假日，同学都出去玩乐，整个图书馆座位几乎都是空的情况下，他还能坚持这种作息，一点也不动摇。一旦有了目标，他的眼里就好像有一束光，这束光在他前行的路上为他指明了方向，即使遇到障碍也不会迷失，也不会放弃，我想这大概就是信念的力量吧。

——北京科技大学学生 王健羽

媒体关注

赵基淮自幼身患罕见疾病导致听力障碍，只能依靠电子耳蜗生活。他勤奋刻苦，曾获国家奖学金、发表EI论文，在国家级竞赛中屡获佳绩。他积极投身信息技术在医疗领域的应用研究，加入多个医疗项目课题组，相关成果已进入临床测试阶段。他牵头创建500人规模的公益病友群，分享经历并帮助病友解读病情，感召、鼓舞了一大批残疾人群体。他用顽强和汗水在微声的世界里奏响追梦强音！

——中国共产主义青年团中央委员会维护青少年权益部

2021年12月21日，2020年度“中国大学生自强之星”奖学金获得者名单正式揭晓，经基层选拔、学校推荐、省级初评、全国评审等环节，我校计算机与通信工程学院2020级硕士研究生赵基淮获得“中国大学生自强之星标兵”奖学金（全国共10位），成为北京地区唯一一位获此称号的大学生。

在浴火中重生，于苦难中绽放！他自强不息，勇于挑战自我，在中国高校计算机大赛微信大数据挑战赛中斩获全国一等奖；他潜心科研，积极投身信息技术在医疗领域的应用，加入多个医疗项目课题组，用专业为更多患者缓解痛苦；他心系家国，热情向党，积极回馈社会，牵头创建公益病友群，为爱坚守，在微声的世界里奏响着“追梦强音”！

12月19日，我校举行2021年学生表彰大会，会上，校党委副书记、纪委书记戴井岗宣读了“中国大学生自强之星标兵”的特别荣誉颁奖词，并为获奖学生赵基淮颁奖，表彰他自强不息，潜心科研，心系家国，热情向党，为爱坚守，在微声的世界里奏响着“追梦强音”。

——北科大新闻网

北京科技大学服务保障建党100周年庆祝活动团队

喜迎建党100周年，875名北科师生牢记初心，勇担使命，刻苦训练，为党庆生。他们当中，有人在大会当天参与演唱暖场歌曲、集体致献词，有人参演文艺演出合唱团，有人参与党员方阵和服务颁授仪式，有人为保障庆祝活动默默做好志愿服务。北科大师生在建党百年服务保障活动中风采尽显，使命在肩，百年有我！北科大师生，圆满完成任务！

颁奖词

建党百年庆祝活动盛大庄严、气势恢宏，在这举世瞩目的伟大庆典中，875名北科师生牢记初心，勇担使命，刻苦训练，为党庆生。

他们当中，有在天安门广场"千人齐诵、三千人合唱"的师生，"请党放心，强国有我"是他们的庄严承诺；有在"七一勋章"颁授仪式列队欢迎的师生，"功勋党员，向您致敬"是他们的真情告白；有在国家体育场"七千人互动"的师生，唱响百年大党领航新征程的奋进之歌；有为保障庆祝活动默默奉献的志愿者师生，在"一直坚定、一点轻快"中彰显责任担当；还有庆祝大会当天现场观礼的师生，代表全体北科人现场聆听总书记嘱托和党中央号召。

先进事迹

作为新中国成立的第一所钢铁工业学府，北京科技大学沐浴在党的光辉下砥砺前行。2021年7月1日，全体北京科技大学师生校友衷心祝福党的百年华诞，祝愿伟大的中国共产党在新时代书写更大的荣光，在新征程上铸就新的历史伟业。建党百年庆祝活动盛大庄严、气势恢宏，在这举世瞩目的伟大庆典中，875名北科师生牢记初心，勇担使命，刻苦训练，为党庆生。

“广场有我”——闻令而动，风雨无阻！

庆祝中国共产党成立100周年大会，北京科技大学师生在长安街为党的百年华诞献上最真挚的祝福。70名北京科技大学师生参与演唱暖场歌曲，音符萦绕城楼，嘹亮歌声飘荡在天安门广场上，在清澈空灵的演唱中向党致以青春的礼赞。26名北京科技大学师生参与集体致献词，他们向党许下青春的誓言。279名学生参与党员方阵和服务颁授仪式，他们致敬功勋，向前辈深情告白。

动人的旋律、铿锵的词句，完美的演绎源于他们三个月的真情投入，风雨无阻前行路，酷暑不化爱党心，从繁花锦簇的春日到烈阳高照的夏至，训练的服装换了又换，不变的，是每个人的脸上洋溢着欢愉与热情。提眉，亮眼，每一帧表情生动灵气，不断对镜调整姿态，练习微笑的角度，力求展现最饱满的精神状态，呈现青年一代的最佳风貌。抬手的角度、视线的高度、转肩的幅度，每一次动作都考验着彼此的默契，踏步的前奏节拍何时进入，何时停止，都需要仔细聆听、努力记忆。几经调整，不断磨炼，专注、熟练才能做到人曲相和、整齐划一，在层层叠叠的节奏和重奏中喷薄而出。

全体参演参训人员成立1个临时党支部，以小队为单位成立临时团支部9个，设支部委员若干，充分发挥党团组织的导向、凝聚和引领作用，组织开展“学党史、强信念、跟党走”主题教育活动，一起观看《悬崖之上》，厚植红色基因，汲取奋进力量。“广场有我”出征仪式上，他们慷慨宣誓，以最为饱满的状态展现科大风采，以最为真挚的情怀为党庆生。

“北科大人好样的”——星夜兼程，力求完美！

6月28日庆祝中国共产党成立100周年文艺演出《伟大征程》，我校260名师生参演的文艺演出合唱团，圆满完成了文艺演出所有合唱曲目。按照方案要求，坚持“科学施训、严格施训、安全施训”的原则，精心安排制定训练时间表、路线图，做到“三个融合”，即专业训练与思政教育相融合，与疫情防控相融合，与安全稳定相融合。39个日夜，250多个小时，挥舞手臂上万次，持续歌唱、呼喊长达100多个小时，起立坐下反复上千次。但是他们从不叫苦、从不怕累，因为给予他们力量的，是心中的信仰与热爱，从接到任务到组建团队，只用了短短两天时间。如钢铁一般的顽强毅力，正是“钢小伙”“铁姑娘”们身上最美的北科精神。

从总是记不住词到大脑条件反射下词直接涌到嘴边，从导演组的第一次验收到第二次验收，短短一周，他们用实际行动赢得了导演组“北科大人好样的”的高度肯定，每一次的训练他们都精神饱满。他们以高度的政治责任感、使命感，用实际行动、以青春之名向党和人民交上了一份圆满的绘卷。

“精精益求精，万万无一失！”——一流标准，胜利收官！

一声令下，闻令而动，接到服务保障庆祝大会的任务通知后，学校迅速组建起264人的志愿者队伍。用先进事迹诠释志愿精神，在宣讲与动员中坚定理想信念，在培训与学习中增强服务技能，从志愿者骨干培训、医疗志愿者培训到全体志愿者培训，从集结疏散对接会到演练高校对接会。全体志愿者累计培训时长超2520小时，精心筹备只为向党和人民交出北科大人的“满分答卷”。

四次现场踏勘，两次核心要素演练，“精精益求精”的要求只为确保大会服务，保障“万万无一失”的圆满，108名志愿者分散在东区固定观礼台的各个岗位，志愿者们承担着观礼台上功勋党员、外国使节、部委代表的服务保障工作，他们以积极昂扬的精神面貌，专业的服务技能，圆满完成全部保障工作，他们贴心细致的服务，得到了观礼嘉宾的高度评价，一位老首长激动地说道："钢院的小伙子、小姑娘们都是好样的！"

238名志愿者服务总时长达2520小时，正是他们与无数工作人员的奉献与付出，才让每次集结与疏散都顺利有序，才让庆祝大会的服务保障工作更加圆满，正是他们的辛勤奉献，才让"钢小伙""铁姑娘"们赢得了由衷的赞美。他们勇担使命刻苦训练，对待任务一丝不苟，怀着满满的热情，不畏艰苦，奉献着自己的一份力量。

7月1日当天12：00，全体志愿者撤离相应岗位，北京科技大学所有为本次活动做出贡献的人，不论台前还是幕后，都说得上是圆满完成了任务。个人之于集体，集体之于个人，北科大学子在本次活动中风采尽显。使命在肩，百年有我！北科大学子，圆满完成任务！

团队875名北科师生牢记初心，勇担使命，刻苦训练，为党庆生。怀着一颗赤诚的真心与满满的热情，在大会当天参与演唱暖场歌曲、集体致献词，参演文艺演出合唱团，参与党员方阵和服务颁授仪式，为保障庆祝活动默默做好志愿服务。875人不畏艰苦，不惧风雨，坚持训练，严于律己，使北科大师生在建党百年服务保障活动中风采尽显，圆满完成任务。用自己的实际行动体现了"请党放心，强国有我！功勋党员，向您致敬！一直坚定、一点轻快！北科师生，勇担使命！"除此之外，他们当中还有在天安门广场"千人齐诵、三千人合唱"的师生，"请党放心，强国有我"是他们的庄严承诺；有在"七一勋章"颁授仪式列队欢迎的师生，"功勋党员，向您致敬"是他们的真情告白；有在国家体育场"七千人互动"的师生，唱响百年大党领航新征程的奋进之歌；有为保障庆祝活动默默奉献的志愿者师生，在"一直坚定、一点轻快"中彰显责任担当；还有庆祝大会当天现场观礼的师生，代表全体北科人现场聆听总书记嘱托和党中央号召。

小传

不畏艰苦，不惧风雨，烈日不融爱党心，为党许取春之誓。
星夜兼程，力求完美，苦累不屈信与爱，为党圆绘一画卷。
精益求精，万无一失，北科学子显风采，必以成事报党心。

大家眼中的他们

很荣幸能够以志愿者的身份参与到本次大庆中，我负责东红观礼台一号看台观众的情绪引导和组织协调，他们大多是退休干部，尽管他们中已经有人行动不便，但仍用力地挥舞手中的红旗，手中的仿佛不是一面旗，而是心中坚定不移的共产主义信仰，这是我们应该致敬的，也是我将来要做到的。未来，我将继续秉承北科大志愿者“一直坚定、一点轻快”的惊叹号精神，不忘初心使命，坚定理想信念，立足自身岗位，为培养以实现中华民族伟大复兴为己任的新时代青年而奋斗。

——中国共产党成立100周年庆祝活动志愿者 经管学院研21 张洪榛

我的职责是在天安门东侧固定观礼台上担任观察员，协助台长及医疗人员做好各方面的保障。在活动过程中让我印象最为深刻的，不只是大家多次在深夜演练和培训，一遍又一遍地推演活动的流程，不断明确每一个人的分工、每一个节点的细节、每一秒的动作，也不仅是广场上此起彼伏的掌声与欢呼声，更是习近平总书记关于“实现中华民族伟大复兴进入了不可逆转的历史进程”的庄严宣告！唱出爱党爱国心声，献出爱党爱国赤诚，是每一位志愿者的铮铮誓言。今后，我们将以更加饱满的工作热情和昂扬向上的精神状态，坚持“一直坚定、一点轻快”的惊叹号精神，为国家发展和民族复兴贡献出自己的青春力量。欣逢盛世，当不负盛世！请党放心，强国有我！

——中国共产党成立100周年庆祝活动志愿者 文法学院2018级本科生 张佳阔

非常荣幸能够作为一名带队辅导员，参与到“七一勋章”颁授仪式欢迎方阵中来。从强化防控管理、严格纪律要求，到加强教育引导、做好保障激励，101名师生圆满、顺利地完成了建党百年重大政治任务。当我们庄严肃立在人民大会堂前喊出响亮的口号，当功勋党员走下车向我们挥手致意，训练的疲惫、当空的烈日全部被我们忘却，留下的都是浓浓敬意。作为新时代的青年党员，我们要牢记“为人民服务”的宗旨，在实现中华民族伟大复兴的历史征程中，努力拼搏、奋发向上，书写出新时代的青春华章！

——中国共产党成立100周年庆祝活动欢迎方阵带队辅导员 学生工作部（处）徐佳鹏

2021年7月1日，在学校的全力保障和支持下，北京科技大学建党百年团队圆满地完成了庆祝中国共产党成立100周年大会这项无比光荣而艰巨的政治任务，我们的声音在庆祝大会上传遍960万平方千米的土地，传到14亿中国人的心中。天安门前合唱团的歌声嘹亮，献词团的誓言铿锵，我们在第一现场，用最饱满的状态和最真挚的情怀庆祝党的百年华诞，用青春与热情喊出“请党放心，强国有我”的铮铮誓言。当飞机划过天空留下彩虹，当和平鸽与气球飞向高高的天空，我们的心中是无尽的感动。三个多月的排练，辛苦但幸福，酷暑下的一次次演练不化我们心中的热情与灿烂的笑容，拂晓与深夜的大巴车上响起的依旧是歌声和笑声。建党百年团队用一片热忱，感动和激励着每一位北科学子不负青春，不负韶华！

——庆祝中国共产党成立100周年大会广场合唱献词团成员 常竞月

“请党放心，强国有我”是他们的铿锵誓言，“北科师生，勇担使命”是他们的钢铁意志，他们，就是服务保障建党100周年庆祝活动团队。他们用饱满的热情与激情为党的华诞献上了北科青年真挚的祝福，从繁花锦簇的春分，到烈日高照的夏至，他们的训练服装换了又换，不变的，是他们脸上洋溢着的欢愉与喜悦。他们将“精精益求精，万万无一失”牢记在心，把每一次训练都当作是正式演出来对待，不断打磨自己的动作，力求展现最饱满的精神状态。他们听党话、跟党走、感党恩，身体力行展示着新时代“钢小伙、铁姑娘”的钢筋铁骨，彰显了北科人应有的担当！

——庆祝中国共产党成立100周年大会广场合唱献词团成员 王宗贤

赞一曲镰刀锤头，歌一首党旗高昂。

建党百年之际，280余名北科学子携手28所高校师生用歌声点亮鸟巢，为党庆生。英姿勃发，手捧花束，掌声和呐喊声经久不息，一次次音准的训练，一次次动作的调整，他们用最饱满热情完成百余小时近20次的排练。哪怕深夜身体疲倦，哪怕汗水浸透衣衫、哪怕雨水骤然而下，都无法减退他们满腔的热情。“信念永恒，初心不忘，领航！伟大的中国共产党！”鲜花随风舞动，红旗迎风飘扬，动作整齐，歌声嘹亮。百年征程波澜壮阔，百年初心，历久弥坚！鸟巢上空，北科学子唱响了对党炙热的心声，唱响了所有中国人民的共同选择和心灵和鸣！

——大型情景史诗《伟大征程》合唱团训练负责人 李响

媒体关注

首届“感动北科”新闻人物评选于2018年举办，现已成为我校文化建设的特色品牌活动。学校始终坚持“传承北科精神、推动学校发展、助力强国梦想”的评选标准，已成功举办了五届评选活动，推举出一批又一批的榜样楷模，引领北科价值，传播北科声音。五年来，“感动北科”新闻人物已成为全校师生心中有分量、有影响力的特殊荣誉称号。历年的“感动北科”新闻人物用模范的力量激励人，用同伴的事迹鼓舞人，用奋斗的故事感染人，已切实将这份荣誉转化成影响力、号召力和领导力，成为国家的栋梁之材，成为当代青年的典范。

为进一步推进学校文化建设进程，宣传师生校友优秀事迹，弘扬“求实鼎新”的校训精神，展现校园文明风貌，2021年度“感动北科”新闻人物表彰仪式于4月19日举行。在庆祝建校70周年之际，本届“感动北科”新闻人物评选优中选优，评选出了10个“感动北科”新闻人物的获奖个人或团队。

学校党委副书记孙景宏在表彰仪式上致辞，他代表学校向获得表彰的个人和团队表示热烈的祝贺。他表示，“感动北科”新闻人物评选活动是学校精神文明建设的重要载体，在统一思想、凝聚力量、弘扬优秀校木文化方面发挥了突出作用。过去的一年里，在习近平新时代中国特色社会主义思想的指引下，北科人在各行各业中接续奋斗，砥砺前行，助力国家和学校发展再上新台阶。他希望未来全校师生能够进一步学习楷模精神，汲取榜样力量，在国家和学校发展建设中做出新的更大的贡献。

他们当中，有胸怀“钢铁强国，科技报国”远大理想，三十年如一日扎根科研一线的毛新平院士；有承袭学校体育传统，成功拿下东京奥运会女子铅球决赛金牌的巩立姣校友；有凭借钢铁般的意志，荣获中国大学生自强之星标兵的赵基淮同学；有勇担使命刻苦训练，圆满完成建党百年服务保障任务的北京科技大学服务保障建党100周年庆祝活动团队；有脚踏实地，刻苦训练，以自身力

量书写一段乒乓传奇的贺群老师；有贴近学生需求，精心备课答疑，以实际行动促进全校同学成绩提升的学生学习与发展指导中心学生团队；有用生命护佑生命，用生命照亮使命，用职责担当和英勇无畏践行医者誓言的校医院医疗保障团队；有为构建人类命运共同体贡献智慧，写下科学无国界动人篇章的Alberto Conejo Nava教授；有用汩汩鲜血换来生命延续，以实际行动诠释“人道博爱、无私奉献”精神的李芊呈同学；有用技术革新引领行业数字化转型，以匠心精神讲述北科智造故事的冶金智能制造团队。

青春逢盛世，砥砺再出发。在喜迎建校70周年之际，北科大全体师生必将坚定信念，以“感动北科”新闻人物为榜样，在新时代的洪流中，以更加坚定的自信、更加坚决的勇气，向着建设特色鲜明、有重要影响的世界一流大学的“北科梦”奋勇前进，向着实现中华民族伟大复兴的“中国梦”奋勇前进。

——北科大新闻网

贺群

——北京科技大学教师

贺群，出生于1992年9月，北京大学硕士，现担任北京科技大学教师、北京市大学生乒乓协会副秘书长、国家一级乒乓裁判员等职务。

贺群老师从教以来，勤勤恳恳，十分敬业，深受学生喜爱与尊敬。他多次以北京科技大学教师身份参加全国科教文卫体系统比赛并取得优异成绩；2021年被北京市大学生体育协会选派，带队参加中华人民共和国第十四届学生运动会（乒乓球比赛），最终获得一金一银一铜的好成绩；此外，他还曾获得中华人民共和国第十四届学生运动会乒乓球比赛（群众组）25—39岁组单打冠军、团体第五名，2012年全国大学生运动会团体冠军、双打冠军，2012年北京市高校比赛团体冠军、单打冠军，2017年全国大学生运动会男团亚军、男双季军，2014—2018年全国大学生锦标赛团体冠军，2021年北京市乒协杯男团20—30岁组冠军等多种奖项。

颁奖词

春风化雨，桃李万千，教学苦练两不误，一朝冠军天下知！他和蔼可亲中不失严谨，热情幽默中不乏专注，认真栽培每一位同学的同时不忘磨炼自身，逐梦全运会赛场，最终斩获金牌！酷暑难耐，他挥汗如雨；球影乱晃，他目光如炬！比赛场上，他连中三元！汗水浸透了胜利的桂冠，捷报传回美丽的校园！

先进事迹

初出茅庐，一鸣惊人

贺群老师的父亲从他4岁开始就亲自教他羽毛球，但有一次贺老师去看教练教别的小朋友打球，在旁边安安静静地观摩了一个小时，教练就奖励了他一个球拍，鼓励他学乒乓球。于是，6岁的贺群老师开始了自己的乒乓征程。

2002年在廊坊训练期间，年仅10岁的贺群老师报名参加了东亚希望杯的国际比赛。当时贺群老师认为自己水平有限，年龄又比其他选手都小，全是凭借主场优势参加的。作为一个“持外卡”参加比赛的人，对于成绩并没有很高期待，反而最期待的是锻炼自己、积攒比赛经验，父母和教练也仅仅把此当成锻炼的机会。贺群老师当时心里并没有什么包袱，完全是放开去拼，没有任何想法，感觉输了就算了。而正是这种心态帮助了他超常发挥，进入了前五名，成功通过了选拔赛，入选中国队代表中国去日本参加比赛。这是贺群老师乒乓球生涯中重要的一笔，也坚定了他打乒乓球的想法。

为了乒乓球，贺群老师放弃了童年的很多乐趣。小时候同学们在聊看过的动画片，而贺群老师只能聊自己仅知道或看过的一点。但乒乓球带给了他很多精神层面的收获。贺群老师在多年训练后养成了不服输的精神，他遇到困难不退缩，克服困难勇往直前，承受压力的能力也比一般人强。

在退队上中学之后贺老师受到了伤病的困扰，有段时间他的膝盖异常疼痛，去医院认真检查后才知道是因为贺老师髌骨游离，碎了一块，需要做手术取出来。本来手术定在检查的下个月，但贺老师得知并不能保证百分之百的成功率后就把手术取消了，至今仍带着伤病打球。

风雨兼程，逐梦燕园

考大学时，贺群老师平稳的心态再次为他的人生助力。去北京大学测试时贺群老师只是把它当作一场普通的比赛来打，但他出色的球技还是使他获得了录取资格。被北大录取后贺群老师就开始认真学习文化课，从此他的生活从乒乓球变成了上课、补课、做题。通过不懈的努力，贺老师也将文化课的成绩提高到了可以与他的乒乓球球技相匹配的水平。

进入大学后，贺群老师不仅仅要完成和普通生同样的课程，还额外辅修了双学位。并坚持每天训练，从小练习乒乓球、学习乒乓球，他最大的梦想就是代表祖国在世界赛场上为国增光。贺群老师早已把训练和比赛作为一种责任与担当。他最终还是潜心乒乓球训练，努力为国争光。大学之前在乒乓球专业队训练的模式是靠时间、靠汗水、靠积累来提高，而来到大学后，通过和不同同学、老师的交流，贺群老师发现更高层次的交流让他对乒乓球有更多不同的认识。从那开始，他更多的是用脑子而不是用体力去训练。

大学期间，学校要求每天训练，即使时间十分紧张，贺群老师还是将学习和训练兼顾，平时基本上是上课、训练，然后来不及吃饭就要接着去上课。时间不会辜负努力的人，2012年天津大学生运动会，在团体八进四比赛中，贺群老师第五场出场，在0 ∶ 2的前提下3 ∶ 2逆转，帮助北京获得了男团金牌。

圆梦金牌，为市争光

2021年，为了获得参加第十四届全运会的资格，贺群老师放弃了周末及暑假，在尽心尽力上课的同时，还进行了长达3个月的训练。功夫不负有心人，在市内举办的三场比赛中，贺老师以总成绩第一的好成绩，获得了所在年龄组唯一一个代表北京市出战全运会的机会。但即使这样，贺老师也不骄不躁，认真对待接下来的每一场比赛。在预赛阶段，贺老师稳扎稳打，以绝佳的专业素养，一路过关斩将，最终以男团第一、男单第三的优异成绩赢得了决赛资格。在决赛场上，贺群老师状态极佳，前三板就压制住了老对手杨亮，最终不负众望，以3 ∶ 1的成绩战胜了对手，成为了男单25—39岁组冠军。同时，他还与队友们一起，代表北京取得了男子团体第五名的好成绩。而“这位北科老师请假拿了个全国冠军”的新闻也登上了微博热搜榜，吸引了全国的目光。

以德育人，桃李芬芳

贺老师精湛的球技和他以德育人的教学理念，吸引了同学们，甚至在校内引起了一阵“乒乓热”。平时给同学们上体育课时，贺老师细致认真地指导每一位同学，每个动作他都切身示范，耐心地教给大家，做分散练习时，贺老师常常巡回观察，进行个性化辅导，帮助同学们纠正不足、掌握技巧，每一堂课都让同学们在学习到专业技巧的同时，充分感受到这项运动带来的快乐。

贺老师很注重因材施教。从未接触过乒乓球的同学在贺老师的帮助下，也能够掌握最基本的技巧，充分体会到这项运动的乐趣。而对一些接触过乒乓球的同学，贺老师总是进行针对性的指导，进一步提高他们的打球技术。

贺老师的乒乓球课堂，是严肃中不失活泼的。他始终耐心地指导大家，在大家遇到困难时，不仅尽心尽力帮助大家解决问题，还常常会讲一些关于乒乓球的小笑话，使同学们重新打起精神，继续学习。

在课程临近结束时，贺老师总是自掏腰包，给大家一些小惊喜，以纪念这一段“乒乓时光”。

对于专业的体育竞技的同学们来说，贺老师是他们的偶像，是他们前进的目标，更是对他们影响深刻的恩师。在校乒乓球队备战首都高校赛期间，贺老师每周都要花好几个小时给每位同学做针对训练，陪大家练到体育馆熄灯的最后一刻。共进退的师徒情就这样在一分一秒一点一滴中积攒起来。在某些同学遇到训练瓶颈时，贺老师会专门“开小灶”，给他们加时陪练，还会根据个人问题进行分析，纠正同学们的错误之处，并用新颖独特的方式陪他们实战，帮队员们度过瓶颈期。比赛前，贺老师会专门调出对手录像，分析他们各自的打球特点；比赛时，他会根据赛场局势，进行战术指导，及时稳定住队员们的心态；而赛后贺老师也会及时总结比赛经验，针对过程中暴露出的问题进行个人指点，使同学们打球时的漏洞趋于最小化。一个经验丰富的教练在大后方坐镇，无疑让队员们冥冥之中对即将到来的挑战充满了信心。我校乒乓球队的优异成绩，与贺老师的付出是紧密相连的。

小传

师以行释于岗敬业、守献精神，以徇身为法，励我锻炼，不恤盛职，无悔取，不辱命。教与练兼营，两不误，栽培同学，不忘疲身，奔腾必克，终斩获牌！一朝冠军天下知。暑难耐，其洒汗如雨；影乱晃，其目光如炬！射场中三元！汗水透桂冠，露布以归校园。

大家眼中的他

每堂课，贺老师会教授一些接发球技巧，并详细讲解动作要领。他的示范总是技惊全场，令我们从中窥见了乒乓球世界的广袤无垠，燃起了探索热情。足可见贺老师的技艺精湛，水平高超。贺老师总是耐心地指导、纠正我们的姿势动作。分散练习时，贺老师也会巡回观察，进行个性化辅导，促进我们掌握技巧、纠正不足。在北科大，像贺老师一样兢兢业业、悉心育人的老师还有很多。他们用行动诠释爱岗敬业、坚守奉献的精神，激励我们锻炼本领，在未来岗位上履职尽责，无悔青春，践行使命。

——法学181 马瑜培

首先祝贺我们亲爱的贺群老师喜提冠军。我在大一时期选修了贺群老师的乒乓球课。贺老师非常专业且幽默，每一次课都让我们在学习到专业技巧的同时也能充分感受到这项运动带来的快乐。贺老师非常具有人格魅力，是我们的良师益友，他身上顽强拼搏的体育精神不断激励着我们勇敢前行。非常感恩贺老师的教诲，向北科同贺老师一样学术精湛，亦师亦友的老师们致敬。

——社工1901 王圆慧

贺群老师是我的体育课任课教师，是我在北科乒乓球校队的主教练员之一，更是对我影响深刻的恩师。校乒乓球队备战首都高校赛，贺老师每周都要花好几个小时给我们每个人做针对训练，陪我们练到体育馆熄灯的最后一刻。刚进校队时，我受到小时候错误训练方式的桎梏，球技一直没有提升。是贺老师专门分析纠正了我的发力方式等错误之处，给我开小灶加时练，用新颖独特的方式陪我实战，帮我度过瓶颈期。如今我的球技有了明显的进步，我一直对贺老师很感激。

贺老师和学生们的关系亦师亦友。全运会决赛那天，我们校队的队员们都紧张地守着比赛的直播网页，老师夺冠的那一刻，大家激动地在群里七嘴八舌地祝贺老师。

贺老师让我们敬佩的是叹为观止的球技，让我们爱戴的是春风化雨的教导方式和人格魅力。我情不自禁骄傲地向朋友们介绍：全运会冠军是我亲爱的老师！更在心中默默下决心——一定要向贺老师学习，勤加训练，让自己的付出不留遗憾，为学校和集体争光。

——生技192 魏蓝

第一次见贺老师是在首都高校的赛场上，当时便被他精湛的球技、稳扎稳打的球风吸引，之后得知贺老师要来北京科技大学任教时，更是欣喜万分。

在跟从贺老师训练的两年中，我们是亦师亦友的关系。平时训练中，他细致地指导我每一个动作细节，并耐心地教会我很多先进的技术。在比赛过程中，作为教练的贺老师会提前研究对手录像，在赛场上及时稳定我的心态并指导我的技战术打法，对比赛胜利起到十分关键作用。

正是贺老师这种严谨认真的态度以及耐心冷静的性格，才促成了今天闪耀的金牌。在北科大，其实有许许多多在自己岗位上认真工作、默默付出的老师们，他们的优秀品质也激励着我在未来人生中不断进步与提升。

——自硕2101 崔昊

我是一个残疾学生，贺老师在各方面真的帮了我很多，他优秀的不仅仅是球技，更是他的为人。体育课上一些身体素质活动我不能参加，贺老师都非常通情达理，让我在一旁休息。记得在我测引体向上时，老师轻声和一位同学说"你在下面护着他一点"，让我很感动，一直记在了心里。老师上课时幽默风趣，吐槽我们上课"养生"，没想到的是老师在学期末送了我们每人一个小乒乓球拍模型，上面写着"快乐养生乒乓球班"，太令大家难忘了，遇见这样一位用心育人的老师，真是我的荣幸！

——物理2002 周子轩

该同志忠诚党的教育事业，爱岗敬业、严谨治学、为人师表，严于律己。

在思想上，该同志坚持四项基本原则，拥护中国共产党的领导，积极参加单位组织的各项政治学习，努力提高自己的思想政治觉悟，严格遵守单位的各项规章制度。

贺群老师作为一名青年教师，积极向老教师汲取宝贵教学经验。在乒乓球课程设置上，勇于创新，课堂氛围活泼且不失稳重，课程内容生动实用，深受学生欢迎。

授课之外贺群不仅担任学校乒乓球队指导老师，带队在北京市高校乒乓球比赛中多次获得优异成绩。同时积极参与高水平运动队的日常管理工作，为我校高水平运动员在全国及北京市比赛获得优异成绩无私奉献、默默付出。

——体育部主任 张孔军

媒体关注

在2017年的第二届首都“斯帝卡—丽华快餐杯”乒乓球团体赛中，横板高手贺群与直板高手吴震上演了一场激烈的直横大战，双方都打出了自己的技术特点，比赛中精彩画面不断，令现场的观众大饱眼福。贺群是北京科技大学教师，右手横板两面反胶打法，基本功扎实，正反手实力均衡，前三板能力突出。曾经代表北京大学队，夺得过大运会以及全国大学生锦标赛的男双和男团冠军。老将吴震幼年在什刹海学球，后进入八一队、国青队。退役后依然保持着良好的状态，在北京、全国各大赛事中胜率极高。直板单面正胶，完全的实力型打法，比赛中速度很快，正胶左推右攻非常漂亮。本场比赛，双方棋逢对手将遇良才，打了个旗鼓相当，两位选手也都对对手的发挥感到佩服，比赛中甚至会给对手的精彩球竖大指。

——斯帝卡V乒乓

2021年9月20日，北科的一位老师登上微博热搜，而这位请假拿冠军的老师就是贺群老师。

9月18日，中华人民共和国第十四届运动会群众比赛乒乓球决赛结束了男

女单打较量，我校体育部教师贺群代表北京市（25—39岁组）出战男团和男单比赛。他一路过关斩将，与河北银河队的杨亮进入到最后的决赛。两人曾在北方区预赛中交手，当时杨亮3 ：2胜出。而这一次贺群老师的状态无疑更好，前三板控制住了杨亮，积极主动上手，占据着场上的优势，最终以3 ：1获胜，成为本届全运会男单25—39岁组冠军。

——北京科技大学新媒体中心

学生学习与发展指导中心学生团队

学生学习与发展指导中心2021年秋季合影

北京科技大学长期以来始终高度重视学业辅导工作，2015年11月成立学生学习与发展指导中心。学生学习与发展指导中心学生团队由朋辈讲师团、线上活动部、调研部等共126名学生组成，主要为全校学生提供朋辈学业辅导以及在学校中心指导下开展相关学业活动。

这是一个甘于奉献、勇于创新、积极进取、蓬勃向上的团队。他们紧密把握学生需求，开设创新活动，发挥朋辈力量，为有学业困难帮扶和学习能力提升需求的同学提供朋辈辅导。中心学生团队齐心协力，创新服务，疫情期间首次以线上辅导的形式为留校学生进行学业辅导，缓解学生学业压力。中心围绕学生成长成才，服务全校学生学业工作，不断突破，2018年获评首批“北京高校学业辅导示范中心”。疫情期间工作获评“新冠疫情期间高校学业辅导工作优秀成果奖”，获评学校“共抗疫情、爱国力行”疫情防控优秀学生集体，此外多次得到教育部、市委教育工委简报报道；中心工作也多次被光明网、人民网、《人民日报》、《新京报》等诸多媒体平台报道。

颁奖词

贴近学生需求，精心备课答疑，以实际行动促进全校同学成绩提升。

“学习有困难找中心”是广大学生对他们的高度认可。甘于奉献、勇于创新、积极进取。他们最靠近有学业困难和提升需求的同学，他们用自己的热心点亮同学！

先进事迹

甘于奉献

这是一个甘于奉献的团队。

光芒普照北科学子的，除了太阳，还有学生学习与发展指导中心学生团队的朋辈讲师团。深夜精心备课、小组督导讨论、录制讲解视频……这是每一位朋辈讲师们的日常写照。如果说教室里讲台上的老师是炽热而火烈的炎日，那他们就是深夜里轻轻照拂学子脸庞的柔美的月亮。无论线上线下、教室内外，他们对团队的辅导事业始终付之以真诚，施之以热爱，面向全校同学开展累计数千次朋辈习题课、一对一（多）等朋辈辅导，为在学海中迷茫打转的北科学子们答疑解惑、指引方向。

2021年寒假，正值疫情严峻、国内形势不明朗的时机，有部分“小贝壳”也因此不得不选择放弃回家，留在小小的校园区域内，度过这个艰难的假期。而学生学习与发展指导中心学生团队则发现了良机。线下活动受限，线上活动匮乏，身为活力充沛的大学学子，一身精力无处施展，将它们引导到学习上，既能充实生活，又能增长知识，正如寒风中送去的暖汤、冰雪外映照的艳阳，如此雪中送炭，岂不美哉？因此，为了让300余名留校生的寒假充实、有意义，中心学生团队推出了线上一对一、线上一对多学业辅导通道，辅导内容包括高等数学、线性代数、概率论与数理统计、机械制图、无机化学、大学英语等科目。“辅导讲师”均为北科大学生学习与发展指导中心大三、大四的学生。有辅导需求的学生可通过小程序“北科学业中心”进行预约，有时间辅导的“讲师”可以根据自己的时间安排进行接单，所有辅导均免费。

赠人玫瑰，手有余香。朋辈讲师团勤勉的奉献，也为他们自己带来了成就与荣光。中心的稳步运行不断促进了学校学风持续好转，“学习有困难找中心”也成为广大学生的共识。其中，作为中心最主要的目标——学生的学业困难得到了有效解决。仅以学业困难课程辅导为例，结合星级标准，2016年541人参加学困辅导，不及格门次从1230门次下降到283门次，通过率达77%；学生的发展能力也得到显著提升。而正如阳光不会忽略每一个人一样，他们的帮助不仅有效解决了北科学生的学业困难，更是在学校内培养了努力学习、积极进取的卓越学风，带动了学生自律进步、挑战自我的新浪潮。以2017年为例，全年共举办16场发展类指导讲座，累积参与人数5200人次，我校学生在全国智能车、机器人等各类竞赛中的获奖人数以及获得特等奖、一等奖等奖项的团队和个人明显增多；新生的挂科率显著下降。据统计，2016级新生挂科率比2015级新生下降12.4%，有86%的新生反映能够很好地适应大学学习。“学海甘作桨，助力共成长”的初心真正得到了践行与实现。

勇于创新

这是一个勇于创新的团队。

校园内外没有足够成熟的模式可以参考，学生学习与发展指导中心学生团队只能自己构思、自己创造。他们因此主动调研，贴近同学需求，去打造同学们喜欢的学业活动。

不满足于最简单的一对一、多课程辅导的形式，他们又创新设计出了“小贝壳线上打卡活动”，打造学生虚拟学习社区，分为单词、阅读、听力、早起、晚自习、夜跑等多个子计划，采取违约次数满即清退的方式，帮助同学自律习惯。

不满足于线下辅导的限制条件，他们还建立了QQ答疑群矩阵，包括但不限于高等数学、机械制图、线性代数等疑难课程，群内朋辈讲师全天候在线，解答同学基础课问题，有求必应，使命必达。

不满足于原先预约程序的低效，他们自主研发了微信小程序预约系统，极大地简化了朋辈辅导预约流程，北科学子们只需打开公众号动动手指，便可与朋辈辅导讲师建立联系，根据双方情况协调时间及辅导内容。

除此之外，不满足于局限在“有求必应”的层面，他们还化身“自媒体人”，撰写“漫画学业”“扬帆上岸”“导师说”“大学之我见”等各种版块，传达同学们喜闻乐见的学业信息，主动为看似没有需求实际较为迷茫的同学提供更多切实有用的内容。

百尺竿头，更进一步。他们前面没有人了，因为他们已经成为领跑者，是独属于北科学子的学海迷航中的明灯、昏聩迷乱时的良药。

积极进取

这是一个积极进取的团队。

团队招新对新成员有着严苛的要求，要求成绩、要求能力，更看重的，是他们身上积极向上，能带给北科学子的不仅仅是新知识、更是优良学风的进步精神。与此同时，团队中64%的同学为国家奖学金得主，人均7个校级以上奖项及荣誉称号，4年间先后走出7位“校长奖章”获得者。

他们带着生机与力量相聚于此，“学业不打烊，学辅在路上”，这是属于学生团队的浪漫传承，也是学生团队继续前行的使命。这或许就是真正的“达则兼济天下”。一群有理想、有力量的少年会面于此，携手拼搏，勇于燃烧、勇于绽放，如同捧着光明的传火者，为更多的少年带去光芒。

而从最初的雏形发展到现在的硕果累累、声名远扬，他们已经变得不再青涩。北京科技大学学生独特的学情学风、独属的疑难杂症，全部要靠他们去摸索、去总结、去应对。仿佛李时珍走在漫山遍野、百花缭乱的原野之中一般，想要撰写出独属于北科的“本草纲目”，须得尝遍北科学子的百味不解、千般疑惑，而勇于担下这份艰巨任务的，便是我们今天的主角——北京科技大学学生学习与发展指导中心学生团队。团队的各部门通力协作、团结一致，朋辈讲师团尽情绽放自我，用纸笔与头脑带领学生走上正确的道路；线上活动部寻求创新突破，充分利用网络资源组织活动，为北科学子提供丰富多彩的学习途径；调研部嗅探真实需求，为团队的工作指引方向；行政部协调部门关系，保障团队工作的正常进行……

功夫不负有心人，2018年北科大学生学习与发展中心学生团队获评首批“北京高校学业辅导示范中心”，疫情期间工作获评“新冠疫情期间高校学业辅导工作优秀成果奖”，获评学校“共抗疫情、爱国力行”疫情防控优秀学生集体，教育部、市委教育工委简报报道，多次被光明网、人民网、《人民日报》、《新京报》等诸多媒体平台报道……在这条帮助同学、也是帮助自己的道路上，中心学生团队的积极进取，绝对是最不可或缺的角色。没有他们的甘于奉献，打不响这样的名号；没有他们的勇于创新，得不到出彩的成就；而没有他们的积极进取，前面的一切都将成为零。唯有不断地向上、向上、向上，才使中心学生团队真正得以存续、发展，日新月异、生气蓬勃。

在这条学习之路上，一个人或许走得快，但一群人相伴会走得更远。这句话既是对北科学子说的，也同样适用于学生学习与发展指导中心学生团队。他们将全力以赴用实际行动陪伴同学们共同成长成才。

小传

非甘奉献无以得名号，非寻创新无以搏出彩，非勇进取无以取硕果。达则兼济天下者，恰如此貌；庙堂高而心忧者，必有其名。独善其身者，其行或快；携手并进者，其行必远。故曰：学海甘作桨，助力共成长，此路其必与你我同行。

大家眼中的他们

作为一位即将毕业的大四学生，非常幸运能够在大二加入学业中心这个大家庭。萌生这个想法是因为身边加入中心的同学对这个团体具有很高的评价，说这是一个能让人收获归属感与价值感的地方。最终，我顺利地加入了中心调研部。

自加入的那一刻起，我对中心的认同感越来越强。虽然调研部只是其中一个部门，但老师同学们对彼此的关爱从来不会缺少，和中心其他小伙伴的交流也不会弱化。每一份付出都能看到种子落地，每一声回应都是对我们的认可与嘉奖。中心的小伙伴都是优秀积极有责任心、开放活泼有创造力的有志青年，我们在这里收获爱与成长，一起奋斗与挑战，迎接美好未来。

——能源与环境工程学院2018级本科生 申圆慧

学生学习与发展指导中心学生团队成员工作认真负责，朋辈讲师认真备课，耐心地给学弟学妹辅导学业，每次都会听到学弟学妹评价收获颇多。行政部门的工作人员也十分负责，按时值班和完成其他的工作任务，使团队有着和谐的氛围。

团队工作在有条不紊进行的同时，在团队里与大家相处的氛围也十分轻松愉快，比如有同学临时有事不能值班，总能及时找到其他工作人员代替值班。朋辈讲师和行政人员沟通也很恰当，每一次朋辈辅导课都能按部就班地进行。

——经济管理学院2020级本科生 胡继方

学业中心在疫情暴发的特殊时期，为了更好地帮助同学们居家、宿舍学习，助力同学们疫情期间成长成才，参与组建了疫情防控期间网络咨询工作组，由学校相关部门的老师共同参与，在第一时间有效回应同学们在疫情防控期间关于课程学习、毕业求职、学业规划、生活资助、教育活动等方面的诉求；开展线上“一对一”“一对多”预约授课，帮助同学们答疑解惑，为同学们提供针对性的网络解答和指导，切实让同学们居家学习能安心、舒心和放心，认真履行了“学习有困难找中心”的宣言。

——经济管理学院2019级本科生 成蕙卿

北京科技大学学生学习与发展指导中心学生团队是我来到这所大学的第一个意外之喜。初入大学，我对大学的很多课程都是没有把握的，也不清楚正确的自学方法，我在迷茫中摸索，也走了很多弯路，是学业中心优秀的学长学姐们在带领我们适应大学学习。

团队的朋辈讲师们很耐心，不论我们提出什么样的问题，他们都很亲和地为我们解答。他们会在讲解的过程中引导我们自己思考，让我们逐渐形成我们自己的思维体系。他们都是学业上的佼佼者，在讲课之余，也会给我们分享他们的学习方法，告诉我们课余时间该如何利用。

跟优秀的人相处，我自己也会努力向他们看齐，希望以后成为像他们一样优秀的人，能帮助到自己的学弟学妹们。总的来说，非常感谢这些可爱的朋辈讲师们，感谢你们为我们提供了这么多帮助。

——机械工程学院2021级本科生 程艾芸

大一刚入学的时候就听说了学生学习与发展指导中心。在不适应新学习环境的状况下，朋辈辅导对我有很大很大的帮助，除了学业上的辅导提升，学长学姐们也在心态调整、学习方法等方面教会了我很多很多，我也在学活认识了很多优秀的学长学姐。作为一个机械专业的学生，机械制图作为偏专业的一门课让人十分头大。但在制图组学长学姐的帮助下，我也逐渐学会了读图画图……在学活，没有任何拘束感，朋辈之间的交流更加亲切。学业中心的小程序也很便捷，在上面能自主选择学长学姐的课，在没课的时候完成课前课后的答疑。朋辈讲师还会有定期的大班辅导课，针对某一节的重难点系统复习，以及习题讲解。更有利于对某章节的整体认识，也弥补了某些上课神游的片段。

——机械工程学院2021级本科生 陈姝渊

我是大一了解到学业中心学生团队的，听过一些习题课，大三预约了朋辈讲师一对一的辅导，上学期和下学期加起来上了十多节课，预约过四个朋辈讲师，分别上了电动力学，量子力学，原子物理和固体物理的课。对我来说，不仅在成绩上，也在知识的理解和消化上，有很大的帮助与提升。首先是预约时间的灵活，让我可以随时随地与朋辈讲师约好时间就可以及时上课；然后是朋辈讲师的态度和水平，每一位朋辈讲师都有自己的讲授风格和特色，对于知识的掌握都非常全面透彻，授课方式也诙谐易懂，使我即使是在最难的科目上，比如说量子力学，也能很快地理解知识；另外课下朋辈讲师们也都会耐心答疑，为学习减少了很多阻力。总体来说，非常感谢学业中心学生团队为我们提供了这么好的补充学习机会，也非常感谢每位朋辈讲师的用心讲解。

——数理学院2019级本科生 樊军邑

媒体关注

为了让三百余名留校生的寒假充实、有意义，北京科技大学学生学习与发展中心学生团队推出了线上一对一、线上一对多学业辅导通道，辅导内容包括高等数学、线性代数、概率论与数理统计、机械制图、大学物理、无机化学、大学英语等科目。“辅导讲师”均为北科大学生学习与发展指导中心大三、大四的学生。有辅导需求的学生可通过小程序“北科学业中心”进行预约，有时间辅导的“讲师”可以根据自己的时间安排进行接单，所有辅导均免费。

——《新京报》

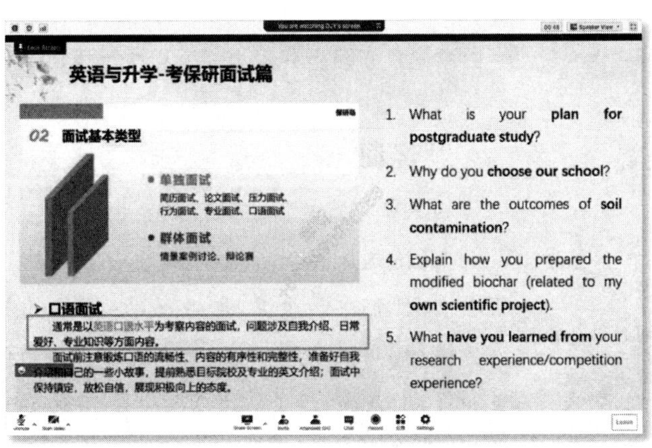

校医院医疗保障团队

——北京科技大学校医院

校医院医疗保障团队承担着学校3.5万余名师生员工及周边地区居民的预防、医疗、保健、健康教育、康复、计划生育技术指导等“六位一体”的医疗卫生服务任务。

医疗保障团队设有疫情防控工作领导小组、信息组、物资保障组、预检分诊组、医疗救治组、流调消毒组、疫苗接种组、核酸检测组、疫情工作检查组，共有人员60人。

医疗保障团队在李素君院长的带领下，勠力同心、科学组织、团结协作，全面开展预检分诊、医疗救治、流调消毒、疫苗接种、核酸检测等疫情防控工作，有效保障了全校师生的身心健康、生命安全。

医疗保障团队在疫情防控工作中坚守岗位、忘我工作、敢于担当、无私奉献、冲锋在前，在建党百年庆典活动中圆满完成了医疗保障任务，是广大师生的典型代表。

颁奖词

白衣执甲战疫情忠诚使命显担当！

“疫情就是命令，防控就是责任。”在这场没有硝烟的战斗中，他们主动请缨，闻令而动，不计得失，白衣执甲、英勇逆行，用生命护佑生命，用生命照亮使命，用职责担当和英勇无畏践行了医者誓言。他们就是来自校医院的医疗保障团队！

先进事迹

扎实做好疫情防控 筑牢校园安全防线

2021年，校医院医疗保障团队严格贯彻落实上级疫情防控工作要求，坚持常态化防控和应急处置相结合，坚持科学精准从严从紧做好疫情防控工作，补短板、强弱项、促提升，既立足当前科学精准打赢疫情防控阻击战，更着眼长远完善学校公共卫生管理体制建设，提升应对突发重大公共卫生事件的能力和水平，筑牢校园安全防线。

扎实做好联防联控。坚决全面落实属地、部门、单位、个人的四方责任，强化与属地、卫生、教育和医疗机构、疾控机构点对点、人对人的沟通协作，切实建立健全疫情防控工作的联防联控体系。立足“早谋划、早部署、早行动”，构建横向到边、纵向到底的学校医疗防控工作体系，强化统一领导、统一指挥、统一实施，层层压实责任，筑牢防控屏障。

扎实做好制度建设。校医院医疗保障团队不断完善校园公共卫生管理体制建设，制定并发布《北京科技大学突发公共卫生类事件应急预案》（校发〔2021〕52号），健全突发卫生事件应急预案，提高突发公共卫生类事件快速反应和应急处置能力。明确组织领导、部门职责、工作流程和应急处置等要点，形成疫情防控常态化医疗卫生工作机制，为疫情防控提供制度保障和行动指南，提升公共卫生安全治理能力和水平。

扎实做好疫情防控。按北京市教委和卫健委的疫情相关要求，对新冠肺炎相关11大症状、境外返校、到过中高风险地区及各类新冠肺炎疫情相关联师生进行隔离监测1635人，每日进行体温及不适症状检测9973人次，对出现辖区内的密接、次密接进行管控和数据上报32人次，居家隔离人员体温、症状监测21人次，上门采集核酸3次。突发疫情就意味着又一批师生要入住会议中心隔离，又一批师生要经历3—4次定期的核酸检测的筛查。配合学校疫情防控工作组织协调核酸检测200余次，检测53000人次。组织2次共计培训48人，参与到全校师生新冠疫苗集体接种工作中，师生及小学生共完成17次新冠疫苗接种，计60517人次。

扎实做好预防保健。在执行好外防输入、内防反弹、人物同防的疫情防控策略的同时，加强学校其他传染病的预防。经入学体检和新生PPD筛查，检查出肺结核患者1例，活动型乙肝患者3例，按保留入学资格处理。每日做好流感样病例的监测48480人次，时刻关注校园传染病及突发公共卫生事件，加强校园餐饮服务等公共场所的卫生监督协管。疫情期间微信小程序预约儿童接种，错峰完成儿童接种1435剂次。补种大学生计划内疫苗14491剂次，小学生疫苗920剂次，老人流感疫苗754人次，老人免费肺炎疫苗76人次，社区计免接种率均达100%。为关爱女性健康解决女性师生的个性化需求，在做好疫情防控的同时，克服重重障碍，接种HPV疫苗7051剂次。完成大学生体检7650人次，入职人员体检334人次，体育生赛前体检206人次，组织后勤人员、离退休职工、102人员体检约2000人次，审核二级单位院外体检49家（2650人次）。

扎实做好人员培训。在线组织全体医务人员进行新冠肺炎诊疗、院感防控等系列培训30余次，使其熟练掌握新冠肺炎诊断标准、病例发现与报告、流行病学调查及院感防控等知识技能。组织各岗位人员对防控工作预案进行演练，对上岗人员防控流程和防护工装穿脱等进行监督考核。同时，对参与联防联控值守人员进行相关技能培训20余次，确保防控培训全覆盖、无死角。

扎实做好庆典保障。按照学校防控要求，配合防控办、团委做好建党百年庆典活动的医疗保障，组织核酸检测34次，共计6335人次。

扎实做好宣传教育。通过微信公众号、家庭医生签约服务群等“两微一站”平台推送疫情防控政策要求及健康防护知识，直接接受个人微信问诊，对外公布3部医疗服务咨询电话，安排医生和防疫人员上岗接听，及时为辖区人员提供科学的防疫指导、情绪疏导和基本卫生知识，全方位、个性化满足辖区人员对卫生防疫知识的需求，有效提升其卫生防疫意识与能力。

扎实做好服务优化。依据疫情期间医疗服务工作举措，常态化加强预检分诊职能，完善预检分诊流程，异常情况立即启动应急处置预案。实行门诊分时段预约、分诊区就诊，降低人员密度，严防交叉感染。设置家属区临时医疗点，实行24小时医疗服务咨询和长处方、极简取药、外出送药服务，减少患者赴医院次数，保障基础用药。对诊断明确、病情平稳的社区老年患者进行登记和家庭医生电话问诊，药师送药至家属区临时医疗点并提供用药指导。以家庭医生微信群为抓手，发挥家庭医生团队作用，提供就医咨询、转院预约挂号等服务。完善计划免疫工作方案，采取提前预约、午休时段错峰间隔等措施，保障儿童疫苗按时接种。

扎实做好心理关爱。联合学校相关部门多平台发布心理咨询问卷，了解师生焦虑困惑。多渠道畅通心理咨询服务，为师生开设心理健康线上“一对一”咨询室，通过健康热线、视频咨询开展心理援助服务。依托大学生公共卫生课，向大学生讲授心理健康知识与心理调适技巧，号召学生自助互助保持身心健康。

面对疫情，守土有责。李素君院长带领校医院医疗保障团队勇往直前，无怨无悔，顾大家，守小家，在疫情防控工作中，全面落实，科学部署，精准施策，扎实推进。“白衣天使”不畏酷暑，不惧严寒。炎炎烈日下，有他们挥洒汗水的身影；凛冽寒风下，有他们挺拔坚守的身姿。校医院医疗保障团队用实际行动守护着校园和社区平安，为全体师生和社区居民筑起了一道安全屏障！

小传

是谁无私付出真情，献上慈母般的爱心，让绝望的生命鼓起重生的勇气。送走多少个傍晚，迎来多少个晨曦，身不离神圣的岗位，心挂念患者病情的点滴。治疗时，是医生的臂膀；巡视时，是患者的亲戚；监护时，是健康的使者；抢救时，是生命的卫士。白衣天使，你照亮别人，燃烧自己。

大家眼中的他们

此次疫情蔓延猝不及防，但我们的身前一直有一道道坚挺的身影，建起巩固的城墙为师生们遮挡风雨，不忘初心，逆风前行，他们就是一直坚守在一线的校医院医疗保障团队。夏意日盛，但是为了圆满完成这次攻坚战，他们不能脱掉汗水浸湿的防护服，在岗位上坚守，每一次抬手都是为城墙添一片砖瓦。"换位更知抗疫艰辛，不分昼夜、不辞辛苦，于无声处彰显着对学生们的责任，以后我们做核酸也会更加配合你们的工作。"志愿者老师们这样说。校医院保障团队的领导班子迎难而上，身体力行，每一个采集点位都能看到他们的身影，哪里缺人就去哪里，利用以往的经验，合理分工，提高效率，用最短的时间为校内的两万多学生们"保质保量"地做好核酸检测工作。由于疫情防控需要，连日来部分区域的公交、地铁、出租停运，居住得较远的团队成员不得不采取"多次倒车换共享单车"等方式，想尽办法一切办法来到校内支援，他们克服困难，积极响应，每天都要户外工作七八个小时，也没有一个人停下手中的工作。他们将继续保持热情，在一线与病毒"赛跑"，全力以赴共抗疫情，用实际行动践行初心使命，用汗水和付出凝聚成抗击疫情的坚强力量！

——校医院办公室 杨渊婷

自疫情发生以来，学校党委、防控办和校医院高度重视疫情防控工作，校医院医疗保障团队作为我校核酸采集任务的主力军，全员上阵，第一时间迅速组建核酸采集团队及物资保障团队，为核酸采集任务保驾航。"时间就是速度，效率就是生命。"校医院医疗保障团队闻令而动，力争做到迅速反应、无缝对接物资调配保障工作。抗疫人人有责，头顶烈日，召之即来，来之能战，战之能胜，体现了团队的奉献和担当。他们不在舞台的中央，但是他们身披白与蓝的战衣，用实际行动践行敬佑生命、救死扶伤、甘于奉献、大爱无疆。

——校医院办公室 江竹林

有这样一支队伍，在疫情如火时，挺身而出，24小时待命，闻令而动，坚守在疫情防控第一线，为师生健康和校园安全站岗。召必至，来则战，拳拳医者心，奋战在核酸采样一线，坚守在防疫门诊24小时“不打烊”，不惧不怠，同心抗疫，这支队伍，就是北京科技大学校医院医疗保障团队！校医院医疗保障团队除核酸检测工作，常规门诊和疫苗接种一刻也未停歇，全力做好在校师生基本医疗服务和应急医疗处置工作。校医院医疗保障团队日夜奋战在疫情防控一线，以昂扬的斗志、专业的服务为核酸检测、疫苗接种、医疗卫生等工作提供基本保障，全力支援学校疫情防控大局，全力守护广大师生健康安全。现在，战“疫”还在持续，考验依然严峻，她们仍在坚守。没有从天而降的英雄，只有挺身而出的凡人，她们一定能为筑牢校园健康屏障交出最美的答卷！

——医技科 徐金萍

4月以来，按照北京市及我校疫情防控要求，精准精细做好学校疫情防控工作，落实核酸检测相关要求，校医院医疗保障团队连续奋战在核酸检测第一线，连续16轮每天检测2.6万余人，全力以赴守护校园安康。人员紧，任务重，为保障核酸检测工作顺利开展，校医院医疗保障团队连夜完成场地规划、路线设置、物资准备及模拟演习等，并在检测当日提前将物资运送到检测场地，清点、检查、消毒，高速完成准备工作。为了提高检测效率，在篮球场、教工活动中心、五环广场共设有20个检测通道，每组医护人员平均每天检测1300余人，面对繁重而忙碌的工作，没有一个人退缩，没有一个人抱怨，体现出了科大精神和科大速度。医务人员们冒着高温和烈日，穿着防护服，戴着密不透风的口罩和防护屏，一干就是几个小时，湿透的衣服、闷热透不过气的瞬间、压迫的鼻梁、脸上的勒痕、手套里被汗水泡出皱褶的手、无法被转移的疲劳和饥饿……这一切，都被清点采样数量时一句“今日任务完成”所带来的轻松和喜悦替代。他们以有温度、有态度、有高度的坚守，拼尽全力与病毒赛跑。大家纷纷表示：

“疫情形势严峻的当下，守护师生健康，我们义无反顾！”没有人生来勇敢，正因为被需要，他们才选择了逆风前行，坚定地履行职责。疫情的阴霾之下，他们舍小家、为大家，奔赴抗“疫”前线！在学校的疫情防控工作中，校医院医疗保障团队必当是最为坚实和可靠的守门员，是一支可信赖、可依靠的队伍，疫情不止，奋斗不息；战斗不止，决不收兵！

——校医院办公室 刘明明

校医院医疗保障团队是一个由60人组成的精干团队，疫情以来，在院领导的带领下，积极配合学校安排的各项医疗保障任务，无论是院前急救，学校体育赛事，奥运会志愿者核酸检测任务，国庆医疗保障，校庆医疗保障，尤其是当前的核酸检测任务，在疫情吃紧、人员减少的情况下，校医院医疗保障团队更是众志成城，团结一致，为在校的两万多学生和5000多居民，每日筛查，做出了自己的努力！他们每个人都在默默地坚持，相信党，相信北京，一定能阻断病毒蔓延，保障我校全体人员平安。

——护理组 吴佳林

校医院医疗保障团队的医护人员经验丰富、工作能力突出，认真负责地完成学校交给的各项任务。新冠疫苗注射、核酸筛查采样、日常健康管理、健康知识宣教等，同时完成学校各项重要活动的医疗保障任务，包括国庆、奥运服务、大一新生军训和各类考试等。在工作中他们能够热忱地对待每一位患者，耐心地回答患者的问题，做出正确的处置方案。同时作为家庭医生，每一位医生后面都有一个由护理、医技和保健人员医疗团队的支持，能够在保障过程中为患者提供全方位的服务。

——健康管理 科黄伟

疫情对于校医院医疗保障团队来说，像是生命中的必修课，也是一个考题。

疫情之初，大家惶恐盲目，他们是冲在最前面的家访流调员，是穿着防护服背着消毒水终末消毒的消杀人员，是负责隔离人员体温症状监测和心理疏导的医务人员，是策划执行新冠疫苗接种的接种医生，是协调组织核酸检测的工作人员。但同时，他们也按部就班地完成着各自的基本医疗、常规体检、接种疫苗和传染病管控等工作。校医院医疗保障团队是一个默默无闻，能吃苦，讲奉献的团队，也许大家记不住他们的名字，但永远会记得校医院的“大白”和“蓝精灵”的付出与努力。

——保健科 宋锐

媒体关注

2020年5月12日国际护士节，北科大校工会常务副主席贾水库代表学校党委前往校医院看望全体护士，并为护士们送去了牛奶等节日慰问品。

走进校医院，一群手捧鲜花的白衣天使映入眼帘，她们是那么的纯洁，那么的美丽！贾水库向校医院一线护士致以节日的祝贺和崇高的敬意，他表示新冠肺炎疫情发生后，校医院护士义无反顾、逆行出征、英勇无畏冲向学校疫

情防控斗争第一线，为打赢疫情防控阻击战、保障全体师生生命安全和身体健康做出了重要贡献。院长李素君代表校医院对学校党委对护士们的关心表示感谢。

护士是没有翅膀的天使，是真善美的化身！这既是对护士最高的赞誉，也是对护士最高的要求。希望校医院全体护士们秉承优良传统，再接再厉，真情奉献，在“健康北科”建设和学校“服务育人”工作中贡献自己的力量！

——北科大新闻网

面对部分省市疫情新情况，落实上级部门相关要求，进一步做好校园新冠肺炎疫情常态化防控工作，校医院定期开展学校后勤、保卫和医务人员等重点人群的核酸检测，筑牢校园安全防线。

2021年6月9日上午，在学校防控办的统一安排下，校医院顺利完成后勤员工和学校保安981人的常规核酸检测。为确保核酸检测工作顺利进行，校医院领导带领相关人员进行研究和部署，制订合理的检测方案，并针对可能出现的各种突发状况做好应急预案。

6月9日上午，校医院核酸检测小组提前到达岗位，布置场地，准备消毒工

具，对信息采集系统进行提前测试，做好准备工作，确保9点顺利开始核酸检测。身穿防护服的医务人员在炎热的天气下，坚守岗位做好工作，一丝不苟地对每一位检测者进行核酸采样。整个检测过程井然有序，近千人的预防性核酸筛查现场工作有条不紊地进行着，测温、登记、检测等每个环节都做了细致安排，明确人员分工，落实岗位责任。

核酸检测是疫情常态化下的重要工作，校医院坚持把防控工作做精做细做实，筑牢校园安全防线，确保师生健康安全。校医院将继续发挥党建引领作用，以组织力提升行动力，坚决打赢疫情防控阻击战！

——北科大新闻网

落实疫情防控，加固免疫屏障，学校于11月9日至13日在体育馆开展新冠疫苗加强针接种工作。校医院积极组织力量，顺利完成17909名师生员工新冠疫苗第三针加强剂接种工作。

按照学校防控办要求，校医院高度重视、精心部署，多次组织会议讨论布置接种疫苗相关工作，制定《校医院关于新冠疫苗第三针接种工作方案》，提前做好信息统计，设计接种场地，部署接种流程，明确责任分工，保证疫苗接种、

常规门诊和核酸检测等各项工作有序开展。

疫苗对于冷链条件要求极为严格，为应对时间紧、接种量大的工作要求，我院组织相关工作人员每天半夜12点左右接收市疾控中心配发的新冠疫苗，做好不同厂家、不同批次疫苗的准备工作。

我院严格按照新冠疫情防控及疫苗接种要求，在学校体育馆布置疫苗接种点，科学、合理、规范设置预检区、登记区、接种区、留观区及异常反应处置区等，全力开展新冠疫苗接种工作。

疫苗接种工作过程安全、规范、高效、平稳。当前疫情防控形势依然严峻，接种新冠疫苗加强剂是阻断病毒传播和降低感染病症的有效途径，校医院顺利完成新冠疫苗加强剂接种工作，多措并举筑牢校园新冠病毒群体免疫屏障。

——北科大新闻网

Alberto N. Conejo

——北京科技大学教授

Alberto N. Conejo，生于1959年9月，北京科技大学冶金与生态工程学院教授及博士生导师、墨西哥有色冶金研究所（FeMRI）钢铁冶炼首席研究员。墨西哥莫雷利亚理工学院学士、硕士，科罗拉多矿业学院博士。国际知名冶金学家，致力于研究直接还原铁、电炉炼钢、二次精炼模拟和优化等方面几十余年，取得了突出成绩，在国内外冶金学界均享有盛誉。主要从事直接还原铁和钢包的数值模拟研究，发表国际高水平期刊论文60余篇（一二区为主），多次入选国际期刊热点论文。出版1篇英文专著，在国际会议中记录的出版物40余篇。在2021年，因对中国做出突出贡献和在教学学术研究方面的突出成就被授予中国政府为表彰在中国现代化建设和改革开放事业中做出突出贡献的外国专家而设立的最高国家级荣誉奖项——中国政府友谊奖。

颁奖词

书山有路，笔耕不辍十余年；漂洋过海，教书育人几十载。科教相承，寤寐求索真理；苦心孤诣，成绩惠泽九州。讲台上，他是异域恩师，传递无价的智慧结晶；讲台下，他是盈盈火烛，燃烧自己只为照亮科研的路。披星戴月，呕心沥血，今朝载誉再启航，桃李不言自芬芳。

先进事迹

象牙塔中的积累

Alberto教授学生时期的经历丰富且充实。那段时间他漫步在知识的海洋里，畅游在学术氛围浓厚的高等学府间，如饥似渴地汲取知识。1977年至1980年之间，Alberto教授在墨西哥的莫雷利亚理工学院钢铁冶金专业攻读学士学位。1981年至1982年间，Alberto教授来到墨西哥莫雷利亚理工学院，攻读钢铁冶金专业理学硕士学位，此时他的专业方向是钢的处理。

实地考察出真知

1982年，Alberto教授选择走出象牙塔，走进工厂实地考察，去看一看真正的应用工业和他所进行的科学研究究竟有何不同，他的专业到底能为实际工业做什么，如何才能将前沿的领域中的一些成果转化成生产实践中实际的、可行的应用。于是在1982年6月至1985年6月这段时间里，Alberto教授辗转于不同的冶金工厂，担任培训生、热处理部门主管和焊接主管职务；在1985年9月到1987年10月期间担任资本货物（铸造和锻造）制造商NKS的研发经理。在工厂的各个不同的岗位上，他攒足了经验，也深切了解了冶金工厂的运作过程，明白了工厂里面的一些缺陷和它们的实际需求。在完善了自己的工业背景之后，Alberto教授还是决定回到了学校，回归他熟悉的学术圈，开启自己人生里的新篇章。

厚积薄发，传正道授实业

在1988年6月到2018年8月，Alberto教授回到母校墨西哥莫雷利亚理工学院并担任冶金系教授。同时，在1992至1995这四年里，Alberto教授在科罗拉多矿业学院冶金工程攻读了博士学位。随后Alberto教授就职于美国黄金有限公司。在2018年9月，Alberto教授被多方邀请，兼任墨西哥有色冶金研究所(FeMRI)钢铁冶炼首席研究员的同时，漂洋过海来到北京科技大学任教至今。在2021年，因对中国的突出贡献和在教学和学术研究方面的显著成就，Alberto教授荣获国家级奖项——中国政府友谊奖。

事实上，在没来中国之前，Alberto教授已经和中国相关单位建立了一些友好的合作关系。在2009年7月至9月，他在东北大学担任客座教授；在2014至2017年间担任二级（全国前18%）国家研究人员系统(SNI)成员，并且自2017年以来就担任期刊《冶金研究与技术》的编辑审稿。而他和我校的缘分，最早可追溯至2014年。2014年，Alberto教授在我校冶金与生态工程学院担任为期一年的客座教授。这为四年后他在我校冶金学院的长期任职埋下了一个颇有意思的伏笔。

作为享誉国际的学者，除了中国外，Alberto教授与其他国家也同样展开过很多友好的学术交流，并凭借自己优越的学术能力获得了大大小小数十种奖项。2002年，Alberto教授凭借有关电弧炉炼钢的论文获得由美国钢铁协会所颁发的、有最佳论文奖之称的“查尔斯·W.布里格斯奖”；而在2005年，他所进行的关于电弧炉渣发泡的工作荣获米却肯州的技术奖。2009年7月，Alberto教授在日本仙台北村实验室担任了为期两个月的客座教授；从2011年2月起，他受邀在西班牙阿维莱斯安赛乐米塔尔研发中心担任了五个月的客座教授；而在2017年12月至2018年5月这段时间里，他担任了印度北方邦坎普尔材料科学与工程系印度理工学院坎普尔分校客座教授。2019年7月，Alberto教授担任国际矿物、冶金和材料杂志编委。

桃林不言，倾囊相授

Alberto教授在北京科技大学任教期间，承担了许多教学工作，如“工程中的无量纲分析” (dimensional analysis in engineering)课程，研究生“冶金反应工程”(chemical reaction engineering in metallurgy)课程以及“电炉炼钢”(Electric Arc Furnace I)课程等。因有多国学习与教学经验，又创新地将国外注重实际动手和实际思考能力的教学方法与国内的教学方式相结合，Alberto教授受到上至教授、下至学生的一致好评，此种教学方法也在冶金与生态工程学院里得到推广。除此之外，他还积极推动学院里的双语教学，为冶金学院的同学们的未来更加国际化的科研道路打好基础。Alberto教授还根据自己多年的研究经验和海外学术背景，更新了我校目前的冶金研究生教材，融入了一些前沿领域的最新成果和进展，并且相应地增加了一些与教材相符的教学实验课，使教材和课程设置都变得国际化，也让北京科技大学的学生们更好地与世界学术圈接轨。

我校还为Alberto教授提供了先进又和谐的科研环境，因此在北科大这些年里，教授仍然在自己深爱的领域深耕不辍、砥砺前行着。他与冶金与生态工程学院的同事们一起申请国际合作课题，共同合作、共同研究，目前已有多篇论文发表在国际高水平期刊，让我校冶金系在国际上声誉不断提高。他的科研学术成果与卓著贡献也助推了我校与包括德国亚琛工业大学在内的世界高水平大学科研合作，提升了我校冶金学科领域的国际化建设水平。

Alberto教授积极响应国家和学校号召，参与国家高水平大学项目，对硕士研究生和博士研究生课题细心指导。当学生们面临困难时，Alberto教授会为大家提供简明易懂的研究方法与前沿学术资料，尽己所能协助研究生顺利完成科研项目。他的认真教导、无私奉献也为我校培养出了诸多冶金人才，为我国的冶金事业输送了一批朝气蓬勃的力量。因此，为了感谢和表彰其在我国社会发展和冶金事业方面以及人才培养中所作出的突出成绩，Alberto教授在2021年被我国政府授予了中国政府友谊奖。

小传

千里迢迢，漂洋过海，只为育人，倾囊相授而不藏。呕心沥血攀科修高峰，其成就惠泽九州。工科实操，不辞劳，最为宜言教。师者无国界，又以一己之力崇校国望，为我国家养多才。讲台上，乃异国恩师，传无价之智成也；讲台下，盈盈火烛也；独为照科墨之路。

大家眼中的他

Prof. Conejo is a friendly, optimistic and wise mentor who always smiles and solves any difficulties wisely. He often provides me with another new cultural dimension to think about. I felt the love for life and career from him, and also felt his sincere affection for his relatives and friends.

He has a wide range of interests and loves to travel to learn about Chinese culture, especially hiking, food and wine, which make him the best friend of all. What impressed me the most was his dedication and devotion to his work, and he was able to squeeze time out of his busy teaching and research work to complete the monograph. I believe he brought warmth and strength to every family and friend. He is such an excellent wise man.

——Student at University of Science and Technology Beijing Li Dakuan

Prof. Alberto N. Conejo has made outstanding contributions to the study of thermodynamic and kinetic theory of gas-solid phase reactions in the steel industry. His research interests are focused on electric arc furnace refining and ladle refining, involving thermodynamics, kinetic applied physics and mathematical modeling tools in a multifaceted and multifaceted approach. He is worldly recognized in metallurgical research processes such as mechanism analysis, product structure and performance investigation, reaction process optimization, and process flow upgrading. He has made outstanding achievements in technology optimization and mechanism exploration in metallurgy, especially in electric arc furnace refining process optimization, which has won several national awards. His research has promoted energy conservation, environmental protection and efficiency in the steel industry. He has published more than 120 papers in Metallurgical and Materials Transactions B and other internationally recognized academic journals in the industry, and has published the monograph "FUNDAMENTALS OF DIMENSIONAL ANYSIS: THEORY AND APPLICATIONS IN METALLURGY". He has in-depth cooperation and communication with the academic community in the field of metallurgy in China and abroad.

——Student at University of Science and Technology Beijing　Li Kejiang

I am a student of University of Science and Technology Beijing, and I have been conducting scientific research together with Professor Alberto for three years. In scientific research, Professor Alberto is a rigorous, serious and responsible teacher. When I first conducted scientific research, he began to teach basic software, and then explained the main background and research ideas of the project to me, In order to make me understand, he always started from the most basic. It was Professor Alberto who opened up a new world for me. I still remember when Professor Alberto helped me revise the paper, because of my limited English level, he spent a long time, from the logic and language of the paper, to help me check it meticulously. This meticulous attitude is admirable and it is worth my lifelong learning. At the same time, Professor Alberto is also an amiable and kind person in life. Although he is my mentor, I do not feel too much pressure with Professor Alberto. He is more like my friend. In the process of communicating with him, he also taught me a lot about how to behave.

——Student at University of Science and Technology Beijing Feng Weihang

The first contact with Professor Conejo was in 2018, and in 2019, Professor became my doctoral supervisor. In the early days of contacting the professor, there was indeed a language barrier, but the professor was very patient and gave me great encouragement and confidence. The professor loves life very much and has many life hobbies of his own. In addition, he is very happy to organize students to participate in some activities together. The professor was my guide in doctoral career and helped me a lot when I felt confused. I am honored to be a student of the professor.

——Student at University of Science and Technology Beijing Niu Kaijun

Prof. Conejo is an internationally famous expert in metallurgical engineering. Due to his prominent contributions to China and outstanding accomplishments in teaching and academic studies, he has won the Chinese Government Friendship Award 2021. As a supervisor, Prof. Conejo always patiently guided his students to do experiments, timely discussed the results with the students and carefully instructed the students to write and revise their papers. He taught several courses at USTB both for graduate and undergraduate students, such as "Electric arc furnace" and "Dimensional analysis in metallurgy" . In his class, the students not only learned professional knowledge, but also learned English and experienced international teaching. Prof. Conejo has long been engaged in the theoretical research on multiphase flow in metallurgical reactor, thermodynamics and kinetics of multiphase reaction in steel industry, and the basic research on electric arc furnace. He has published a lot of papers and is the reviewer or the editorial member of many journals. His research work is of great significance for realizing China's dual carbon goal, especially in the steel industry.

——Student at University of Science and Technology Beijing Duan Haojian

还记得我第一次见教授时有些忐忑，担心自己由于英语水平低，不能和教授很好地交流。当我和教授说话时，无论我说得多慢，他都会认真地听完，他还会和蔼地纠正我的发音错误。在他的鼓励下，渐渐地我和教授的交流越来越多，我的英语水平也提高了不少。曾经上过教授的课，他特别严谨，作业中的小错误和不足都会指出来，这让我更加严格地要求自己。教授在科研上给了我很多指导，解决了我很多问题。记得有一次遇到了一个难以解决的困难，有些沮丧，和教授说了后，教授告诉我，科研就是这样，不会一帆风顺的。在教授的帮助下，我最终解决了这个问题。

感谢教授，是你的和蔼鼓励着我，是你的智慧引领着我！

——北京科技大学学生 杜亚杰

媒体关注

首位获得中国政府友谊奖的墨西哥学者阿尔伯托·科内霍·纳瓦寄语中墨建交五十周年。他在视频中说:“2022年2月14日是墨西哥和中国建交50周年纪念日。墨中都是历史悠久的文明古国,两国间的经贸往来源远流长,两国人民有着天然的亲近感。当前,墨中在相互支持的基础上,建立了友好的双边关系。墨西哥是世界上重要的玉米、白银和牛油果生产大国,拥有多彩的美食文化和丰富的旅游资源。最重要的是,墨西哥人民十分重视同中国人民的友谊。相信两国双边关系发展和各领域合作必将拥有更加美好的未来。”

——中国驻墨西哥大使馆

近日,中国政府友谊奖颁奖典礼在人民大会堂隆重举行。中共中央政治局委员、国务院副总理刘鹤向2020、2021年度获奖外国专家颁奖。我校冶金与生态工程学院Alberto Conejo(阿尔伯托)教授喜获殊荣,受邀出席颁奖仪式。

中国政府友谊奖,是中国政府为表彰在中国现代化建设和改革开放事业中做出突出贡献的外国专家而设立的最高荣誉奖项,用以感谢和表彰外国专家在我国社会发展和经济、技术、教育、文化等建设事业以及人才培养中所做出的突

出成绩和奉献精神。Alberto教授是国际著名冶金工程专家，以其精深的专业素养与卓越的科研成果在全球冶金领域享有很高的知名度，长期与我校开展密切学术交流和科研合作，2018年受聘为我校冶金与生态工程学院全职教授后，长期从事钢铁行业气固相反应的热力学及动力学理论研究及低碳冶金新技术的应用基础研究，并致力于冶金学科的本科与研究生教育工作，为我校培养了一批具有全球视野的优秀学生，也为我国冶金工程领域培养了诸多专业人才。

Alberto教授还与我校炼铁新技术团队合作开发了一系列低碳技术，如氢还原技术和短流程钢铁生产新工艺优化技术，研究成果获得了国内外企业高校的广泛关注；其长期研究的电弧炉短流程工艺有望降低钢铁工业CO_2排放50%以上，显著提高了我校在“碳中和”技术研究领域的国际竞争力，也积极促成了韩国浦项钢铁公司与我校签订了和中国高校的第一份战略合作协议。

Alberto教授在冶金工程领域遍栽桃李，为北科大培养了诸多优秀人才，其科研学术成果与卓著贡献助推了我校与世界高水平大学的科研合作，提升了我校冶金学科领域的国际化建设水平。

2021年2月2日，Alberto教授受邀代表学校出席在华工作的外国专家座谈会，并受到李克强总理接见。同年7月1日，Alberto教授受邀参加了庆祝中国共产党成立100周年大会，见证了这一伟大的历史时刻。

——北科大新闻网

李芊呈

——北京科技大学学生

李芊呈，吉林人，北京科技大学材料科学与工程学院2019级本科生，曾任材料1804班班长。作为一名学生干部，李芊呈一直热心于爱心公益事业。他总计捐献全血1500毫升，为急需用血的家庭带去了生的希望。2021年7月22日，经中国造血干细胞捐献者资料库检索，李芊呈HLA初配型与一位患者相合。最终李芊呈成功进行造血干细胞移植手术，救助了一名罹患白血病、年仅10岁的小女孩。

李芊呈坚定初心，“爱是一个循环，我们都在其中，帮助他人就是帮助自己”。爱让生命延续，李芊呈用他的实际行动、用爱心铸就了一段崭新的生命。

颁奖词

没有人能不惧死亡，是热血，融化恐惧，没有人是生来无畏，是爱心，促你义不容辞，以生命换取生命，你以凡躯比肩神明。不顾不适坚持捐献，只想为他人赢得时间。这次，你矗立在白血病的狞笑与小女孩之间，以大爱筑成新的长城。

先进事迹

捐献骨髓拯救生命

李芊呈，2000年5月出生，在2018年考入北京科技大学材料科学与工程学院，2019年大一结束时选择材料成型及控制工程专业，现任北京科技大学就业发展与指导中心市场部学生助理。2021年11月9日，他在空军医学特色中心成功捐献造血干细胞，是全国第12253例造血干细胞捐献者，北京市第465例造血干细胞捐献者。李芊呈捐献的造血干细胞用于拯救一名不幸患上白血病的年仅10岁的小女孩。

李芊呈一直热心于爱心公益事业，在2018年6月14日他刚年满18周岁的时候，他就走进当地献血站，献出了人生第一次全血。他带动身边的同学一起无偿献血，积极参加献血车志愿服务，帮助医生宣传无偿献血并向献血的爱心人士提供食物和水。为了能更好地发扬人道博爱、无私奉献精神，李芊呈在2019年5月18日与中华骨髓库北京分库管理中心取得联系，在海龙大厦献血点填写《志愿捐献者同意书》并采集血样，正式成为一名造血干细胞志愿捐献者。当时李芊呈想，加入中华骨髓库之后，如果来自中华骨髓库的电话响了，那他一定会积极配合医生采集，竭尽全力挽救患者生命；如果来自中华骨髓库的电话一直没有响起，那么说明跟他配型成功的人一辈子都平安健康。

在7月22日，经中国造血干细胞捐献者资料库检索，李芊呈HLA初配型与一位患者相合。在接到来中华骨髓库的电话时，李芊呈既感到非常震惊，又十分激动。他没有想到在这么庞大的骨髓库库容中，自己会成为那个“幸运儿”，能够有机会为挽救生命做出贡献，这是一件非常光荣的事情。思考片刻后，李芊呈初步同意进行造血干细胞移植手术。当时李芊呈在征求家长的意见时，被家长以他曾经得过肺结核身体状态欠佳而劝阻，但是李芊呈仍然坚定自己的想法，他对他的父亲说：“首先，自己得肺结核是两年前的事了，并且在规律地服药后已经痊愈了。其次我得肺结核的时候，你们苦苦求医，希望我吃到最好的结核药，现在我何尝不是患者父母苦苦寻求治病的‘药’呢。再者我们要将心比心，每个人都有困难的时候，我现在帮助了她，她以后也会受我影响去帮助其他人，那等我们有困难的时候，肯定也就会有爱心人士伸出他们的援助之手。爱是一个循环，我们都在其中，帮助他人就是帮助自己。最后捐献造血干细胞不等同于捐骨髓，我也充分了解了整个捐献流程，这不是单纯满腔热血不计后果的莽夫之举，而是经过我深思熟虑的决定，希望您能支持我作为一个成年人充分思考后的决定。”最终，在李芊呈的坚定选择与深情劝说下，家长尊重了李芊呈的选择。

8月2日，经过苏州中心血站/苏州大学附属第一医院HLA高分辨分型确认实验室检验，李芊呈高分化验与患者相合，这也就意味着李芊呈的造血干细胞完全可以在白血病患者体内正常工作。8月20日，李芊呈在中华骨髓库工作人员的陪同下，前往空军特色医学中心进行体检，最终的体检一切正常。至此所有捐献造血干细胞的前期准备工作都一切顺利。

在2021年11月4日，李芊呈入住空军特色医学中心，并且签署了最后的捐献确认书。在5日至9日，李芊呈在空军特色医学中心门诊部皮下注射动员针六次，以刺激造血干细胞从骨髓中调动到血液中，这也给他带来了胸骨疼，腰疼等不适反应，但是李芊呈觉得，自己现在吃的这点苦，忍的这点痛，能换来一个人的生命，很值。

在11月9日8点30分左右，李芊呈在空军医学特色中心正式进行造血干细胞捐献。经过四个多小时的采集后，最终得到了200多毫升的造血干细胞悬浮液。在采集完的那一刻，李芊呈感觉自己心里的一块石头终于落了下来。从医生手里接过自己四个多小时的成果，捧着温热的造血干细胞悬浮液，李芊呈多日因动员针带来的不适反应一瞬间烟消云散，眼眶里也噙满了激动骄傲的眼泪。在当天下午，李芊呈的造血干细胞经专人乘飞机送往上海市某医院并及时输入患者体内，为白血病患者送去生的希望。下午3点左右，北京市红十字会的领导向李芊呈同学颁发了“捐献造血干细胞”荣誉证书，感谢他捐献造血干细胞的人道善举。北京科技大学的领导和社区领导带来了他们的慰问，患者及家属也向李芊呈同学寄来了感谢信和礼物。至此，李芊呈完成了完整的捐献造血干细胞捐献流程。

在采访中，当被问到得知自己挽救一个生命的时候是什么心情，李芊呈同学说：“在知道了患者只是个年仅10岁的小女孩时，我觉得自己的举手之劳能够让小孩子有了未来，让这个家庭有了希望，这也许就是我做这件事情最大的意义吧。”爱让生命延续，李芊呈同学用他的实际行动、用爱心铸就了一段崭新的生命，用无私奉献为一个小女孩续写了美丽的人生，完美地诠释了救死扶伤的崇高品质和大爱情怀。

小传

许多人说献血者伟大，他却只愿称自己所为只是力所能及。低调做人，高调做事，低调而平凡的他却有着高调而不平凡的思想道德情操，献血为患者带去生的希望，骨髓为小女孩换来生的希望，大爱无疆，而他也将在这条奉献的路上越走越远。

大家眼中的他

芊呈是我大一时的班长，是一个热心肠的东北大汉。平时团结同学、乐于助人，是我见过最好的班长。依稀记得大一军训时要自己去扛桶装水喝，他便带头帮女生扛水。去年他更是做出了一件让所有人都肃然起敬的大好事——捐献自己的造血干细胞给一位素不相识的小女孩。他拯救了一个孩子，更是拯救了一个家庭。我为芊呈感到自豪，他不求回报，只为帮助一个深受病魔折磨的小女孩，让她能够活下去。所谓心中有爱，人间便是天堂，芊呈就是这样一个心中有大爱的有志青年。

——北京科技大学学生 王艺海

在生活中，老李特别愿意帮助他人，因此，听说他主动捐献造血干细胞，我并不意外。记得初三的时候，数学学科是我的薄弱项，但后来我有幸和老李成为了前后桌，他就开始帮助我查漏补缺。那个时候的晚自习，老李都在班级的走廊一点一点、十分耐心地给我讲数学题，中考我的数学成绩很理想，为此我十分感谢老李。同时他也是一个有毅力、肯吃苦的“正能量人”。为了捐赠造血干细胞，老李每天打针打得浑身疼，但是他都坚持下来了，说救人一命，这根本不算什么。这让我想到2020年，老李和我从桦甸骑自行车去吉林（全程约100km），刚听到这个消息时我就感叹于老李的敢想、敢做，那段时间，我们每天都会按时训练，并且一点点不断加量，我们还制作了Vlog来记录训练过程。我们从刚开始一天20km逐步加到一天80km，最后经过2个月的练习，历时6个小时，我们成功完成了这项挑战！总的来说，老李是一个敢于挑战、乐于助人、坚持不懈、正能量饱满的好男人！

——李芊呈好友 项耕铭

我和李芊呈是高中同学，记得当时他是后转来的，机缘巧合下坐在了我的后桌。他是一个十分外向的人，很快我们便熟悉了，熟悉以后便慢慢发现了他身上的优点。他是一个很聪明的人，成绩在班里一直非常优异。但他并没有因为自己学习成绩好而拒人于千里之外，相反，每当我有不会的问题时他都会不厌其烦地辅导我。同时他也是一个非常有恒心、有毅力的人，定准一个目标，就会拼尽全力地去实现它。日常生活中他非常自律，每逢假期，我们便会约定好一起游泳，我尝尝因为懒惰给自己“放假”，而他却坚持了下来，我很佩服他这种精神。

如今我们在不同的地方上大学，但是我们仍然保持联系。每当学校组织爱心献血的活动时，他都会毫不犹豫地参加。他要捐赠造血干细胞这件事，在我的意料之外，但细细想来，却又是情理之中。毕竟他就是这样的一个人，我也毫不犹豫地支持他做的这个决定。愿岁并谢，与友长兮。我想我是一个幸运的人，结识到了一个他这样的朋友。希望我们都可以保持着这份初心，继续为这个社会奉献自己微薄的一份力。

——李芊呈好友 李昊达

作为李芊呈的辅导员，参与了他从做决定到捐献的全过程，感受到了他在这件事上的义无反顾，体会到了他的奉献精神，特别是他将心比心、说服自己的父母时所体现出来的坚定与大爱，让我十分动容。在他的事迹激励下，我也于今年登记成为捐献造血干细胞的志愿者，期待有朝一日也能够帮助到需要帮助的人。

——北京科技大学教师 陈鹏

此次北科感动人物颁奖典礼是我目前经历过的最有意义最有价值的一次活动了，以前总能在新闻报道中看到各种各样的先进人物事迹，但我从未想过，有着这般胸怀和人品的人竟然就在我身边。李芊呈捐献造血干细胞的经历让我认识到：人的一生总需要一些力量，有力量支撑的灵魂才是充实和富有的。这些力量在日常平淡的生活中慢慢淡化，可是总有一些人，他们的灵魂从未缺失过这股力量，他们用自己散发的光芒带领大家共同前进。

——北京科技大学学生 李成航

坚定初心，无私奉献。芊呈一直有着一副热心肠。无论是在学习还是在生活中，他总是乐于助人，时时准备着向他人伸出援手。他还热心于爱心公益事业，条件允许的话，他就会去献血。在他的影响下，我也开始关注红十字公益事业，跟他一起去献血。那天下午，他将要离校，要去医院为捐献造血干细胞做准备。在校园里送他的路上，我们捡了一部手机。正当我发愁怎么办时，他说原地等等，果然不一会儿失主来了电话，他联系好后，很顺利地交还了手机。沉着镇定，温柔大方，他的举止让我动容。在捐献造血干细胞的四个多小时里，他忍受着针管扎在肉中带来的疼痛，只为给那个素未谋面的小女孩带去生的希望。他一直怀有的热心肠，深深地感动了我。

总有一种精神鼓舞着我们的进步，总有一种力量震撼着我们的心灵，总有一个个群体催生着我们的感动。造血干细胞捐献，是挽救生命的崇高行为，给他人以生的希望，更让这个世界充满爱的正能量。让我们向芊呈致敬，向怀揣热血、乐于助人的他们致敬！

——北京科技大学学生 王凯辛

媒体关注

作为一名学生干部，李芊呈一直热心于爱心公益事业。他总计捐献全血1500毫升，为急需用血的家庭带去了生的希望。不仅如此，李芊呈还积极参加献血车志愿服务，如参与献血宣传、为献血的爱心人士做好食物保障等。

2021年7月22日，经中国造血干细胞捐献者资料库检索，李芊呈HLA初配型与一位患者相合。在接到来中华骨髓库的电话时，李芊呈既感到非常震惊，又十分激动。他没有想到在这么庞大的骨髓库库容中，自己会成为那个“幸运儿”，能够有机会为挽救生命做出贡献。这是一件非常光荣的事情。最终李芊呈成功进行造血干细胞移植手术，救助了一名罹患白血病、年仅10岁的小女孩。

李芊程坚定初心，“爱是一个循环，我们都在其中，帮助他人就是帮助自己”。爱让生命延续，李芊呈同学用他的实际行动和爱心铸就了一段崭新的生命。

——北京科技大学微博

冶金智能制造团队

——冶金智能制造的开拓者和领航者

冶金智能制造团队是北京科技大学工程技术研究院面向冶金行业转型升级、提质增效、信息赋能等重大需求而倾力打造的设计、研发、实施一体化队伍。该团队创造性提出了基于分层建设思想的冶金智能工厂构架，并在20多家企业进行广泛应用。实现了包括冶金工业互联网平台、全流程质量管控、轧制过程无人化、长材无人天车及智能库区、智能磨辊间在内的多项国际、国内首创技术。

工程技术研究院有着鲜明的特色，肩负着引领冶金工程技术革新、创建北京科技大学科技成果转化品牌的重任。冶金智能制造团队更是工研院发展迅猛、最具潜力、产学研用紧密相结合的高效协同团队。该团队一贯秉持初心，笃然前行，以创新“铸魂”，以“实干”固本，以“奉献”正源，一心钢铁梦，无悔北科人。团队紧跟国家和行业发展需求，大力推动新一代信息技术的行业赋能，坚持把智能制造做精，做好，做实，为企业创造了巨大的经济效益，引领行业智能化发展方向，打造了新形势下冶金工业的北科品牌。

近三年，团队克服疫情不利因素，承担的智能制造方面相关项目100余个，核心骨干年均出差260天，在全国性行业智能制造相关会议上共发表主旨报告10余次，承担智能制造合同额超3亿元，承担国家级项目5项，获得省部级一等奖3项，二等奖2项，获得发明专利28项，软著35

项，发表SCI/EI论文50余篇，编制智能制行业标准5项，科研成果助力学校多个学科“双一流”建设完成技术交流、项目可研及技术附件成稿，50余人一年半的驻厂实施，目前已顺利验收，获得行业内的高度关注，打造了国内热轧智慧工厂的样板工程。该项目单个合同额达到了5800万元（其中软件费超过60%），对打造北科大智能制造品牌具有里程碑意义。并正在深度影响着行业内包括宝武武钢、南钢、建龙、大冶特钢、鞍钢、攀钢在内的特大型冶金企业的智能工厂建设方向。团队立志讲好冶金智能制造的北科故事，持续地扩大学校在冶金行业的影响力。

颁奖词

卓越班底，专业领航，他们用技术革新引领行业数字化转型；疫情之下，迎难勇进，他们用鼎新求实打造智能工厂新样板；产研并举，踔厉奋发，他们用匠心精神讲述冶金智造北科故事；他们以创新铸魂，以实干固本，以奉献正源，一心钢铁梦，无悔北科人。

先进事迹

开拓者，创新者，发明者

智能制造团队于2015年开始筹建，是北京科技大学工程技术研究院面向钢铁工业转型升级、提质增效、信息赋能等行业重大需求而倾力打造的科研队伍，并联合学校全资控股的北京科技大学设计研究院有限公司实现成果转化和技术落地。团队成员来自工研院信息、冶金、材料、机械、自动化等多个专业，并融合了工研院二十年来在冶金自动化和质量控制方面的技术优势，做到高起点、高目标、高要求。经过近6年创新发展，团队突破了智能制造中的多项关键技术，为引领和促进冶金行业智能制造的技术进步作出北科贡献。

智能制造团队以工研院信息技术研究所和过程控制研究所年轻骨干教师为班底，平均年龄38岁，极富朝气，具有博士学位和海外求学履历的比例超过60%，同时团队成员平均具有五年以上的行业实施背景、专业知识和工程经验的深度融合为智能制造攻坚克难提供了必备的基础保障条件。尽管冶金行业并非新鲜事物，智能制造也已出现一段时间，但是在冶金行业的智能化、自动化的交叉学科领域，还未有太多前人探索的经验。由于无可借鉴标准，为发挥大学研究院的优势并早日做到技术引领，团队成员夜以继日在现场开展调研、立项、实施，假日无休，核心骨干人均出差天数在260天以上，在钢铁企业树立了良好的口碑，发扬了北科求实鼎新精神。

团队成立以来，在短短的几年内，实现了多项行业首创：

（1）开发出冶金智能工厂互联平台技术，实现多协议数据采集、转换、存储、治理、服务等，实现25家以上大型钢铁企业推广，并获得包括阿里云、普锐特、SAP在内的多家国际公司合作意向，同时该平台项目成功晋级第三届中国工业互联网大赛全国总决赛，打造行业智能工厂平台技术的北科品牌；

（2）在国内率先开发出冶金全流程过程质量管控系统，并成为冶金行业智能制造的标志性成果之一，目前已推广到国内11家大型钢铁企业，实现30个项目应用，市场占有率超过75%，实施的多个项目入选工信部智能制造示范、试点项目，同时“钢—轧过程产品质量智能管控技术与平台”项目荣获“2021年冶金科学技术奖”一等奖；

（3）研发出行业内首套粗轧镰刀弯和精轧机架间跑偏测控系统，获得包括《科技日报》在内的多家媒体关注，抢占轧制过程“无人驾驶”的制高点；

（4）首次在国内实现棒线材的天车无人化和智能库管技术，引领行业棒线材天车的技术升级热潮，《长材（棒线材）库区智能化管控关键技术及装备》项目在中国钢铁工业协会组织的项目成果中，专家一致认为该项科技成果创新性强，具有完全自主知识产权，整体技术达到国际领先水平；

（5）研发智能工厂数字孪生技术，采用实时生产数据，实现产线状态实时映射，同时融合多业务信息，实现对运行指标、过程监测、协同支持、分析决策的监控，项目成功应用于鞍钢、河钢、南钢、承德建龙等，助力产线打造数字工厂、透明工厂。

引航者，领跑者，贡献者

没有革新、没有改变的世界好比长夜，而领跑者正如第一抹划破黑夜的晨曦，紧随其后的是光芒，是阳光璀璨的白日。冶金智能制造团队就是这样的引航者，他们开拓进取，勇于创新，但又不局限于此，而是在独立创新发展的基础上，努力将创新的成果推广向外界。他们不仅仅是对自我的革新者，更是对全中国乃至全世界冶金行业的领跑者、贡献者。

他们加强技术研发和技术创新，在保持技术制胜和优势领域的同时，积极拓展新的增长点，增加盈利能力和市场竞争力，为国家科技创新、成果转化等事业发展继续贡献力量。近三年，团队承担的智能制造方面相关合同额超过3亿元，在全国性行业智能制造相关会议上共发表主旨报告10余次，引起各企业、科研院所的强烈反响，并获得了马钢、鞍钢、南钢、承德建龙等多个智能制造项目。其中北科工研智能制造团队倾力打造的国内首条无缝钢管智能制造产线—承德建龙无缝钢管智能制造示范工厂入选工信部2021年智能制造示范工厂名单。

团队非常注重科研成果凝练，近三年已获得包括国家自然基金委、科技部、工信部等各类国家级项目5项，登记软件著作权35余项，获得授权国家发明专利28余项，发表SCI/EI论文50余篇（覆盖*ISIJ*、*JMPT*、*Steel Research Internationa*、*Ironmaking and Steelmaking*等冶金知名期刊），获得省部级一等奖3项，二等奖2项，并正在参编多部行业智能制造标准，科研成果助力学校多个学科的“双一流”建设。

面对突如其来的疫情，在学校党委和工研院党委的统一部署下，团队核心成员积极投身于抗疫防疫工作，包括轮岗执勤、爱心捐助等，并积极配合马钢、新钢、鞍钢、建龙、三钢、南钢等多家大型钢铁企业实现智能化项目的复工复产，获得了企业的一致好评。特别是“马钢2250热轧智慧工厂”项目，疫情期间，组织将近100次左右的线上会议，完成技术交流、项目可研及技术附件成稿，50余人一年半的驻厂实施，目前已顺利验收，获得行业内的高度关注，打造了国内热轧的智慧工厂的样板工程。该项目单个合同额达到了5800万元(其中软件费超过60%),对打造北科大智能制造品牌具有里程碑意义。并正在深度影响着行业内包括宝武武钢、南钢、建龙、大冶特钢、鞍钢、攀钢在内的特大型冶金企业的智能工厂建设方向。

在行业智能制造的大背景下,作为冶金智能制造开拓者和领航者,智能制造团队将继续不忘初心、砥砺前行,打造好北科智能制造品牌,讲好北科智能制造故事,致力将北科智造打造成冶金行业智能制造国家队,为推动冶金行业技术变革和优化升级贡献北科力量。

小传

顺天时,应地利,凝人和,勇进取。创新亦乃与己斗,冶金同为炼精神。三载疫情阻挠,百余项目承办;专利授权廿多数,论文凤麟五十篇。敢创新,敢奋斗,敢讲述,敢奉献。有"恃才傲物"之本,皆无私领航之行。

大家眼中的他们

冶金智能制造团队是北京科技大学工程技术研究院面对冶金行业转型升级、提质增效、信息赋能等重大需求而倾力打造的科研队伍。该团队实现了包括冶金智能工厂互联平台、全流程质量管控、无人轧制、棒线无人天车在内的多项行业首发技术,为引领和促进冶金行业智能制造的技术进步做出重要贡献。面对突如其来的疫情,在学校党委和工研院党委的统一部署下,团队成员积极投身于抗疫防疫工作,并积极配合马钢、新钢、鞍钢、建龙、大冶、南钢等多家大型钢铁企业实现智能工厂和灯塔工厂建设项目。在行业智能制造的大背景下,打造好北科智能制造品牌,讲好北科智能制造故事,冶金智能制造团队将继续不忘初心、砥砺前行。

——北京科技大学工程技术研究院党委书记 陈雨来

北科工研的冶金智能制造团队参与了马钢2250热轧智能工厂项目建设。该团队在贯彻北京科技大学严谨踏实学风的同时，充分发扬了能吃苦、能战斗的工程项目团队精神。团队成员在项目实施过程中与厂方领导和技术人员做到了深入沟通与团队融合，项目紧张时期，团队成员自愿放弃节假日休息，每天加班到深夜。团队成员在充分沟通后最大可能实现厂方提出的需求，完成项目任务同时超越了传统的甲乙方关系。同时，团队将北科工研的传统工艺优势与信息化前沿技术完美融合，为马钢2250热轧智慧工厂注入了区别于其他智慧工厂的新风和特色，助力马钢热轧智慧工厂站在同行业的前端。

——马钢四钢轧总厂技术高管 闻成才

2021年9月，北科工研冶金智能制造团队承接了承德建龙特殊钢有限公司智能工厂建设的多个项目，包括钢管芯棒外表面缺陷检测系统、数据采集及工业互联网平台、生产过程质量管控系统、工序级能源介质管理、面向多场景及融合技术的数字孪生工厂等。由于本厂的智能工厂建设与钢厂建设同期进行，项目实施前期面临着基础设备、基础数据条件缺乏等问题，该团队以解决问题、干成事为目标，克服现场各种困难，保质保量地完成各项预定目标，并在2022年5月实现了整体功能全面上线。冶金智能制造团队克服疫情影响、工期较短等困难，加班加点赶进度，其敬业精神以及专业水平获得我们承德建龙智能制造团队的高度好评，双方团队在你中有我、我中有你的共同奋斗中，也结下了深厚的友谊！

——承德建龙生产设备处副处长 刘国栋

2021年4月，由北科工研承担的南钢板材全流程智能制造项目正式启动，在这一年的时间里，南钢板材事业部与北科工研智能制造团队深度进行合作，推进板材事业部的数字化转型。在项目实施过程中，北科工研80多人的团队深入到我们板材事业部一炼钢和宽厚板现场进行调研，深刻理解南钢业务流程及现场情况，与公司各部室深入交流，讨论技术方案，先后完成了概要设计、基本设计，后期各项功能陆续上线，实施效果逐渐显现。针对项目中遇到的技术问题，他们加班加点已成常态，团队人员不断克服各类技术难题，充分体现了北科工研智能制造团队的专业力、创新力、敬业的精神以及钢铁般的意志。在项目实施过程中，北科工研智能制造团队与南钢也建立了良好的伙伴关系，为持续推进南钢与北科工研的长期合作奠定了扎实的基础。

——南钢板材事业部数智化开发室副科长 沈延祥

北科工研智能制造团队为南钢数字化转型提供了强有力的支撑，团队先后参与了南钢板卷热处理集控示范线项目、南钢公司智慧运营项目和板材事业部全流程智能制造（一期）项目等，团队的老师们在项目实施过程中，兢兢业业、踏实肯干、认真负责，让我们充分地感受到了北科工研智能制造团队对钢铁工业的情怀和开拓进取奉献的精神。从项目规划到项目实施，团队的战斗力和技术实力得到了南钢各层领导的认可，最后祝愿北科工研智能制造团队蓬勃发展，引领我国钢铁工业数字化转型战略方向，不断创新突破。

——南钢数字应用研究院联席院长 汝金同

作为工研院的学生，我一直以学院的冶金智能制造团队为骄傲！团队不但技术本领过硬，对于学生的培养也是循循善诱、教导有方。因团队在全国的业务广泛，所以在研一时我就有幸参与了广西南南铝智慧制造项目、河北承德建龙热轧258无缝钢管项目、安徽马鞍山马钢热轧智能工厂等项目的锻炼，这些经历帮助我把在学校学习的理论知识和现场的实际情况充分的结合起来，使我不但对工艺有了更深刻的理解，还对最前沿的生产技术有了更具体的认知，而这都得益于工研院冶金智能制造团队对我们学生的全面培养。我的研究课题为数字孪生与算法驱动，我正坚守在一线不断地学习和研究，努力为团队发展贡献自己的一份力量！

——工程技术研究院机械工程2103班 陈德盛

冶金智能制造团队作为一支有着鲜明特色，肩负引领冶金工程技术革新、创建北京科技大学科技成果转化品牌、实现冶金行业关键核心技术自立自强的团队，在落实我校“三全育人”人才培养机制、实现立德树人根本任务起到了巨大的推动作用。首先是能面向学校整体发展，建立实践育人基地，整合育人资源，形成协同育人新常态。其次是产学研紧密相结合，为学生提供理论与实践相结合的平台，紧跟国家和行业发展需求，优化育人路径，有针对性地开展育人工作。最后是充分挖掘了各种教育实践资源，多方联动共享，形成保障机制，实现跨学科跨领域的学科交叉融合，发挥团队在协同育人方面的巨大优势。

——北京科技大学工程技术研究院团委书记 郝勇飞

媒体关注

经历以自动化、信息化为主要特征的工业3.0阶段后，马钢四钢总厂瞄准行业智能制造前沿，开展热轧智慧工厂“双线双智控”模式的先行示范。双线双智控指项目构建的热轧智控中心覆盖2250和1580两条热轧产线，并包含操维集控平台和协同智慧平台，实现操维和业务双智控。项目以关键绩效指标为牵引，借助精准感知、数字孪生、工艺驱动、智能算法等手段，追求产线极度自动化和业务高效协同化。

作为马钢—北科大产学研合作“基地+”理念的践行者和项目主要建设方，依托“马钢—北科大冶金智能制造技术创新中心”，北科工研冶金智能制造团队与宝信软件等单位一起携手打造服务于马钢热轧智慧工厂的高质量技术生态圈。在本项目中，冶金智能制造团队承担了板坯裂纹检测、精轧跑偏检测与自动调平、新一代密集冷却技术、智能磨辊间、钢卷数据服务、数据可视化、生产任务、质量任务、设备任务、员工成长任务等17个大项。项目组克服建设周期短、任务重及新冠肺炎疫情等不利因素影响，和多方精诚协作，按期高标准完成了项目任务。

——《世界金属导报》

从“十三五”期间我国在深入推进供给侧结构性改革以及国内外钢铁企业发展经验来看，智能制造已经成为制造业高质量发展的必由之路，建设智能工厂已经成为传统制造业转型升级的主要突破方向。在行业、市场环境和企业自身发展的需求影响下，承德建龙率先抓住了这一可持续发展的重要机遇，着力建设智能工厂，致力于打造国内首条无缝钢管行业“黑灯工厂”，通过构建完善的无缝钢管研发、制造、物流一体化业务，实现大规模定制化生产过程的可视化和产品质量问题追溯的透明化，全面提升生产的智能化水平，打造无缝钢管行业智能制造领跑者，为行业推进智能制造提供优秀样板和可复制推广路径。

本项目是河北省钢铁行业数字化转型专项行动（2020—2022年）的重点项目。项目针对无缝钢管生产设备管理维护差、产品质量全生命周期追溯难、生产线数据贯通难度大、物流仓储效率低等行业痛点，联合北京科技大学冶金智能制造团队，在前期建立自动化生产线、MES及EMS系统的基础上，搭建数据治理及集成平台、智能成品库等，配备大量智能检测设备，推动传统无缝钢管生产模式变革，覆盖生产作业、质量管控、设备管理、安全管控、能源管理、环保管控、计划调度、仓储配送、模式创新等多个环节的21个智能制造典型场景，致力于打造世界首条“无缝钢管智慧工厂智能制造示范生产线”。

——中国金属协会

2021年4月21日，北京科技大学70岁生日之际，北科工研冶金智能制造团队经过推荐、初审、展示投票、终审和公示等环节，获得2021年“感动北科”新闻人物的殊荣。

面对突如其来的疫情，在学校党委和工研院党委的统一部署下，团队核心成员在做好疫情防控工作的前提下，积极配合多家大型钢铁企业实现智能化项目的复工复产，创造性地提出了基于数字孪生和工业大脑的冶金智能工厂分层技术构架，实现了包括冶金工业互联网平台、冶金全流程质量智能管控系统、轧制过程无人化、长材无人天车及智能库区、智能磨辊间、双智控钢轧智能工厂在内的多项国际、国内首创技术，助力冶金企业生产效率提升10%，成本下降8%，质量损失下降10%。

——北科大新闻网

学生寄语

时逾乙亥，岁属庚子。须臾二载，其实唪唪，其叶蓁蓁。譬如美乐，其善人心，其感人深。

大学者，非有大楼之所谓，有大师之所谓也。院所系部，星火咸聚。治学严谨，积土成山，兢兢业业，辟路秉烛。授业有道，力耕三尺青垄；弦歌不辍，未改一寸丹心。浮其兰舟、扬其桂枻于无涯学海；坐人春风、饮人醇醪于有界讲台。此有感者一也。

知之愈明，则行之愈笃；行之愈笃，则知之益明。而今同学，志在高远。腹有圣贤笔墨，耳闻窗外萧竹，心怀家国生民。秦安熬苦，躬身倾力以扶助；瘟君待送，披甲呼号而争先。跬步千里，积少成多。风雨初霁，蔚然可观。此有感者二也。

管道主用，位居孙子五事；通粮法算，名列王师股肱。疫疠流行，上下同心；体察人情，迭出美馔；条分缕析，安身立业；俨然端然，共庆祖国七十载；欣然畅然，同向伟业百年长。由微至著，自浅而深，善利其器，终善其事。此有感者三也。

分至启闭，满井四时不落；代序春秋，蓟门烟树余荫。七秩上庠，辐辏车马；古稀雍泮，荟萃群英。残冬已尽，东方既白，草木折牙，万物则欣欣可期也。

敢悬拙笔，惭操鄙觚，为学不敏，临渊惶然，进忧聱牙，退忧浅陋。实愧不才，略表薄意，当君一哂也。

——缪雪儿

后记

2020年5月17日，习近平总书记以中华人民共和国主席的名义给北京科技大学全体巴基斯坦留学生回信，鼓励广大学子同世界各国青年一道，携手为促进民心相通、推动构建人类命运共同体贡献力量，为北科大学子注入“美美与共，天下大同”的精神内核。2022年4月21日，习近平总书记给北京科技大学的老教授们回信，希望他们继续发扬严谨治学、甘为人梯的精神，坚持特色、争创一流，培养更多听党话、跟党走、有理想、有本领、具有为国奉献钢筋铁骨的高素质人才，为北科大教师注入“严谨治学、甘为人梯”的精神内核。

那么什么是一种精神？我们为何会为之感动，并感到振奋和鼓舞？这本书以最实际的方式——列举事实——回答了这个问题。北科大的精神不是空洞的口号和无意义的象征，而是由一个个鲜活的实例、无数位可爱的北科大人共同书写和丰富的。这本书为北科大精神的实际内涵做了最具说服力的阐释，这让我们因自己是北科大的一分子而感到骄傲，以及更加感受到自己身上背负的责任和使命。

北京科技大学始终注重以文化人、文化育人，大力推进校园文化建设进程，“感动北科”新闻人物评选活动作为传承校本文化的品牌项目，自2018年以来，已经评选出五届“感动北科”新闻人物，宣传了师生校友先进突出事迹，展现了学校精神文明建设成果，彰显了“求实鼎新”的校训精神和“追求卓越勇于争先”的新时代北科精神新特质，营造了良好的校园精神文明风貌，为学校建设成为“特色鲜明、有重要影响的世界一流大学”注入了强大的精神动力。

最后，在本书的写作过程中，北京科技大学领导在百忙之中给予了悉心关怀和亲切指导，有关部门、单位提供了大力的支持与帮助，在此一并致谢。值此书问世之际，谨向参与编纂、供稿和关心支持本书出版的所有同仁深表诚挚谢意。也衷心感谢大家对本书编写组的包容与谅解！